Ernst Engelberg
Die Deutschen – woher wir kommen

Gefördert durch die Rosa-Luxemburg-Stiftung Berlin

Bildnachweis
Karl Dietz Verlag Berlin (54), WDR (1)

ISBN 978-3-320-02170-2

© Karl Dietz Verlag Berlin GmbH 2009
Umschlag: Heike Schmelter/MediaService Berlin unter Verwendung
eines Fotos von Klaus Kallabis
Typographie/Satz: Jörn Schütrumpf
Druck und Bindearbeit: Holzhausen Buch & Medien GmbH
Printed in Austria

Waltraut Engelberg gewidmet

Vorwort

Ohne Hass und Liebe wird das krönende Werk des Historikers,
die Geschichtsschreibung, blass in Inhalt und Form.
Ernst Engelberg

Die Geschichte wiederholt sich nicht,
aber immer tut es der Mensch.
Voltaire

Am 3. Oktober 1990 endet der Staat DDR, in dem Ernst Engelberg lange arbeitete, lehrte und politisch wirkte. Zugleich öffnet die Frankfurter Buchmesse, auf der er seinen größten publizistischen und wissenschaftlichen Erfolg erlebt. Die beiden Spitzentitel des Siedler Verlages sind die Memoiren von Helmut Schmidt und der zweite Band der Bismarck-Biographie.

Gleichzeitig gerät der 1909 im Schwarzwald Geborene in ein sechstes Deutschland: nach Kaiserreich, Weimarer Republik, Nazidiktatur, DDR, BRD, in ein neuvereintes mit dem alten Namen. Dazu kommen die Exilländer Schweiz und Türkei.

Der Freund und Kollege Wolfgang Küttler schreibt einige Jahre später, in einer Festschrift zum 90. Geburtstag, Engelbergs Werk »dreht sich um die zentralen Fragen der deutschen Geschichte im langen 19. Jahrhundert, die Ernst Engelberg unter dem Eindruck und im Widerstreit der Extreme des kurzen 20. Jahrhunderts betrachtete, obwohl er sich dessen konkreter Geschichte selten direkt, zumeist – sicher auch aus Erfahrung des in der DDR ideologisch besonders eingeschränkten Spielraums zeitgeschichtlicher Forschungen – nur auf der Metaebene theoretischer, methodologischer und konzeptioneller Arbeiten wie auf dem Gebiet der Historiographiegeschichte zugewandt hat.«

Zweifellos ist dem zuzustimmen, aber bisher unpublizierte Manuskripte bieten Ergänzungen, auf die in einem 1998 publizierten, in diesem Band nachgedruckten Interview hingewiesen wird. Ernst Engelberg will nämlich nicht auf Bismarck und seine Zeit eingeengt werden: »Von jeher war mein Interessenkreis größer, als dies in den Publikationen erscheinen mag. Ich hatte vor, eine Art deutsche Geschichte vom Mittelalter bis zum 19. und 20. Jahrhundert zu schreiben. Das war natürlich illusionär, aber über das 14. Jahrhundert habe ich schon einiges niedergeschrieben. Es begann, als ich ein großes Institut leitete, das sich nicht nur mit dem 19./20. Jahrhundert und der frühbürgerlichen Revolution beschäftigen konnte, sondern das auch das lange Mittelalter zu berücksichtigen hatte. Damals habe ich Quellen herausgebracht, die das 14. Jahrhundert betrafen. Jetzt möchte ich das, was übersetzt worden ist, bearbeiten.«

In diesem Jahrhundert zeigen sich für ihn – im Vergleich zu Frankreich und England – jene ersten partikularen Züge, die die deutsche Geschichte in verhängnisvoller Weise prägten:»Ich möchte zeigen, wie sich immer stärker die partikularen Gewalten herausbildeten, vor allem, dass die verhängnisvolle Institution der Kurfürsten, die die Kaiser und Könige wählten, für die Entwicklung entscheidend war – und nicht der König. Das hat die spätere deutsche Geschichte mitbestimmt. Vor allem will ich erhellen, wie es in deutschen Städten sozial, politisch und geistig zuging, welche Entscheidungen König und Kurfürsten trafen. Es entstand also – im Unterschied zu den westlichen Monarchien – ein Wahlkönigtum und kein Erbkönigtum. Im Grunde genommen hatte Bismarck, obwohl ihm das gar nicht so bewusst war, mit diesen Entwicklungen aus dem 14. Jahrhundert zu tun.«

Das Manuskript blieb unvollendet, es existiert in mehreren Fassungen. Daraus gestaltete ich einen hier erstmalig publizierten Text. Die unrealisierte Idee, eine Nationalgeschichte vom Mittelalter zum 20. Jahrhundert zu schreiben, war bestimmend für die Auswahl aus einem rund sieben Jahrzehnte umfassenden Schaffen.

Nicht von ungefähr steht am Anfang der Aufsatz Friedrich Schiller als Historiker. Ist Schiller doch, wie sein heutiger Biograph Rüdiger Safranski betont, der »Erfinder einer literarisch anspruchsvollen und wissenschaftlich gehaltvollen Geschichtsschreibung«. Weiterhin heißt es:»Ohne falsche Bescheidenheit nennt er (Friedrich Schiller, A. E.) im Brief an Huber die Vorzüge seiner Schrift, den ›schönen edlen Stil‹ des Vortrags, den ›Eselsfleiß‹ bei der Quellenauswertung, die ›klare Auseinandersetzung‹ der wirkenden Geschichtsmächte und – die ›philosophische Darstellung‹.« Ganz offensichtlich steht das Werk von Ernst Engelberg in dieser Tradition.

Im Aufsatz Ernst Engelbergs über den von ihm meistzitierten Dichter wird sein eigenes historisches und theoretisches Wollen deutlich, zeigen sich seine Stärken und Schwächen, Themen und Wünsche anschaulich: das Wechselverhältnis von Revolution von oben mit der von unten; das Wir-Gefühl der Linksintellektuellen seiner Generation, das auf einer anderen sozialen Basis fußte; die Hoffnungen, die die russische Oktoberrevolution weckte und die er in seinen letzten Texten zwar relativierte, aber nie aufgab; der Wunsch, die DDR könne sich zum besseren Deutschland entwickeln. Ernst Engelberg musste sich von manchem verabschieden, was sich als illusionär erwies, aber er brach nie mit der sozialistischen Bewegung, der er seit 1928 auch parteipolitisch angehört.

Beim Aufsatz *Friedrich Schiller als Historiker* assistierte ihm erstmalig Waltraut Seifert, die wenige Jahre später seine zweite Ehefrau wurde. Ein jahrzehntelanges Zusammenarbeiten begann, das in der zweibändigen Bismarck-Biographie seinen Höhepunkt erreichte.

Nicht nur darauf, dass die vorliegende Ausgabe keine wissenschaftlich-kritische ist, beruht der Verzicht auf Fußnoten, selbst dann, wenn sie in einigen Fällen vorlagen. Die unterschiedlichen Textarten – wissenschaftliche Aufsätze und Ma-

10

nuskripte aus dem Nachlass, Interviews und Vorträge, Zeitungsartikel und Umfrageantworten – verlangen nicht nur eine oben skizzierte ordnende Idee, sondern auch einheitliche Gestaltung.

Für die Durchsicht von Manuskripten gilt mein Dank Dr. Eva-Maria Engel, Prof. Dr. Wolfgang Küttler und Dr. Karl-Heinz Noack.

Zum 90. Geburtstag von Ernst Engelberg schrieb der Publizist und Verleger seiner zweibändigen Bismarck-Biographie Wolf Jobst Siedler: »Ein deutsches Gelehrtenleben, ausgestoßen vom Dritten Reich, gelehrt, aber auch gezügelt vom Sozialismus, zu Ehren und Wirkung gekommen, als der real existierende Sozialismus schon zu Schanden gekommen war.«

Zehn Jahre später kann man über sein Werk, das nun und in nächster Zeit durch unveröffentlichte Schriften und Briefeditionen komplettiert wird, sagen: Entstanden sind kräftige Umrisse einer Nationalgeschichte von links mit der Orientierung auf epochale Revolutionen von unten und oben. Ein engagiertes Werk mit bedenkenswerten Einsichten und Irrtümern, durchdrungen von einem anhaltenden und immer wieder bewusst gemachten Leiden an Deutschland, strebend nach einer ungeteilten deutschen demokratischen Republik.

Achim Engelberg

Friedrich Schiller

Friedrich Schiller als Historiker*

Wer sich an Zeitgenossen oder Nachfahren Friedrich Schillers, die sich über dessen historische Schriften geäußert haben, in der Hoffnung wendet, in ihnen erste Wegweiser zu finden, der gerät unversehens in einen Irrgarten gegenteiliger Meinungen.

Nach einer falschen Nachricht über Schillers Tod schrieb 1791 Jens Baggesen an Reinhold: »Dass der Schauspieldichter in ihm gestorben ist, kann ich vielleicht vergessen lernen, aber dass Deutschlands erster und vielleicht aller künftigen erster Geschichtsschreiber nicht mehr ist, das werde ich nie, nie verbluten.«

Dagegen meinte Niebuhr, einer der frühen Meister der historischen Quellenkritik, dass die historischen Arbeiten Schillers »unbedingt nichtig« seien.

Aber auch was den bewertenden Vergleich der historischen Schriften Schillers betrifft, so gehen die Urteile recht weit auseinander. Hermann Hettner betrachtet Schillers *Dreißigjährigen Krieg* als einen offenkundigen Abstieg gegenüber seiner *Geschichte des Abfalls der Vereinigten Niederlande von der spanischen Regierung,* während Eduard Fueter in seiner *Geschichte der neueren Historiographie* (1911) Schillers *Geschichte des Dreißigjährigen Krieges* »sein historisches Meisterwerk« nennt.

Die Liste der oft recht krausen und sich wunderlich widersprechenden Urteile könnten wir reichlich verlängern. Sie zwingen uns auf jeden Fall dazu, Schillers Werke selbst zu lesen und uns eine eigene Meinung über seine historiographische Leistung zu erarbeiten.

Was fürs Erste festgehalten werden muss, ist dieses: Schillers historiographisches Werk ist fragmentarisch geblieben. So hat Schiller seine Darstellung über den Abfall der Vereinigten Niederlande nur bis 1567 geführt, bis zu dem Jahr, da Alba seine Schreckensherrschaft in den Niederlanden auszuüben begann. Die große Zeit des niederländischen Freiheitskampfes finden wir in dem Werk, das 1788 erschien, überhaupt nicht gestaltet. Auch die *Geschichte des Dreißigjährigen Krieges* ist derart proportioniert, dass die letzten dreizehn Jahre jenes für Deutschland so unglücklichen Geschehens derart abrissartig behandelt sind, dass auch hier von einem geschlossenen Werk füglich nicht gesprochen werden kann. Wir empfinden es besonders schmerzlich, dass Schiller uns über den Westfälischen Frieden nichts sagt, außer einer recht rätselvollen, allzu diplomatischen Schlussbemerkung, mit der er vom Leser entschuldigend Abschied nimmt: Ein Abriss der Geschichte des Westfälischen Friedens, so schreibt er, könne mit der nötigen Kürze nicht gegeben werden, ohne »das interessanteste und charaktervollste Werk der menschlichen Weisheit und Leidenschaft zum Skelett (zu) entstellen«.

* Erstdruck in: Studien über die deutsche Geschichtswissenschaft, hrsg. von J. Streisand, Bd. 1, Berlin 1963, S. 11-31 (Deutsche Akademie der Wissenschaften, Schriften des Instituts für Geschichte, Reihe I, Bd. 20)

Nähern wir uns weiter dem historiographischen Werk Schillers, dann müssen wir, um zu einem gerechten Urteil zu kommen, nicht allein und nicht einmal in erster Linie danach fragen, was es für seine Zeitgenossen bedeutete. Mit anderen Worten: Was hat denn der werdende und schließlich in Jena zünftig installierte Professor der Geschichte Friedrich Schiller im Kreise jener Zeitgenossen, die seine Kollegen wurden, dargestellt? Hat er um seiner nackten Existenz willen einfach das ihm abverlangte Pflichtpensum des damals üblichen akademischen Gelehrtendaseins absolviert? Wir denken, dass uns allein schon die berühmt gewordene Philippika gegen den Brotgelehrten in seiner Jenenser Antrittsvorlesung aufmerken lassen sollte.

Wir sprechen nicht von den damals sehr bekannten Historikern wie Schlözer und Spittler, die Schiller in seiner Vorrede zu seiner *Geschichte des Abfalls der Vereinigten Niederlande* ausdrücklich erwähnt; wir möchten nur auf jenen ebenso emsigen wie eitlen Handwerker aufmerksam machen, den der Göttinger Geschichtsprofessor Pütter darstellte. Er war der Prototyp jenes Historikers, der in Deutschland damals vorherrschte – der Mann, der sich auf der Oberfläche der rein diplomatischen und juristischen Geschichte bewegte. Der große Aufklärer unter den deutschen Historikern, der sich bis in die zweite Hälfte des 19. Jahrhunderts gleichsam hinüberrettete, F. C. Schlosser hat in seiner Geschichte des 18. Jahrhunderts von diesem Pütter ein sehr amüsantes Konterfei überliefert. Pütter, so schrieb Schlosser, »wusste jede noch so kleine Tatsache der sogenannten Reichsgeschichte und kannte alle ihre Quellen, vom dicksten Folianten bis zu der für irgendeinen Reichsritter auf einem Reichsdorfe über einen Punkt der Gerichtsbarkeit oder über Benutzung eines Waldes oder einer Weide geschriebenen Deduktion«. Ein solcher Mann wie Pütter war von allen deutschen Fürsten, Reichsgrafen und Baronen, von großen und kleinen deutschen Staaten, von großen und kleinen deutschen Städten ebenso gesucht wie von der aristokratischen Jugend in den Hörsälen. Schlosser fügte dieser Feststellung maliziös hinzu, dass die beiden nicht ganz dünnen Bände von Pütters Autobiographie besonders dazu bestimmt seien, dies alles dokumentarisch nachzuweisen.

In Pütters Werken fehlte sozusagen nichts – außer was für eine lebendige Auffassung des Lebens und der Menschen notwendig ist. Dieses Einzige war aber das Wesentliche bei der Darlegung der Geschichte. Und in hohem Maße besaß es ein anderer: Friedrich Schiller. Bei ihm weht uns von der ersten bis zur letzten Zeile seiner Darstellungen der lebendige Odem des geschichtlichen Geschehens entgegen; der denkende und handelnde Mensch steht in meisterhafter und plastischer Gestaltung vor uns. Keine der hier agierenden Personen bleibt uns gleichgültig. Wenn von der Geschichtsschreibung Schillers nur das allein festgestellt werden könnte, dann müsste sie in die Reihe der großen Meisterleistungen eingereiht werden.

Doch müssen wir noch die Frage aufwerfen und beantworten: Welches war die Grundposition, von der aus Friedrich Schiller das geschichtliche Geschehen betrachtete? Welches waren die Grundwerte, mit denen er Personen und Ereignisse beurteilte? Wir wollen von dem Schiller, wie wir ihn als Dichter der *Räuber,* des *Fiesco,* des *Don Carlos,* der *Kabale und Liebe* kennen, einmal abgesehen, vielmehr die sozialen und politischen Grundpositionen aus Schillers erstem und großem historiographischen Werk, der *Geschichte des Abfalls der Vereinigten Niederlande,* selbst herauszuarbeiten versuchen. In diesem Bemühen macht uns allerdings die Tatsache einige Schwierigkeiten, dass dieses Werk Fragment geblieben ist, also jene Periode, in der das holländische Bürgertum zur wirklich führenden Kraft heranwächst, nicht behandelt ist. Aber es kann kein Zweifel bestehen, die Sympathien Schillers sind weder beim Absolutismus noch voll und ganz bei dem ständischen Adel, der sich im Geusenbund gegen die spanische Monarchie verbündet hat; sie sind nicht bei den Hochadligen wie Wilhelm von Oranien, am allerwenigsten bei Egmont; gegenüber den plebejischen Bilderstürmern hatte er ehrlichen Abscheu. Der habsburgische Absolutismus und der fast zu dessen Staatsreligion gewordene Katholizismus waren Schiller von ganzem Herzen zuwider. Volle Zuneigung und Achtung hatte er nur für das reiche und kulturgesättigte Bürgertum.

Mit warmem Interesse und in vollen Farben schildert Schiller die Industrie der holländischen Nation am Anfang des 16. Jahrhunderts, die damals zu ihrer höchsten Blüte reifte. »Der Acker- und Linnenbau«, so führt er aus, »die Viehzucht, die Jagd und die Fischerei bereicherten den Landmann; Künste, Manufakturen und Handlung den Städter. Nicht lange, so sah man Produkte des flandrischen und brabantischen Fleißes in Arabien, Persien und Indien. Ihre Schiffe bedeckten den Ozean, und wir sehen sie im Schwarzen Meer mit den Genuesern um die Schutzherrlichkeit streiten.« An anderer Stelle spricht Schiller davon, dass das Murren der Niederlande »die stolze und kräftige Stimme des Reichtums« gewesen sei. Und wenn er die Entstehung des Bundes des verarmten Adels schildert, hebt er hervor, dass die protestantischen Kaufleute ihn finanzierten. Diese Adligen, auf welche die Kaufleute, wie Schiller wörtlich schreibt, »zu jeder anderen Zeit vielleicht mit dem Stolze des Reichtums würden herabgeblickt haben, konnten ihnen nunmehr durch ihre Anzahl, ihre Herzhaftigkeit, ihren Kredit bei der Menge, durch ihren Groll gegen die Regierung, ja durch ihren Bettelstolz selbst und ihre Verzweifelung sehr gute Dienste leisten. Aus diesem Grunde ließen sie sich's auf das eifrigste angelegen sein, sich genau an sie anzuschließen, die Gesinnungen des Aufruhrs sorgfältig bei ihnen zu nähren, diese hohe Meinungen von ihrem Selbst in ihnen rege zu erhalten und, was das Wichtigste war, durch eine wohl angebrachte Geldhilfe und schimmernde Versprechungen ihre Armut zu dingen.« So wird uns verständlich, dass Schiller mit seiner *Geschichte des Abfalls der Niederlande,* wie er schon in den ersten Zeilen seiner Einleitung schrieb, ein schönes »Denkmal bürgerlicher Stärke« vor der Welt aufstellen wollte.

In seiner Jenenser Antrittsrede spricht er davon, dass »in dem wohlthätigen Mittelstande, dem Schöpfer unsrer Kultur ein dauerhaftes Glück für die Menschheit heranreifen sollte«.

Im Übrigen beweisen Schillers Briefe jener Jahre, dass sich gerade durch seine Berührung mit dem Hofleben in Weimar sein bürgerliches Selbstbewusstsein sehr wohl gefestigt hat – so wenn er im März 1788 an Lotte von Lengefeld, an seine spätere Frau, schrieb: »Ich habe nie glauben können, dass Sie, in der Hof- und … Luft sich gefallen; … so eigenliebig bin ich, dass ich Personen, die mir teuer sind, gerne meine eigene Denkungsart unterschiebe.«

Schiller hat in seiner *Geschichte des Abfalls der Niederlande* auch aufleuchten lassen, warum das Bürgertum gegenüber dem habsburgischen Absolutismus seine Forderungen nach rechtlicher Sicherheit und staatsbürgerlicher Freiheit unbeirrt aufrechterhielt. So sagte er: »Diesen blühenden Wohlstand hatten die Niederlande ebenso sehr ihrer Freiheit als der natürlichen Lage ihres Landes zu danken. Schwankende Gesetze und die despotische Willkür eines räuberischen Fürsten würden alle Vorteile zernichtet haben, die eine günstige Natur in so reichlicher Fülle über sie ausgegossen hatte. Nur die unverletzbare Heiligkeit der Gesetze kann dem Bürger die Früchte seines Fleißes versichern und ihm jene glückliche Zuversicht einflößen, welche die Seele jeder Tätigkeit ist.« In geradezu hymnischen Sätzen lässt Schiller vor unseren Augen erstehen, wie »im Schoße des Überflusses und der Freiheit« alle edleren Künste in den Niederlanden reiften.

Aber wenn wir auch den Zusammenhang zwischen bürgerlichen Interessen und bürgerlichen Freiheitsforderungen durch Schiller verstehen lernen, hat er auch den Zusammenhang zwischen dem aufstrebenden Bürgertum und dem Protestantismus gesehen und dargestellt? Tatsächlich vermittelt er uns erstaunliche Einsichten. Wie selbstverständlich schreibt er: »Nichts ist natürlicher als der Übergang bürgerlicher Freiheit in Gewissensfreiheit. Der Mensch oder das Volk, die durch eine glückliche Staatsverfassung mit Menschenwert einmal bekannt geworden, die das Gesetz, das über sie sprechen soll, einzusehen gewöhnt worden sind oder es auch selber erschaffen haben, deren Geist durch Tätigkeit aufgehellt, deren Gefühle durch Lebensgenuss aufgeschlossen, deren natürlicher Mut durch innere Sicherheit und Wohlstand erhoben worden, ein solches Volk und ein solcher Mensch werden sich schwerer als andre in die blinde Herrschaft eines dumpfen despotischen Glaubens ergeben und sich früher als andre wieder davon emporrichten.«

Partei ergreifend für das besitzende und gebildete Bürgertum, dessen religiöse Ideologie in der Form des Protestantismus er lebhaft bejahte, ohne sich für die lutherische oder calvinistische Richtung im Einzelnen zu erklären, war Schillers erklärter Feind der Absolutismus mit seinen Institutionen und ideologischen Verbrämungen, in Form der katholischen Kirche. Von dieser Sicht aus urteilt er: »Die Geistlichkeit war von jeher eine Stütze der königlichen Macht und musste es sein. Ihre goldne Zeit fiel immer in die Gefangenschaft des menschlichen Geistes, und wie jene sehen wir sie vom Blödsinn und von der Sinnlichkeit ernten.«

Schiller machte sich viel Mühe, in das absolutistische Staatsgetriebe, in die Gedankengänge und Seelenvorgänge seiner exponiertesten Repräsentanten und Verfechter hineinzuleuchten. Wir spüren, wie er von intellektueller Neugierde getrieben ist, sich und uns allen klarzumachen, wie die Feinde der bürgerlichen und damit, seiner Ansicht nach, auch der menschlichen Freiheit fühlten, dachten und insgeheim wie öffentlich handelten. Wir werden nicht mit soziologischen Schemen bekannt gemacht, sondern mit Unmenschen von Fleisch und Blut. Wir begreifen jetzt erst, warum es den antifeudalen und antiabsolutistischen Kämpfern für politischen und menschlichen Fortschritt so schwerfiel zu siegen. Einer der Kanaillen großen Stils war der Kardinal Granvella. Mit all seinen Schlichen, all seinen Verbindungen, mit all seinem unmenschlichen Denken, seinem verwegenen Trotz gegenüber der Feindschaft, die ihn umgab, mit seiner teuflischen Intelligenz und seiner inneren Disziplin für eine verruchte Sache – mit all dem werden wir durch Schiller bis ins Einzelne vertraut gemacht.

Erst dadurch wird uns die ganze Größe der Nation klar, die gegen diesen von Philipp II. eingesetzten Despoten unerbittlich und ohne Unterlass kämpft. Erst dadurch wird uns das Triumphgefühl zuteil, mit dem die Niederlande die Nachricht aufnahmen, dass Philipp II. seinen verhassten Minister gehen ließ. So schrieb Schiller: »Granvella war gefallen, wie kein Günstling fällt – nicht, weil sein ephemerisches Glück verblüht war, nicht durch den dünnen Atem der Laune – er fiel durch der Eintracht wundervolle Kraft – durch die zürnende Stimme einer ganzen Nation.«

Schiller macht uns nahezu mit allen Methoden des Absolutismus vertraut, mit den lächerlichen wie mit den schrecklichen, beispielsweise der Inquisition, aber auch mit dem gefährlichen Scharfsinn in der Argumentation der feudalen Herrscher, mit der Virtuosität in der Behandlung der Menschen, so mit der verstellten Freundlichkeit, wie auch mit der scharfen, kalten, zupackenden und zuschlagenden Art, wenn für die Reaktionäre der Moment zum Handeln reif geworden war. Da fehlen dann auch bei Schiller keineswegs zynische Töne; man muss es lesen, wie er die methodisch vorgehende Rache eines reaktionären Hauptmanns schildert: »Dem gemeinen Volk unter der Mannschaft wurde durch den Grafen von Aremberg sogleich das Urteil gesprochen; die dabei befindlichen Edelleute schickte er der Regentin zu, welche sieben von ihnen enthaupten ließ. Sieben andre von dem edelsten Geblüt, unter denen die Gebrüder Battenburg und einige Friesen sich befanden, alle noch in der Blüte der Jugend, wurden dem Herzog von Alba aufgespart, um den Antritt seiner Verwaltung sogleich durch eine Tat verherrlichen zu können, die seiner würdig wäre.«

Schillers Hass und Abscheu gegenüber dem Absolutismus, insbesondere gegenüber den Habsburgern, können nicht in den mindesten Zweifel gezogen werden. Aber wie sollte er bekämpft werden? Es muss uns schon aufhorchen lassen, wenn es bereits in dem historischen Rückblick unter anderem folgendermaßen heißt: »Die Reformation hatte den römischen Bischof zu der fehlenden Menschheit herabgezogen – eine rasende Bande, vom Hunger begeistert, will allen Unter-

schied der Stände vernichtet wissen.« Wenn Schiller dann im vierten Buch die Bilderstürmerei in den Niederlanden behandelt, dann macht er aus seinem Abscheu
gegenüber allem Plebejischen keinen Hehl, er spricht vom »rasenden Gesindel«,
vom »schlammigen Schoß einer verworfenen Pöbelseele«.

Aber trotz aller antiplebejischen Hassausbrüche gibt uns Schiller einen tiefen
Einblick in den Entstehungsprozess und die asoziale Verwurzelung der bilderstür-
merischen Exzesse. »Eine rohe zahlreiche Menge«, so schildert er, »zusammen-
geflossen aus dem untersten Pöbel, viehisch durch viehische Behandlung, von
Mordbefehlen, die in jeder Stadt auf sie lauern, von Grenze zu Grenze herumge-
scheucht und bis zur Verzweiflung gehetzt, genötigt, ihre Andacht zu stehlen, ein
allgemein geheiligtes Menschenrecht gleich einem Werke der Finsternis zu ver-
heimlichen – vor ihren Augen vielleicht die stolz aufsteigenden Gotteshäuser der
triumphierenden Kirche, wo ihre übermütigen Brüder in bequemer und üppiger
Andacht sich pflegen; sie selbst herausgedrängt aus den Mauern, vielleicht durch
die schwächere Anzahl herausgedrängt, hier im wilden Wald, unter brennender
Mittagshitze, in schimpflicher Heimlichkeit, dem nämlichen Gott zu dienen – hin-
ausgestoßen aus der bürgerlichen Gesellschaft in den Stand der Natur, und in einem schrecklichen Augenblick an die Rechte dieses Standes erinnert! Je überlegener ihre Zahl, desto unnatürlicher ist dieses Schicksal; mit Verwunderung nehmen
sie wahr. Freier Himmel, bereitliegende Waffen, Wahnsinn im Gehirne und im
Herzen Erbitterung kommen dem Wink eines fanatischen Redners zu Hilfe; die
Gelegenheit ruft, keine Verabredung ist nötig, wo alle Augen dasselbe sagen; der
Entschluss ist geboren, noch ehe das Wort gesprochen wird; zu einer Untat bereit
– keiner weiß es noch deutlich, zu welcher –, rennt dieser wütende Trupp auseinander. Der lachende Wohlstand der feindlichen Religion kränkt ihre Armut, die
Pracht jener Tempel spricht ihrem landflüchtigen Glauben Hohn; jedes aufgestell-
te Kreuz an den Landstraßen, jedes Heiligenbild, worauf sie stoßen, ist ein Sie-
gesmal, das über sie errichtet ist, und jedes muss von ihren rächerischen Händen
fallen. Fanatismus gibt dem Greuel seine Entstehung, aber niedrige Leidenschaf-
ten, denen sich hier reine reiche Befriedigung auftut, bringen ihn zur Vollendung.«

Bei allem großartigen Einfühlen in historisch bedeutsame Episoden, bei allem
Herausarbeiten des sozialpsychologischen Kernproblems – der antiplebejische
Hass Schillers ist nicht zu verkennen und nicht wegzudeuten. Aber war Schiller
deshalb gegen jegliche revolutionäre Befreiungstat? Vertraute er ausschließlich
auf das, was wir heute Revolution von oben nennen? Lehnte er die Revolution von
unten stets und für immer ab?

Allein schon jene berühmten und immer wieder zitierten Worte aus der Einleitung zur *Geschichte des Abfalls der Niederlande* sollten uns davor bewahren,
Schiller als Gegner jeglicher revolutionärer Volksbewegung abzutun. Wir erinnern
daran, dass er die Begebenheit in den Niederlanden als ein Beispiel aufgefasst wissen wollte, »wo die bedrängte Menschheit um ihre edelsten Rechte ringt, wo mit

der guten Sache ungewöhnliche Kräfte sich paaren und die Hilfsmittel entschlossener Verzweiflung über die fruchtbaren Künste der Tyrannei in ungleichem Wahlkampf siegen«. Für Schiller war groß und beruhigend der Gedanke, »dass ein herzhafter Widerstand auch den gestreckten Arm eines Despoten beugen, heldenmütige Beharrung seine schrecklichen Hilfsquellen endlich erschöpfen kann«. Schließlich setzte er sich zum Ziel, in der Brust seines Lesers »ein fröhliches Gefühl seiner selbst zu erwecken und ein neues unverwerfliches Beispiel zu geben, was Menschen wagen dürfen für die gute Sache und ausrichten mögen durch Vereinigung«. Es mag sehr spitzfindig erscheinen, wenn wir aus einem Briefe Schillers an Crusius vom 25. Dezember 1800 hervorheben, dass er für den bevorstehenden Neudruck seiner *Geschichte des Abfalls der Niederlande* über den Kolumnen zur linken Hand des Lesers nicht etwa aus dem schon längst festgelegten und eingebürgerten Titel eine entsprechende Abkürzung wünschte, sondern die zwei Worte: »Niederländische Revolution«.

Aber hat am Ende der biedere Schweizer Historiker Fueter doch recht, wenn er schreibt, dass Schillers berühmte Einleitung »ein schlimmes Stück phrasenhafter Revolutionsrhetorik« sei? Ein Mann wie Fueter, der so formuliert, muss eigentlich unrecht haben, auch dann, wenn er im Einzelnen dann und wann recht haben sollte. Wenn auch Schiller durchaus von dem Wunsch geleitet war, es mögen den Völkern aufgeklärte Monarchen vorstehen, und wenn er für die Vereinigten Niederlande ausdrücklich hervorhob, dass kein Volk auf Erden leichter beherrscht werden könne durch einen verständigen Fürsten als das niederländische und keines schwerer durch einen Gaukler oder Tyrannen, so war er politisch nicht so naiv zu glauben, dass Reformen von oben ohne irgendeinen Druck von unten zu erreichen wären.

Den Schlüssel zum Verständnis von Schillers Haltung finden wir in jenen Abschnitten seines Buches, wo er sein zusammenfassendes Urteil über den »lobenswürdigen Bund« des vereinigten und, wie wir gesehen haben, von den reichen Kaufleuten finanzierten Adels gibt. »Einigkeit war seine Stärke, Misstrauen und innere Zwietracht sein Untergang.« Dieses Motiv der Einigkeit unter den verschworenen Patrioten kehrt immer wieder. Darum sollten die berühmten Worte Attinghausens in *Wilhelm Tell,* die ja leicht zur pseudopatriotischen Floskel herabsinken, ein stärkeres Gewicht und eine strengere demokratische Note erhalten.

Aber trotz allem war der Vorwurf der Uneinigkeit, den er dem Geusenbund machte, nicht der entscheidende. Schiller fährt in seinen zusammenfassenden Bemerkungen über diesen Bund folgendermaßen fort: »Viele seltne und schöne Tugenden hat er ans Licht gebracht und entwickelt; aber ihm mangelten die zwo unentbehrlichsten von allen, Mäßigung und Klugheit, ohne welche alle Unternehmungen umschlagen, alle Früchte des mühsamsten Fleißes verderben.« Schiller klagt darüber sehr lebhaft, »dass der verbundene Adel an dem Unsinn der Bilderstürmer einen nähern Anteil hatte oder nahm, als sich mit der Würde und Unschuld seines Zwecks vertrug, und viele unter ihm haben augenscheinlich ihre eigene gute Sache mit dem rasenden Beginnen dieser nichtswürdigen Rotte verwechselt«.

Es zeichnet sich die Schiller eigene Vorstellung von einer antiabsolutistischen bürgerlichen Revolution ab. Er wünscht ein Bündnis zwischen besitzendem Bürgertum und dem überkommenen Adel, wobei die Führung bei dem Ersteren sein sollte. Adel und Bürgertum sollten die Führung in der patriotischen und freiheitlichen Volksbewegung behalten. Das können sie nur, wenn sie die Tugenden der Mäßigung und Klugheit üben.

Nichts war Schiller wohl verhasster, als wenn sich die zur Führung bestimmten bürgerlichen und adligen Kräfte in das Schlepptau spontaner Volksaufläufe und Volksaufstände begeben. Es war ihm zwar bewusst, dass Erscheinungen der Spontaneität in jeder Revolution unvermeidlich sind, aber er möchte sie doch möglichst zurückgedrängt wissen, gerade das Spontane, das Nichtbeherrschbare, lässt bei ihm immer wieder die geheime Furcht, das Grauen vor der Revolution aufkommen. Er hob deshalb nicht allein das Rohe und Abstoßende in der Bilderstürmerei hervor, sondern auch die Tatsache, dass sie nicht »die Frucht eines überlegten Planes gewesen« sei, dass »diese wütende Tat in ihrer Entstehung zu rasch, in ihrer Ausführung zu leidenschaftlich, zu ungeheuer erscheint, um nicht die Geburt des Augenblicks gewesen zu sein«.

Halten wir also fest: Schiller strebte an, dass Bürgertum und Adel in jeglichem Freiheitskampfe die Nation mit kluger und mäßigender Festigkeit zu führen verstehen. Nicht zuletzt deshalb verlangte er von den adligen und bürgerlichen Führungskräften Einigkeit unter sich, deren Geist auch auf die gesamte Nation ausstrahlen möge. Darum sagt er abschließend über den Geusenbund: »Durch diesen Bund wurden die Individuen einander nähergebracht und aus einer zaghaften Selbstsucht herausgerissen; durch ihn wurde ein wohltätiger Gemeingeist unter dem niederländischen Volk wieder gangbar, der unter dem bisherigen Drucke der Monarchie beinahe gänzlich erloschen war, und zwischen den getrennten Gliedern der Nation eine Vereinigung eingeleitet, deren Schwierigkeit allein Despoten so keck macht. Zwar verunglückte der Versuch, und die zu flüchtig geknüpften Bande lösten sich wieder; aber an misslingenden Versuchen lernte die Nation das dauerhafte Band endlich finden, das der Vergänglichkeit trotzen sollte.«

Aber war denn die Vorstellung eines auf den Prinzipien der bürgerlichen und nationalen Freiheit beruhenden Bündnisses zwischen Bürgertum und Adel realistisch, gerade in Deutschland realistisch? Grundsätzlich ist vorab festzustellen, dass durch die Entwicklung der kapitalistischen Ökonomie im Schoße des Feudalismus, also durch den kapitalistischen Vormarsch im städtischen Gewerbe und in der ländlichen Agrarwirtschaft eine allmähliche Annäherung zwischen Adel und Bürgertum sowohl sozialökonomisch wie psychologisch möglich wird, wobei der Druck von unten wie auch der Druck von außen, also der Druck in Zeiten der nationalen Bedrohung, als politische Katalysatoren, als beschleunigende Elemente wirken. In der

Tat waren die preußischen Reformen nach 1807 und die Vorbereitungen auf den Befreiungskrieg, die Friedrich Engels als den Beginn der bürgerlichen Revolution in Deutschland bezeichnete, ein Beispiel für eine Revolution von oben.

Das Verhältnis von bürgerlichen Reformen von oben und Revolutionen von unten beschäftigte Friedrich Schiller immer wieder, auch wenn er für einige Jahre Politik und Revolution aus seinem Bewusstsein verdrängte – und zwar gerade deswegen, weil er sie durch den Gang der weltpolitischen Ereignisse nicht zu bewältigen verstand. Aber jetzt stehen wir immer noch im Jahre 1788, im Jahre des Erscheinens der von uns besprochenen *Geschichte des Abfalls der Vereinigten Niederlande.*

Ein Jahr später, im Mai 1789, in jenem Monat, da gleichsam als Vorboten der Revolution die Generalstände in Paris zusammentraten, trat Schiller zum Leidwesen seines Freundes Körner in den Kreis der zünftigen Historiker ein. Am 26. Mai 1789 hielt er in Jena im Griebachschen Haus seine Antrittsvorlesung über ein eigentlich sehr konventionelles Thema: *Was heißt und zu welchem Ende studiert man Universalgeschichte?*

Wir gehen hier auf seine teleologische Geschichtsauffassung, verbunden mit einer Art Kreislauftheorie, nicht weiter ein, auch wenn es nicht schwer ist, in einigen Exkursen innerhalb seiner *Geschichte des Abfalls der Niederlande* die gleichen geschichtsphilosophischen Auffassungen herauszufinden. Sie haben unserer Ansicht nach seine forscherischen Leistungen und seine weit bedeutendere Geschichtsschreibung kaum beeinflusst. Ja, Schiller ist unserer Ansicht nach selbst in der Theorie nicht konsequent. Ein echter Geschichtsteleologe muss leugnen, dass die Geschichte und die Menschen etwas grundsätzlich Neues hervorzubringen vermögen, gerade auch im Moralischen; alles ist doch nach ihnen zweckvoll von Anfang an vorherbestimmt; die Menschen haben danach nur das zu erkennen und zu realisieren, was von Anfang an der Geschichte zugrunde gelegt werden sollte. Darin besteht ausschließlich die hohe Mission der Neuzeit. Schiller dagegen schließt seine Antrittsrede mit folgenden Worten: »Ein edles Verlangen muss in uns entglühen, zu dem reichen Vermächtnis von Wahrheit, Sittlichkeit und Freiheit, das wir von der Vorwelt überkamen und reich vermehrt an die Folgewelt wieder abgeben müssen, auch aus unsern Mitteln einen Beitrag zu legen, und an dieser unvergänglichen Kette, die durch alle Menschengeschlechter sich windet, unser fliehendes Dasein zu befestigen.«

Den stärksten Eindruck, den Schillers Jenenser Antrittsrede vermittelt, bilden nicht seine Geschichtskonstruktionen, sondern sein noch ungebrochener Fortschrittsoptimismus, sein ebenso ungebrochener Glaube an die geschichtliche und moralische Mission seiner Gegenwart, an das 18. Jahrhundert, das er »unser menschliches Jahrhundert« nannte, sein Appellieren an den Menschen.

Gerade das Letztere haben wir bereits als ersten hervorstechenden Eindruck seiner *Geschichte des Abfalls der Niederlande* erkannt. Gerade dadurch, dass er den Menschen in den Mittelpunkt seiner künstlerischen Darstellung der Geschichte stellte, hob er sich von der moralischen Engbrüstigkeit gelehrter Pedanten mit einem Schlage ab. Auch die Geschichtsschreibung war für ihn eine moralische Anstalt. So wandte er sich an seine Studenten: »Fruchtbar und weit umfassend ist das Gebiet der Geschichte; in ihrem Kreise liegt die ganze moralische Welt … Es ist keiner unter Ihnen allen, dem Geschichte nicht etwas Wichtiges zu sagen hätte, alle noch so verschiedenen Bahnen Ihrer künftigen Bestimmung verknüpfen sich irgendwo mit derselben; aber eine Bestimmung teilen Sie alle auf gleiche Weise miteinander, diejenige, welche Sie auf die Welt mitbrachten – sich als Menschen auszubilden – und zu dem Menschen eben redet die Geschichte.«

Wir müssen unwillkürlich an Hölderlin denken, der einige Jahre später über die Deutschen zürnte, dass man dort nur Handwerker sehe, aber keine Menschen, dass der Deutsche doch immer in seinem Fache bleibe. Das meinte eigentlich auch Schiller, der sich nicht an den durch die Arbeitsteilung zerrissenen, in falscher fachmännischer Tüchtigkeit befangenen Menschen wendet, sondern den ganzen Menschen erfassen und bilden wollte.

Darum verlangt er auch ein enges Bündnis zwischen Wissenschaft und Kunst und erklärt halb fordernd: »An griechischen und römischen Mustern musste der niedergedrückte Geist nordischer Barbaren sich aufrichten und die Gelehrsamkeit einen Bund mit den Musen und Grazien schließen, wann sie einen Weg zu den Herzen finden und den Namen einer Menschenbilderin sich verdienen wollte.« Das ist nichts anderes als das vorhin zitierte Leitmotiv. Und im Schlusssatz der Vorrede zur *Geschichte des Abfalls der Niederlande* sagt er noch deutlicher, »dass eine Geschichte historisch treu geschrieben sein kann, ohne darum eine Geduldprobe für den Leser zu sein« und »dass die Geschichte von einer verwandten Kunst etwas borgen kann, ohne deswegen notwendig zum Roman zu werden.« Hermann Hettner mag durchaus recht haben, wenn er Schillers Gedicht *Die Künstler*, bereits im Sommer 1788 begonnen und am 4. Februar 1789 vollendet, in Zusammenhang mit Schillers Bemühungen bringt, Kunst und Wissenschaft miteinander zu vermählen. Der Menschheit Ideal ist nach Schiller erst erreicht, wenn sittliche und wissenschaftliche Kultur wieder volle Einheit sind. Und Schiller mahnt uns:

>»*Der Menschheit Würde ist in eure Hand gegeben,*
>*Bewahret Sie!*
>*Sie sinkt mit euch! Mit euch wird sie sich heben!*«

Wenige Monate nach Beginn seiner akademischen Tätigkeit in Jena nahm Schiller die *Geschichte des Dreißigjährigen Krieges* in Angriff. Der Stoff lag ihm zwar schon seit 1786 am Herzen, aber jetzt wurde er durch den Verleger Göschen zur Arbeit angeregt und angetrieben, diese Geschichte für einen Damenalmanach zu schreiben. Was Schillers Grundansichten über die Entstehung und den Verlauf dieses entsetzlichen Krieges anbelangt, so müssen wir dem Urteil eines Hermann Hettner und Franz Mehring folgen. Von vornherein wird die Religion als Ursache und Triebkraft des Krieges gesehen, was den Blick trüben muss. Schillers bürgerliches Klassenbewusstsein setzt sich hier in einseitige Parteinahme für den Protestantismus um. Die progressive Bedeutung der Reformation wird überbetont und Gustav Adolf als Glaubenskämpfer und Vertreter des Progressiven glorifiziert. Erst nachträglich wird erwähnt, dass der Held, der bei Lützen sank, nicht mehr der Wohltäter Deutschlands war, sondern dass der größte Dienst, den er der Freiheit des Deutschen Reiches noch erweisen konnte, in seinem Sterben lag.

Schiller sah die Partikulargewalten als Träger der Freiheit, weil sie gegen Habsburg, den Verfechter der alten Religion, ankämpften. Darum wird auch das Bild der entsetzlichen Schmach und Erniedrigung Deutschlands nicht mit jener Eindringlichkeit gezeichnet, wie man es eigentlich von Schiller hätte erwarten können. Er war auch zu sehr von der Vorstellung befangen, dass Europa eine große Völkerfamilie bilde, als dass er den fürstlichen Verrat an Kaiser und Reich hätte vollständig begreifen und gebührend brandmarken können. Nur gelegentlich finden wir Sätze wie diesen: »Alle diese Wunden schmerzten um so mehr, wenn man sich erinnerte, dass es fremde Mächte waren, welche Deutschland ihrer Habsucht aufopferten und die Drangsale des Krieges vorsätzlich verlängerten, um ihre eigennützigen Zwecke zu erreichen. Damit Schweden sich bereichern und Eroberungen machen konnte, musste Deutschland unter der Geißel des Krieges bluten; damit Richelieu in Frankreich notwendig blieb, durfte die Fackel der Zwietracht im Deutschen Reiche nicht erlöschen.«

In Schillers Dreißigjährigem Krieg sind die subjektiven Faktoren des Geschichtsverlaufs, die Momente des Zufalls, die Kabinettpolitik, die persönlichen Motive weit stärker betont als in seiner *Geschichte des Abfalls der Niederlande*.

Aber dennoch! Auch in diesem Werk zeigt sich auf Schritt und Tritt die Meisterhand des gestaltenden Geschichtsschreibers. Es ist schwer, der Versuchung zu widerstehen, ganze Partien aus der packenden Schilderung der Greuel des Krieges zu zitieren. Nur eine Zusammenfassung sei wiedergegeben: »Alle Bande der Ordnung lösten in dieser langen Zerrüttung sich auf, die Achtung für Menschenrechte, die Furcht vor Gesetzen, die Reinheit der Sitten verlor sich, Treu und Glaube verfiel, indem die Stärke allein mit eisernem Zepter herrschte; üppig schossen unter dem Schirme der Anarchie und der Straflosigkeit alle Laster auf, und die Menschen verwilderten mit den Ländern. Kein Stand war dem Mutwillen zu ehrwürdig, kein fremdes Eigentum der Not und der Raubsucht heilig. Der Soldat (um das Elend jener Zeit in ein einziges Wort zu pressen), der Soldat herrschte…« Friedrich Schiller selbst hat den qualitativen Unterschied zwischen seiner *Geschichte des Dreißigjährigen Krieges* einerseits und der *Geschichte des Abfalls der Vereinigten Niederlande* anderseits wohl gefühlt. In einem Brief an den Buchhändler

Siegfried Lebrecht Crusius, den Verleger seines ersten Geschichtswerkes, schrieb er am 8. Oktober 1791: »Sie taten mir Unrecht, wertester Freund, wenn Sie glaubten, dass ich Sie einem andern nachgesetzt und durch Übernehmung des historischen Kalenders die Niederländische Geschichte zurückgesetzt habe. Ein anderes ist eine Arbeit für Damen und die Modewelt, ein anderes ein Werk für die Nachwelt. Das Letztere wird langsam reif, wenn das erstere leicht von der Feder fließt. In keinem Falle würde ich mit der Fortsetzung der Niederländischen Geschichte so geschwind haben hervortreten können, als Sie und vielleicht auch das Publikum wünschten.«

Die *Geschichte des Dreißigjährigen Krieges* war im weitesten Sinne des Wortes ein Kind der Not. Bei allem Interesse für den Stoff ging er an die Arbeit aus dem drängenden Bedürfnis heraus, in rascher Arbeit etwas zu verdienen. Aber der Briefwechsel Schillers sagt deutlich aus, wie die Arbeit ständig unterbrochen wurde, weil den Dichter Krankheit niederwarf. Bitter bedrückte ihn materielle Not. Der Schwerleidende brachte kaum die Mittel auf, um sich einen Pelz anzuschaffen, zu dem ihm der Arzt dringend riet. Schiller, einer der Größten unserer Kultur, war nicht einmal in der Lage, die Unkosten einer Reise nach Schwaben zu seinen Eltern zu bestreiten.

Wie schwer ihm die Arbeit fiel, wie sehr sie ihn bedrückte – darüber durfte er seinem Verleger Göschen nichts verraten; ihm gegenüber spielte er den Munteren und berichtete zuversichtlich im Juni 1792: »Der *Dreißigjährige Krieg* geht jetzt schon frisch seinen Gang, und ich werde in der Mitte dieses Monats, meinem Versprechen und Ihrem Wunsche gemäß, pünktlich die erste Manuskriptlieferung einschicken.« Wenig später aber schreibt er seinem Freund Körner: »Die Last des *Dreißigjährigen Krieges* liegt noch schwer auf mir und weil mich die Krämpfe auch redlich fortplagen, so weiß ich oft kaum wo aus noch ein.«

Zur materiellen und gesundheitlichen Not gesellte sich zu jener Zeit, nicht weniger bedrückend, die moralische. Sie führte ihn von der Geschichtsschreibung weg. Worin bestand denn nun diese moralische Not? Schon im März 1792 bekannte er gegenüber Körner, dass er der Arbeit am *Dreißigjährigen Krieg* nicht über fünf Stunden des Tages widmen möchte. »Ganz besitzt sie mich nicht«, fuhr er fort, »und meine besten Stunden werden auf etwas Gescheiteres verwendet, was du mündlich erfahren sollst.« Und dieses Gescheitere erweist sich als das Studium Kants.

Was hat Schiller zu Kant getrieben? Es bleibt uns hier versagt, alle Seiten dieses Vorgangs zu verfolgen und zu beleuchten. Nur auf einen einzigen, unserer Ansicht nach allerdings sehr entscheidenden Gesichtspunkt möchten wir hier hinweisen. Ein echter Historiker muss ein zutiefst politischer Mensch sein, und das war auch Schiller unzweifelhaft, trotz vermeintlicher und auch wirklicher Resignation in Fragen der Politik während verschiedener Abschnitte seines Lebens. Wir haben Schiller in seiner Antrittsrede als einen fortschrittsoptimistischen und gegenwarts-

24

freudigen Menschen in den Wochen der Vorphase der großen Französischen Revolution kennengelernt; wir haben ihn kennengelernt als einen politischen Menschen, der alles vom Standpunkt der bürgerlichen Freiheitsforderungen und im Interesse der bürgerlichen Umgestaltung der gesellschaftlichen und politischen Verhältnisse betrachtet. Dabei plagt ihn das Verhältnis zwischen den Problemen der Revolution von oben und der von unten. Solange die Französische Revolution tatsächlich vom Bürgertum und einigen Teilen des übergelaufenen Adels geführt und die Volksbewegung im Großen und Ganzen von diesen großbürgerlich-adligen Führungskräften beherrscht wird, ist Schiller beruhigt und bejaht die Revolution. Immerhin schreibt er am 6. November 1792, also nach der Fertigstellung seiner *Geschichte des Dreißigjährigen Krieges*, zu einer geplanten Bearbeitung der Cromwellschen Revolution an Körner:»Es ist sehr interessant, gerade in der jetzigen Zeit ein gesundes Glaubensbekenntnis über Revolutionen abzulegen; und da es schlechterdings zum Vorteil der Revolutionsfeinde ausfallen muss, so können die Wahrheiten, die den Regierungen notwendig gesagt werden müssen, keinen gehässigen Eindruck machen.« Aber Körner lehnte doch ab, weil ihm der Cromwell-Stoff zu verfänglich erschien. Noch im gleichen Monat November bekennt Schiller Gottfried Körner gegenüber, dass er den Moniteur lese und seitdem von den Franzosen mehr erwarte und setzt hinzu:»Wenn Du diese Zeitung liest, so will ich sie Dir sehr empfohlen haben. Man hat darin alle Verhandlungen in der Nationalkonvention in Detail vor sich und lernt die Franzosen in ihrer Stärke und Schwäche kennen.«

Dieses intensive Verfolgen der revolutionären Ereignisse in Frankreich hinderte ihn nicht im Mindesten, kaum drei Jahre später an den Komponisten und Schriftsteller Reichardt zu schreiben, es sei im buchstäblichsten Sinne wahr, dass er gar nicht in seinem Jahrhundert lebe, und mit unschuldigster Miene und schwäbischem Schlaumeiertum fügt Schiller hinzu:»Und ob ich gleich mir habe sagen lassen, dass in Frankreich eine Revolution vorgefallen, so ist dies so ohngefähr das Wichtigste, was ich davon weiß.«

Öfters schreiben Literaturhistoriker von der Enttäuschung Schillers über die Französische Revolution. Wir möchten in Zweifel ziehen, ob dieser Ausdruck »Enttäuschung« der inneren und äußeren Situation Schillers von damals adäquat ist. Gewiss war im Mai 1789 in Schiller noch so etwas wie naiver Optimismus vorhanden, aber seine Vorstellung von einer bürgerlichen Revolution war nach einer Seite hin immer klar umrissen, nämlich was seine Ablehnung alles Spontanen und Plebejischen in der Revolution betraf. Dieses Spontane und Plebejische musste in Schillers Augen den letzten politischen und menschlichen Zielen der bürgerlichen Revolution abträglich sein.

Von dieser Grundposition aus musste er vieles, was sich in der Französischen Revolution ereignete, negieren. Wir denken, wir sollten in der Beurteilung seiner Haltung zum Ablauf der Französischen Revolution sehr umsichtig zu Werke gehen. Auf keinen Fall scheint mir richtig zu sein, Schiller etwa als irrenden Spießbürger anzusehen, dem man nun einmal vieles verzeihen müsse, weil er im Übrigen kein schlechter Poet sei.

Was müssen wir also beachten? Fürs Erste sollten wir uns hüten, aus allen Volksaufständen der Französischen Revolution gleichsam ein heilig Wesen zu machen. In einem Brief vom 4. September 1870 beurteilt ein Mann, den niemand als Gegner der Revolution und des Plebejertums zu bezeichnen wagt, die Schreckensherrschaft der Französischen Revolution in einer heute für unsere Ohren recht merkwürdig klingenden Art. Er schrieb damals, also am 4. September 1870, unmittelbar nach dem Sturz Napoleons III., Folgendes:»Wir verstehn darunter (unter der Schreckensherrschaft – E. E.) die Herrschaft von Leuten, die Schrecken einflößen; umgekehrt, es ist die Herrschaft von Leuten, die selbst erschrocken sind. La terreur, das sind großenteils nutzlose Grausamkeiten, begangen von Leuten, die selbst Angst haben, zu ihrer Selbstberuhigung. Ich bin überzeugt, dass die Schuld der Schreckensherrschaft Anno 1793 fast ausschließlich auf den überängsteten, sich als Patrioten gebärenden Bourgeois, auf den kleinen hosenscheißenden Spießbürger und auf den bei der terreur sein Geschäft machenden Lumpenmob fällt.« Der dies geschrieben hat, war – Friedrich Engels, und zwar an Karl Marx.

Es liegt mir nun fern, diese Briefstelle von Friedrich Engels gleichsam zu kanonisieren und zu meinen, damit sei das Urteil über die französische Schreckensherrschaft ein für allemal gefällt. Aber wir sollten doch vorsichtiger sein in den empörten oder meist bemitleidenden Vorurteilen von Schillers Distanz zur Französischen Revolution. Er hatte doch offensichtlich einigen Grund, über manche Ereignisse entsetzt zu sein.

Wir wollen auch nicht übersehen, dass Friedrich Engels mit seinen Bemerkungen über die Schreckensherrschaft in der Französischen Revolution das Problem der Spontaneität berührte, das die führenden Revolutionäre nicht beherrschten.

Zu dem Großartigen der Großen Sozialistischen Oktoberrevolution von 1917 gehörte auch die Tatsache, dass sie ideologisch, politisch und organisatorisch bis ins Einzelne vorbereitet und beherrscht wurde. Deshalb kostete sie so wenig Opfer und ist auch von dieser Sicht her so tief menschlich.

Doch zurück zu Schiller. Ein anderes, was wir beim Problem Schiller und die Französische Revolution unbedingt beachten müssen, das ist eine exaktere Beurteilung seiner Stellung zu Ludwig XVI. Es ist selbstverständlich nicht zu bestreiten, dass er eine Schrift gegen seine Hinrichtung schreiben wollte. Aber ganz im Sinne seiner Meinung über die einzunehmende Grundhaltung in einer Schrift über die Cromwellsche Revolution, wo auch einige Wahrheiten über die feudalen Regierungen gesagt werden sollten, schrieb er am 21. Dezember 1792 wiederum an seinen Freund Körner:»Der Schriftsteller, der für die Sache des Königs öffentlich streitet, darf bei dieser Gelegenheit schon einige wichtige Wahrheiten mehr sagen als ein anderer und hat auch schon etwas mehr Credit.« Schiller hat also auch hier die Sache der bürgerlichen Freiheit nicht aufgegeben und sich keineswegs auf die Position eines konservativen Draufgängers begeben. Aber nun geschah bei der Abfassung der Verteidigungsschrift etwas höchst Merkwürdiges. Am 8. Februar 1793 setzt Schiller das Thema in seinem Briefwechsel mit Körner fort, und da schreibt er ihm:»Was sprichst Du zu den französischen Sachen? Ich habe wirklich eine Schrift für den König schon angefangen gehabt, aber es wurde mir nicht wohl darüber, und da liegt sie mir nun noch da.« Es wurde ihm nicht wohl dabei! Hier haben wir den eigentlichen Grund, warum die Hinrichtung Ludwigs der beabsichtigten Protestschrift zuvorkam.

Kurz zusammengefasst: Schiller wurde nicht fertig mit den Problemen der Revolution von unten, weil ihm die objektiven Verhältnisse in Deutschland und viele Erscheinungen in Frankreich nicht halfen, damit fertig zu werden. Er wurde aber auch nicht fertig mit den Problemen der Revolution von oben, weil der Gang der Ereignisse in Frankreich sie überholte und sie in Deutschland in einer Zeit, da der konterrevolutionäre Krieg gegen Frankreich bereits in Szene gesetzt war, erst recht nicht mehr aktuell wurden.

Darum wandte sich er von der eigentlichen Geschichtsschreibung ab, da sie ihm zu jener Zeit für die Sache der bürgerlichen Revolution nicht mehr nützlich schien. Ja, Schiller musste sich fragen, ob überhaupt noch die Fragen der politischen Emanzipation angängig seien. Sollte man sich nicht vielmehr erstrangig nach der menschlichen Emanzipation fragen? Schiller bejahte diese letztere Frage, und das ist der tiefere Sinn seiner intensiven Beschäftigung mit Kant. Es ist nicht unseres Amtes, diese Problematik hier zu verfolgen, auch nicht, wie er sich von Kant wieder entfernte und zu einer neuen dramatischen Dichtung kam.

Aber was uns als Historiker interessiert und interessieren muss, das ist die Frage, wie Schiller vom Politischen her (und eben nicht allein vom Ästhetischen) zu der erwähnten neuen Dramatik kam. Denn wir müssen hier Franz Mehring recht geben, wenn er sagte, dass Schiller auch als Dramatiker ein großer Historiker war.

Zur großen dramatischen Schöpfung drängte es ihn auch aus politischen Gründen, nachdem nämlich das politische Geschehen die nationale Frage in den Vordergrund gerückt hatte. Die französische Hegemonie und die drohende Fremdherrschaft in ihrer drückendsten Form eröffneten die reale Perspektive einer bürgerlichen Revolution von oben, die sich mit einer Volksbewegung verbindet, der die herrschenden Kräfte allerdings in Ziel und Methode von vornherein Schranken weisen.

Wann trat der Umschwung ein, der die deutschen Intellektuellen in direktem oder indirektem Zusammenhang mit Regungen im Volke politisch wieder aufgeschlossener machte? Wir denken, dass dieser Umschwung spätestens mit dem Jahre 1797 eintrat, als nämlich Österreich, wie Preußen 1795, im Vorfrieden von Leoben und schließlich im Frieden von Campo Formio in die Abtretung des linken Rheinufers einwilligte. Um die nationale Demütigung zu vervollständigen, wurde auch noch festgelegt, dass Frankreich im Verein mit Russland bei der Neu- und

Umgruppierung der deutschen Länder mitzusprechen, im Grunde genommen zu entscheiden hatte.

Die deutschen Intellektuellen waren auf tiefste beunruhigt, und jeder große deutsche Dichter und Denker setzte sich damals auf die eine oder andere Weise mit der nationalen Krise auseinander. Die nationalbürgerlichen Regungen seit dem Frieden von Campo Fomio, noch keineswegs aufeinander abgestimmt, jede auf eigene Art, oft noch tastend, sind dennoch unverkennbar und haben die nationale Bewegung wider die Fremdherrschaft nach 1807 vorbereitet.

Es begann eigentlich mit Johann Wolfgang von Goethe! In den entscheidungsvollen Monaten zwischen dem Vorfrieden von Leoben im April 1797 und dem Frieden von Campo Formio im Oktober 1797 hat er sein volkstümliches und vaterländisches Epos *Hermann und Dorothea* beendet und es mit den Worten schließen lassen: »Und gedächte jeder wie ich, so stünde die Macht auf gegen die Macht, und wir erfreuten uns alle des Friedens.« Goethes nationalbürgerlicher Trotz, der aus diesen Worten spricht, konnte nicht beruhigend wirken, auch wenn die Grundstimmung in *Hermann und Dorothea* antirevolutionär war.

Und während das Goethesche Epos *Hermann und Dorothea* die deutsche Kleinstadtwelt gestaltete, idealisierte und nur von fern in den großen welt- und nationalpolitischen Zusammenhang stellte, führte Schillers *Wallenstein*-Trilogie, die in den Jahren 1797 und 1798 vollendet wurde, in die große Welt der politischen und militärischen Kämpfe und Entscheidungen einer bedeutsamen Epoche unserer Geschichte. Schiller ging es um die moralisch-politische Erziehung der Deutschen, damit sie in einer Zeit, »da um der Menschheit große Gegenstände, um Herrschaft und Freiheit« gerungen wurde, als Nation im Kreise der großen Völker bestehen könnten.

Niemals war ihm die Würde und Größe der deutschen Nation gleichgültig; er sah beides im Streben nach dem humanistischen Ideal und in der Weltoffenheit. Dem Deutschen »ist das Höchste bestimmt, die Menschheit, die allgemeine, in sich zu vollenden und das Schönste, was bei allen Völkern blüht, in einem Kranze zu vereinen«, das schrieb Schiller in dem Liedentwurf *Deutsche Größe*, der entweder nach dem Frieden von Campo Formio und Lunéville entstand. Und gerade die von ihm geforderte besondere Größe und Würde der Deutschen hielt er für die Voraussetzung ihrer politischen Zukunft: »Dem, der Geist bildet, beherrscht, muss zuletzt die Herrschaft werden.«

Aber schrieb Schiller in jenen schicksalsschweren Jahren, von denen wir sprechen, nicht auch Worte tiefster politischer Resignation? Denken wir nur an das Gedicht *Der Antritt des neuen Jahrhunderts*. Von dem gewaltigen weltpolitischen Gegensatz und Kampf zwischen Frankreich und England sprechend – »Aller Länder Freiheit zu verschlingen, schwingen sie den Dreizack und den Blitz«, mutet uns der Schluss wie eine politische Weltflucht an:

»Ach umsonst auf allen Länderkarten
Spähst du nach dem seligen Gebiet,
Wo der Freiheit ewig grüner Garten,
Wo der Menschheit schöne Jugend blüht ...

In des Herzens heilig stille Räume
Musst du fliehen aus des Lebens Drang:
Freiheit ist nur in dem Reich der Träume,
Und das Schöne blüht nur im Gesang.«

Die Resignation, die aus diesen Verszeilen spricht, konnte nur vorübergehend sein, weil sie von politischen Überlegungen und von einem ursprünglichen Handelnwollen ausging. Gerade dieses Gedicht zeugt in seinen Hauptteilen von einem politisch hellwachen Blick. Schiller wusste, was draußen in der Welt gespielt wurde und was so oft hinter den großen Worten der politischen Tagesparolen steckte. Weder diesseits noch jenseits des Rheins, weder auf dem Kontinent noch auf den britischen Inseln verspürte er eine Kraft, der er sich vertrauensvoll hätte an-schließen können. Er ließ sich auch nicht von der Zauberkraft Napoleonischen Feldherrntums und seinem revolutionär anmutenden Pathos hinreißen, wie es Beethoven vorübergehend geschah; dazu war er politisch zu klar blickend. Das politische Klügeln und das gesellschaftliche Klugreden mit Napoleon, wie dies Seine Exzellenz Wirklicher Geheimrat und Staatsminister Wolfgang von Goethe auf dem Erfurter Fürstentag tat, lag Schiller auch nicht; dazu fühlte er seiner Herkunft und seinem Temperament nach denn doch zu demokratisch. »Seiner freien Seele war der Hauch der Tyrannei durchaus zuwider«, so berichtete Karoline Schlegel und fuhr dann später fort: »Und wir hörten ihn sagen: ›Wenn ich mich nur für ihn (Napoleon – E. E.) interessieren könnte! Alles ist ja sonst tot – aber ich vermag's nicht; dieser Charakter ist mir durchaus zuwider.‹«

Es kann kein Zweifel bestehen: Bei Schiller wurde nach 1797 und besonders nach 1801 der patriotische (und darum im Kern auch antifeudal bleibende) Charakter seiner Dichtung immer unverkennbarer und gelangte zu höchster Wirkung. Alle gegenteiligen Behauptungen, auch von einem solch hervorragenden marxistischen Historiker wie Franz Mehring, entsprechen nicht den Tatsachen. Schillers Dramen, wie die *Wallenstein*-Trilogie (1797–99), *Die Jungfrau von Orleans* (1802), *Wilhelm Tell* (1804), sind in ihrem unmittelbaren moralisch-politischen Einfluss – gerade auch auf die preußischen Offiziere – von der nationalen Widerstands- und Befreiungsbewegung nicht wegzudenken. Heinrich Heine zielte darauf ab, als er einmal sagte, dass Schillers Worte Taten wurden.

Schiller stand als nationalpolitischer Erzieher des deutschen Volkes keineswegs einsam da, obwohl er weit herausragte: Friedrich Hölderlin, ein Schwabe wie Schiller, zürnend in seinem *Hyperion* über die staatsbürgerliche Herzensenge und

Schwunglosigkeit der Deutschen, schrieb in den Jahren zwischen Campo Formio und Lunéville Vaterlandsgedichte von einzigartiger Empfindung und Schönheit der Sprache: »O heilig Herz der Völker, o Vaterland!« Auch Wegbereiter und Weggenossen der deutschen Klassik, wie Wieland und Herder, haben die Deutschen zur nationalen Selbstbesinnung aufgerufen. Schließlich sei Hegel erwähnt, der in seiner Schrift über die Verfassung Deutschlands (1801/02) nach einem Ausweg aus dem politischen Elend der Deutschen suchte.

Im Zusammenhang mit der nationalpolitischen Dramatik Schillers müssen wir auch die Verhandlungen sehen, die er seit 1803 sehr ernsthaft führte, um nach Berlin zu kommen. Er sprach es in einem Brief vom Juni 1804 offen aus, es sei seine Bestimmung, »für eine größere Welt zu schreiben, meine dramatischen Arbeiten sollen auf sie wirken, und ich sehe mich hier in so engen, kleinen Verhältnissen, dass es ein Wunder ist, wie ich nur einigermaßen etwas leisten kann, das für die größere Welt ist«. In der Tat wurde im Sommer 1804 *Wilhelm Tell* in Berlin, wie Schiller selbst feststellte, »mit erstaunlicher Wirkung« aufgeführt. Es war ihm vielleicht auch nicht unbekannt geblieben, dass er schon damals zum Lieblingsdichter der entschiedensten Reformer und Patrioten geworden war.

Die Aussichten auf eine Revolution von oben nahmen immer realere Gestalt an. Zugleich befestigten sich in Schiller seine Ansichten über Inhalt und Form einer Volksbewegung. In *Wilhelm Tell* handeln nicht mehr, wie bei den niederländischen Bilderstürmern, spontan zusammengerottete Haufen, sondern Bauern in einer vereinbarten Aktion der Gesamtheit. Mit dem Spontanen sind auch alles Rohe und Wider-Menschliche verschwunden.

Der Gang der politischen Entwicklung hat Schiller geholfen, das ihn sowohl als Historiker wie als Dramatiker immer wieder bewegende Problem des Verhältnisses der Revolution von oben und der von unten einer Lösung näherzubringen. Darin liegt die beeindruckende Konsequenz seines Denkens, Schaffens und Handelns.

Übersehen wir auch nicht, dass Schiller bei aller Distanz zu den konkreten Erscheinungen der Französischen Revolution den großen Ideen von 1789 unwandelbar treu blieb. Als er das 1792 vom Konvent beschlossene französische Bürgerdiplom 1798 endlich erhielt, da schrieb er: »Die Ehre, die mir durch das erteilte französische Bürgerrecht widerfährt, kann ich durch nichts als meine Gesinnung verdienen, welche den Wahlspruch der Franken von Herzen adoptiert; und wenn unsere Mitbürger über den Rhein diesem Wahlspruch immer gemäß handeln, so weiß ich keinen schöneren Titel, als einer der ihrigen zu sein.« Und dieser Wahlspruch der Franken konnte nur die Losung »Freiheit, Gleichheit, Brüderlichkeit« sein.

Bis weit in das 19. Jahrhundert hinein – denken wir nur an das patriotische Schillerfest des Jahres 1859 – war das Gesamtwerk Schillers die repräsentative Manifestation des deutschen Nationalgefühls. Es war stellvertretend für die Sehnsucht der Deutschen nach nationaler Einheit, nach staatsbürgerlicher Freiheit, nach Gewissensfreiheit und Menschenwürde, gab Kraft und Zuversicht im Ringen um Einheit und Unabhängigkeit der Nation.

Doch übersehen wir niemals, dass die Ideen der Französischen Revolution, denen Schiller bis an sein Lebensende verhaftet blieb, über die bürgerlichen Klassenschranken hinauswiesen. Die verschiedenen Systeme des französischen Sozialismus, der eine der drei Quellen des wissenschaftlichen Sozialismus bildet, gingen stets von der Fragestellung aus, wie die großen Losungsworte »Freiheit, Gleichheit, Brüderlichkeit« am besten verwirklicht werden könnten. Und Schillers Suchen nach den Bedingungen der menschlichen Emanzipation – ein Suchen, das gleichfalls aus dem harten Widerspruch zwischen Ideal und Wirklichkeit entstanden war – wies gleichfalls unbewusst über die bürgerliche Gesellschaft hinaus.

Die materialistische Geschichtsauffassung des wissenschaftlichen Sozialismus hat zwar die idealistischen Ausgangspunkte, die von der Französischen Revolution her stammen, verlassen; aber sie ist und bleibt eine zutiefst humanistische und optimistische Lehre. Der Ausgangs- und Endpunkt der materialistischen Geschichtsauffassung ist der Mensch – der Mensch in seiner produktiven Tätigkeit und seinen gesellschaftlichen Beziehungen. Die geschichtliche Entwicklung bedeutet, möge sie noch so sehr und immer durch Leiden, Opfer und Verbrechen gezeichnet sein, möge sie uns auch immer wieder zu einer unverschwärmten Nüchternheit zwingen, trotz allem Entfaltung der menschlichen Kräfte, Wachstum und Aufstieg der Menschheit.

Das Bürgertum in seiner Gesamtheit hat späterhin seit dem Zeitalter des Imperialismus selbst das Ideal des bürgerlichen Gemeingeistes und seinen eigenen Humanismus schmählich missachtet. Alles Hoffen auf eine bürgerliche Herrschaft der Freiheit und Demokratie hat sich spätestens seit Anbruch des Imperialismus als eine Illusion und gefährliche Narrheit erwiesen und wurde oft genug in den blutigen Orgien der Konterrevolution ertränkt. Der Imperialismus ist Reaktion auf der ganzen Linie, so wie der Feudalismus im 18. Jahrhundert. Heute hat nur die Arbeiterklasse Schillers ursprüngliche Impulse aufgenommen und ist dabei, sein humanistisches Sehnen und Streben unter neuen ideologischen Aspekten und sozialen Bedingungen zu verwirklichen.

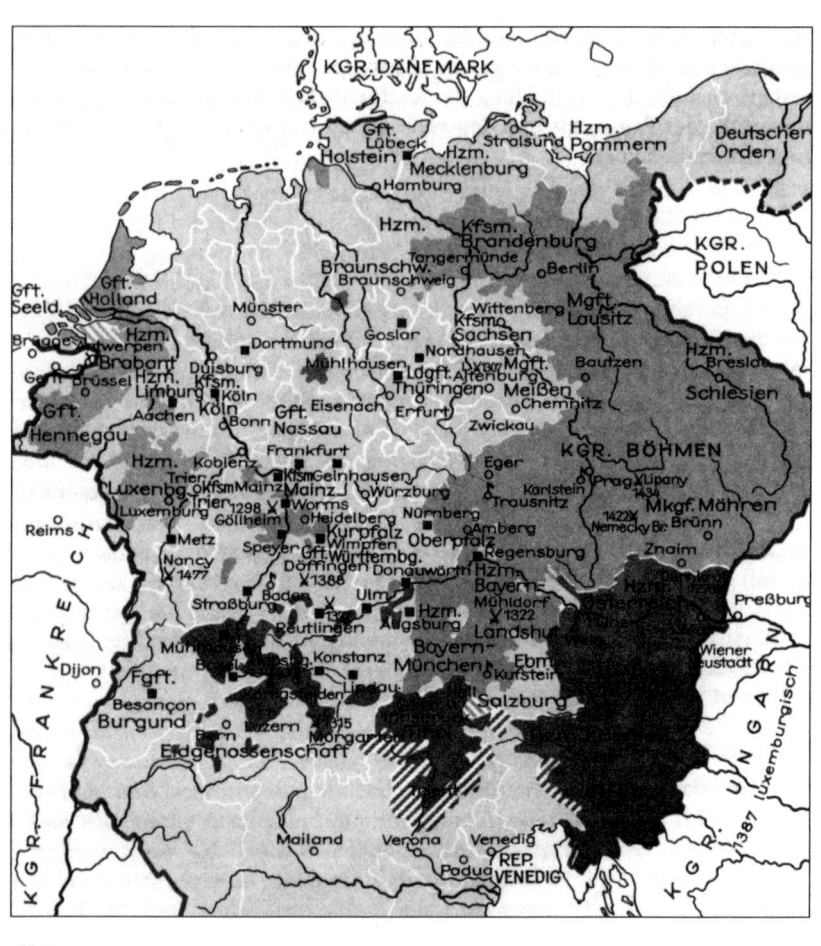

▓	Hausmacht der Habsburger um 1375	♂	Burg
▓	Hausmacht der Luxemburger um 1375	♗	Kloster
▓	Hausmacht der Wittelsbacher um 1375	✗	Schlachtort
		■	Reichsstadt

━━━━━━━━━━ Grenze des Römisch-deutschen Kaiserreichs

Scheidewege im Spätmittelalter
Über Nation und Staat*

Vorbemerkung: Das Manuskript verfaßte ich auf Grundlage der handschriftlich bearbeiteten Durchschläge. Eine Verfinsterung des Weltbildes von Ernst Engelberg, der nach dem Ende des Kalten Krieges einen neuen Dreißigjährigen Krieg rund um den Globus heraufkommen sah, ist in seiner letzten größeren Arbeit offensichtlich. Dies veranschaulicht auch der von Johann Wolfgang von Goethe stammende Vorspruch:

> *»Übers Niederträchtige*
> *Niemand sich beklage*
> *Denn es ist das Mächtige*
> *Was man Dir auch sage.«*

Wendezeit

Als der letzte Stauferkaiser Friedrich II. im Dezember 1250 starb, war das vornehmlich Deutschland und Italien umfassende Reich bereits tief erschüttert. Er selbst hatte dazu erheblich beigetragen; in Süditalien geboren und vor seiner Kultur geprägt, überließ Friedrich die Herrschaftsrechte in Deutschland mehr und mehr den Territorialfürsten; ihnen immer wieder neue Herrschaftsrechte zugestehend, nahm er die Schwächung der Königlichen Zentralgewalt durchaus hin. Vorrangig mühte sich Friedrich II. (auch nach seiner Wahl zum deutschen König 1211, erst recht nach der Kaiserkrönung von 1220) um die Macht über ganz Italien vom Süden bis Norden. Das musste die lang währende Auseinandersetzung mit dem in Rom residierenden Papsttum unvermeidlich machen. In Deutschland wiederum nahm dieser Machtkampf immer infamere Formen an.

Nicht ohne Mitwissen der Kurie war 1246 ein Mordanschlag gegen Friedrich II. recht umsichtig vorbereitet und nur mit knapper Not verhindert worden. Ein Jahr danach wählten die rheinischen Erzbischöfe auf Betreiben des Papstes den Grafen Wilhelm von Holland zum Gegenkönig. All das war begleitet von immer hitzigem Streitschriftenkrieg, wo man in der Wortwahl der Invektiven keineswegs zimperlich war: Friedrich II. galt da als staufische »Vipernbrut«, während auf der anderen Seite die Kaiserlichen den Papst als »Drachen der Apokalypse« beschimpften.

Nach dem Tode von Konrad IV., dem Sohn von Friedrich II., im Mai 1254 schien für den anti-staufischen »Grafen- und Pfaffenkönig« Wilhelm von Holland die Zeit gekommen, um seine Herrschaft in Deutschland zu konsolidieren. Aber das

---

* Erstveröffentlichung aus Nachl. 462 (Ernst Engelberg), Staatsbibliothek zu Berlin – Preußischer Kulturbesitz.

33

trog. Hatten doch die jahrelangen, immer verbissener werdenden Auseinandersetzungen zwischen König und Gegenkönig die zentrifugalen Kräfte im Reich weiter
entfesselt. Das begünstigte Einmischung von außen, besonders vonseiten des französischen Königtums, zumal Wilhelm von Holland in die holländisch-flandrisch-
französischen Händel verstrickt worden war. Im verwirrenden Ränkespiel intrigierten Margarete von Flandern und Karl von Anjou, der Bruder des französischen
Königs, mit den rheinischen Erzbischöfen, die sich durch Wilhelm von Hollands
neue Politik betrogen fühlten. Als dieser im Januar 1255 nach Neuss kam, ließ der
Erzbischof von Köln das Haus anzünden, in dem sich der König und der päpstliche Legat aufhielten. Die beiden entkamen zwar dem Attentat; doch es war nur ein
Aufschub des Unheils. Auf einem Heereszug gegen die von der flandrischen Gräfin Margarete aufgestachelten Friesen brach König Wilhelm von Holland am 28.
Januar 1256 mit seinem Pferd auf dem brüchigen Eis der gefrorenen Gewässer ein,
wurde in hilflosem Zustand erschlagen und heimlich verscharrt.

Jetzt konnte man bei der notwendigen Königswahl von 1257 das ohnehin parti-
kularistisch zerrissene Deutschland durch zwei Scheingewalten in weitere Wirrnis
treiben. Die Erzbischöfe von Köln und Mainz sowie der rheinische Pfalzgraf wählten Richard von Cornwall, den Bruder des englischen Königs, zum neuen Oberhaupt. Hingegen trat vor allem der Trierer Erzbischof für König Alfons X. von Kastilien ein. Der böhmische König Ottokar II. Přemysl stimmte für beide Kandidaten.
Bei dieser Königswahl flossen Bestechungsgelder, wie heute verschiedene Quellen
bezeugen. Die Hamburger Annalen jedenfalls klagten die »törichten deutschen Fürsten« an, die ihr »erhabenes« Wahlrecht für Geld verkauft hätten. Wieder einmal erwies sich der Mammon stärker als der moralische Appell des Rheinischen Städte-
bundes an die Wahlfürsten, man möge doch ein Doppelkönigtum mit all seinen
schlimmen Folgen für die friedliche Arbeit in Stadt und Land vermeiden.

Noch verhängnisvoller war die politische Langzeitwirkung dieser Königswahl,
an der sich zum ersten Mal nur die sieben höchstrangigen Fürsten beteiligten, für
die später und bis zum heutigen Tage der Titel Kurfürst gängig wurde. Das Kolle-
gium, das sich 1257 zunächst in lockerer, scheinbar zufälliger Form zusammen-
fand, maßte sich in den kommenden Jahrzehnten immer unverhohlener das alleinige Königswahlrecht an. Es wurde hundert Jahre später in der Goldenen Bulle
von 1356 verfassungsrechtlich sanktioniert.

König Alfons X. von Kastilien betrat nie deutschen Boden; unbekümmert, aber
unterstützt von den Städten Speyer und Worms, wartete er auf die Kaiserkrönung,
die nie kam. Der englische Graf Richard von Cornwall hielt sich insgesamt nur
vier Jahre im linksrheinischen Gebiet auf, und das noch mit Unterbrechungen. Ihm
genügte es offenbar, dass Lübeck und die meisten mittel- und niederrheinischen
Städte, am Englandhandel interessiert, für ihn plädierten.

Mit dem Zusammenbruch der Zentralgewalt in Deutschland begann das eigentliche Interregnum. Alle Partikulargewalten, ob groß oder klein, ob ländlich oder

städtisch, bekamen Auftrieb, nur gezügelt durch die jeweilige Macht ihrer Nebenbuhler. Zwar hatte der Rheinische Städtebund beschlossen, nach der Doppelwahl keinem der gewählten Könige den Treueid zu leisten, keinem Hilfe, Darlehen oder Einlass in eine Stadt zu gewähren, doch diese wohlgemeinte und in ihrer Art auch vorausschauende Absicht ließ sich nicht verwirklichen. Nur bei einem starken König hätte der 1254 zustande gekommene Rheinische Städtebund weiter bestehen können und vielleicht sogar vermocht, sich zu einem verfassungsgemäßen Organ zu entwickeln, als Gegenkraft zu den fürstlichen Landesherrschaften.

Soweit noch aus der Stauferzeit ganze Reichsgutkomplexe oder einzelne Reichsbesitzungen existierten – am Mittelrhein, in Schwaben, im Elsass –, wurden sie von den benachbarten Feudalgewalten ganz oder teilweise beherrscht. Nur Städte waren gelegentlich noch in der Lage, einiges zu schützen und zu retten. Doch vielerlei Rechtskniffe waren nicht weit entfernt von Rechtsunsicherheit, Gewalt und Anarchie. Wiederum brach eine Hoch-Zeit der Fehden an; eines Wütens unverhüllter Raubzüge des Adels gegen das flache Land, begleitet von Überfällen auf Städte und Kaufmannsgut.

Als Konradin, der Enkel des Kaisers Friedrich II. und letzte Vertreter der staufischen Dynastie, am 29. Oktober 1268 auf dem Marktplatz von Neapel vor aller Augen enthauptet wurde, offenbarte dies drastisch den Niederbruch des römisch-deutschen Kaisertums, zugleich aber den Machtgewinn der französischen Monarchie. Immerhin hatte die Hinrichtung des letzten Staufers jener Karl von Anjou befohlen, der seit 1265 vom französischen Papst mit dem Königreich Sizilien belehnt worden war und damit die »angiovinische«, dem römisch-deutschen Kaisertum gegenüber stets feindliche Dynastie, begründen konnte.

Das blutig-demütigende Ereignis von Neapel war auch symbolkräftig für die »kaiserlose, schreckliche Zeit«, die Friedrich Schiller in seiner Ballade *Der Graf von Habsburg* der Nachwelt einprägte. Heute glaubt man mitunter in pseudokritischer Modernität Schiller vorhalten zu müssen, man wäre doch nicht nur nach 1250 durch Fehden geplagt gewesen, und kaiserlose Zeiten habe es auch schon früher gegeben. Bei all diesen pedantischen Zurechtweisungen schwingt bisweilen noch das Bemühen mit, die Doppelwahl mit ihren zwei ausländischen Königen als etwas Europaweites, wenngleich dynastisch Geprägtes auszugeben. Schiller hingegen, der in seiner Ballade die moralisch-politische Überlegenheit des zum König gewählten Grafen Rudolf von Habsburg auch im Vergleich mit der vorangegangenen Periode dichterisch gestaltete, hatte das Schrecklich-Verhängnisvolle dieser Wendezeit besser erkannt.

Die ersten habsburgischen Könige und die Kurfürsten-Oligarchie

Richard von Cornwall, als König ein seltener Gast in Deutschland, starb 1272. Und Alfons X. von Kastilien, der gleichfalls aus der Doppelwahl hervorgegangene, immer in Spanien verbleibende quasideutsche König, war auch schon so gebrechlich, dass er bald, 1275, auf den deutschen Thron verzichten musste. Eine neue Königswahl war in einer Situation unausweichlich geworden, in der sich die allseits ausbreitende Anarchie auch zum Schaden der Partikulargewalten auswirkte; sie mussten erkennen, dass allein die Königsgewalt die vielgestaltigen Herrschaften der mittelalterlichen Gesellschaft gegeneinander wie auch gegen außen schützen konnte. Überdies wollte das Papsttum die blutig beseitigte Hegemonie der Staufer auch nicht gegen die der französischen Könige eintauschen. Alarmiert durch die bedrohliche Aussicht auf ein französisch-italienisches Machtgebilde, bedrängte der neue Papst, Gregor X. (1271–76), die Kurfürsten, rasch einen König aus dem Kreis des deutschen Hochadels zu wählen. Diese wiederum, zwar interessiert an der Beseitigung der anarchischen Wucherungen, wollten aber keinen allzu starken Herrscher. In diesem Zwiespalt bevorzugten sie als Kandidaten für die Königswahl den bislang kaum bekannten Grafen Rudolf von Habsburg, der am 1. Oktober 1273 auch zu Frankfurt am Main von sechs anwesenden Kurfürsten gewählt wurde, in absentia des siebenten, Ottokars von Böhmen, der mit seiner Abwesenheit Protest ankündigte. Immerhin verfügte er über eine respektable Hausmacht und glaubte somit ein historisch angemesseneres Recht auf das deutsche Königtum zu haben als der gräfliche Habenichts. Das sollte in wenigen Jahren einen schicksalsschweren Waffengang unvermeidlich machen.

Die positiven Aufgaben Rudolfs von Habsburg ergaben sich aus den negativen Resultaten des Interregnums: es ging um die Wiederherstellung der Besitzungen, Rechte und Einkünfte des Reiches; die Sicherung des Landfriedens; die Neugestaltung des Verhältnisses zu den Städten, die ihre Widerstandskraft und Entwicklungsfähigkeit auch in den Schrecken des Interregnums bewiesen hatten; schließlich ging es um eine Politik des Ausgleichs mit dem Papst.

Schon zwei Monate nach seiner Wahl, noch vor Ablauf des Jahres 1273, verkündete der Habsburger auf dem Hoftag zu Speyer, dass alle in den letzten dreißig Jahren von wem auch immer usurpierten Güter und Rechte des Reiches zurückgegeben werden müssten – eine Maximalforderung, die schon gegenüber den rheinischen Kurfürsten nicht realisiert werden konnte. Wenn die königlichen Kommissionen und Amtleute allerdings unrechtmäßige Besitzungen bei kleinen und mittleren Feudalen entdeckten, dann konnte schon zugegriffen und das von diesen Erbeutete dem Reichsgut wieder einverleibt werden. Doch in den vergangenen Jahrzehnten war alles vielfach so unentwirrbar mit anderen Besitzrechten verflochten, dass nur ein Bruchteil des Verlorengegangenen und Zerstreuten wiederzuholen war. Am Ende dieser Revindikationskampagne war der Erfolg nur mäßig.

Der stärkste Opponent, der König Rudolf den Kampf um Reichsgut und Königtum geradezu aufzwang, war Ottokar von Böhmen, der sich von Anfang an grimmig widersetzt und selbst die Lehnshuldigung verweigert hatte. Gefährlich spitzte sich die Lage für den König zu, nachdem der böhmische Herrscher die Herzogtümer Österreich, Steiermark, Kärnten, das Land Krain und manch anderes auf gewaltsame Weise oder auf juristischen Schleichwegen an sich gebracht hatte; dabei war sein Machthunger keineswegs gestillt: Er richtete sich bis nach dem Nordosten des Reiches, weshalb die Stadt Königsberg ihren Namen eben zu Ehren dieses böhmischen Königs erhielt.

Dieser Machtentfaltung wurde jedoch Einhalt geboten, als sich König Rudolf, fünf Jahre nach seiner Wahl und Krönung, zur großen Schlacht gegen seinen böhmisch-österreichischen Widersacher entschloss. Am 26. August 1278 siegte nordöstlich von Wien bei Dürnkrut auf dem Marchfeld Rudolfs unkonventionelle Kriegskunst, ungeachtet von Ottokars überlegener Truppenstärke: Vor den leichten ungarischen Reitern, im rechten Moment eingesetzt und von der Seite angreifend, zerstoben die geordneten Formationen der Ottokar von Böhmen
gepanzerten Ritter Ottokars. Dieses Desaster kündigte bereits den Niedergang der Ritterheere an. Ottokar, der »goldene« oder der »eiserne« König genannt, mit achtundvierzig Jahren auf der Höhe seines Lebens, wurde auf der Flucht gefasst und von österreichischen Adligen gegen alle Regeln der Ritterlichkeit im Vollgefühl der Rache erschlagen.

Dennoch konnte König Rudolf erst vier Jahre nach dem Triumph über Ottokar, im Jahre 1282, von den Kurfürsten sogenannte Willebriefe erlangen, die es ihm erlaubten, seinen Söhnen Rudolf und Albrecht die Herzogtümer Österreich, Steiermark, Krain und die Windische Mark zu verleihen. Jedoch wurde deren Verwaltung Albrecht allein übertragen, wohl in der Erwartung, dass er seinem Vater auf den Königsthron folgen würde. All diese Machenschaften verlagerten den Schwerpunkt der habsburgischen Hausmacht vom Südwesten nach dem Südosten des Reiches.

Bei der Vermehrung der Hausmacht und ihrer geographischen Ausrichtung konnte es nicht bleiben, das Königtum brauchte auch Landfriedensgesetze am Mittelrhein, in Thüringen oder wo auch immer. Zugunsten der Städte vor allem mussten Fehden zumindest eingeschränkt und ungerechte Zölle abgeschafft werden, waren doch von Zollstätten aus Fernhändler immer wieder beraubt worden. Wie es den Schiffen auf dem Rhein geschah, so konnte es den Wagenkolonnen auf den Wegen im Innern des Landes ergehen. Um des Landfriedens und einer wirksamen Städtepolitik willen musste der König eine große Zahl von Burgen der Raubritter schleifen lassen: am Rhein, am Zürichsee, auf den Handelswegen von der Lombardei zum Elsass hin und in Thüringen. Möglichst ungestörter Handel und Wandel kamen schließlich den Finanzen der Städte zugute, ebenso die königlichen Verfügungen, nach denen der kirchliche Grunderwerb in den Städten eingeschränkt und die Steuerfreiheit der städtischen Geistlichkeit aufgehoben werden sollten.

Die Städtepolitik des Königs hatte allerdings verschiedene Seiten. Den wirtschaftlichen Schutz- und Förderungsmaßnahmen standen rigorose Steuerauflagen gegenüber, die oft heftigen Widerstand bei den Bürgern hervorriefen und bisweilen die Städte zu Absprachen untereinander nötigten. Im Ganzen ähnelte die Steuerpolitik des deutschen Königtums der der französischen Herrscher – sie war eine logische Folge der sich ausbreitenden Geldwirtschaft. Auch aus politischen Gründen konnte sich Rudolf I. nicht immer bürgerfreundlich verhalten. In Bischofsstädten entschied er bei Rechtsstreitigkeiten meist im Sinne eines Ausgleichs zwischen den geistlichen Stadtherren und den Bürgern. Nach der Devise »Stadtluft macht frei« förderte König Rudolf I. zwar den bäuerlichen Zuzug in die Städte, aber er tat dies keineswegs bei Bauern aus dem habsburgischen Herrschaftsbereich. Die kommunale Freiheit fand ihre Grenzen, wenn in königlichen Städten Burgen gebaut oder ausgebaut wurden, deren Besatzungen die Oberherrschaft des Königs unverhohlen anerkannten.

König Rudolf I. agierte insgesamt geschichtlich klug und war drauf und dran, eine nationale Monarchie zu begründen. Das erkannten die Kurfürsten sehr wohl, die durch den Vernichtungsschlag gegen Ottokar, den Mächtigen aus ihrer Mitte, und die Begründung der habsburgischen Hausmacht im Südosten des Reiches geschwächt worden waren. Um die weitere Stabilisierung des Königtums zu verhindern, intrigierten sie denn nach Kräften gegen die Krönung Rudolfs I. zum Kaiser, wobei ihnen die politische Wetterlage in der römischen Kurie zugute kam: Rudolf I. erlebte acht Päpste, von denen nur drei seine Ambitionen auf die Kaiserkrönung unterstützten. Französisch orientierte Päpste ließen es nicht einmal zu Verhandlungen kommen, erst recht nicht nach der »Sizilianischen Vesper« von 1282, jenem Volksaufstand, der die Franzosen in blutigen Kämpfen von der Insel vertrieben hatte und mit ihnen auch Karl von Anjou, dessen Haus nur das Königreich Neapel verblieb.

Als die Kurie endlich für Rudolf von Habsburg günstiger gestimmt war und für 1287 sogar die Kaiserkrönung anberaumt hatte, lehnte ein Konzil in Würzburg den für den Romzug erforderlichen päpstlichen Zehnten ab. So starb Rudolf von Habsburg – ohne vorherige Kaiserkrönung – im damals hohen Alter von 73 Jahren am 15. Juli 1291 und wurde auf eigenen Wunsch im alten salischen Kaiserdom zu Speyer beigesetzt.

Kaiserdom zu Speyer – größte erhaltene romanische Kirche der Welt

Auf der über zwei Meter hohen, im Jahre 1290 – also noch vor Rudolfs Tod – geschaffenen Grabplatte lässt der lange, faltenreiche Rock einen hohen, schlanken Körper erkennen. Die Krone auf dem Haupt mit seinem lang wallenden, an den Enden gelockten Haar, das Zepter in der rechten, den Reichsapfel in der linken Hand, auf der Brust das Reichswappen und auf beiden Schultern das habsburgische Löwenwappen, so präsentiert sich der auf einem Löwen stehende König. Das Habsburger Wappentier schuf als kraftvolles Sinnbild der Überwindung des Satans eine solch eindringliche Tradition, dass bis zum heutigen Tage die Löwenfigur in der Innenstadt Wiens in allen Gestaltungen und Positionen zu entdecken ist.

Den Reichsapfel hält Rudolf mit feingliedrigen Fingern, die Hand am Zepter ist kräftig. Das bartlose Gesicht mit der auffallend lang geschwungenen Nase zeigt keine Herrschermiene, sondern den Ernst des in allen Lebenslagen erfahrenen Mannes. Falten auf der Stirn und herabgezogene Augenbrauen betonen das Nachdenkliche in seinem Blick. Das starke Kinn deutet auf Energie, um die Mundpartie spielen leichte, von Enttäuschungen geprägte Züge der Bitterkeit; er machte sich nichts mehr vor über die Menschen. Die Lippen sind so geformt, dass man diesem Manne sowohl Verschwiegenheit wie Redebedürfnis zutraut. Leutseligkeit in wohlwollender Biedermannsmanier sagte man ihm auch nach, modern ausgedrückt, er war kontaktfähig mit allen Schichten der Gesellschaft: gemessen würdevoll mit den sogenannten Großen dieser Welt; im Umgang mit dem einfachen Volk zu manchen Späßchen aufgelegt, aber auch zu ernster Bekundung christlicher Nächstenliebe – ob wohl berechnet oder aus spontanem Bedürfnis? Wer kann das so genau unterscheiden?

Alles, was in Wort und Tat überliefert ist, bezeugt, dass dieser Mann vorbereitet war auf seinen Tod, im Bewusstsein, die ihm zugefallenen Aufgaben als deutscher Herrscher nach seinen Kräften und Möglichkeiten erfüllt zu haben. Rudolf von Habsburg lebte und wirkte in einer neu anhebenden, komplizierter werdenden Zeit: Die überkommene Naturalwirtschaft herrscht zwar noch lange vor, aber schon von den städtischen Ware-Geld-Beziehungen durchsetzt. Unter diesem Aspekt sah Karl Lamprecht mit einigem Recht König Rudolf I. als »halbgroß-kaufmännischen Rittersmann« an, dessen Lebensart auch seine Physiognomie prägte. Überdies hatte sich jeder Herrscher in Deutschland nun nicht mehr allein mit dem Papsttum auseinanderzusetzen, sondern auch mit den aufkommenden Nationalstaaten, insbesondere mit den Hegemonialbestrebungen der französischen Monarchie. Mit all diesen äußeren Mächten konnten sich die im Innern erstarkenden Partikulargewalten, voran die der Kurfürsten, bisweilen verbinden. Das ver-

Grabplatte von Rudolf von Habsburg

wobene Ineinander und Gegeneinander der politischen Kräfte machte es den Monarchen immer schwerer, das deutsche Königtum – das regnum – und zugleich das europäische Kaisertum – das imperium – zu stabilisieren. Rudolf von Habsburg wirkte in dieser Richtung, er bewegte vieles, wie er in vielem auch scheiterte.

Nach seinem Tode waren die eigentlichen Königsmacher unter den Kurfürsten die rheinischen Erzbischöfe, vor allem der von Köln. Ihr Kandidat war der wenig bekannte und spärlich begüterte Graf Adolf von Nassau und nicht, wie es das Reichsinteresse erfordert hätte, Rudolfs Sohn, Herzog Albrecht von Österreich. Die Herren auf dem Bischofsstuhl übergingen ihn, nicht nur, weil er ihnen zu energisch und zu erfahren erschien, mehr noch, weil sie befürchteten, mit dem Übergang der Krone vom Vater auf den Sohn könnte die Erbfolge beim Königswechsel wiederkehren, also das Wahlprinzip Schaden nehmen; gerade das lag nicht im Sinne einer sich herausbildenden Kurfürsten-Oligarchie, die jede Wahl Gelegenheit bot, durch territoriale, finanzielle und andere materielle Forderungen im Grunde das Reich zu berauben.

Die geistlichen Kurfürsten am Rhein sorgten für sich mit nachdrücklicher Emsigkeit. Adolf von Nassau, der Königskandidat, musste dem Kölner Erzbischof feierlich und schriftlich die Übertragung der Burgen und Festen Cochem, Kaiserswerth, Landskron, Sinzig, Duisburg und Dortmund »mit allen ihren Rechten, Einkünften, Zöllen, Abgaben und Zubehör jeder Art« versprechen. Zolleinnahmen in Andernach und Rheinberg sollten dem Erzbischof und der Kirche zugeschlagen werden. Bei Konflikten mit den Kölner Bürgern musste Hilfe in Aussicht gestellt werden. Für die wirklichen und angeblichen Ausgaben des Erzbischofs anlässlich der weit ausladenden Wahlzeremonien und -feierlichkeiten erstattete man die enorme Summe von 25 000 Mark Silber in Pfändern.

Dies alles und manches mehr an purem Eigennutz und Bestechlichkeit blieb vielen Zeitgenossen nicht unbekannt, auch nicht der arrogante Zynismus des Mainzer Erzbischofs, der – wie ein Thüringer Chronist empört berichtet – lose daherredete, er habe noch drei Könige in der Tasche.

Zehn Monate währten das intrigante Hin und Her und ordinäre Gefeilsche, bis am 5. Mai 1292 Adolf von Nassau zum König gewählt wurde. Es stellte sich aber bald heraus, dass der Neugekürte die Niedertracht seiner kurfürstlichen Wähler mit seiner eigenen, nun königlichen, heimzuzahlen versuchte. In skrupelloser Eile verletzte er wortbrüchig die Interessen gerade seiner einflussreichsten Gönner. Nicht minder bedenken- und ziellos lavierte Adolf von Nassau gegenüber den Städten zwischen Bündnissen und Feindseligkeiten, gierig auf Augenblicksvorteile.

Die Beziehungen zu den deutschen Fürsten wurden noch verworrener, als Adolf von Nassau sich zu Beginn des englisch-französischen Krieges der Jahre 1294 bis 1297 mit England quasi verbündete, von diesem Subsidien erhielt, sie aber keineswegs für den erwarteten Kampf gegen Frankreich verwandte, sondern damit seine Thüringer Raubzüge finanzierte.

In zwei Feldzügen, in denen Plünderungen, Verwüstungen, Belagerungen, Mord, Raub und Brandschatzungen der königlichen Soldateska die schlimmsten Zeiten des Fehdewesens wiederaufleben ließen, wollte Adolf von Nassau seine Hausmacht sichern. Von allem Unmenschlichen abgesehen, seine Selbstherrlichkeit widersprach allzu krass den Wahlabmachungen mit den Kurfürsten, ganz besonders kollidierte sie mit den Absichten des Erzbischofs von Mainz und des Königs von Böhmen, die auf ihre Nachbargebiete Thüringen und Meißen spekulierten.

So kam es denn, wie es kommen musste: Im Juni 1298 setzten die Kurfürsten auf einer Versammlung den Nassauer als seiner »Herrschaft und Macht nicht gewachsen und nicht tauglich ab«. Wegen der angespannten äußeren und inneren Lage des Reiches realisierten sie ihren Beschluss nun mit Hilfe eines Mannes, den sie bei der Königwahl sechs Jahre zuvor absichtsvoll übergangen hatten, nämlich des Habsburgers Herzog Albrecht, der in den vergangenen Jahren, zurückhaltend in der Reichspolitik, seine südöstliche Hausmacht gestärkt und auswärtige Verbindungen geknüpft hatte.

Wahl Albrechts I. nach der Absetzung Adolfs von Nassau

Mit König Wenzel von Böhmen, dem Mainzer Erzbischof, den Kurfürsten von Sachsen und Brandenburg und den Wettinern gewissermaßen im Bunde, war Herzog Albrecht nun bei der Königswahl nicht mehr zu umgehen. Zum deutschen König gewählt, fiel es ihm zu, Adolf von Nassau tatsächlich zu entmachten. Das geschah in der Entscheidungsschlacht bei Göllheim in der Pfalz am 2. Juli 1298, wo Adolf von Nassau den Tod fand. Ob er als Krieger gefallen ist oder als Gefangener getötet wurde, blieb ungewiss. Wie immer auch die Umstände gewesen sein mögen, die lebenskräftigen Schichten des deutschen Volkes, allen voran die Städter, verloren keinen Repräsentanten eines nationalen Königtums.

Offensichtlich war es auch bei Albrecht I. ohne bedenkliche Versprechungen gegenüber den Kurfürsten nicht abgegangen. Doch an eine ihnen gegenüber erbötige Politik dachte er keineswegs. Als dann seine Ambitionen auf die Grafschaft Holland erkennbar wurden und damit seine Absicht, die starke Stellung der Habsburger am Oberrhein durch die am Unterlauf des Flusses zu ergänzen, waren insbesondere die rheinischen Kurfürsten in heller Aufregung. Nach den Erfahrungen mit dem Nassauer wollten sie den Anfängen wehren und erklärten sich gegen den »Herzog von Österreich, der sich jetzt deutscher König nennt«. Diese demagogische Rhetorik beeindruckte kaum angesichts der eindeutigen Königswahl. Hatte sich Albrecht von Habsburg schon vorher als umsichtig, erfahren und energisch erwiesen, so zeigte er den Kurfürsten jetzt erst recht den Meister.

Zunächst griff er das Grundübel des deutschen Verfassungslebens an: die Macht der Kurfürsten, insbesondere die der rheinischen Erzbistümer, und konzentrierte sich damit wirtschaftspolitisch zugleich auf die Beherrschung der wichtigsten europäischen Wasserstraße, auf den Rhein. Vor allem ging er gegen die lästigen Zölle an, die jetzt nicht mehr von Raubburgen erpresst, sondern quasi-legal von kurfürstlichen Instanzen an verschiedenen Orten des Stromes erhoben wurden, etwa zu Bacharach, in Koblenz, Oberlahnstein, Andernach und so weiter bis nach Neuss. Hatten doch die rheinischen Kurfürsten insbesondere am Mittellauf des Stromes zwischen Bingen und Koblenz, wo der Gütertransport auf Umgehungsstraßen über den Gebirgskamm kaum möglich war, die geographische Lage zu horrenden Zöllen ausgenutzt, die die Waren insgesamt mit über fünfzig Prozent ihres Wertes belasteten.

Unter diesen Umständen ergriff König Albrecht I. eine Reihe von Maßnahmen; unter anderem erklärte er am 7. Mai 1301 in Schreiben an die Städte Basel, Köln, Konstanz, Mainz, Speyer, Straßburg, Trier und Worms alle seit 1250 erhöhten und neu eingeführten Zölle und Geleitabgaben für ungültig. Dieser Angriff auf ergiebige kurfürstliche Einkünfte am Rhein förderte die politische Interessengemeinschaft mit den Städten. Albrecht I. beließ es nicht bei schriftlichen Verboten oder gar Appellen, denn die Lage konnte nur durch militärisches Vorgehen gegen die Kurfürstenfronde verändert werden. Dafür erwartete er von den Städten Finanzmittel wie auch Streitkräfte und befestigte Operationsbasen. Es kam ihm gelegen, dass die kleineren Feudalherren, die angesichts der Selbstherrlichkeit der geistlichen Fürsten vieles gegen diese auf dem Herzen hatten, mit ihren bewaffneten Vasallen zu den kampfwilligen Bürgern stießen.

Politisch und militärisch gut vorbereitet, konnte König Albrecht I. in vier Feldzügen die nicht miteinander kooperierenden Truppen der Kurfürsten nacheinander
besiegen: zuerst die des rheinischen Pfalzgrafen, dann die des Erzbischofs von
Mainz; zuletzt fielen die Entscheidungen gegen die Erzbischöfe von Köln und
Trier. Das alles vollzog sich vom Mai 1301 bis zum November 1302, also innerhalb von achtzehn Monaten. Die unterworfenen Kurfürsten mussten schließlich
auf übersteigerte Zölle verzichten und zugestehen, was sie Albrechts Vater, König
Rudolf, versagt hatten: Reichsbesitzungen herauszugeben.

Außenpolitisch kam Albrecht sein Bündnis mit dem französischen König zu-
statten, dessen Streit mit dem Papst diesen unfähig machte, sich in Deutschland
einzumischen. Dennoch ließ sich Albrecht I. nicht verführen, den Bündnisvertrag
mit Frankreich als Beginn eines offenen Konfliktes mit dem Papst anzusehen, er
benutzte ihn nur, um diesen möglichst zur Verständigung zu bewegen. Sie kam
1303 zustande, nachdem der König dem Papst ein Einlenken durch unterwürfige
Schreiben und Eidesleistung erleichtert hatte. In seinem nach heutigem Empfinden
schier unerträglich devoten Schriftstück machte Albrecht I. in der Sache keine wesentlichen Zugeständnisse, erreichte aber seine Anerkennung als König durch die
Kurie ebenso wie seine Entlastung vom Vorwurf des Königsmordes an Adolf von
Nassau. Überdies wurde er sogar zur Kaiserkrönung nach Rom eingeladen.

Ermordung Albrechts I.

Wenige Jahre nach dieser Übereinkunft mit dem Papst schien das Schicksal König Albrecht I. bei der Vermehrung seiner Hausmacht zu begünstigen. Das Aussterben des Geschlechts der Přemysliden im Jahre 1306 – bei dem wieder einmal ein Königsmord, nämlich an Wenzel III., grausig nachgeholfen hatte – gab Albrecht I. die Gelegenheit, Böhmen als erledigtes Lehen einzuziehen. Gewalt und Bestechung erzwangen die Wahl seines Sohnes Rudolf zum böhmischen König. Als dieser aber schon 1307 starb, entglitt wieder einmal einem Habsburger die böhmische Krone. Das war umso verhängnisvoller, als wenige Wochen zuvor die königlichen Truppen, wenn auch nicht von Albrecht I. geführt, eine schwere Niederlage erlitten hatten. Als Albrecht I. dann sein Missgeschick wenden wollte und zu neuen Auseinandersetzungen um Thüringen und Böhmen rüstete, fiel er am 11. Mai 1308 dem Mordanschlag eines um sein Erbe betrogenen Verwandten zum Opfer.

Er war ein energischer und umsichtiger Herrscher gewesen, dieser Habsburger Albrecht I., der, gestützt auf eine starke Hausmacht, ein erbliches und zentralisiertes Königreich errichten wollte. Nicht verwunderlich, dass ihm da heimlich oder offen viele Feinde erstanden waren: die Kurfürsten, die ihm die Demütigungen zu Beginn des Jahrhunderts nicht vergessen hatten; dann jene Territorialherren, die um Böhmen und Thüringen bangten; schließlich der französische König Philipp der Schöne, der bereits die Kurie in Rom beherrschte und sich anschickte, die Hegemonie in Europa zu erlangen. Er verfolgte dieses Ziel so energisch und skrupellos, dass offenbar unter seinem Druck Papst Clemens V. – der frühere Erzbischof von Bordeaux – den erst zweiundzwanzig Jahre alten Balduin aus dem Geschlecht der Luxemburger als Erzbischof von Trier bestätigte und die Bischofsweihe in Poitiers selbst vollzog. Das war am 1. März 1308, acht Wochen vor jenem den rheinischen Kurfürsten und dem französischen König so gelegen kommenden Mord an König Albrecht I. Die zeitliche Abfolge der Geschehnisse vom März bis Mai und die Unverfrorenheit, mit der in den kommenden Wochen Balduin, der blutjunge Trierer Erzbischof und Kurfürst, seinen Bruder, den luxemburgischen Grafen Heinrich, als Kandidaten für den deutschen Thron vorschlug, lassen die misstrauische Frage aufkommen: Handelte der Mörder König Albrechts I. nur aus verwandtschaftlicher Ranküne, wie es gemeinhin dargestellt wird, oder war er darüber hinaus auch Willensvollstrecker von mächtigen Hintermännern, die ein deutsch-nationales Königtum verhindern wollten? Bilder aus spätmittelalterlichen Chroniken stellen das grausige Geschehen als waffenstarrendes Getümmel dar, wahrscheinlich in sensationeller Übertreibung.

Wie dem auch sei, an dynastisch motivierten und politisch geplanten Königsmorden waren jene Zeiten nicht arm. Mit dem Tode Albrechts I. scheiterte erneut ein nationales Königtum, war wiederum eine deutsche Hoffnung enttäuscht.

Der Papst zieht nach Avignon, der deutsche König zieht gen Rom

Warum aber war das Eingreifen der französischen Monarchie in deutsches Geschehen überhaupt möglich geworden? Wie und seit wann konnte sich ihr hegemoniales Streben gegenüber England, dem Papsttum und auch Deutschland entfalten?

In den Jahren 1294 bis 1297 tobte der Krieg Philipps des Schönen von Frankreich mit dem englischen König Eduard I. um den Besitz der südwestfranzösischen Guyenne. Englisch-französisches Streitobjekt war auch das städtereiche Flandern. Dabei ging es vornehmlich um englische Wolle, die dieses Land für sein Tuchgewerbe ungehindert beziehen musste. Der Besetzung Flanderns durch französische Streitkräfte im Jahre 1300 folgte 1302 der Rückschlag durch die Schlacht von Kortrijk (fr. Courtrai). Das französische Ritterherr, das im Dienste des Königs städtische Aufstände niederschlagen sollte, wurde vom Aufgebot der Zünfte vernichtet. Symbolhaft für Sieg und Niederlage waren die zahlreich erbeuteten goldenen und silbernen Sporen, derentwegen das Treffen von Kortrijk als »goldene Sporenschlacht« in das Geschichtsbewusstsein einging. Wieder hatte sich militärisch die Überlegenheit der Städte über die Ritter erwiesen.

Das französische Königtum konnte jedoch diese außenpolitische Schwächung bald überwinden. Schon drei Monate vor Kortrijk nämlich hatte Philipp IV. der Schöne neben Vertretern des Adels und der Geistlichkeit erstmals auch Abgesandte der Städte zu einer Versammlung nach Paris gerufen. Und diese erste ständische Vertretung konnte er davon überzeugen, dass es auch in ihrem Sinne läge, die Unabhängigkeit der Throngewalt und der Kirche Frankreichs gegenüber den Ansprüchen des Papstes zu verteidigen.

Tatsächlich herrschte seit 1294, also seit Beginn des französisch-englischen Krieges, in der römischen Kurie Papst Bonifaz VIII., der sich der Machtentfaltung der nationalen Monarchie Philipps des Schönen mehr und mehr entgegenstellte. Nach der Niederlage Frankreichs im Treffen von Kortrijk glaubte Bonifaz VIII. auftrumpfen zu können. Noch im gleichen Jahre, im November 1302, ließ er sich in seiner kirchengeschichtlich denkwürdigen Bulle *Unam sanctam* dazu hinreißen, die Unterordnung aller weltlichen Mächte unter die päpstliche Universalmacht zu fordern. Er verkündete die Lehre von den beiden Schwertern, die in der Gewalt der Kirche lägen: das geistliche Schwert und das weltliche; dieses wäre für die Kirche, jenes aber von der Kirche zu führen, eines von der Hand des Priesters, das andere von der des Königs und der Krieger, doch nach dem Wink und der Erlaubnis des Priesters. Ein Schwert müsse unter dem anderen stehen und die weltliche Gewalt hätte sich der geistlichen Autorität zu unterwerfen. Dieses Gespensterwecken gegen die neue Realität des nationalständischen Aufschwungs in Frankreich konnte nicht gut ausgehen.

Der groteske Widerspruch zwischen Weltherrschaftsanspruch und politischer Ohnmacht wurde schon neun Monate später offenkundig. Einen Tag bevor die Kurie die längst abgefasste Exkommunikation Philipps des Schönen verkünden wollte, stürmten am 7. September 1303 Bewaffnete unter der Fahne des französischen Königs die päpstliche Sommerresidenz Anagni, nahmen Bonifaz VIII. gefangen und demütigten ihn. Von den Bürgern zwar befreit, starb er als gebrochener Mann wenige Wochen später in Rom.

Nach dem Gewaltstreich von Anagni war der französische König darauf aus, die Kurie personell und politisch in seinem Sinne umzugestalten. Der Nachfolger von Bonifaz VIII., Benedikt XI., war nur acht Monate in Amt

Grabplatte für Philipp den Schönen

und Würden. Dann tagte am Sterbeort dieses Papstes, in Perugia, fast ein Jahr lang ein Konklave, um ein neues Kirchenoberhaupt zu wählen. Es bedurfte schon einiger Zeit, um den Einfluss der »Bonifazianer« im Kardinalskollegium zurückzudrängen. Absichtsvoll wirkte aus diesem Grunde eine französische Gesandtschaft mehrere Monate lang am Ort des Intrigenspiels. Endlich, im Juni 1305, wurde der Erzbischof von Bordeaux als Clemens V. zum Papst gewählt; im Dezember des gleichen Jahres ernannte er zehn Kardinäle, einen Engländer und neun Franzosen, vier waren sinnigerweise Neffen von ihm. Auch in den folgenden Jahren verstand eine weit verzweigte Verwandtschaft, vom päpstlichen Onkel eine Fülle geistlicher und weltlicher »Gnadenbeweise« zu erlangen.

Grabplatte Papst Bonifaz VIII.

47

Papstpalast in Avignon

Vier Jahre nach seiner Inthronisation, im Jahre 1309, wurde Papst Clemens V. veranlasst, seinen Sitz von Rom nach Avignon in der Provence zu verlegen, also in das Einflussgebiet der französischen Krone. Charakterlich labil und darum leicht lenkbar, wie Clemens V. nun einmal war, hat er wohl kaum aus eigenem Antrieb gehandelt, erst recht nicht geahnt, dass mit der Verlegung des Kuriensitzes nach Avignon eine siebzig Jahre lang während »babylonische Gefangenschaft« des Papstes anhob.

In der Auseinandersetzung mit dem deutschen König und Kaiser richtete Frankreichs Monarch Philipp der Schöne sein begehrliches Auge zunächst auf die geographisch nahe gelegenen, sprachlich und ethnisch verwandten Gebiete. Waren strittige Grenzfragen zu regeln, bevorzugte er Schutzverträge; mit dem hohen und niederen Adel in westlichen Herrschaftsgebieten Deutschlands schloss er Lehens- und Subsidienverträge ab. Machtzuwachs erstrebte Philipp der Schöne mittels juristisch verbrämter Einmischungen. Etwa zeitgleich mit der Entmachtung von Bonifaz VIII. rückte der französische König dann ins deutsche Sprachgebiet vor, beträchtlich über die Vier-Ströme-Grenze von Schelde, Maas, Saône und Rhône hinaus. Hochadlige, die sich gelegentlich wegen ihrer Rechtsstreitigkeiten mit deutschen Städten an Frankreich anlehnen wollten, machte er zu seinen Vasallen. Zu ihnen zählte der zwischen Mosel und Maas herrschende Graf Heinrich III. aus dem Geschlecht der Luxemburger, der, am Hof in Paris aufgewachsen, von der französischen Adelswelt gewissermaßen von Kopf bis Fuß geprägt war, bis in Details seiner Kleidung hinein.

Frankreichs Monarchie hatte durch ihre zivilisatorische und politische Anziehungskraft personelle Voraussetzungen geschaffen, die es ihr zu erlauben schie-

48

nen, in der deutschen Reichspolitik wenigstens indirekt, mit Hilfe nahestehender Personen, mitreden zu können. Auf jeden Fall war mit der Ermordung des Habsburger Albrecht I. im Jahre 1308 die große Stunde des Hauses Luxemburg angebrochen.

Nachdem auf Betreiben Philipp des Schönen der blutjunge Balduin Trierer Erzbischof geworden war, und damit zu einem der sieben Kurfürsten des Reiches, waren auch für die Königswahl unverkennbar Zeichen gesetzt. Die französischen Ambitionen richteten sich nun auf die höchste Ebene. Dennoch musste der vom Mainzer Erzbischof Peter von Aspelt beratene Balduin rasch die Grenzen seines Handelns erkennen. So ohne Weiteres, wie er es wohl versprochen hatte, konnte er auch nicht nach dem Willen von Paris den Bruder des französischen Monarchen als Königskandidaten lancieren. Wollte die Mehrheit des Kurfürstenkollegiums zwar keinen Habsburger mehr an des Reiches Spitze, so einen Kapetinger aus französischem Herrschergeschlecht eben auch nicht. Es entstand eine Kompromiss erheischende Lage.

Als Alternativkandidat bot sich Balduins Bruder Heinrich an, der eben auch aus Frankreich kam. Es währte allerdings noch einige Monate, bis er im November 1308 im Dominikanerkloster zu Frankfurt gewählt und bald danach, ganz nach Brauch, in Aachen gekrönt wurde. Graf Heinrich IV. wandelte sich zum deutschen König Heinrich VII.

Die sieben Kurfürsten wählen Heinrich VII. zum König

Die Kurfürsten wiederum bemühten sich sogleich, ihn nicht zu selbständig werden zu lassen, vielmehr seine Reichspolitik zu beeinflussen. Vor allem lenkte der Mainzer Erzbischof Peter von Aspelt Heinrichs Hauptinteresse nicht auf die Luxemburger Besitzungen, sondern auf das reiche Böhmen, weshalb sich eine königliche Hausmacht nicht im Westen, sondern wiederum im Osten des Reiches etablierte – wie zu Rudolfs und Albrechts Zeiten. Das konnte Philipp dem Schönen nur recht sein.

Entscheidend war dies: die rheinischen Kurfürsten verstanden es, Heinrich VII. in seiner Hausmachtpolitik so zu lenken, dass die königliche Zentralgewalt keine Hegemonie gegenüber den Partikulargewalten ausüben konnte. Was sich stattdessen weiter entwickelte, war eine Kurfürsten-Oligarchie, die sich allerdings einen König oder womöglich einen Kaiser zur besseren Bewältigung innerer und äußerer Gefahren leisten musste.

Die damals insbesondere auf das Rheingebiet konzentrierte Kurfürsten-Oligarchie geriet allerdings immer wieder in krasse Widersprüche: Einerseits wollte sie die Konnexionen des Königmachers Balduin wie des Königs Heinrich VII. mit der französischen Monarchie durchaus zu einvernehmlichem Handeln nutzen, andererseits aber war sie darauf aus, deren Hegemoniestreben einzudämmen, das durch die Verlegung des Papstsitzes von Rom nach Avignon ausgerechnet in Heinrichs VII. Krönungsjahr 1309 offenkundig wurde. Gegenüber diesem Machtgewinn Philipps des Schönen wäre es umso nötiger gewesen, in der deutschen Zentralgewalt ein Gegengewicht zu schaffen; doch diese Möglichkeit wurde vom egoistischen Machtkalkül der Kurfürsten verspielt.

Der Gedanke, den König nach dem zerstrittenen, von fremden Mächten umkämpften Italien ziehen zu lassen, angeblich um dort Frieden zu stiften, war da verführerischer. Schien doch damit eine Chance gegeben, das in Avignon mit einer uneinigen Kurie residierende Papsttum und das französische Königtum gegeneinander auszuspielen. Auf einem Reichstag zu Speyer im Jahre 1310 berieten die Kurfürsten und andere Hochadlige darüber mit König Heinrich VII. und bereiteten den Italienzug vor.

In schier unbegreiflichem Glauben an seine weltgeschichtliche Mission brach Heinrich VII. im Herbst 1310 zum Zug über die Alpen mit einem relativ kleinen Heer auf, in dem Verwandte und Bekannte das Sagen hatten. Balduin begleitete seinen königlichen Bruder in einem mit Gold und Silber beladenen Wagen, wie eine spätere kunstvoll gestaltete Bilderchronik berichtet, während der Erzbischof von Mainz, Peter von Aspelt, als Reichsverweser zurückblieb. Es wurde deutlich, dass der Italienzug vorwiegend ein Anliegen der Kurfürsten an der Mosel und dem Mittelrhein war. Die Städtebürger, bisweilen schon in Auseinandersetzungen um die Ratsherrschaft verwickelt, engagierten sich kaum, zumal der König, der Luxemburger anders als der Habsburger, die Interessen der Territorialfürsten denen der Städte immer vorgezogen hatte. Um etwa mit den Wettinern im thüringischsächsischen Raum ins Geschick zu kommen, war er von keinen Bedenken geplagt, die Reichsstätte Altenburg, Chemnitz und Zwickau zu verpfänden, die nie wieder eingelöst werden konnten und so zu meißnischen Landstädten wurden. Auch den Grafen und anderen Adligen lagen die eigenen Territorien und Besitzstände näher, daher wollten sie sich auf keine Abenteuer im Süden der Alpen einlassen.

Als Heinrich VII. in der Lombardei angekommen war, lag der Weg nach Rom keineswegs frei und friedlich vor ihm, viele und mächtige Städte zeigten sich ihm dort feindlich. Die spärliche deutsche Unterstützung zwang Heinrich zudem, überall Geld und Gefolgsleute fürs Heer zu erpressen. Befestigte Städte musste er belagern und ihren Widerstand zu brechen versuchen. Wo ihm dies misslang, wie in Florenz, verwüstete er die Umgebung; wo es gelang, wollte er Exempel statuieren: die besiegten Städte wurden ausgeplündert, ihre Mauern niedergerissen und Strafgerichte von bisweilen äußerster Brutalität abgehalten. So ließ er in Brescia den gefangen genommenen Stadtherren vor den Augen der Einwohner zerstückeln. Immer entsetzlicher brach die Kluft auf zwischen Worten und Taten. Aus den Friedensversprechungen wurden grausame »Befriedungen«.

Auch ohne kaiserliche Befehle wurden während des Romzugs, wie Bischof Nikolaus von Butrinto berichtete, »nicht nur Laien, sondern auch Weltgeistliche und Mönche an ihren zeitlichen Gütern wider Gott und Recht auf das schwerste geschädigt, und zwar durchgehendst durch die Trossbuben, unangenehm, dass der Herr Kaiser von mir und anderen Mönchen, die wir solches wahrnahmen, häufig mit Klagen über seinen Marschall angegangen wurde, dass nämlich dieser gegen die Übeltäter nicht energisch genug einschreite.«

In einem anderen zeitgenössischen Bericht hieß es: »Inzwischen plündert das stumpfsinnige deutsche Kriegsvolk, wie es von Natur allzu sehr auf Beute erpicht und unfähig ist, im Krieg Disziplin zu halten oder den Menschen zu schonen, weit und breit die Höfe der Gegend und selbst größere Flecken, welche sich mit den Waffen gewinnen lassen, jedoch auch dann, wenn dieselben sich friedlich zeigen und sich unterwerfen, und brennt nieder, was es nicht als Beute von dannen führen kann. So hörte ringsum jeder Ackerbau auf und im Lager des Kaisers trat Mangel an Lebensmitteln auf.«

Neben dem lauten und offenen Kriegszug gab es noch einen stillen unheimlichen: Während die Mannen des deutschen Königs am unbesiegten Florenz vorbei nach Rom vordrangen, waren sie beständig von Legaten des Papstes mehr beobachtet als wohlwollend begleitet und von Abgesandten des französischen Königs ausspioniert. Dies alles ließ nichts Gutes ahnen.

In Rom angelangt, war dem deutschen König der Weg kurz vor Sankt Peter durch neapolitanische Truppen und Gefolgsleute römischer Adliger versperrt. So musste er sich den Zugang zur Lateranbasilika erkämpfen, wo ihn zwei Kardinäle und nicht Papst Clemens V. zum Kaiser krönten. Auch das stand in peinlichem Widerspruch zum Überschwang der ursprünglichen Ziele.

Heinrich VII. begnügte sich ohnehin nicht mit der eher fragwürdigen Krönung. Obwohl nach dem feierlichen Akt viele Deutsche kampfesmüde nach Hause fuhren, brach er mit einer Heerschar gegen Florenz, Pisa, Siena, also nach Norden auf, von dort wollte er gegen Neapel ziehen, um König Robert von Neapel, seinen gefährlichsten Feind in Italien, entweder zu besiegen oder zumindest zum Einlenken zu bewegen. Allen Ernstes behauptete Heinrich VII., ein Weltkaisertum zu bekleiden und tönte: »Wie alle himmlischen Heerscharen unter einem Gott kämpften, so müssten auch alle Menschen, unabhängig von ihrer Scheidung in Reiche und Länder, einem Alleinherrscher unterstehen, dem Kaiser.« Das erinnerte fatal an die weltlichen Ansprüche, die der gescheiterte Bonifaz VIII. ein Jahrzehnt vorher mit der gleichen Anmaßung vorgebracht hatte; schon deshalb konnten Heinrichs Proklamationen weder den König von Frankreich beeindrucken noch dessen Anverwandten, Robert von Neapel.

Die deutschen Herrschgewaltigen verkannten nicht allein die Modernität in der Staatsentwicklung Frankreichs, sie unterschätzten auch die tief wurzelnden Interessengegensätze zwischen den ober- und mittelitalienischen Städten, wie sie die prodeutschen Sympathien der sogenannten Ghibellinen (Kaisertreue) in Italien überschätzten; schließlich zeigten sie wenig Gespür für die Labilität eines solchen Papstes wie Clemens V. Der kurfürstliche Beraterkreis und Heinrich VII. waren zudem den diplomatischen Winkelzügen und Täuschungsmanövern der Abgesandten aus Paris, Neapel, Florenz und Avignon nicht gewachsen.

Heinrich VII. bezahlte seine Illusionen mit dem Leben, nur auf andere Weise als ehemals Bonifaz VIII. Auf dem Weg nach Süditalien, um nach dem erhofften Siege über Robert von Neapel sein Kaisertum stabilisieren zu können, ereilte den deutschen König und Kaiser am 24. August 1313 der Malariatod. Noch lange geisterte das Gerücht herum, der Herrscher wäre an einer vergifteten Hostie gestorben. Dies hätten »die älteren und bewährtesten Autoren einhellig und mit derben Worten« bezeugt, so schrieb der auch einem Lessing, Herder und Goethe bekannte Gottfried Arnold in seiner 1699 erschienenen *Unparteiischen Kirchen- und Ketzerhistorie*. Wie immer es da um Dichtung und Wahrheit bestellt sein mochte, ernsthafte Leute trauten der im höheren weltlichen Dienste stehenden »Klerisei« allerhand »Mord und andere Greuel« durchaus zu.

Politik und Poesie: Dante

Man kann von dem im Dom zu Pisa bestatteten Heinrich VII. nicht Abschied nehmen, ohne dabei an Dantes Wirken zu denken. Haben doch die Wirrsale dieser Zeit diesen politisch engagierten Dichter und Denker dazu gebracht, den deutschen König als Hoffnungsträger für Italien mit geradezu prophetischer Rhetorik zu preisen.

DANTES ALIGHERIVS
Ex Pinacotheca Comitis Danielis Lisca
Patricii Veronensis, pictus quondam a
Bernardino India celebri pictore.

Mich. Angelus Cornale del.   M. Heylbrouck Sculp.

Ein Friedenskaiser, so Dante, sollte der italienischen Nation Eintracht und Ruhe bringen, weil die Feindschaft zwischen Venedig, Genua, Florenz, Mailand und anderen städtischen Signorien grimmigen und lang andauernden Parteienzwist entfacht hatte. Das alles – »O Magd Italia, Haus des Leidens« – erlebte der aus einer Kleinadelsfamilie kommende Dante in seiner Heimatstadt Florenz, in der er bereits vor der Jahrhundertwende politische Ämter ausgeübt hatte, im Rat der Hundert oder als einer der sechs Prioren. Geleitet von führenden Familien, hatten sich in dieser toskanischen Metropole von Wirtschaft und Kultur zwei Parteien herausgebildet, die der Weißen und die der Schwarzen Guelfen. Den Weißen erschienen die Eigentumsrechte des römisch-deutschen Reiches an der Toskana nützlich für Florenz, wenn es sich der intriganten Einmischung von Papstseite und französischem Königtum erwehren wollte. Die Schwarzen Guelfen hingegen hatten sich auf Bonifaz VIII. orientiert, der sich bald auf ein waghalsiges Spiel einließ. Seine Parteigänger veranlassten ausgerechnet den Bruder des französischen Königs Philipps des Schönen, Karl von Valois, am 1. November 1301 bewaffnet in Florenz einzuziehen, vorgeblich, um die Toskana zu befrieden, tatsächlich aber, um die Schwarzen Guelfen bei der Vertreibung der Weißen abzusichern.

Für Dante begann eine politische Katastrophe. Befand er sich doch während der Krise um Florenz gerade in Rom, wahrscheinlich, um als Mitglied einer florentinischen Abordnung mit Bonifaz VIII. zu verhandeln. Der aber wollte keinen Kompromiss, sondern Unterwerfung – kein gangbarer Weg für Dante, der es deshalb vorzog, nicht nach Florenz zurückzukehren. Seine Gegner aber, die siegreichen Schwarzen, gaben sich mit seiner Abwesenheit nicht zufrieden, sondern folgten der Logik ihres totalitären Herrschaftsanspruchs. In zwei Urteilen – im Januar und im März 1302 – verfügten sie seine lebenslängliche Verbannung aus seiner Vaterstadt, dazu den Verlust seiner Güter und die Androhung des Feuertodes, falls der zum Staatsfeind Erklärte auf florentinischem Gebiet ergriffen würde. Selbstverständlich billigte Papst Bonifaz diese politische Justizprozedur, vielleicht veranlasste er sie sogar. Doch bald wurde er bekanntlich selbst Opfer eines noch folgenschwereren Gewaltstreiches: Wenige Wochen, nachdem ihn Philipp der Schöne in Anagni gefangen nehmen und misshandeln ließ, starb er.

Sein Tod veränderte keineswegs die Parteienverhältnisse in Florenz. Die Schwarzen Guelfen, die dort bei ihrem Staatsstreich neben der päpstlichen auch auf die französische Rückversicherung bauen konnten, blieben an der Macht. Dante konnte nun erst recht nicht an eine Rückkehr in seine Vaterstadt denken. Seine Lage wurde sogar noch bitterer, als zehn Jahre später, nach dem Hinscheiden Heinrichs VII., die Signoria von Florenz in die Hände König Roberts von Neapel geriet.

Niederlage folgte auf Niederlage – doch gerade auf dem Leidensweg wuchs Dantes Größe. Was ihm widerfuhr, setzte er in künstlerisches Schaffen um. Schon früh, wahrscheinlich gleich nach den Auseinandersetzungen in und um Florenz, hatte ihn der Gedanke an ein dichterisches Werk über die Wirrnisse der Welt und deren Überwindung beschäftigt. Der Themenkreis dafür war bald gefunden; er griff jene literarische Überlieferung auf, die die Jenseitswanderung des menschlichen Individuums von der Hölle über das Fegefeuer ins Paradies als religiöses Lehrgedicht darstellte. Dante jedoch drängte es über die simple Tradition hinaus, zumal er nach seinem sozialen Status vornehmlich die städtischen Oberschichten ansprechen wollte.

Mit Vergil zusammen erscheint Dante in der *Göttlichen Komödie* als Wanderer durch Inferno, Purgatorium und Paradies, wo er ständig bekannten Gestalten der Geschichte begegnet und sie zum Sprechen bringt. Seinem inneren und äußeren Bedürfnis folgend, wollte Dante das, was seine von sozialen und geistigen Realitäten ausgehende künstlerische Phantasie ihm eingab, auch in einer Sprache vermitteln, die sowohl das Gelehrtenlatein wie auch das Vulgärmundartliche vermied und dennoch aus beiden schöpfte. So erklang bei ihm eine erneuerte Sprache: das Allgemein-Italienische – das allein war schon eine nationale Tat, eine zeitgemäße, die in der europäischen Entwicklung lag.

Was jedoch die *Göttliche Komödie* über das Nationale hinaus auf den höchsten Rang der Weltliteratur erhob, war die spannungsreiche Verknüpfung von politischer Aktualität und prinzipieller Staatsanschauung, von Anschaulichkeit und Gedankentiefe, und dies alles durchdrungen von kraftvoller Poesie der gestalteten Menschen, Tiere und Landschaften.

Dante hat Heinrich VII. auch über dessen Tod hinaus die Treue gehalten und ihn, dessen Greueltaten übersehend oder als Exekution der Strafe Gottes betrachtend, im Paradies der *Göttlichen Komödie* fortleben lassen:

> *»Auf jenem großen Stuhl, wo du dem Strahle*
> *Der Krone, die dort glänzt, dein Auge leihst,*
> *Dort, eh du kommst zu jenem Hochzeitsmahle,*
> *Wird sitzen des erhabnen Heinrich Geist,*
> *Des Cäsars, der Italien zu gestalten*
> *Kommt, eh es sich dazu bereit erweist.«*
> *(Übersetzung von Streckfuß)*

Während Dante einem Heinrich VII. alles nachsah, ließ er fünf Päpste in die dichterische Hölle wegen Ämterschacher oder machtgierigem Fanatismus verbannen und fürchterliche Qualen erleiden. Zu den also Verdammten gehören des Dichters Zeitgenossen Bonifaz VIII. und Clemens V.; zwei Päpste trifft man zur Läuterung im Fegefeuer und nur einer, Johannes XXI., hat einen Platz im Paradiese gefunden, nicht aber in seiner Eigenschaft als Papst, sondern als Kirchenlehrer Petrus Hispanus.

Mit dem drastischen Verurteilen von Päpsten zielte Dante keineswegs auf die Abschaffung des Papsttums, sondern vielmehr auf dessen Gesundung. Danach sollte der Papst weder über König und Kaiser herrschen noch von diesen Mächten abhängig sein. Geistliche und weltliche Macht, sacerdotium und imperium, Papsttum und Kaisertum, hätten gleichrangig bewertet, in keinem Verhältnis von Überordnung und Unterordnung zu stehen. Entgegen dem theokratischen Herrschaftsanspruch der Bulle *Unam sanctam des Bonifaz,* sah Dante die kaiserliche Gewalt unmittelbar von Gott geleitet und nicht von seinem Stellvertreter, also dem Papst. Ihm und seiner Kirche war der moralisch-religiöse Einfluss zugedacht, der sich frei von weltlichen Macht- und Bereicherungsgelüsten umso stärker entfalten könnte. An den Dogmen, die der Katholizismus in den Jahrhunderten des Mittelalters herausgebildet hatte und teilweise noch entstehen ließ, wollte Dante nichts reformieren oder gar revidieren. Daher konnten katholische Theologen, wie etwa der Würzburger Ordinarius Franz Hettinger, in der Zeit des Bismarckschen Kulturkampfes des Dichters Rechtgläubigkeit mit guten Argumenten belegen. Und dennoch erfassten sie damit nicht die volle Wahrheit.

Seine Zeit und die ihm auferlegten Nöte ließen Dante nach einer Kirche suchen, die frei wäre von einem dekretierenden Apparat und äußerlicher Herrlichkeit; in diesem Sinne wollte er den politisch gewordenen Katholizismus durch einen religiösen überwinden und orientierte stärker als bisher auf die vernachlässigte *Bibel.* Damit kündigte sich noch kein Luther an, zumal Dante, alles Ketzertum zurückweisend, keine Reform gegen die Kirche anstrebte. Reform also durch die Kirche? Eine eindeutige Antwort war schon angesichts der »babylonischen Gefangenschaft« des Papstes gar nicht möglich; es sollte bei der Idealvorstellung eines rein religiösen, vom politischen Weltgetriebe sich fernhaltenden Katholizismus bleiben. Mit dem religiösen Rigorismus Dantes hatte es eine ähnliche Bewandtnis wie mit dem Armutsverlangen der franziskanischen Spiritualen. Entstanden aus dem Protest gegen die verweltlichte Papstgewalt, rüttelten sie alle gar kräftig an deren Gefüge.

Werk und Welt in einer historischen Übergangszeit rechtfertigen die Meinung von Friedrich Engels, Dante sei der letzte Dichter des Mittelalters und der erste Dichter der Neuzeit gewesen: Er war geistig verwurzelt in der Gedankenwelt des vergangenen Jahrtausends, selbst mit seinem illusionären Versuch, die Macht des Kaisers ungeachtet des Werdens nationaler Staaten wieder aufleben zu lassen.

Doch hat Dante als Schöpfer einer übermundartlichen Sprache und eines weltliterarischen Werkes der italienischen Nation geholfen, in der europäischen Staatenwelt trotz politischer Zerrissenheit sozial und kulturell zu überleben und weiterzuleben. Beziehungsreich auf Künftiges weisend, war auch seine Kritik an der für damals modernen Geld- und Warengesellschaft. Da sagte der Jenseitswanderer in der Hölle etwa (Gesang XVI, Vers 73-75):

> *»Das neue Volk, die plötzlichen Gewinste,*
> *die haben Stolz und Übermaß, Florenz,*
> *in dir erzeugt, sodass du schon drum weinest.«*

Es gibt in der *Commedia* noch vielerlei Klagen und Anklagen über die »verfluchte, geldgehetzte Gier«, über all das Geschacher um der Erdengüter willen; mit Bitterkeit gewahrt der Dichter das »verkehrte Geben oder Halten«, das unaufhörliche Habenwollen, das die Menschen aneinanderkettet, aber auch voneinander entfernt. Da fehlt auch nicht der Hieb auf »Sodom und Cahors«, also auf jene südfranzösische Handelsstadt, aus der der päpstliche Finanzfachmann und Steuereintreiber Johannes XXII. stammte. Vom Ingrimm des Dichters bleiben auch viele italienische Städte nicht verschont, in denen die Geschlechterfehden und die Genusssucht der Individuen das Gemeinleben unmöglich machen.

Zweifellos leitete Dante die ethischen Maßstäbe für sein Urteilen und Verurteilen aus dem Mittelalter und dessen antikem Erbe her. Entwirren wollte er in der Gegenwart aber lediglich die Verirrungen einer städtischen Gesellschaft, die er im Grunde bejahte, so sehr sogar, dass in seinem Gesellschaftsbild die unteren Stände und auch die Bauern fehlen. Sozial gesehen, wollte er seinesgleichen den Spiegel vorhalten und damit schlimmen Anfängen wehren. Wie man das auch bewertet, was Dante ethisch verneinte oder bejahte, er war keinesfalls Romantiker, vielmehr einer der ersten Warner vor den menschlichen Deformationen, die die sich entfaltende und bis zum heutigen Tage während Geld- und Warenwirtschaft eben auch hervorbringt. An der *Göttlichen Komödie* arbeitete der Dichter, seine Kräfte aus- und erschöpfend, bis zu seinem Tode im Jahre 1321. Kurze Zeit danach brachen alle Konflikte, mit denen er sich politisch und künstlerisch auseinandergesetzt hatte, erneut auf – es waren die Spannungen im Kräftespiel von Kaiser, Volk und Papst.

Die Deutschen und das Papsttum in Avignon

Noch zu Lebzeiten Dantes und nach dem Tode Heinrichs VII. bekriegten sich Herzog Friedrich der Schöne von Österreich und Herzog Ludwig der Bayer wegen der Hinterlassenschaft der Herzöge von Niederbayern. Eine Entscheidung brachte schließlich die Schlacht bei Moosburg an der Isar im November 1313, wo Ludwig der Wittelsbacher, trotz der zahlenmäßig überlegenen Streitkräfte des Habsburgers, über Friedrich den Schönen einen spektakulären Sieg errang.

Als dann die Kurfürsten im Oktober 1314 zur Königswahl bei Frankfurt am Main zusammenkamen, spalteten sie sich in zwei Parteien, von denen jede einen jener beiden Herzöge wählte, die ein Jahr zuvor heftig aufeinander gestoßen waren. Weil die beiden politisch besonders eingefuchsten Erzbischöfe von Trier und Mainz mit ihren franco-avignonesischen Konnexionen auf keinen Fall den Habsburger Friedrich den Schönen, den ältesten Sohn des ermordeten Albrechts I., wählen wollten, votierten sie, ohne sonderliche Überzeugung, für den Wittelsbacher Ludwig und verschafften ihm damit die Stimmenmehrheit der wahlberechtigten Fürsten. Dieses Wahlergebnis galt jedoch nicht als endgültige Entscheidung für ihn.

Die beiden Kontrahenten: Friedrich der Schöne und Ludwig der Bayer

Die Kurfürsten nahmen es in Kauf, dass sich die militärische Auseinandersetzung zwischen den beiden Königsanwärtern, also zwischen dem Habsburger und Wittelsbacher, noch lange hinzog und deren Feldzüge weite Landstriche, insbesondere die von Ludwig dem Bayern, verwüsteten. Dabei entfachten die rivalisierenden Könige den Parteienstreit auch in und zwischen den Städten und schürten die Zwietracht im Volke. Erst nach acht langen Jahren wurde der opferreiche Krieg durch die Entscheidungsschlacht bei Mühldorf am Inn am 28. September 1322 beendet. Wechselvoll war an diesem Tage das opferreiche Kampfgetümmel gewesen, bis sich schließlich Friedrich der Schöne, sein Bruder Heinrich und viele ihrer adligen Gefolgsleute ergeben mussten. Den gefangenen Gegenkönig ließ Ludwig der Bayer auf die oberpfälzische Wasserburg Trausnitz in sicheren Gewahrsam bringen.

Ludwig der Bayer betrachtete sich nun als rechtmäßigen deutschen König; für ihn war die Schlacht von Mühldorf ein Gottesurteil zu seinen Gunsten. So kam es ihm gar nicht in den Sinn, um die päpstliche Approbation in Avignon nachzusuchen. Ob diese notwendig sei oder nicht, das wurde in den kommenden Jahrzehnten zu einem zentralen Streitpunkt der Staatstheorie und -praxis.

Zunächst musste sich der neue König mit den konfusen Verhältnissen in der Mark Brandenburg befassen. Dort hatte Woldemar, der letzte Markgraf des askanisch-brandenburgischen Hauses, nach seinem Tode 1319 ein innerlich zersetztes Herrschaftssystem hinterlassen. Die lieben Nachbarn und feudalen Herrschaftsbrüder, wie die aus Sachsen-Wittenberg, Mecklenburg, Pommern, Schlesien und Böhmen, hatten die Herrenlosigkeit und Schwäche in der Mark Brandenburg weidlich ausgenutzt, um allerlei Rechte in den verschiedensten Gebieten an sich zu reißen.

Unter diesen Umständen war es so ruchlos nun wieder auch nicht, dass der König und bald auch zum Kaiser gekrönte Ludwig IV. der Bayer die Markgrafschaft Brandenburg im Jahre 1323 als erledigtes Reichslehen erklärte und seinem – damals erst achtjährigen – gleichnamigen Sohne übertrug. Doch der junge, noch unter Vormundschaft stehende Markgraf hatte mit lehnsrechtlichen Besitzverhältnissen zu tun, die derart verworren waren, dass bei den nach 1323 anhebenden Verhandlungen, Vertragsabschlüssen und Vertragsbrüchen die sich streitenden, sich versöhnenden und wieder streitenden Parteien immer wieder mit Fiktionen, ja ausgemachten Schwindeleien arbeiteten.

Oft genug ist das Besitzgerangel jener Zeiten von ermüdender Langeweile; was nach außen hin als dramatische Streitereien erscheint, verflacht bisweilen zum elenden Alltagsgezänk. Doch das Provinzgezeter gerade aus der Mark Brandenburg drang bis in die Reichspolitik, sogar in die Konflikte zwischen König Ludwig IV. und dem Papst und insofern auch in das, was man damals als Weltpolitik ansehen konnte.

Wer sich indessen mit dem Papst in Avignon auseinandersetzte, musste mit recht vertrackten Parteiungen rechnen, zumal Clemens V. seit seiner Inthronisation 1305 in die dortige Kurie so viele Verwandte und Landsleute aus der Gascogne berufen hatte, dass nun nach seinem Tode im Jahre 1314 der Missmut darüber offen ausbrach. Angesichts dieser Verhältnisse war die Wahl eines Nachfolgers von Clemens V. schwierig geworden; eine zweijährige Sedisvakanz trat ein, bis die Kardinäle erneut zusammenzubringen waren. Der König von Frankreich griff autoritär ein und veranlasste seinen Bruder, den Grafen von Poitiers, die Kardinäle im Dominikanerkloster zu Lyon einzuschließen und ihnen die Namen von vier Kandidaten zu übergeben. Aus diesem erzwungenen Konklave ging am 7. August 1316 Jacques Duèse als neuer Papst Johannes XXII. hervor.

Papst Johannes XXII.

Er war ein Mann, der nach seiner Herkunft und seiner Lebenserfahrung der neuen Zeit gewachsen und für geeignet schien, der erstarkenden Geldwirtschaft wie dem Expansionsdrang der französischen Monarchie Genüge zu tun. Jacques Duèse entstammte einer reichen Bürgerfamilie in Cahors, dem Hauptsitz der südfranzösischen Wechsler, die auch in Deutschland – da unter dem Namen »Kawertschen« – bekannt waren und Kenntnisse über die damals modernen Handelsgebräuche vermittelten. Mit über siebzig Jahren, eben als Johannes XXII. auf den Heiligen Stuhl gelangt, war dieser kleine, kahlköpfige, hinfällig erscheinende Greis von unablässigem Arbeitseifer und Feuergeist erfüllt, um die Kurie auf einheitliche Überzeugungen von der päpstlichen und franco-monarchischen Interessengemeinschaft einzustimmen. Religion und Politik stecken zwar immer unter einer Decke, um mit Hegel zu sprechen, aber selten lagen sie so nahe beieinander wie unter Johannes XXII. Im Unterschied zu Clemens V. imponierte Johannes XXII. als eine Persönlichkeit, deren Fühlen, Denken und Handeln ein folgerichtiges Ganzes war; geprägt von der Atmosphäre seiner vom Handel beherrschten Geburtsstadt und seiner Jugend in einer südfranzösischen Kaufmannsfamilie, war er zum Kanzleramt bei immerhin zwei Königen gelangt – bei Karl II. und bei Robert von Anjou-Neapel. Das war eine wertvolle Vorbereitungsperiode für sein hohes päpstliches Amt. Dem Gesetz folgend, nach dem er angetreten, vollzog er die Anpassung des kurialen Finanz-, Besteuerungs- und Verwaltungssystems an die Geldwirtschaft; logisches Pendant dazu war seine inquisitorische Verfolgung der die Armut Christi predigenden Spiritualen im Franziskaner-Orden. Ansonsten kümmerte er sich nur sporadisch um theologische Fragen. Was nicht mit Geld und Macht zusammenhing, zählte nicht viel für diesen sonderbaren »Stellvertreter Christi auf Erden«.

Johannes XXII. ernannte wiederum nur französisch gesinnte Kardinäle, ohne in kompromittierenden und Streit provozierenden Nepotismus wie Clemens V. zu verfallen; seine in der sogenannten Wahlkapitulation gemachten Zusagen, die päpstliche Residenz von Avignon nach Rom zu verlegen, löste er nicht ein, zumal ihm die Parteienkämpfe dort nicht günstig erschienen. Für ihn ging es vor allem um Konzentration seiner Machtausübung: dem diente auch sein ausgeklügeltes Finanzsystem. So wurden unter ihm die möglichen Einnahmequellen der Kurie bis aufs Letzte ausgeschöpft, ganz gleich, wen das auch immer treffen mochte. Johannes XXII. getraute sich schon was: Aus dem reichhaltigen Katalog der Steuern, Abgaben und Gebühren seien nur wenige Posten erwähnt: der Peterspfennig, eine in einigen nördlichen und östlichen Ländern erhobene Häusersteuer; zahlreiche Gebühren für »Provisionen«, das heißt für die Ämterverleihung; wiederum Abgaben für Dispense, Privilegien und Gnadenbriefe; auch der Klerus unterlag bisweilen außerordentlicher Besteuerung, etwa in Zeiten von Kreuzzügen; allmählich wurden die Ablässe zu einer Landplage, insbesondere in Jubeljahren, deren Zyklen immer kürzer wurden. War anfangs die Feier in hundertjähriger Wiederkehr vorgesehen, so reduzierte man die Abstände schließlich bis auf fünfundzwanzig Jahre.

Das komplizierte Finanzsystem des Papstes gehörte in hohem Maße zu den materiellen Daumenschrauben, die er dem deutschen König und seinen Untertanen anlegte. Während der achtjährigen Auseinandersetzung zwischen den beiden Königen in Deutschland, dem Habsburger Friedrich und dem Wittelsbacher Ludwig, verhielt sich Avignon abwartend. Doch derselbe Papst, der sich weigerte, nach Italien zu gehen, machte sein Herrschaftsrecht über eben dieses Land unverhohlen geltend, und zwar nicht nur über den Kirchenstaat. Um hier seine Positionen zu sichern, setzte er seinen ehemaligen Zögling und erklärten Feind des deutsch-italienischen Kaisertums, König Robert von Neapel, als Reichsverweser ein; überdies sandte der Papst eigene Truppen über die Alpen. Solche Aktivitäten, selbst wenn es dabei ohne Stechen und Schießen zuging, machen es erklärlich, dass 76,4 Prozent der päpstlichen Einnahmen für militärische Zwecke und für Beamtengehälter verausgabt wurden, aber nur 7,15 Prozent für Almosen, Mission und Kirchenbauten.

Ludwig IV. der Bayer machte nach wie vor keine Anstalten, um die päpstliche Approbation nachzusuchen; er kam auch der Aufforderung, die Vergabe der Mark Brandenburg an seinen Sohn rückgängig zu machen, keineswegs nach. Dies alles veranlasste den Papst, einen Prozess zu eröffnen: wie damals vielfach üblich, ließ er am 8. Oktober 1323 ein umfangreiches Pergament an die Türen und Supraporten des Doms von Avignon anschlagen und seinen Inhalt den päpstlichen Rektoren und Befehlshabern in Italien, den deutschen und italienischen Bischöfen, dem ungarischen Erzbischof von Esztergom und dem König von Frankreich übermitteln. Philipp der Schöne war übrigens, wie ein aragonesischer Gesandter berichten konnte, über den »unbeugsamen Willen« und »so großen Zorn« des Papstes gegen Ludwig schon vor dieser weitreichenden Aktion unterrichtet.

Das also im Herbst 1323 verschickte Schriftstück enthielt Anklage wie Warnung. Ludwig sei kein König, solange er nicht vom Papst bestätigt sei, sondern nur ein zum König Erwählter. Da hieß es: »Auch hat dieser Ludwig, nicht zufrieden mit der Vorausnahme dieses Titels, die Verwaltung der Rechte des genannten König- und Kaiserreiches zur schweren Beleidigung Gottes und unter Verachtung und offenbarer Rechtsverletzung gegenüber seiner Mutter, der römischen Kirche, … zur Störung und Schädigung des Staates und zum Schaden seiner eigenen Seele gewagt, sich vorzudrängen und sich ohne Ehrfurcht und ohne Recht darin einzumischen.« Der Drohung mit dem Bann gegen den König folgt dann in wirkungsvoller Steigerung die Ankündigung des Interdikts gegen Personen, Städte und Länder, die ihn unterstützen könnten. Durch das Interdikt konnten schließlich der Empfang der Sakramente, die Abhaltung öffentlicher Gottesdienste und kirchliche Begräbnisse untersagt werden.

Das Ganze endete schließlich mit Donnerworten katholisch-abendländischen Machtbewusstseins: »Es soll also gar keinem Menschen erlaubt sein, dieses unser Schreiben mit seinen Ermahnungen, Befehlen, Verboten, Lösungen und Festsetzungen zu zerbrechen oder mit vermessenem Wagen ihm entgegenzutreten. Wenn aber jemand dies zu versuchen wagt, so mag er wissen, dass er dem Unwillen des allmächtigen Gottes und seiner heiligen Apostel Petrus und Paulus verfallen wird.« Hier drücken Inhalt und Form nicht schlechthin die persönliche Überspanntheit Johannes XXII. aus; entgegen der Auffassung von Dante, nach der die kaiserliche Gewalt unmittelbar von Gott und nicht von seinem Stellvertreter hergeleitet sei, beharrte der Papst auf seinem von Gott unmittelbar zugestandenen Vorrang vor König und Kaiser, die er fast auf den Rang von Partikularinteressenten verwies.

Zunächst mochte Ludwig IV. unschlüssig gewesen sein, ob er mit der gleichen Unbeugsamkeit antworten sollte, denn immerhin schickte er Gesandte zu Verhandlungen nach Avignon. Aber noch ehe sie zurückkehrten, legte er im Hause eines Nürnberger Patriziers in Anwesenheit des Bischofs von Regensburg und mehrerer geistlicher und weltlicher Herren wegen der »ungebührlich und ungerecht über ihn verhängten und angedrohten Prozesse« Appellation ein. Es hatte den Anschein, als kündige sich im Patrizierhaus so etwas wie eine ständige Kooperation an. Das Dokument enthielt die staatsrechtlich entscheidende These: Wer nach deutschem Reichsrecht gültig gewählt sei, der sei damit auch der König; er bedürfe keiner Bestätigung von irgendjemandem. Diese Nürnberger Appellation wurde allerdings nie abgesandt; sie blieb ein Probestück, zugleich aber Zeugnis dafür, dass nun auch städtische Geschlechter in diesen Prozess einbezogen wurden. Nachdem er die von Avignon aus gewährte Rechtfertigungsfrist von drei Monaten hatte verstreichen lassen, verhängte der Papst den Kirchenbann über den deutschen König; damit war der Bruch vollzogen.

Ludwigs IV. Antwort war die berühmte Appellation zu Sachsenhausen vom 22. Mai 1324, amtlich niedergelegt in der Hauskapelle des Deutschordens. War das den päpstlichen Prozess eröffnende Dokument vom Herbst 1323 trotz des rügenden Tones juristisch allseitig durchdacht, was dem Angeklagten auch alle Ausweichmöglichkeiten versperrte, so zeigte die Argumentation der Mai-Appellation des Königs einen anderen, politisch bemerkenswerten Charakter: Sie richtete sich an möglichst viele Kreise der deutschen Gesellschaft, angefangen von den Kurfürsten, den Geistlichen höheren und niederen Ranges, über die Städtebürger bis zu den Minoriten.

Selbstverständlich wies der König den päpstlichen Approbationsanspruch abermals zurück und qualifizierte wiederum den eröffneten Prozess als Exzess. Johannes XXII. betreibe »die Austilgung des heiligen Reiches«. An anderer Stelle erwähnte die Appellation politisch gezielt die Reichskurfürsten, denen angeblich »dauernder Schaden und Nachteil« zugefügt worden sei. Nationale Töne klangen an, wenn der Papst angeklagt wurde, »dass er die eherne Schlange, das Reich der Deutschen, zu jeder Zeit nach Vermögen zertreten wolle und mit aller Kraft danach strebe, wie er durch die Ausführung seines Werkes zu erkennen gibt und Tag für Tag beweist«.

Die königliche Kundgebung hätte nicht wirken können, wenn sie sich nur mit den Fragen von Staat und Nation befasst hätte; im Verständnis der Menschen jener Zeit musste sie gerade in ihrer Anklage gegen den Papst auf dessen Stellung in und zu der Kirche eingehen, und das tat sie allerdings in schmähender Weise: »Er ist ein gottloser Schänder und Verächter der Sakramente Christi und ein gottloser und verwegener Brecher und Umstürzler der heiligen kanonischen Satzungen und an vielen Stellen und auf viele Weise ein heimtückischer, anmaßender und verwegener Zerstörer der Verfassung der Kirche.«

Aus dem damals von königlicher Seite Verlautbarten wird offensichtlich, dass – wie bei Dante – nicht das Papsttum an sich, sondern jener Papst in Avignon bekämpft wurde, nicht die katholische Kirche und Dogmatik, sondern deren Verzerrungen. Der König und die mit ihm Verbündeten erscheinen als die »wahren Gläubigen und wahren Katholiken«, wohingegen der franco-avignonesische Papst der Ketzer ist, ja der Helfershelfer der inneren und äußeren »Feinde des heiligen Landes und Gottes«. Überdies habe er wegen vermeintlicher Hilfe für das bedrohte Volk der dortigen Christen »ungeheure Geldsummen eingetrieben und lässt sie eintreiben, besonders in den deutschen Gebieten, aus den verdoppelten und verdreifachten Zehnten und aus den Jahrgeldern beziehungsweise den Einkünften aus den erledigten Lehen«. Nichts von all den mehr oder weniger erpressten Geldern wurde schließlich für den vorgegebenen Zweck verwendet.

Im Bemühen, die religiöse Auseinandersetzung mit dem Papst weiterzuführen, wurde in die Sachsenhausener Appellation noch ein Traktat von der Hand eines Franziskaners eingeschoben. Das Generalkapitel der franziskanischen Kongregation, des Ordo fratrum minorum O.F.M., hatte – auch gegen Johann XXII. gerichtet – schon zwei Jahre vorher, Pfingsten 1322, in Perugia als unumstößlichen Grundsatz des Ordenslebens das Postulat von der absoluten Armut Christi und der Apostel verkündet; nichts im Eigenbesitz und auch nichts im Gemeinbesitz zu haben, das hätte »den Stand der Vollkommenheit« ausgemacht. Mit dieser Berufung auf ein gewissermaßen elitäres Armutsideal siegten die sogenannten Spiritualen innerhalb des Ordens.

In ihrem Geiste war der Traktat in der Sachsenhausener Appellation verfasst, der – noch kein vorlutherisches Denken aufweisend – in der strengen Richtung der Franziskaner, der Spiritualen, gegen die Bereicherungssucht und die Machtdemonstration der von Johannes XXII. beherrschten Kurie in Avignon rebellierte. In der Auflehnung dagegen interpretierten sie das uralte, variationsreiche und gerade deshalb von der Kirche immer wieder teils verketzerte, teils anerkannte Armutsideal neu und radikal. Wie utopisch und elitär es auch sein mochte, es wurde populär, weil daran das finanzielle und imperiale Gebaren derer von Avignon gemessen werden konnte.

Johannes XXII. hatte schon früh die Gefahren erkannt, die für ihn von der Verkündung und Verbreitung des radikalen Armutsideals ausgehen könnten. So war ihm die Heiligsprechung des berühmtesten Theologen des Mittelalters, Thomas von Aquino, willkommener Anlass, dessen gemäßigte Armutsauffassung in einem Konsistorium im Juli 1323 für die wahrhaft apostolische zu erklären, womit er allerdings in der Welt wenig Gehör fand, vor allem nicht in Italien und in Deutschland.

Die Heiligsprechung des Thomas von Aquino enthüllt, näher betrachtet, aufschlussreiche politische Aspekte. Bemerkenswert ist schon der Zeitpunkt: König Johann von Böhmen hatte sich politisch von Ludwig dem Bayern getrennt und war ein Bündnis mit Frankreich eingegangen. Da nutzte man die Gelegenheit, geistliche und weltliche Potentaten gegen Ludwig den Bayern wirkungsvoll aufzubieten. Zur Feier der Heiligsprechung versammelten sich in der Kirche St. Marien zu Avignon die Grafen, Bischöfe und Äbte, auch König Robert und Königin Sancha von Neapel, des Papstes alte Vertraute aus der Zeit seiner Kanzlerschaft; die hehrste päpstliche Gefolgschaft fand sich ein zu prunkvoller Schau. Religion und Politik, Heiliges und Profanes wieder einmal in trauter Gemeinsamkeit. Dies fromme Tun in Avignon musste von Ludwig dem Bayern als Wetterleuchten am politischen Horizont gedeutet werden. Höchst Bedenkliches, so wusste er nun, konnte auf ihn zukommen, wenn sich die Kurie, Frankreich und der mit ihnen bereits Einigkeit übende Johann von Böhmen aus dem Geschlecht der Luxemburger mit den Habsburgern verbündeten. Das konnte Ludwig IV. zwar verhindern, aber immer noch wirkten die kurfürstliche Doppelwahl nach dem Tode Heinrichs VII. nach, wie auch der achtjährige Krieg zwischen den beiden Gegenkönigen, dem Habsburger Friedrich und dem Wittelsbacher Ludwig. Selbst wenn dieser in Mühldorf 1322 militärisch gesiegt hatte, damit waren nicht sogleich alle Städte politisch gewonnen.

Noch im Jahre 1327 wusste ein in Köln residierender Vertrauter an Johannes XXII. zu berichten, wie unterschiedlich viele Städte und Territorien Partei für den einen oder den anderen ergriffen. Schlettstadt und Kolmar hielten »zum Österreicher und seinen Brüdern, so auch fast alle Adligen des Elsass«. In der »Bischofsstadt, genannt Argentina, in der Volkssprache Straßburg«, hielten es einige »mit dem Bayern, andere mit dem Österreicher«. Die Bürger von Mainz »haben den Bayern als König empfangen, und ähnlich die von Wetzlar, Friedberg, Frankfurt und Gelnhausen«, also die Wetterauer Städte. Die kleineren Reichsstädte unterhalb von Mainz hielten zwar zu den Erzbischöfen, »empfangen und ehren trotzdem den Bayern als König, wenn er hinkommt«. Weiter am Rheinufer abwärts wären »zwei kleine Städte«, Andernach und Bonn, »durchaus gegen den Bayern«. Die große Stadt Köln wäre sowohl für den Papst als auch für König Ludwig sehr schwierig, ihre Parteinahme weder einheitlich noch beständig. So setzte sich in dem Bericht das Wechselspiel der Städte in ihrer Haltung zum Bayern oder zum Österreicher fort.

Was aus der Zeit der Auseinandersetzung zwischen den Gegenkönigen noch nachklang, verhallte allmählich, es beunruhigte schließlich nicht mehr sonderlich.

Umso mehr aber bewegte die Städte der Streit zwischen Kirche und Staat, zwischen Papst und König. Hatten sie doch auch zu zwei Hauptanklagen des Papstes gegen den König Stellung zu nehmen: einmal zur königlichen Weigerung, um die päpstliche Approbation nachzusuchen, zum anderen zur königlichen Unterstützung der verketzerten Spiritualen. Bisweilen ging der Papst in seiner Einmischung in deutsche Angelegenheiten sogar so weit, dass er Ludwig 1325 wegen der Zollerhebung bei Kaub exkommunizieren ließ.

Es oblag den weltlichen und geistlichen Gewalten in den Städten, Prozesseröffnungen und erst recht Erklärungen des Bannes gegen den König feierlich zu verkünden. Geschah dies saumselig oder wurde es gar verweigert, schritt Johannes XXII. unverzüglich ein, eher vorsichtig gegenüber den Bürgern, schroff jedoch gegenüber »Prälaten und kirchlichen Würdenträgern«, denen er im Falle des weiteren Ungehorsams »die Strafe der Suspendierung, von Dienst und Pfründe« androhte. Die schärfste Strafe, die der Papst über eine Stadt oder gar noch über ihre Umgebung verhängen konnte, war das Interdikt, durch das der Empfang der Sakramente, die Abhaltung öffentlicher Gottesdienste und kirchliche Begräbnisse untersagt wurden.

Das waren harte Eingriffe ins religiöse und bürgerliche Leben einer mittelalterlichen Stadt. Je größer sie war, desto mehr schreckte selbst ein Johannes XXII. vor einem Interdikt zurück. So schrieb er 1323 an den Kölner Erzbischof: »Da die besagte Stadt räumlich außerordentlich weit ausgebreitet ist, mit 18 großen Hauptpfarrkirchen, vielen Kollegiatkirchen und sehr vielen kleineren Kirchen, so würde, falls ganz Köln bei einem gegebenen Vorkommnis als einziger Ort betrachtet wird, infolgedessen die ganze Stadt als interdiziert zu betrachten sein. ... Und so würden bei einem derart andauernden Interdikt in der genannten Stadt die Leichen in großen Haufen unbestattet bleiben, deren Gestank darum die Gesunden ansteckt, Unschuldige gingen der kirchlichen Sakramente verlustig; wachsen würde die Unehrerbietigkeit der Massen, gedeihen würden Ketzereien und unbegrenzte Seelennot entstünde. Infolgedessen könne es auch zu großen und gefährlichen Ausschreitungen kommen.«

Solche Befürchtungen waren keineswegs abwegig; der Furor gegen Avignon nahm gelegentlich durchaus mörderische Formen an. Papsttreue Kleriker hetzte man in Basel und Berlin zu Tode. Im Jahre 1324 wurde der Propst von Bernau gejagt, niedergeschlagen und am Ende der Torturen verbrannt. Die Magdeburger brachten im Jahre 1325 ihren seit Langem verhassten Erzbischof um, was König Ludwig insofern gelegen kam, als zwischen ihm und dem Erzstift die Lehnsrechte über altmärkische Städte strittig waren.

Viele Geistliche in den Bistümern konnte man durch solche Hassausbrüche einschüchtern; andererseits betrachteten sie des Papstes Wirken keineswegs als der göttlichen Weisheit letzten Schluss. Allzu sehr sahen sie auch Avignon dem geld- und machtversessenen Weltgetriebe verhaftet, das ihnen mehr eines des Teufels als

Gottes erschien. Auch die Geistlichen erfasste die nationale Empörung gegen welsche Einmischung, die vor allem bei der Besetzung hoher Kirchenämter deutlich wurde. War doch Johannes XXII. ein Meister darin, durch spitzfindige Analogieschlüsse das Recht zu usurpieren, Bischöfe zu ernennen und Wahlen auszuschließen. Während seines Pontifikats gelang es ihm, bei 78 Bischofserhebungen sein Machtwort zu sprechen; nur in 12 Fällen konnten die Domkapitel eine ordentliche Wahl durchführen. Das autoritäre Eingreifen von Avignon aus wurde allerdings nicht ohne Weiteres hingenommen; es erzeugte böses Blut. Nicht selten verjagte man die vom Papst eingesetzten Bischöfe, so in Mainz, in Worms, in Basel und in Konstanz. Und gar mancher der hocharistokratischen Herren in den Domkapiteln wandelte sich aus Protest gegen die Schmälerung traditioneller Rechte in der Kirche zum offenen oder geheimen Anhänger König Ludwigs IV.

Das harte Ringen zwischen König und Papst konnte in Deutschland lange nicht entschieden werden; weder vermochte Johannes XXII. die antikuriale Bewegung aufzuhalten, noch war Ludwig IV. imstande, den päpstlichen Approbationsanspruch ein für allemal zurückzuweisen. In einer solchen Lage gelang es italienischen Beratern leicht, unter ihnen der gelehrte Marsilius von Padua, König Ludwig zum˙Aufbruch ins papstfreie Italien zu bewegen. Von dort aus hoffte er die Auseinandersetzung mit Avignon machtgestärkt besser führen zu können. Natürlich wollte er auch in Rom erlangen, wonach alle deutschen Könige der letzten Jahrzehnte seit Rudolf von Habsburg gestrebt hatten: die römisch-deutsche Kaiserwürde.

Als Ludwig der Wittelsbacher im Jahre 1327 zum Zug nach Rom aufbrach, hatte sich vieles verändert. Er traf nicht mehr auf solche Widerstände, die Heinrich VII. zu überwinden hatte, vielmehr fielen ihm Städte wie Mailand, Verona und Lucca leichter Hand zu, und in der norditalienischen Metropole konnte er sich Pfingsten 1327 mit der eisernen Lombardenkrone schmücken lassen. Während des weiteren Vormarsches nach dem Süden unterstützten ihn die mit dem Papst verfeindeten Franziskaner überall. Ludwig konnte sogar wagen, den alten Parteigänger des francophilen Papstes, König Robert von Neapel, mit der Reichsacht zu belegen. Immerhin hatten ihm dessen Truppen zunächst den Weg nach Rom versperrt – entgegen den Wünschen der Römer, die in mehrfacher Hinsicht erbittert waren: Einmal verursachten das Ausbleiben der Pilgerzüge und der Aufträge des päpstlichen Hofstaates wirtschaftliche Einbußen, zum anderen empfanden sie die Aufkündigung Jahrhunderte langer mit Rom verbundener Traditionen durch Johannes XXII. in Avignon als demütigend. In dieser Stimmungslage war Ludwig der Bayer, als er am 7. Januar 1328 feierlichen Einzug in die Ewige Stadt hielt, als Hoffnungsträger willkommen.

In einem bis dahin unüblichen Ritual wurde er zum Kaiser gekrönt: Die Konsekration, das Weihezeremoniell, übernahm der Bischof von Arazzo. Sciarra Colonna – vorgeblich als Vertreter des Volkes, tatsächlich als Haupt einer mächtigen

Adelsfraktion – setzte dem Gesalbten die Krone aufs Haupt. Was sich hier ohne und gegen den Papst vollzog, erschien staatsrechtlich durch eine neue Doktrin gerechtfertigt, nach der das Kaisertum wie alle Staatsgewalt nur auf dem Volkswillen begründet sei, nicht mehr von Gott hergeleitet, wie noch Dante gemeint hatte. Was immer man auch unter Volk verstehen mochte, von nun an war eine neue Auffassung über das Verhältnis von Staat und Kirche inauguriert. Das unterstrich noch die Anwesenheit des namhaftesten Begründers der Theorie vom weltlichen Staat, des Marsilius von Padua, bei dieser ungewöhnlichen Zeremonie.

Es war vorauszusehen, dass nun Schlag und Gegenschlag seitens des Papstes wie des Kaisers erfolgen würden. Von Avignon aus wurde die Kaiserkrönung sogleich für rechtlos und nichtig erklärt, während der mit dem Bann belegte Ludwig den Papst für abgesetzt deklarierte, da er ja von Rom fernbleibe, Krieg und Rebellion gegen das Reich verursache und Irrlehren verfechte. Dann ließ der neue Kaiser ein Gesetz verkünden, das den Päpsten längere Abwesenheit von ihrer Residenz in Rom untersagte. Doch was auch immer in Versammlungen, Deklarationen und bei Verkündigungen eines Gegenpapstes oft wohlklingend, mitunter schmierenkomödiantisch verheißen wurde, so blieb Johannes XXII., hinter dem eben das französische Königtum stand, von der Kirche in den meisten Ländern anerkannt wie auch von der Mehrheit der deutschen Hochgeistlichkeit.

Verwunderlich war das nicht: Immerhin war des Papstes Gegenspieler, der neugekürte deutsche König und Kaiser, in seiner Finanznot gezwungen, die italienischen Städte mit Geldforderungen zu bedrängen. Das ließ daran zweifeln, ob mit Ludwig ein im Vergleich zum Finanzgenie in Avignon milderer Steuereintreiber gekommen war. Jedenfalls folgte dem Hosianna für den Deutschen seit dem Frühsommer 1328 mehr und mehr eine feindselige Stimmung. Als dann noch Robert von Neapel seine Chance erkannte und neue Streitkräfte zum Angriff sammelte, hielt es Ludwig für ratsam, Rom zu verlassen und sich nach Oberitalien zurückzuziehen. Von da aus kehrte er nach zwei Jahren wieder heim nach Bayern.

Mit Hohn und Fluch gedachte man in Italien dieses Ludwig IV., der das Land verlassen musste. Aber mehr noch verwünschte man Johannes XXII., dessen Bildnisse man sogar gelegentlich verbrannte. Auch in deutschen Städten war der antipäpstliche Ingrimm während der vergangenen drei Jahr angewachsen. Die in den Jahren von 1327 bis 1330 wiederholt inszenierten Prozesse mit drakonischen Strafandrohungen gegen Ludwig IV. und seine Anhänger hatten viel Aufregung gebracht. Deshalb wirkten in Deutschland die Niederlagen des deutschen Königs in Italien nicht so stark, wie er selbst sie empfand. Nachdem Ludwig IV. im Februar 1330 als römisch-deutscher Kaiser zurückgekehrt war, konnte kaum jemand ernsthaft bezweifeln, dass er der alleinige deutsche König sei, wie unversöhnlich sich Johannes XXII. auch durch Repressivmaßnahmen auf alte oder neu eingestellte Kleriker gebärden mochte. Auch Ludwig IV. verstand es, den Welt- wie Ordensgeistlichen, die »den ungerechten Prozessen des Jakob von Cahors, der sich fälschlich Papst nennt«, zustimmten, Existenz bedrohende Strafen anzukündigen: Enteignung der beweglichen und unbeweglichen Habe, aber auch Verhaftung oder zumindest Vertreibung aus der Stadt. Diese Maßnahmen sollten in den Städten von den Bürgermeistern und Ratsherren durchgeführt werden, was vielfach geschah. Beim Ordensklerus hielten die Franziskaner und Benediktiner zum Kaiser, die Dominikaner hingegen unterstützten den Papst.

Zum Schutze des Reiches und des Kaisers gegenüber der franco-avignonesischen Einmischung bildeten sich Städtebünde; mehrere Stadtgemeinden, wie Regensburg und Konstanz, schwenkten von der päpstlichen Seite zu Ludwig IV. über, dessen Erfolg in hohem Maße davon abhing, inwieweit er willens und fähig war, die in den Städten seit der Jahrhundertwende entstandenen sozialen, politischen und geistigen Kräfte einzubeziehen und zu motivieren.

Deutsche Städte: sozial, politisch, geistig

Zu Beginn des 14. Jahrhunderts hatten die Städte ihre seit Langem verfolgten Anliegen, sich von möglichst vielen feudalen Bindungen an den jeweiligen Stadtherren, also etwa an den Bischof, den Abt oder den Territorialfürsten zu befreien, weitgehend erreicht. Die Zahl der Städtegründungen nahm zu dieser Zeit ab, kam fast zum Stillstand, dafür gewannen die bestehenden Städte an Bedeutung in der noch unfertigen Nation.

Bei allem Schwanken der Bevölkerungsstärke – schließlich wurden zur damaligen Zeit immer wieder viele Menschen durch Seuchen hinweggerafft – lebten im 14. Jahrhundert in den rund viertausend vorwiegend kleinen, mittleren und einigen wenigen großen Städten etwa zwanzig Prozent der auf dreizehn bis fünfzehn Millionen geschätzten Deutschen. Köln war die größte deutsche Stadt und übertraf mit 40 000 Einwohnern London, wogegen Paris, Mailand und Florenz mit ihren jeweils 100 000 Bewohnern als die europäischen Metropolen galten. In den anderen deutschen Städten – in Straßburg, Augsburg, Wien, Lübeck, Magdeburg und Danzig – bewegte sich die Einwohnerzahl zwischen 20 000 und 30 000. In dieser Größenordnung war auch Nürnberg, hingegen blieben Regensburg und Mainz, ungeachtet ihrer ökonomischen und vor allem politischen Macht, bevölkerungsärmer. Allerdings galt eine Einwohnerzahl von 3 000 damals schon als die einer Mittelstadt.

Als Siedlungsgemeinschaften vor allem von Händlern und Handwerkern zogen die Städte immer mehr Menschen an. Allein die Wochenmärkte lockten mit ihren Ständen und Buden, gefüllt mit Waren, die die Handwerker im Dorfe nicht bieten konnten. Für die Leute vom Lande bekam das Geld nun einen besonderen Glanz; aber es musste erarbeitet werden. Wenn sich vor allem die Jungen im städtischen Leben weiter umsahen und von vielem Verführerischen und Begehrten beeindruckt waren, so erhofften sie hier auch eine Chance zur Erwerbsarbeit zu finden;

vielleicht ergab sich die Möglichkeit, freie Eigentümer von Werkzeugen, Fuhr-werken oder Transportbooten, von Werk- und Lagerstätten zu werden. Die befe-stigten Städte mit ihren Mauern und Türmen erschienen schon äußerlich als Wahr-zeichen größeren Wohlstands und bürgerlicher Geborgenheit. Stadt und Land trennten sich arbeitsteilig in einem vielschichtigen, langwierigen und unaufhaltsa-men Prozess.

Die Städte, aus dem Agrarischen herausgewachsen, beherbergten jedoch noch lange in ihren Mauern Einwohner, die auf Ackerbau und Viehzucht ihre geachtete Existenz gründeten. Manche blieben reine Ackerbürger, viele behielten als Metz-ger, Bäcker, erst recht als Gastwirte, ihre Äcker und Ställe und nutzten damit einen Nebenbetrieb. Außerhalb der städtischen Befestigungen rackerten Gärtner und Winzer, Waidbauern und Drescher für ihren Lebensunterhalt.

Als fortlebende und zugleich verwandelte Vergangenheit wirkte in den Städten die einflussreiche soziale Schicht der Patrizier, die sich während der langen Zeit der Städtegründungen aus Grundbesitzern, reich gewordenen Kaufleuten und ehe-maligen Ministerialen (also Dienstmannen feudaler Stadtherren) herausgebildet hatten. Ökonomisch beherrschten sie insbesondere den Fernhandel, politisch trachteten sie nach der Stadtverwaltung.

Daneben gab es die zahlreiche, wenn auch uneinheitliche Mittelschicht der Handwerksmeister, die zusammen mit ihren Gesellen und kleinen Ladenbesitzern das ökonomische Rückgrat der Städte bildeten. Die gewerbliche Produktion der Städte, die so ziemlich alle Waren umfasste, war insofern lokal, als der Handels-austausch überwiegend mit der unmittelbaren Umgebung erfolgte. Darum gab es auch Gewerbe wie Bäcker, Metzger, Schneider, Schuhmacher, Bauhandwerker und Schmiede in großer Zahl. Selbst Städte, die spezialisierte Waren über den Fernhandel vertrieben, versorgten zunächst ihr Umland und die Einwohner.

Seit der zweiten Hälfte des 13. Jahrhunderts war der Markt für gewerbliche Produkte im Verhältnis zu den Preisen für Nahrungsmittel so günstig geworden, dass sich viele Handwerker durch Erspartes von der Bodenmiete mit allen ihren Bindungen schrittweise lösen konnten und schließlich zu Eigentümern des Haus-grundes mitsamt Gebäude und Werkstatt avancierten. Wenn sie bei der Ausübung ihres Handwerks nicht mehr in erster Linie das Kundenmaterial zu bearbeiten hat-ten, sondern die von ihnen selbst gekauften und gelagerten Rohstoffe, dann er-reichten sie dadurch eine neue Stufe ihrer Entwicklung und ihres sozialen Selbst-bewusstseins.

Je vielfältiger der gewerbliche Alltag mit seinem Handel und Wandel wurde, desto mehr zog er Tagelöhner aller Art an: Packer und Ablader, Bauhandlanger, Markthelfer und Boten, niedere Zoll-, Wege- und Messbeamte, Kranführer und was sonst noch an Hilfskräften in Geschäft und Verwaltung vonnöten erschien. Zuzeiten waren Ungelernte so notwendig und gesucht, dass sie sich zu genossen-schaftlicher Organisation zusammenfanden.

Die in der Stadt Wohnenden und Wirkenden, welchen ökonomischen und sozialen Status sie auch haben mochten, unterschied von den fron- und rentenpflichtigen Landleuten vor allem eines: der persönliche Freiheitsraum, der sich im Laufe der Zeit sogar erheblich vergrößerte. Allerdings ist das nur relativ zu sehen, so ohne Weiteres machte »Stadtluft« eben auch nicht »frei«.

Der mittelalterliche Handwerker schloss sich auch keineswegs freiwillig einer Genossenschaft an, vielmehr herrschte da ganz banaler Zunftzwang, bei dem im 14. Jahrhundert nur derjenige als vollberechtigter Zunftbruder anerkannt wurde, der eigene Arbeitsräume besaß und über ein mehr oder weniger bescheidenes Kapital verfügte, meist in Form von Werkzeugen und einer manchmal nur geringfügigen Lagerhaltung. Wer damit nicht aufwarten konnte, sank zum Gesellen herab. Falls sich dieser aber anmaßte, selbständig zu arbeiten, wurde er als Störer, Bönhase genannt, gesellschaftlich geächtet oder gar rechtlich verfolgt.

Natürlich grenzten die Zünfte ihr jeweiliges Arbeitsfeld voneinander und bisweilen auch gegeneinander ab; dazu war man immer wieder erneut gezwungen, sobald durch Veränderungen der Produktionsmethoden und ständige Spezialisierungen neue Berufe entstanden. Auch die Ausbildungsbedingungen für die Lehrlinge wurden abgesprochen, und man achtete sehr auf eheliche Geburt und »ehrliche« Herkunft. Von vornherein ging es um eine geschlossene Gesellschaft; deshalb beaufsichtigte man sehr genau die gesamte Lehrlings- und Gesellenzeit, und auch was der Meister bot, musste der Überprüfung standhalten. Noch strenger verfuhren die Herren der Zunft, wenn es galt, übermäßige Konkurrenz bei der Beschaffung der Rohstoffe und beim Absatz der fertigen Produkte zu verhindern. Man überwachte den Verkauf stadtfremder Erzeugnisse oder verbot ihn sogar.

Eine solche fast lückenlose Kontrolle des gewerblichen Schaffens und geschäftlichen Treibens war auf die Dauer nur möglich, wenn die Zünfte über gesellschaftliche Zwänge hinaus auch politische Macht ausüben konnten. Von den Stadtoberen konnten sie da durchaus einiges erreichen, indem sie etwa als Gewerbepolizei und Gewerbegericht fungierten. Die Verpflichtungen im gesamten Zunftwesen nahmen immer umfassendere Ausmaße an; sie erstreckten sich sowohl auf religiöse und gesellige Pflichten wie auch aufs Militärische. Hatten sich doch die zünftigen Handwerker, die einander kannten und nahe beieinander wohnten, im Bedarfsfall auf einen Glockenschlag hin auf der Stadtmauer einzufinden und notfalls auch auf freiem Feld die Stadt zu verteidigen. Erinnert sei an die Schlacht bei Kortrijk (Courtrai), wo das Fußvolk der Zünfte seine militärische Überlegenheit über das damals französische Ritterheer, weltgeschichtlich zum ersten Mal, bewies.

Insgesamt brachte das Zunftwesen in seiner mittelalterlichen Hoch-Zeit vom 14. bis ins 15. Jahrhundert hinein merkwürdig Widersprüchliches hervor. Bei allen Einengungen durch Interessenverbände entwickelten sich im Mit- und Beieinander selbständiger Handwerker auch moralische Werte, die in Fleisch und Blut übergingen und bis in die Neuzeit weiterwirken: Gemeingeist und Heimatsinn,

Rücksichtnahme und Hilfsbereitschaft zumindest unter sozial Gleichgestellten, nicht zuletzt im Mühen um Qualitätsarbeit, die sich in Gegenständen des täglichen Lebens und Wohnens bis in öffentliche Bauten von Kirchen, Rathäusern und Stadttoren verkörperte. Auf diese Weise verband das gesellschaftlich tätige Individuum in seiner Arbeit das Solide mit dem Ästhetischen. Je mehr jedoch die Zünfte ihren Aufgabenkreis erweiterten und rigoros umrissen, desto mehr wurden die Mitglieder in ihrer Arbeits- und Lebensweise an eine Gesamtheit gebunden. Der demokratisch-genossenschaftliche Bereich im Wirken der Zünfte war von mitunter bedrückenden Verpflichtungen der Einzelnen nicht zu trennen.

Überdies waren die Zunfthandwerker noch jenen Zwängen unterworfen, die ihnen die herrschenden Patrizier auferlegten. Obrigkeitliche Kontrolle funktionierte bis in die Satzungen und Rechte der Zünfte hinein. In besonders ausgeprägter Weise waren beispielsweise Tuchmacher, die nicht nur für den lokalen Bedarf produzierten, und Tuchhändler – auch Gewandschneider genannt – voneinander geschieden. Dazu hieß es bereits 1287 in einer Verordnung ebenso anschaulich wie prägnant: »Wer Tuch macht, soll es nie ausschneiden; wer es ausschneidet, soll nie Tuch machen.«

Hinter dieser anscheinend sachlich-nüchternen Arbeitsteilung verbarg sich ein Abhängigkeits-, ja Ausbeutungsverhältnis. Die Tuchhändler, meist Patrizier, besaßen damit ein Verkaufsmonopol, das ihnen durch eine übergeordnete feudale Gewalt, etwa durch ein markgräfliches Gildeprivileg, zugestanden worden war und auf dem Magdeburger Kaufmannsrecht beruhte, das zwischen Händlern und Handwerkern schroff unterschied. Dies alles versetzte den Händler von vornherein in die Lage, den Weber beim Verkauf seiner Produkte zu übervorteilen. Überdies hatten die Kaufleute in der Gewerbegesetzgebung oft genug geradezu kleinlich-bösartige Bestimmungen durchgesetzt.

Was sich hier im 14. Jahrhundert während des internationalen Aufschwungs des Tuchgewerbes und -handels vollzog, war immer noch vorkapitalistisch; das Kapital bemächtigte sich nicht unmittelbar des Arbeitsprozesses, sondern allein seiner Produkte; auf diese Weise beutete es die Handwerker aus, ohne die Produktionsmethoden wesentlich zu fördern. Der robuste Kampf um Gebote und Verbote im Tuchgewerbe, in einem für den Export vorherrschenden Wirtschaftszweig, führte auch zu harten Auseinandersetzungen um die innerstädtische Obergewalt.

Überhaupt entwickelte sich der Stadtrat zum heiß umstrittenen Machtorgan der verschiedenen Schichten des Städtebürgertums. Die patrizischen Geschlechter, ohnehin Großhändler in ihrer beruflichen Existenz, hatten sich ihre politische Alleinherrschaft dadurch zu sichern versucht, dass sie eben vom Stadtrat aus neben dem Finanz- und Steuerwesen die Markt- und Gewerbegerichtsbarkeit mehr oder weniger beherrschten.

Außerdem waren die Patrizier mit dem Landadel bisweilen verwandtschaftlich, mehr noch wirtschaftlich verbunden. Legten sie doch als Großhändler einen bedeutenden Teil ihrer beträchtlichen Gewinne in Lehnbesitz auf dem Lande an, was ihnen wiederum gestattete, von den Bauern Grundrenten in Form von Naturalien und Geld zu fordern. Man wird sich hüten müssen, die Patrizier schlechthin unter den Begriff des Bürgertums zu subsumieren, eher können wir sie in Abgrenzung zur agrarischen Altadelsklasse als Neuadelsklasse ansehen. Oft gewährten sie auch dem Adel Kredite. Gegenüber dem weitverzweigten Herrschaftsgeflecht der Patrizier mussten sich die übrigen Stadtbürger immer mehr beeinträchtigt und rechtlich zurückgesetzt fühlen. Es waren vor allem nichtpatrizische Kaufleute und reiche Zunftmeister, die die große Masse der zünftlerisch organisierten Handwerker, mitunter auch plebejische Schichten, mitbewegten, die politische Alleinherrschaft des Patriziats zu brechen. Häufig erlangten erst nach turbulenten Auseinandersetzungen zumindest die führende Köpfe der antipatrizischen Bewegung Ratsfähigkeit; dabei erreichten auch die Zünfte solche Rechte, die ihnen gestatteten, mehr als bisher ihre Angelegenheiten selbst zu regeln und auf die städtische Wirtschaftspolitik Einfluss zu nehmen. Den Patriziern blieben allemal noch genügend einflussreiche Ämter als Bürgermeister, als Diplomaten im Dienste der Stadt und in der kommunalen Geldwirtschaft als sogenannte Münzmeister.

Die ersten Jahrzehnte bürgerlichen Lebens im 14. Jahrhundert sind ohne das Wirken der Kleriker nicht zu verstehen. Da durften Weltgeistliche und Mönche im städtischen Milieu mitbestimmen, auch wenn sie formalrechtlich der Bürgerschaft gar nicht angehörten; in privilegierter Stellung brauchten sie weder Grund- noch Gewerbesteuer zu zahlen und unterstanden nicht einmal der örtlichen Gerichtsbarkeit. Nie gelang es den städtischen Behörden, diese Vorrechte aufzuheben; erfolgreich waren sie allerdings im Bemühen, die Vermehrung des kirchlichen Eigentums einzudämmen, etwa bei Erbschleichereien. Das von einigen Mönchsorden gepredigte Armutsideal kam den Bürgern sehr gelegen, um allzu exklusiven Reichtum im Priesterstand moralisch zu diskreditieren. Doch bei aller Kritik wurde die Kirche als Ganzes nie infrage gestellt; das lag zu jener Zeit nicht im Denken und Fühlen der Menschen, die einer Mittlerin zu dem über das Seelenheil entscheidenden Gott durchaus zu bedürfen meinten. Und so wetteiferten Patrizier, Bürger und Handwerker miteinander, die Kirchen mit Kapellen und Altären auszustatten, wo Geistliche Gedächtnismessen abhalten konnten.

Derlei um den Seelenfrieden besorgte Konventionen vermochten jedoch eine weitverbreitete Krisenstimmung nicht zu verhindern. Konnten doch gelehrte Kleriker und überhaupt geistig wache Menschen nicht unberührt bleiben von Verhältnissen, in denen es Bannflüche gab und Interdikte, individuelle Terrorakte bis hin zu Königsmorden und erbarmungslos geführten Machtkämpfen in und zwischen Städten, zwischen Fürsten und Königen, zwischen Ländern wie zwischen Papst und Kaiser. Uralte, immerwährende Probleme wie das Verhältnis von Staat und Kirche, von Kirche und Welt, mussten neu durchdacht werden, denn schließlich stand die Kirche nicht nur in weltlichen Machtverhältnissen, ausgeprägter denn je war sie selbst zu einer politischen Macht geworden mit hierarchisch gegliederten Organen bis hinauf zu der mit dem französischen Königtum verbundenen Kurie, mit einer päpstlichen Söldnerarmee und einer ausgeklügelten Finanzverwaltung. Ja, »vor dem Geld liegt die Welt im Staub«, mit ihm manipulierten alle Feudalen, gleich in welchem Maße sie es als Herrschaftsmittel zu benutzen wussten. Es schuf in den feudalen Konstellationen zusätzliche Friktionen und ließ gerade in den ökonomisch fortgeschrittensten Gebieten Europas eine Lebensgesinnung aufkommen, die sensible und wache Geister in kritische Distanz brachte. Ein Widerstreit zwischen ökonomisch-sozialem Fortschritt und menschlich-mentaler Verarmung kündigte sich bereits an.

Mit Notwendigkeit musste die nicht enden wollende Verstrickung der Kirche in all das Macht- und Finanzgerangel fromme Gemüter fragen lassen, wie dies alles mit der Offenbarung Christi, dem Streben nach Seelenheil und der Verbindung des Einzelnen zu Gott zu vereinbaren sei. Um Antworten darauf verzehrte sich Meister Eckhart, der herausragende Vertreter der spätmittelalterlichen Mystik.

Geboren etwa um 1260 bei Gotha, aus dem thüringischen Adelsgeschlecht der Hochheims stammend, trat er schon früh in den Orden der Dominikaner ein. Von 1300 bis 1302 lehrte er an der Pariser Universität, der zentralen theologischen Hochschule Europas, als Magister, also im Range eines heutigen Lehrstuhlinhabers oder Ordinarius. Nach seinem Pariser Aufenthalt war Eckhart bis 1311 Ordensprovinzial über die von Utrecht bis Dorpat (Tartu) reichende Domikanerprovinz Sachsen. Nach dieser intensiven und vielseitigen Tätigkeit als Verwalter und Seelsorger übernahm er erneut ein Lehramt in Paris und schließlich an den beiden bedeutendsten Ordensuniversitäten Straßburg und Köln. Über die rein akademischen Theologenkreise hinaus wirkte und predigte er in den ihm vertrauten Frauenkonventen und in städtischen Laienkreisen. Dadurch sind von ihm vornehmlich nicht eigene Niederschriften, sondern Nachschriften seiner Hörer überliefert, die trotz subjektiver Ungenauigkeiten und Vereinfachungen die ursprüngliche Kraft und Anschaulichkeit seiner Sprache erhalten haben. Das bezeugen nicht nur alle Spezialisten, es veranlasste 1903 auch einen solchen Sprachkünstler wie Gustav Landauer *Meister Eckharts mystische Schriften* ins Hochdeutsche zu übertragen. Erstaunlich auch, wie viel Meister Eckhart einem größeren Kreis von Laien in den Städten jenes frühen 14. Jahrhunderts geistig zumuten konnte. Der Abkömmling eines ritterlichen Geschlechts pflegte auch Kontakte mit dem Hochadel; so schrieb er ein *Buch der göttlichen Tröstung* für Agnes von Ungarn, die Tochter es 1308 ermordeten Königs Albrecht.

Weltabgewandt verhielt sich der Mystiker Eckhart keineswegs; er war adlig und dennoch städtisch orientiert, urdeutsch und zugleich europavertraut. Seine Sicht reichte von der westlichen Metropole Paris bis ins baltische Dorpat (Tartu). Erschüttert von seiner Zeit in den Höhen wie in den Tiefen, suchte er nach einem neuen Verhältnis der Menschen zu Gott und der Welt. Dabei war ihm Gott nicht etwas Fernes, Fremdes, Jenseitiges, kein Wesen da draußen und da droben, sondern beheimatet im Menschen selbst, in seinem »Seelengrund«. Allerdings würde sich nach seiner Ansicht die menschliche Seele erst durch die Meditation mit Gott vereinigen, »Gottmensch« werden. Das alles vollziehe sich in der reumütigen Reinigung vom selbstsüchtigen Ich und der erleuchtenden Betrachtung des Leidens Christi. Erst durch die Preisgabe der Selbstsucht könne das »gottförmige« Ich freigesetzt werden. Mit der inneren Freiheit von den irdischen Dingen werde der Mensch gleichsam aufgeschlossener gegenüber Welt und Leben. Damit stand Eckhart jener Askese, die bei einem seiner Nachfolger, Heinrich Seuse, teilweise übersteigerte Formen annahm, sehr fern; bei ihm sollten sich Gottes und des Menschen Wille gerade in der täglichen Arbeit verbinden. Überdies stellte Eckhart das Bevormunden durch die Kirche mit ihrem Gebetsritual, ihrer streng festgelegten Liturgie und ihrem aufgeblähten Priesterstand durchaus infrage und vertrat eine selbstbewusste Frömmigkeit, in der sich der Mensch in seiner ethisch-sozialen Haltung auf sich bezog.

Mit dem Mystiker Eckhart verband sich der Metaphysiker, denn Gott ist in der deutschen Mystik das »Eine«, das einzig Wirkliche. Die Dinge der Welt sind wie der Lichtstrahl, der ohne Lichtquelle nichts ist, verhalten sich also zu Gott wie der Schein zum Feuer. Da ist manches vom Platonismus aufgenommen und vom künftigen Idealismus vorweggenommen. Das eigentlich Reale ist danach die reine Idee, die bei Hegel die Vernunft als Weltprinzip ist. Im Sinne der Emanation geht die Vielheit aus der Einheit des umfassenden Einen hervor, das alle Mannigfaltigkeit schon birgt. Solche abstrakten Bestimmungen, in denen bereits der Gedanke von der Einheit der Gegensätze verborgen lag, liefen bei Eckhart immer wieder auf seinen Hauptgedanken von der möglichen Einheit des Göttlichen und des Menschlichen hinaus. Da Meister Eckhart an den erkenntnisdurstigen Intellekt appellierte, stand er wissenschaftlicher Forschung nicht entgegen.

Die katholische Amtskirche tolerierte ihn lange, bis dann im Jahre 1326 der Kölner Erzbischof Heinrich von Virneburg den Ketzerprozess gegen ihn eröffnete, zu einem Zeitpunkt also, wo die Konflikte innerhalb und außerhalb der Kirche voll aufbrachen – man denke an die Spiritualen, an den Konflikt zwischen König und Papst, an die Empörung vieler Städtebürger über päpstliche Anmaßungen. Es war schwer für Eckhart, mit dem inneren Widerspruch seines Lebens und Lehrens, dem zwischen Innerlichkeit und Dogmatik, Subjektivität und Orthodoxie, Laienfrömmigkeit und Klerikalerglauben fertig zu werden. Doch alles, was er vortrug, richtete sich – ob er wollte oder nicht – gegen die institutionalisierte, veräußerlichte Kirche.

Ehrlichen Herzens bemühte er sich, seine in der Anklageschrift zitierten und aus dem Zusammenhang gerissenen Sätze in ihrem wahren Gehalt zu erläutern und zu beteuern, dass er die Kirche nicht zerstören wollte. »Irren kann ich, ein Ketzer sein kann ich nicht. Das Erste nämlich betrifft den Verstand, das Zweite

aber den Willen«, so schrieb er in seiner Rechtfertigungsschrift, vergeblich um
Verständnis ringend, weil die Ankläger die innere Konsequenz seines Denkens
und Tuns besser erkannten als der Angeklagte selbst.

Eckhart hatte damit den Prozess verloren, noch bevor er begonnen hatte; er verstarb noch vor Prozessende. »Wir wissen nicht, wann und wo« er aus dem Leben

William von Ockham

schied, schrieb der katholische Forscher Alois Dempf. Bekannt ist, dass Meister Eckhart in Avignon von Kardinal Jakob Fournier verhört wurde, der auch den großen Nominalisten William von Ockham zu sich zitiert hatte. Dieser war von dort geflohen; Eckhart, fünfundzwanzig Jahre älter als Ockham, konnte und wollte nicht fliehen. Wahrscheinlich starb er in Gefangenschaft.

Das Verdammungsurteil posthum über ihn sprach Papst Johannes XXII. im Frühjahr 1329 aus und ließ es in der Erzdiözese Köln feierlich verkünden. Für längere Zeit konnte die Kirche die Eckhartsche Mystik in Vergessenheit geraten lassen, weil der damaligen städtischen Gesellschaft nicht mehr an einer religiösen Erneuerung im Rahmen der veräußerlichten, machtgierigen Kirche gelegen war. Was jetzt anstand, war für die Städtebewohner geistige und praktische Selbst- und Eigenständigkeit, um sich in Natur und Gesellschaft neu zu orientieren. Diesen Bedürfnissen aber wurden Männer wie William von Ockham und Marsilius von Padua eher gerecht.

Beide waren in den gleichen Jahren der Verfolgung durch Avignon ausgesetzt; Meister Eckhart und William von Ockham tendierten – jeder auf seine Weise – nach größerer Selbständigkeit des Individuums, darin Vorboten der Renaissance. Doch wenn der Mystiker die religiöse Erneuerung des »gottförmigen« Menschen erstrebte und damit seine Befreiung von innerkirchlichen Zwängen, wollte der andere Reformer die Befreiung der Stadtbürger von politischen Fesseln und Vorrechten der Kirche. Das unterschied sie in ihren geistig-moralischen Impulsen und Zielen. William von Ockham gehörte zudem einer jüngeren, politischer gewordenen Generation an, er ging unmittelbarer auf das Leben und Schaffen der Stadtbürger ein.

Etwa 1285 in Ockham südwestlich von London zur Welt gekommen, in einem Geburtsort, der seinen Namen prägte, durchlief William seinen ersten Bildungsweg in England, das weder sozial noch politisch oder geistig insular abgeschlossen war. Früh trat er in den Franziskanerorden ein und wurde schon mit einundzwanzig Jahren Subdiakon. In einer Ordensschule ließ er sich acht Jahre lang in den sogenannten Artes ausbilden, also in den sieben Fächern Rhetorik, Grammatik, Dialektik, Arithmetik, Geometrie, Musik und Astronomie. Theologie studierte er erst zwischen 1312 und 1318 in Oxford. Danach verfasste er bis 1324 eine Reihe philosophischer und theologischer Arbeiten, in denen er die Grundthesen des späten Nominalismus herausarbeitete. In eben den Jahren, da in Deutschland Meister Eckhart auf der Höhe seines Schaffens stand und in Italien Dante Alighieri sein Werk als Dichter und Staatsrechtler zur Vollendung brachte, legte der Engländer William von Ockham auf seine Art Zeugnis ab von einer geistig regsamen Zeit.

Den Qualen einer inquisitorischen Befragung in Avignon entrinnend, floh er 1328 zusammen mit zwei anderen franziskanischen Angeklagten, keinen Geringeren als dem Ordensgeneral und Ordensprokurator, nach Pisa zu Ludwig dem Bayern. Ihm hielt er hinfort persönlich und literarisch die Treue. Etwa drei Jahre nach dessen Tode starb William von Ockham um 1350 in München und wurde – eine Gedenktafel zeigt es an – auf einem Friedhof begraben, dessen Stelle heute der Opernplatz mit seinem großstädtischen Zuschnitt einnimmt.

Ockhams praktisches Wirken war aufopferungsvoll, sein philosophisch-theologisches Denken originell. Das verschaffte seiner Lehre, dem Nominalismus, zu Recht den Beinamen Occamismus.

Wenn sich das Neue nicht als bloße subjektive Negation aufspielt, muss es an Altes anknüpfen. So liegt der von Ockham initiierte Nominalismus in der Tradition des mittelalterlichen Universalienstreits, bei dem es um die zentrale Frage ging, ob Gattungsbegriffe, eben die Universalia, wirklich oder nur in unseren Gedanken existent sind. Nach der einen Version existieren Allgemeinbegriffe gleichsam körperlich vor den sinnlichen Einzeldingen und getrennt von ihnen. Hier sprach man – ungewohnt für unser modernes Verständnis – vom Realismus. Nach der anderen Version sind Allgemeinbegriffe bloße Namen oder Benennungen, die eine Vielzahl von Einzeldingen zusammenfassend kennzeichnen. Begriffe existieren erst nach den Einzeldingen, die das Primäre sind. Diese Grundauffassungen subsumierte man im Gegensatz zum sogenannten Realismus unter den Begriff des Nominalismus.

Aus dieser Sicht der Allgemeinbegriffe war zu schlussfolgern, dass nur das einzelne Ding wirklich ist, der unmittelbare Gegenstand der Praxis. Das Singuläre, auch im Sinne der Einzigartigkeit und Einmaligkeit, ist das vom Menschen unmittelbar Vorgefundene; es bildet den Stoff für sein Denken und Tun. Aufgabe des Intellekts ist es, vom Einzelnen als dem Nicht-Allgemeinen und Nicht-Gemeinsamen, zum Allgemeinen und Gemeinsamen durch methodisches Denken zu gelangen.

Die Erkenntnis, deren Gegenstand das anschauliche und gedachte Sein ist, verläuft vom Intuitiven, dem Spontanen, zum Abstrakten, zum Erfassen in begrifflicher Form. Das ist ein Suchen und Finden des Allgemeinen – der Universalia –, des Gemeinsamen, womit das Subjekt wesentliche Eigenschaften eines Gegenstandes oder einer Erscheinung benennt; in diesem Erkenntnisprozess erweist sich das Ideelle als abhängig vom Realen. Andererseits kann das anfänglich nicht beherrschte Einzelne nur durch das im Intellekt begrifflich erfasste Allgemeine beherrscht werden. Diese von der sinnlichen, äußeren, aber auch inneren Erfahrung des Menschen ausgehende Dialektik des Erkenntnisaktes war eine Absage an die traditionelle Metaphysik, die ihre eingebildeten Wesenheiten als das eigentlich Reale ansah.

Auf die Praxis gerichtet, ermöglichte dieses methodische Denken des spätmittelalterlichen Nominalismus auch methodisches Handeln in der gewerblichen Produktion. Folgerichtig schlug William von Ockham auch Breschen für die empirische Forschung und trat für die Verselbständigung der weltlichen Wissenschaften ein. Das förderte die Neugründung und den weiteren Aufschwung der Universitäten, auf denen jene für die Städte wichtigen Berufe wie Ärzte und Juristen ausgebildet wurden. So war der Occamismus in vieler Hinsicht mit dem stadtbürgerlichen Leben und Schaffen verbunden.

Die Säkularisierung des Wissens drängte Ockham in logischer Konsequenz zur radikalen Scheidung von Glauben und Vernunft, schließlich von Kirche und Staat. Erschien doch von seiner Sicht her der kirchliche Glaube unbeweisbar durch die Vernunft und stand im Widerspruch zu ihr. Glaube war für ihn nicht wie in der Mystik unmittelbares Erleben des Göttlichen, sondern schlicht und einfach Zustimmung zur Wahrheit der *Bibel*, wobei die Heilige Schrift grundsätzlich als einzige Autorität galt: Was geschrieben stand, war den biblischen Autoren von Gott eingegeben.

Allerdings gestand Ockham nicht allen die gleiche Aufnahmefähigkeit für die biblischen Offenbarungen zu; er unterschied sehr wohl zwischen Klerikern und Laien. An den liturgischen und sonstigen Konventionen rüttelte der philosophische Neuerer kaum. In diesem Sinne mutete er den Städtebürgern keinen reformatorischen Eifer zu, und insoweit hatten auch die geistlichen Amtsträger nichts zu befürchten. Doch weil Ockham auf dem Wege war, die Philosophie aus der Theologie entgegen dem auf einen Kompromiss bedachten Geist des eben heilig gesprochenen Thomas von Aquino zu lösen und in einer Zeit heftigen Machtkampfes zwischen Kaiser und Staat die Trennung von Kirche und Staat zu fordern, wurde er Objekt kirchenoffizieller Verketzerung.

Musste doch mit der Verselbständigung der Philosophie und der Emanzipation des Staates die klerikale Beherrschung des geistigen Lebens und der Universitäten Einbuße erleiden; da konnten Rückwirkungen auf die politische Macht und das hierarchische Gefüge der Kirche nicht ausbleiben. Es lag nahe, Parallelen von der nominalistischen Betonung der Einzeldinge auf die Unabhängigkeit der Individuen zu ziehen, selbst wenn man noch Jahrhunderte weit entfernt war von der bürgerlichen Auffassung von Freiheit, Gleichheit und Brüderlichkeit. Vorerst genügte es schon, dass der nach außen gerichtete Allmachtsanspruch des Papstes angetastet wurde, nicht zuletzt mit der Behauptung, allen Priestern, vom einfachen Geistlichen bis zum Papst, eigne im Geiste Christi die gleiche Autorität. Und schließlich sollte ja auch die kuriale Gewalt durch die Einberufung universeller Konzilien, die christliche Laien mit Klerikern vereinten, eingeschränkt werden.

Um die Wende der zwanziger zu den dreißiger Jahren des 14. Jahrhunderts verlagerte sich der Schwerpunkt der geistigen Auseinandersetzung von der Philosophie und Theologie auf das Staatsrecht und die reine Politik. Damit war die Zeit für Marsilius von Padua gekommen.

Marsilius von Padua vermerkte am Manuskript seines Hauptwerkes *Defensor Pacis* (Verteidiger des Friedens), es sei am 24. Juni 1324 vollendet gewesen, also vier Wochen nach der Verkündung der Sachsenhausener Appellation, in der Ludwig der Bayer es ablehnte, die päpstliche Bestätigung seiner Königswürde einzuholen. Nachdem Marsilius als Verfasser der kritischen Schrift über das mittelalterliche Papsttum bekannt geworden war, erschien es ratsam für ihn, mit seinem Freunde Johann von Jandun aus Paris zu König Ludwig zu fliehen. Das war im Jahre 1326, mitten in jener dramatischen Phase der Kirchengeschichte, die mit der Heiligsprechung des Thomas von Aquino 1323 begonnen hatte und mit Ketzerprozessen gegen Meister Eckhart und William von Ockham endete.

Marsilius war in Padua zwischen 1275 und 1290 als Sohn des Universitätsnotars geboren; über seine Ausbildung und die ersten Jahrzehnte seines Lebens gibt es nur Vermutungen. Er scheint Medizin studiert und als Arzt praktiziert zu haben, ohne sich darauf zu beschränken, denn später wirkte er als Magister Artium an der Pariser Universität. Für das Jahr 1312 ist dies bezeugt; kurze Zeit war er sogar Rektor. Wahrscheinlich machte ihn dies hohe Amt für den 1316 zum Papst gewählten Johannes XXII. interessant; immerhin gestand ihm dieser noch im gleichen Jahr eine Exspektanz auf ein Kanonikat in Padua zu, was ihn offiziell zum Anwärter auf Mitgliedschaft im dortigen Domkapitel machte. Vermutlich war es diese päpstliche Gunstbezeugung, die Marsilius zunächst den Vorwurf einbrachte, ein »ruchloser und kriecherischer Kleriker« zu sein. Aber aus der Anwartschaft wurde schließlich nie Realität, da Marsilius seine kaiserfreundliche Ghibellinenpolitik nie aufgab, getreu der Tradition seiner Heimatstadt. Ihr Geist herrschte auch in der Universität von Padua, die, wie andere Universitäten im Spätmittelalter, durch Zuwanderung von Professoren und Studenten aus anderen Städten entstanden war, in diesem Falle aus dem guelfischen Bologna. Das historische Milieu, das Marsilius politisch früh prägte, macht das antipäpstliche Engagement für Ludwig den Bayern erklärlich. Der *Defensor Pacis*, entstanden und niedergeschrieben in Abwehr der von Avignon aus beanspruchten päpstlichen Hegemonie, wurde zu einer staatsrechtlichen Programmschrift, die weit über Zeitgebundenes hinausging.

Marsilius von Padua, der Staatsrechtler, sah wie sein Mitstreiter William von Ockham, der Philosoph, Glaube und Vernunft als getrennte Gebiete an. Beiden diente diese Überzeugung – gewollt oder nicht – ihrem historisch-politischen Handeln. Marsilius richtete sein Bemühen auf eine neue Friedensordnung in und zwischen staatlichen Gebilden; und dieser Frieden war in seinen Augen vor allem durch die Kirche gefährdet, oft genug sogar behindert. Der Staat könne nur mit Hilfe der menschlichen Vernunft entstehen und bleiben; auch wenn Marsilius, anders als Dante, den mittelalterlichen Begriff der von Gott stammenden Rechtsordnung ablehnte, durfte er den Menschen von damals nicht zu viel zumuten, musste also zentrale Glaubenssätze anerkennen wie die von der Doppelnatur Christi, von der Jungfrauengeburt, von der Erbsünde, der Trinität, der Verbindlichkeit des göttlichen Gesetzes für den nach der ewigen Seligkeit Strebenden, auch die sakramentale Gewalt des Priesters.

Angesichts dieser Glaubensbekenntnisse ist es schon bemerkenswert, was Marsilius über die Funktion der Religion und den Stand der Priester auszuführen wagt.

Schon in der Antike habe es sich »ohne logischen Beweis« als »zweckmäßig« erwiesen, der »Überlieferung von göttlichen Gesetzen und Grundsätzen starke Beachtung« zu schenken. Es mögen damals einige der Philosophen »die Auferstehung der Menschen und jenes sogenannte ewige Leben nicht als Lehre aufgestellt oder daran geglaubt haben, so haben sie doch den Leuten vorgespiegelt und eingeredet, ein Jenseits gäbe es und in ihm Freuden und Leiden je nach den Werken der Menschen in diesem sterblichen Leben; damit wollten sie den Menschen Ehrerbietung und Furcht vor Gott einflößen und das Verlangen, die Laster zu fliehen und die Tugenden zu pflegen. Es gibt nämlich gewisse Handlungen, die der Gesetzgeber durch menschliches Gesetz nicht regeln kann, denn niemand vermag ihr Vorhandensein oder Nichtvorhandensein zu beweisen; Gott jedoch können sie unmöglich verborgen sein, und Gott haben sie vorgespiegelt als den, der solche Gesetze gegeben hat und sie zu befolgen gebietet unter Androhung einer ewigen Strafe für die Übeltäter oder Verheißung einer Belohnung für die Guten.«

Was hier Marsilius unter Berufung auf die Philosophen und Priester des Altertums über die soziale und politische Funktion aller Vorstellungen von den Freuden und Leiden im Jenseits mit fast zynischem Unterton niederschrieb, wird durch die darauf folgende Versicherung, nur die Christen hätten eine »richtige Vorstellung von Gott« und »von dem künftigen Leben und dessen Seligkeit oder Pein« im Grunde nicht zurückgenommen. Allenfalls mag man dem Autor den inneren Zwiespalt seiner Seelenverfassung zugute halten, einen Reflex einer krisenhaften Übergangszeit.

Entgegen aller pflichtschuldiger Glaubensbekenntnisse durchzieht das ganze Werk ein zielbewusster Geist der Nüchternheit; es gibt für Marsilius eben kein göttliches Naturrecht, für ihn ist Recht ein Produkt irdischer Autorität, staatlicher Herrschaftsausübung. Gelegen war ihm an der Ruhe und Ordnung in den sozialen Beziehungen. Die Termini Ruhe, Stadt, Staat werden gleichsam mit pädagogischem Eifer eingehämmert, denn Marsilius ist davon überzeugt, dass die »notwendigen Folgen der Ruhe in Stadt und Staat … wechselseitiger Verkehr der Bürger« seien, auch »Austausch ihrer Erzeugnisse, gegenseitige Hilfe und Unterstützung und überhaupt die von außen nicht gehemmte Möglichkeit, ihre eigenen und die gemeinsamen Aufgaben zu erfüllen, auch die Beteiligung an den gemeinsamen Vorteilen und Lasten in dem einem jeden zukommenden Maß.« Sicherlich, Marsilius lehnte Tyrannei und Oligarchie ab, doch auch Demokratie – »eine Staatsform, bei der das niedere Volk oder die Masse der Armen die Staatsleitung bestimmt und allein regiert ohne Willen oder Zustimmung der übrigen Bürger«. Bei allem kritischen Vorbehalt betont Marsilius wiederum, dass bei Gesetzesvorlagen »das Volk entscheidend« sein soll, ein in sich differenziertes Volk mitsamt der Oberschicht, das heißt der »Schicht der Vornehmsten, die ihrer wenige sind und die zweckmäßig allein in die höchsten Ämter gewählt werden«, also in die Regierung, die nach dem immer wieder zitierten Aristoteles »der allernotwendigste Bestandteil im Staate« sei. Woran Marsilius im Grunde lag, das war die durch Gesetz gezügelte Hegemonie der besitzenden und gebildeten Bürger. Sein ganzes Werk atmet den Geist dieser damals modernsten Schichten der Gesellschaft.

Moralische Kritik am raffgierigen Tun und Treiben in der städtischen Gesellschaft, wie sie noch einen Dante tief bewegte, lag Marsilius fern. Der politische Erlebnisbereich, von dem er sich bei der Abfassung des *Defensor Pacis* leiten ließ, war vor allem Italien. Nach langen Ausführungen über Vor- und Nachteile der Erb- oder Wahlmonarchie entschied er sich für die letztere. Die verhängnisvolle Rolle der Kurfürsten im deutschen Herrschaftssystem war seinem Gesichtskreis fremd, er erwähnt sie nicht einmal. Neben Rom nennt er fast gleichrangig Mainz, das er offenbar als Sitz des Erzkanzlers für Deutschland für wichtig hielt, ohne wahrzunehmen, dass dort einer der kurfürstlichen Intriganten gegen Kaiser und Reich regierte. Es kam ihm auch später als Berater Ludwigs des Bayern gar nicht in den Sinn, Traditionen des Kampfes gegen die Kurfürsten, die der Habsburger Albrecht I. deutlich aufgenommen hatte, im Bündnis mit den Städten wieder zu verfolgen.

Die Kritik im *Defensor Pacis* richtete sich vornehmlich gegen den allseitigen Herrschaftsanspruch der Kirche, insbesondere in Italien und in Deutschland. Die mit ihren menschlichen Schwächen drastisch charakterisierten Priester griff Marsilius auch politisch an, soweit sie sich Rechte in Stadt und Staat anmaßten, andererseits appellierte er an ihren Unabhängigkeitssinn gegenüber kirchlichen Obrigkeiten. Die Alternative zum päpstlichen Absolutismus sah er in der Gemeinschaft der Gläubigen, die sich schließlich von einem allgemeinen Konzil repräsentieren ließen. Dabei sollte dies aus Laien wie Klerikern gebildete Gremium das Recht haben, auch über Glaubenssachen zu beraten und zu beschließen.

Marsilius war zu solch praktischen Vorschlägen fähig, weil seine Klagen über die »römischen Bischöfe« und ihr »verderbtes Streben nach der Herrschaft« noch prononcierter als bei Dante von erdgebunden sachlichen Interessen ausgingen. Die Fülle päpstlicher Gewalt war für ihn die »besondere Ursache von Unruhe und Zwietracht in Stadt oder Staat«. Immer sei die päpstliche Kurie »auf der Lauer, sich in alle Staaten einzuschleichen«.

Ein Werk wie der *Defensor Pacis*, das die Trennung von Kirche und Staat nachdrücklich forderte, darüber hinaus die zentralistische Macht des Papstes innerhalb der Kirche und erst recht ihre Einmischung in Staat und Gesellschaft bekämpfte, musste in der Kurie auf heftige Ablehnung stoßen. Ein Jahr vor der Verurteilung Meister Eckharts, im Februar 1328, verdammte Johannes XXII. in einer öffentlichen Erklärung Marsilius von Padua und seinen Freund Johannes von Jandun als »Bestien, hervorgegangen aus den Abgründen des Satans und aus dem Schwefelpfuhl der Hölle«.

Der Machtkampf zwischen Kaiser und Papst berührte auch in Deutschland gar viele Interessen: die der Kurfürsten, der Fürsten, des Hochadels überhaupt, natürlich auch die Belange der verschiedenen Schichten in den Städten. Sollten sich alle Bereiche von Gesellschaft und Staat durch die Papstkirche mehr denn je klerikalisieren und überdies steuerlich belasten lassen? Inwieweit also sollten sie Kaiser und König verteidigen? Auf diese Fragen gaben die einzelnen Schichten und Institutionen, deren Interessen übrigens je nach Stadt und Territorium divergieren konnten, verschiedene Antworten in Wort und Tat. Vordringlich aber erschien allen die Abwehr der päpstlich-klerikalen Machtansprüche mit ihren sehr materiellen Folgen.

Der direkte Einfluss eines Marsilius von Padua auf solche in den dreißiger Jahren anwachsenden Stimmungen soll nicht überschätzt werden, aber man darf auch nicht übersehen, was etwa der Chronist einer so bedeutenden Stadt wie Straßburg, Fritsche Closener, zu berichten weiß: »In den ziten wart daz buch gemaht, daz do heißet defensor pacis. Daz bewiset mit redelichen sprüchen der h. geschrift, daz ein bobest under eime keiser sol sin und daz er kein weltlich herschaft sol han. Es bewiset ouch des bobestes und der cardinel grit und ire hofart und ire simonie, die sü gewonlich tribent und sich das beschonent mit falschen glosen.«

Daraus sprach schon städtischer Stolz auf kaiserliche und nationale Unabhängigkeit, vermischt mit der Ablehnung päpstlicher Anmaßung. Es kam jetzt darauf an, welche Kräfte in Deutschland zum Zuge kommen würden.

König und Kurfürsten: neuen Entscheidungen entgegen

Als König und Kaiser Ludwig wieder in Deutschland residierte, wusste er zwar die meisten Städte mit sich im Einvernehmen. Ökonomisch und geistig im Aufschwung, bildeten sie jedoch politisch angesichts ihrer mannigfachen feudalen Verpflichtungen und innerer Auseinandersetzungen zwischen Patriziern und Handwerkern keine solch geschlossene Kraft, dass sie dem Kaiser als alleinige Verbündete gegen den Papst hätten genügen können. Darum hielt es Ludwig für angebracht, erneut nach einem Übereinkommen mit Avignon zu suchen, was nach dem Ableben von Johannes XXII. erreichbar erschien.

Der neue Papst Benedikt XII., wiederum Franzose, zeigte sich zunächst verständigungsbereit. Doch seine Politik der Versöhnung stieß auf unüberwindlichen Widerstand. Die französische Mehrheit im Kardinalskollegium hintertrieb die Einigung, der Philipp VI. allenfalls gegen territoriale Zugeständnisse in den Rheinlanden zugestimmt hätte. Und Neapels König, Robert von Anjou, von alters her Feind des deutschen Kaisertums und Freund der französischen Könige, fürchtete bei einer Verständigung den Verlust seiner Stellung als Vikar der Kirche in Italien, was mehr war als ein Ehrentitel, denn mit ihm verband sich die Herrschaft zumindest über Unter- und Mittelitalien. Schließlich intrigierte König Johann von Böhmen an der Kurie in Avignon auf eine solche Weise, dass das Geschlecht der Luxemburger als künftige Königskandidaten in Erinnerung blieb.

Diesem kompakten Druck konnte Benedikt XII. nicht standhalten. So brach er im April 1337 schließlich die Verhandlungen mit den deutschen Abgesandten ab, nicht ohne das entschuldigende Geständnis, er müsste bei Fortsetzung seiner Politik fürchten, ein schlimmeres Schicksal als Bonifaz VIII. zu erleiden. Alle Verständigungsbemühungen zwischen Papst und Kaiser hatte die französische Diplomatie mit Eifer hintertrieben, ungeachtet aller Warnungen, der deutsche Kaiser und englische König könnten gegebenenfalls ein Bündnis gegen Frankreich abschließen. Es kam in der Tat im Juli 1337 zustande, als der englische König Eduard III. dem König und Kaiser 300 000 Gulden im Falle des militärischen Beistandes gegen Frankreich versprach. Die Gewissheit, im antikurialen England einen Verbündeten zu haben, verstärkte in den deutschen Städten den Ingrimm gegen das französisch gelenkte Papsttum.

Da von nun an die antikuriale Bewegung über die Spannungen der zwanziger Jahre hinausging und gesamtnationale Kraft gewann, konnte die Kirche mit Strafpredigten und selbst mit Bannflüchen und Interdikten weniger denn je ausrichten. Mehr noch: die ökonomischen Interessen und die geistige Atmosphäre wirkten zusammen, um manche städtische Schichten vor der bloßen Abwehrhaltung zu einem teilweise offensiven Kulturkampf zu veranlassen. Die Patrizier, wenn auch noch dem Feudalismus verhaftet, aber doch schon Groß- und Fernhandel planend, trachteten danach, die Ausbildung ihrer Jugend der moderneren Entwicklung anzupassen und unter ihre eigene Obhut zu bringen. Gegen das Ausbildungsmonopol der Dom-, Kloster- und Pfarrschulen gingen nachweisbar die Stadträte in Lübeck, Hamburg, Helmstedt, Wismar, Dortmund, Esslingen, Ulm, Freiburg im Breisgau und Stendal erfolgreich an.

Es ging hier um grundsätzliche Entscheidungen, die Geistliche verständlicherweise nicht ohne Weiteres hinnehmen konnten. Aber was half es schon, wenn sie unnachgiebige Ratsherren und Gildemeister an Sonntagen in den Kirchen der Stadt laut, bei brennenden Kerzen und unter Glockengeläut als außerhalb der Kirchengemeinschaft stehend verdammten? Das rief nur die Erinnerung wach an jene kirchlichen Ausnahmezustände mit ihren Störungen von Handel und Wandel, die Papst Johannes XXII. in den zwanziger Jahren provoziert hatte. Die Zeit war nun reif geworden dafür, dass die Städtebürger, unterstützt von den radikalen Franziskanern, erst recht hartnäckig blieben und geneigt waren, in den klerikalen Exzessen im Kleinen die kurialen Machtansprüche im Großen zu sehen. Immer mehr strebten die Städte danach, Kaiser und Reich gegen Avignon zu verteidigen und dabei Reformen zu bewirken, die allmählich zu kommunal selbständigen Städten führten.

Was auf diesem beschränkten Bereich erlangt werden konnte, war zugleich Ausdruck jener allgemeinen, von Ideologen wie Ockham und Marsilius geförderten Bestrebungen, das Verhältnis von Kirche und Staat neu zu regeln. Patrizier und selbständige Handwerker waren durchaus bereit, der Kirche zu geben, was der Kirche war. Anders als die Mystiker von der Art eines Meisters Eckhart suchten sie schon deren Mittlerrolle zwischen Gott und dem mühsalbeladenen Menschen, darin sehr wohl kirchliche Traditionen wahrend. All die wohlsituierten Städtebürger wollten nicht verzichten auf genossenschaftliche Altarstiftungen und ihren Seelentrost, auf die zweimaligen Messen in der Woche und die lichterglänzenden Feierlichkeiten von Vesper, Vigilien und Frühmesse. Überdies bezeugen viele Städtechroniken ernste Befürchtungen der Honoratioren, der Streit mit dem Papsttum könnte die Einheit der Christenheit spalten und zu einer Trennung Deutschlands von der römischen Kirche führen.

Die wenig begüterten Handwerker, kleinen Kaufleute und städtischen Tagelöhner, obgleich sie den in ihren Augen materiell und sozial privilegierten Klerikern nicht eben wohlgesinnt waren, dachten gleichfalls nicht daran, mit der allein selig machenden Kirche zu brechen. Als aber die von verarmten Rittern, wie etwa von »König Armleder« angeführten Bauernhaufen in den Jahren 1336 bis 1338 durch Franken, die Maingegend und schließlich durchs Elsass zogen und dort in vielen Gemeinden Juden jagten, misshandelten und töteten, waren eben auch Geistliche gefährdet. Damals wagte der junge Kleriker Konrad von Megenberg in seinem Klagelied der Kirche über Deutschland – *Planctus Ecclesiae in Germaniam* –, dem »Herrn Stellvertreter des Petrus«, dem intransigenten Papst zu Avignon ins Gewissen zu reden. Da hieß es in dem sogenannten Streitgespräch: »Die Laien, glaub's nur, werden danach trachten, wie ich reden höre, dass die Geistlichen und zugleich die Juden ins Verderben kommen. Denn, so sagt man, die Pfaffen und die Juden richten unser Hab und Gut zugrunde, die Juden durch Wucherzinsen, die Pfaffen vernichten unsere Rechte. Sie suchen nur ihre eigenen Rechte zu wahren, die Laien aber leben im Elend, Wagen über Wagen voll Schätze fahren sie in ihre Klöster.« Müßig, darüber zu streiten, ob der Autor hier übertrieben hat, er fing jedenfalls eine weitverbreitete Stimmung ein. Schweres Unheil, so klagte der Kleriker weiter, balle sich über Germanien zusammen, weil es die Bauern, diese »gottlosen Tölpel«, begünstige und »einer als ihr Anführer ungestraft durchs Land« jage. Solange diese Bauernzüge nur Juden hetzten, rafften sich keine Bürgeraufgebote oder verbündete Feudalherren und Patrizier auf, um den Pogromen Einhalt zu gebieten. Auch ein Konrad von Megenberg drückte es ganz unverhohlen aus: »Ich möchte nicht, dass die tobenden Massen meine Priester ersäufen, sondern nur die Juden.« Erst als die Kirche in ihrem Priesterstand ernsthaft bedroht war, griffen die honorigen Herrschaften ein. Die Ablenkung der sozialen Unzufriedenheit ausschließlich auf die Juden schien nicht mehr zu gelingen.

In einer kritischen Lage, als der Zwiespalt zwischen antikurialem, bisweilen auch antiklerikalem Ingrimm und dem Bedürfnis nach konventioneller Religionsausübung Konflikte barg, berieten im März 1338 in Speyer zehn süd- und westdeutsche Bischöfe über Ausgleichsmöglichkeiten zwischen Papst und Kirche. Sie fanden jedoch in Avignon kein Gehör, was alle politisch organisierten Kräfte zu offiziellen Stellungnahmen zwang; die Zeit war reif dafür im Jahre 1338: Nach dem Bischofstag zu Speyer erklärten sich im Mai der Ständetag zu Frankfurt am

Main, im Juli der Rhenser Kurfürstentag sowie im August die Reichstage in Frankfurt am Main und im September in Koblenz.

Im Mai hieß es im kaiserlichen Manifest *Fidem catholicam* – anknüpfend an die Thesen politischer Denker wie Dante (in seiner Monarchia), Marsilius und William von Ockham –, »dass Gewalt und Autorität der Kaiser allein von Gott und nicht vom Papst ausgehen und dass der zum Kaiser Erwählte allein aufgrund der Wahlhandlung römischer König ist«. Danach hätten Salbung, Weihe und Krönung durch den Papst nur symbolische Bedeutung und keine juristische Kraft. Und ganz im Geiste von Marsilius appellierte das Manifest an »ein künftiges allgemeines Konzil«, das zur Verteidigung »der Rechte des Reiches und des katholischen Glaubens ... an einem sicheren und gefahrlosen Orte, in gebührender Weise und nach der Form der heiligen kanonischen Bestimmungen zu versammeln ist«.

Angesichts dieser politischen Aufgewühltheit in Deutschland vom Elsass bis in die Altmark hinein, waren die Kurfürsten genötigt, ihre staatsrechtliche Auffassung und politische Haltung mit grundsätzlicher Bestimmtheit zu erklären. Das geschah am 16. Juli 1338, wo sie zu Rhens am Rhein, oberhalb von Koblenz, zusammenkamen und einen Kurverein bildeten. Dort verlautbarten sie dann auch unmissverständlich: »Nachdem von den Kurfürsten des Reiches oder von der Majorität dieser Fürsten, auch in Zwiespältigkeit, einer zum römischen König erwählt ist, bedarf er keiner Nominierung, keiner Approbation, keiner Bestätigung, keiner Zustimmung oder Autorität des apostolischen Stuhles zur Verwaltung der Güter und Rechte des Reiches oder zur Annahme des Königtitels.« König Ludwig wurde in diesem Weistum, das »altes Gewohnheitsrecht des Reiches« festlegen wollte, allerdings nicht erwähnt, ein deutliches Indiz dafür, dass es den versammelten Kurfürsten nicht sonderlich um die Verteidigung König Ludwigs gegenüber den Bannflüchen des Papstes ging, sondern vielmehr um ihr Vorrecht, einen römischdeutschen König ohne Einmischung des Papstes wählen zu dürfen.

In der Abwehr der päpstlichen Ansprüche ging dann der von Ludwig zum August 1338 berufene Reichstag noch weiter. Hier, wo auch die Reichsstädte vertreten waren, verkündete das Reichsgesetz *Licet iuris* die Identität königlicher und kaiserlicher Rechte des deutschen Herrschers sowie die Unabhängigkeit des Kaisertums vom Papsttum. Wird also ein deutscher König durch die Kurfürstenmehrheit gewählt, »muss er sofort aufgrund der Wahl allein als König und Kaiser der Römer angesehen und benannt werden, und es wird ihm von allen dem Reich Untergebenen Gehorsam geschuldet«. Die von William von Ockham inspirierte strikte Bestimmung, wonach der zum König Erwählte sofort über die volle kaiserliche Gewalt verfügen solle, ist von den Kurfürsten nie bestätigt worden. Wohlweislich ließen sie sich auf nichts festlegen, was ihre Oligarchie gegenüber dem König und Kaiser hätte schwächen können, sie taten aber gut daran, sich angesichts der antikurialen Volksbewegung auszuschweigen. Um den herannahenden Kampf mit Frankreich anzukündigen und das Bündnis mit England zu bekräftigen, lud Ludwig den englischen König zum Koblenzer Reichstag im September 1338 ein und ernannte ihn feierlich zum Reichsvikar.

Das deutsch-englische Bündnis wurde allerdings nie wirksam. Es musste Kaiser Ludwig auch bald misstrauisch machen, dass die mit Eduard III. in Koblenz vereinbarten Zahlungstermine für versprochene Subventionen aus England ständig hinausgeschoben und schließlich überhaupt nicht eingehalten wurden. Was an Geldern floss, blieb bei Treuhändern und Territorialherren stecken. Eduard III. hatte mehr zugesagt, als er halten konnte angesichts seiner politischen Verwicklungen mit Schottland und der hohen Geistlichkeit in England selbst. Nachdem dann noch der Feldzug vom Herbst 1339 weder für das englische noch für das französische Heer eine Entscheidung gebracht hatte, änderte er seine politische und militärische Strategie; Kaiser wie Reich wurden für ihn immer uninteressanter. Er konzentrierte sich vielmehr darauf, Flandern in seine Hand zu bekommen und schloss zu diesem Zweck ein Abkommen mit dem Bund der dortigen Städte, die an einem ungehinderten Import englischer Wolle interessiert waren; ihnen gewährte er deswegen mehr finanzielle Zuschüsse, als er den Deutschen je versprochen hatte. Demonstrativ-programmatisch auftrumpfend, erklärte sich der englische König Eduard III. im Januar 1340 zu Gent zugleich als rechtmäßiger König von Frankreich.

Bereits im Juni konnte durch das Zusammenwirken englischer Schiffe mit flandrischen Booten die französische Flotte im Hafen von Sluis geschlagen werden. Als der weitere Feldzug gegen Frankreich im Herbstmorast steckenblieb, handelte der englische König, dem Titel nach immer noch Reichsvikar, ohne Wissen Kaiser Ludwigs einen Waffenstillstand mit Philipp VI. aus. Das war im September; im Januar 1341 antwortete Ludwig mit dem Widerruf des Reichsvikariats und schloss einen Freundschaftsvertrag mit Frankreich ab.

Zeitgenossen wie Nachbetrachter haben diesen außenpolitischen Frontenwechsel recht rigoros verurteilt, ohne zu bedenken, dass die mit dem englischen König vereinbarten Subsidien nun einmal nicht in die kaiserliche Kriegskasse gelangten; vor allem musste Ludwig alarmiert sein, wenn Eduard III. mit seiner Genter Proklamation die Gemeinsamkeit in der Verfolgung des Kriegsziels, nämlich die Eindämmung französischer Hegemoniebestrebungen, aufgab. Vielmehr strebte er die alleinige Dominanz über ein Territorium an, das von Schottland über den Nordseekanal hinweg nach Frankreich bis ans Mittelmeer reichen sollte. In diesem Überschwang der Ziele wurzelte der bald anhebende Hundertjährige Krieg.

Expansionistisch, wie Eduard III. nun einmal war, wollte er auch Einfluss nehmen auf die niederrheinischen Landesherren, also auf die zentrifugalen Kräfte des Reiches. Wie der französische König unterließ er trotz vereinbarter Zusagen, zwischen Avignon und dem Kaiser zu vermitteln. Er zog es vor, im Zusammenspiel mit den Repräsentanten des luxemburgischen Hauses, vor allem mit dem Erzbischof Balduin von Trier und dem böhmischen König Johann, auf die Absetzung des Wittelsbachers Ludwig hinzuarbeiten. Wenn auch diese einflussreiche Partei im Kürfürstenkollegium ihre Absichten mit Beteuerungen und Versprechen zu verhüllen suchte, konnten ihre Winkelzüge Ludwig nicht täuschen; er wusste, woran er war und hatte sich darauf einzustellen.

Die Patrizier und Handwerker in Deutschland blieben in ihrer Mehrheit kaisertreu und papstfeindlich. Sie waren überzeugt, wie es in der Stadtchronik des Mathias von Neunburg heißt, dass »der Papst mit seinen Artikeln auf die Schädigung des Reichs abzielt. Die Städte können ohne das Reich nicht bestehen, und die Auflösung des Reiches bedeutet zugleich die Zerstörung der Städte.« Trotz dieser Einsicht war es jedoch schwer, die Bürger gesamtnational in Bewegung zu bringen, fehlte es doch im großen Deutschland an jener unmittelbare Interessen berührenden Motivation, die im kleinen, dicht besiedelten Flandern vorhanden war, wo die existentielle Frage nach freiem Einkauf und Verarbeitung von englischer Wolle die Alternative unerbittlich stellte: Unterwerfung unter Frankreich oder kriegerische Befreiung im Bündnis mit England. Im Übrigen hielt auch im gewerbereichen Flandern die Einheit der Städte nach dem aufmunternden Flottensieg von Sluis nicht lange vor.

Ludwig war gezwungen, den Ausweg aus der für ihn prekär gewordenen Lage in der Fortsetzung seiner Hausmachtpolitik zu suchen, ohne die Möglichkeit außer Acht zu lassen, gegebenenfalls die städtischen Massen gegen feindliche Fürsten im Innern mobilisieren zu müssen. In seinem unmittelbaren Machtbereich nahm Ludwig der Bayer schon 1323 zugunsten seines gleichnamigen Sohnes die Mark Brandenburg – also die kurfürstliche Mark –, dann 1340 Niederbayern, 1342 Tirol und 1345 verschiedene Gebiete an der Rheinmündung.

Die Einverleibung von Tirol aber wurde zur Schicksalswende der kaiserlichen Herrschaft Ludwigs. Die Erbin der Grafschaft Tirol, Margarete Maultasch, war mit ihrem Gemahl so wenig zufrieden, dass sie ihre Scheidung von Johann Heinrich, einem Sohne des Böhmenkönigs Johann (also aus dem Geschlecht der Luxemburger kommend), begehrte. Das gab Kaiser Ludwig willkommene Gelegenheit, sich mit Margarete und dem die luxemburgische Verwaltung ablehnenden Tiroler Adel zu verschwören. Eines Tages, als Margaretes ungeliebter Gemahl von der Jagd zurückkehrte, fand er nicht allein seine heimische Burg, sondern auch alle anderen Burgen seines Ländchens verschlossen. Das war ein Staatsstreich, der durch die Ehescheidung gerechtfertigt werden musste, in die die Kirche natürlich nicht einwilligte; doch was sie nach ihrem dogmatischen Verständnis nicht tun konnte, vollzog der Kaiser und ließ 1342 seinen verwitweten Sohn, den Markgrafen von Brandenburg, mit der reichen Tiroler Gräfin verheiraten. Das alles rechtfertigten die am Münchener Hofe lebenden Marsilius von Padua und William von Ockham in ihren Gutachten, womit sie im Widerspruch zum dogmatischen Verständnis der Kirche auch kirchen- und staatsrechtliche Zeichen setzen wollten. Lag es doch in der Konsequenz ihres theoretischen Systems, die Kompetenzen des Staates zu erweitern und von der Kirche unabhängig zu machen. Diese Art von

Laizismus musste in weiten Teilen der damaligen Gesellschaft auf Ablehnung stoßen, zumal die ganze Angelegenheit hinreichend skandalträchtig war. Die luxemburgische Fraktion im Kurfürstenkollegium zögerte nicht, nun ihre Kampagne gegen Ludwig in aller Offenheit zu führen. Auf dem päpstlichen Stuhl in Avignon saß seit 1342 Clemens VI., der – wieder gebürtiger Franzose – die intransigente Politik eines Johannes XXII. weiterführte. Das erschwerte in mancher Hinsicht die Politik des französisch orientierten Geschlechts der Luxemburger. So gelang es erst im Juli 1346 dem agilen Erzbischof Balduin von Trier, der schon als junger Mann Königsmacher seines Bruders Heinrich VII. gewesen war, die Mehrheit der Kurfürsten – die drei Erzbischöfe, den böhmischen König und den Herzog von Sachsen – zur Wahl eines Gegenkönigs zu bewegen. Gekürt wurde Karl, der Sohn Johanns von Böhmen. Aber dieser bedurfte eines denkwürdigen Umweges, um sich durchsetzen zu können. Durch soldatischen Einsatz für Frankreich wollte er in Deutschland zum Ziele kommen.

Was sich in den nächsten Wochen und Monaten abspielte, entbehrt nicht tragischer Züge. Karl und Vater Johann kämpften schon im August in der Schlacht von Crécy in den Reihen der zahlenmäßig weit überlegenen französischen Ritterschaft, deren Ansturm jedoch im Hagel der englischen Bogenschützen zusammenbrach. Erneut ward augenfällig, dass die Zeit der Ritterheere zu Ende ging. König Johann, ritterlichen Mut zeigend, fiel in der Schlacht, Karl wurde verwundet und konnte sich retten.

Das veranlasste König Ludwig erst recht, für den September 1346 einen Städtetag nach Speyer einzuberufen, um gegen den zum Gegenkönig gekürten Karl Unterstützung zu finden. Prompt verhinderten denn auch die Reichsstädte dessen Krönung im herkömmlichen Aachen. Wohl oder übel musste die Zeremonie in Bonn, der Nebenresidenz des Kölner Erzbischofs vonstatten gehen. Zu offensichtlich war Karl der Günstling des avignonesisch-französischen Papsttums, sodass William von Ockhams abschätziges Urteil über den Gegenkönig als »Söldling und Botengänger des Papstes« rasch und beifällig die Runde machte.

Unter diesen Umständen drängte sich die Frage auf, ob Kaiser Ludwig gegen seine ärgsten Feinde, die rheinisch-moselländischen Kurfürsten, nicht doch einen Waffengang wagen könnte wie vor einem halben Jahrhundert Albrecht I. Und mit einem »Pfaffenkönig« wie Karl glaubte er schon fertig zu werden. Da kam diesem Karl Fortuna zu Hilfe. Neun Monate nach der Bonner Krönung, am 11. Oktober 1347, ereilte Kaiser Ludwig, wie es hieß, ein Schlaganfall auf der Bärenjagd. Er sei vom Pferde gestürzt und habe dabei den Tod gefunden. Nachzuprüfen ist da nichts mehr, aber ein gewisses Misstrauen darf man wohl hegen, zumal schon einmal ein energischer Feind der Kurfürsten-Oligarchie, König Albrecht, keines natürlichen Todes starb.

Fünfundsechzig Jahre alt ist Kaiser Ludwig geworden, und begraben ist er in der Münchener Frauenkirche. Man weiß nicht, ob der Kopf eines im 15. Jahr-

Grabmal von Kaiser Ludwig in der Münchener Frauenkirche

hundert geschaffenen Grabmals die Gesichtszüge des Kaisers getreu wiedergibt, aber man darf sich wohl an die Beschreibung halten, die einer seiner Gegner, der Paduaner Albertino Mussato hinterlassen hat: »Er war von schlanker hoher Gestalt, hatte spärliches rotblondes Haar, lebhafte Farben, schien immer zu lächeln, seine Augen waren groß und klar, seine spitze Nase bog sich zum Munde nieder. Seine Wangen waren voll, sein Kinn schlank, sein Hals, der Nacken und die Schultern wohl gebaut, die Arme, Schenkel und Füße proportioniert. Er war in den Waffen geübt und trat jeder Gefahr kühn entgegen. Aber er überlegte nicht genügend im Voraus, änderte rasch seine Entschlüsse und verlor im Unglück leicht den Kopf. Von Manieren war er zum Scherz aufgelegt und leutselig, sein Gang war rasch, auf keinem Sitz, an keinem Platz hielt es ihn lange.«

Mag sein, dass die in seinem Äußeren wie in seinem Wesen ansprechende Persönlichkeit bisweilen allzu rasche Entscheidungen traf und nicht frei von Unsicherheiten war. Die von Avignon ausgegangenen Attacken und auch die Misserfolge in Italien scheinen ihn hart getroffen zu haben. Aber seine Kaiserpolitik war frei von den Illusionen wie den Grausamkeiten seines Vorgängers; sie stand ganz im Dienste seiner Königsstellung in Deutschland. In hohem Maße galt seine Politik den Städten, ungeachtet mancher oft auch erzwungener Inkonsequenzen. Den Anfechtungen zur Zeit der Ausgleichsversuche mit Papst Benedikt XII. widerstand er und behielt als Berater Marsilius von Padua und William von Ockham, deren Staatsauffassung und Philosophie sich als praxisorientiert wie zukunftsweisend erwiesen. In seiner Zeit war Ludwig durchaus ein moderner Monarch, der an der vereinten Macht der mit dem avignonesischen Papst konspirierenden Kurfürsten scheitern musste.

Die zentrifugalen Kräfte und die Goldene Bulle

Karl geriet nach Ludwigs Tod in einen Wirbel der Ereignisse; Natur und Gesellschaft schienen gegen den gewöhnlichen Lebensablauf zu rebellieren. Heuschreckenschwärme überfielen Süddeutschland und fraßen die Pflanzen; Erdbeben erschütterten das östliche Alpengebiet mit solcher Gewalt, dass in manchen Städten Mauern und Türme einstürzten. Das Schlimmste von allem war die Pestepidemie, auch Schwarzer Tod genannt, die fast ganz Europa heimsuchte und besonders in den Städten ihre Opfer forderte; nur Böhmen und Schlesien blieben vom Massensterben verschont, das die Gemüter niederdrückte und zugleich aufpeitschte. Ursache und Folge eines verstörten Seelenzustandes waren wieder einmal gehässiges Jagen und Morden von Juden; dann wieder gab es selbstquälerische Geißlerumzüge und trügerisches Hoffen jener Pilger, die vor Kruzifixen oder Reliquien allerlei Zeichen und Wunder zu sehen vermeinten. Es war, als ob sich Gesellschaft und Natur verschworen hätten, die Menschen zu peinigen, ihre Körper und Seelen zu verwüsten.

Der immer noch umstrittene Karl, schon in früher Jugend von hohen Klerikern in Frankreich erzogen, mochte sich in diesen grausigen Zeitläuften auf seine Weise – wer will das heute ermessen – fluchbeladen fühlen. Jedenfalls machte er das exerzitien- und reliquiensüchtige Treiben plebejischer Massen auf sozusagen königliche Art mit, nicht auf den Straßen, wie sich versteht, sondern in Burgen. Dort konnte er sich, das Jüngste Gericht fürchtend, stundenlang in Gebete und Meditationen versenken, sich bis zur Ekstase steigern, aber er vergaß dabei auch nicht zweckgerichtetes Handeln. Anders als seine Vorgänger strebte er nach einer starken Hausmacht, nicht mehr um seiner mächtigen Königs- und Kaisermacht willen, vielmehr sollte die imperiale Würde der Stärkung und Vermehrung seiner böhmisch-mährischen Hausmacht dienen.

Im Verfolgen solcher Ziele hatte der Gottselige wahrhaft den Teufel im Leibe. Die Angliederung der wittelsbachischen Mark Brandenburg an sein ererbtes Böhmen immer im Auge, bediente er sich schon 1348 des falschen Woldemar, jenes närrischen Betrügers, der sich als der letzte askanische, von langer Pilgerfahrt zurückgekehrte Markgraf ausgab und gegenüber dem wittelsbachischen Markgrafen und Kurfürsten seine angeblichen Rechte geltend machte. Die Mär von der Pilgerfahrt war durchaus zeitgemäß. Der als »Pfaffenkönig« beargwöhnte Karl war auf der politischen Szenerie der Mark Brandenburg zunächst im Hintergrund, er hielt aber die Fäden in der Hand; auf offener, wenn auch düsterer Bühne agierten hinter und mit dem schmierenkomödiantischen Gespenst vom falschen Woldemar land-, pfründen- und privilegiengierige Hochfeudale wie die Herzöge von Sachsen

Hauptmarkt mit Frauenkirche in Nürnberg

und Mecklenburg, die Grafen von Anhalt und – nicht zu vergessen – der Erzbischof von Magdeburg. Jeder von ihnen riss Pfandherrschaften an sich, und König Karl aus dem luxemburgischen Geschlecht ließ, nachdem das tückische Werk, die Mark Brandenburg zu schmälern und politisch zu schwächen, vollendet war, den falschen Woldemar als verächtlichen Kumpan fallen, um sich wieder durch eine Heirat seiner Tochter mit einem wittelsbachischen Nachkommen Ludwigs zu arrangieren. Nur Eingeweihte wussten, dass König Karl, als die Heirat perfekt wurde, seine als Braut versprochene Tochter durch eine andere austauschen ließ, von der kein Kind mehr als präsumtiver Nachfolger auf den brandenburgischen Markgrafen- und Kurfürstensitz zu erwarten war. Mit langem Atem und reich an Listen verfolgte er in den nächsten zwei Jahrzehnten ein Spiel, bei dem er mit verschiedenen Figuren unmittelbar und mittelbar agierte, bis er Brandenburg an Böhmen, seine königliche Hausmacht, angliedern konnte.

Doch noch ein Blick auf die Anfänge. Karls Position als König war noch einige Zeit nicht gesichert. Ihm, der bis zum Tode Ludwigs des Bayern selber Gegenkönig gewesen war, erstand wieder einer, als nämlich am 30. Januar 1349 eine Mehrheit für die Wahl des unbedeutenden Günther von Schwarzburg-Arnstadt als Gegenkönig zusammenintrigiert war. Überläufer zur Partei der Wittelsbacher war der Kurfürst und Erzbischof von Mainz, der im Sommer 1346 noch für Karl eingetreten war. Bald jedoch brach aus der wittelsbachischen Kurfürstenfronde der Pfälzer Kurfürst aus, nachdem der verwitwete Karl des Kurpfälzers Tochter Anna als Ehefrau genommen hatte. Als er dann noch Günther von Schwarzburg-Arnstadt all seine Ansprüche abgekauft hatte, fand das wendige Wahlmanöver ohne Waffengeklirr sein unrühmliches Ende. Seinen Sieg musste Karl allerdings noch weiter sichern, seine Anhänger halten und Gegner zu Verbündeten machen: Kurfürsten und sonstigen Reichsfürsten ließ er für Treue und Wohlverhalten die enorme Summe von 1,4 Millionen Gulden zufließen. Grafen konnten rund 300 000 Gulden einstecken; bisher oppositionelle Ritter, Bürger und Städte bekamen 150 000 Gulden. Karl wollte seinen Einfluss auch auf den Südwesten ausdehnen, indem er den schwäbischen Reichsstädten die von König Ludwig gewährten Privilegien bestätigte.

All die Bestechungs- und Gefälligkeitsgelder brachte Karl durch Verpfänden dieser und jener Reichsstädte und -rechte auf, wie er überhaupt das Reichsgut beträchtlich verminderte. Es waren viele, die zu bestechen wie auszupressen waren. Juden waren willkommene Geldquellen; entweder er erzwang von ihnen »Schutzgelder« oder er profitierte vom Vermögen umgebrachter Juden. In Nürnberg ließ er 1349 ein Judenpogrom organisieren, sicherte dem Stadtrat Straffreiheit zu und sich selbst einen beträchtlichen Anteil am Vermögen der Vertriebenen und Ermordeten. Der schäbige Sieg über Wehrlose gipfelte noch in einem städtebaulichen Triumph: Auf dem Boden des 1349 zerstörten Judenviertels entstand der große Hauptmarkt und an dessen Stirnseite die gotische Frauenkirche – gebaut auf ehernem Grund und Boden, doch erwachsen aus moralisch-politischem Sumpf.

Karl IV.

Im Jahr des Nürnberger Judenpogroms ließ sich Karl noch in Aachen krönen, war doch die Zeremonie, die er Ende 1346 im keineswegs respektablen Bonn hatte über sich ergehen lassen, für ihn nur ein Provisorium gewesen. Mit der Art, wie er sich seine Stellung in Deutschland sicherte, durch Geld- und Privilegienvergabe, dynastisch berechnende Heiraten und Erbschaftsverträge, diplomatische Kungeleien und Vergehen, korrespondierte die von ihm eingeleitete kirchlich-religiöse Restauration.

Alle bisherigen Ansätze zu einer Neugestaltung des Verhältnisses von Kirche und Staat, zu einer Konzilsbewegung, zur Reform des Papsttums, überhaupt zu einer geistig-moralischen Erneuerung, machte man für längere Zeit zunichte. Vergessen war die individualistische Mystik eines Meisters Eckhart, verdrängt die ethisch-religiöse Vision Dantes; in den Jahren des reaktionären Wandels verstarben die Häupter des Münchener Ketzerkreises, Marsilius von Padua und William von Ockham, und wurden danach erst recht verdammt. Die Möglichkeit, dass München im Spätmittelalter ein geistiges Zentrum werde, war vertan; in Prag hingegen entstand 1348 eine Universität.

Zur rückwärtsgewandten Pogrammatik dieser Entwicklung gehörte auch Karls Verständigung mit dem Avignoneser Papsttum, dem er sich umso mehr geistig und politisch verband, als es durch Frankreichs erste Niederlagen im Krieg mit England geschwächt war. Unter diesen Aspekten stand der Zug nach Italien, wohin Karl im September 1354 mit dreihundert Rittern von Nürnberg aus aufbrach. In Mailand setzte man ihm nach reichlich veralteten Riten die Eiserne Krone der Lombardei aufs Haupt und verlieh ihm damit den Titel eines Königs von Italien; in Rom krönte ihn ein Kardinallegat zum Kaiser.

Bemüht, damit nicht Erinnerungen an alte Kaisergewalt zu wecken, verließ der neugekrönte Karl schon am gleichen Tag abends die Stadt und rasch das ganze Land. Da die italienischen Kommunen und Signorien formal immer noch als Reichsvikariate legitimiert waren, aber unabhängig sein wollten, verzichtete Karl gegen Erstattung einer ansehnlichen Geldsumme auf die ihm zustehenden Königs- und Kaiserrechte. Nicht verwunderlich also, dass ein Florentiner Chronist vermerkte: Karl »zog seines Weges nicht wie ein Imperator, sondern wie ein Kaufmann, der zur nächsten Messe eilt«. Und Petrarca, der gern wie einst Dante den Ruhm des Kaisers verkündet hätte, schrieb enttäuscht und bitter: »Zwei Kronen, die eiserne und die goldene, bringst du heim, aber nicht mit Ruhm, sondern mit dem leeren Namen eines Kaisers! Du wirst dich hinfort Kaiser heißen lassen, in Wahrheit aber nur Böhmenkönig sein!« Das eben war Karls Anliegen; im Doppeltitel Römischer König bzw. Kaiser und König von Böhmen sollte der erste Rang den zweiten erhöhen.

Auf Böhmen richtete sich des Königs Herz und Verstand. Er bemühte sich um die Anlage und Verbesserung von Wegen und Brücken, förderte die Gewerbe wie die Glas- und Edelsteinbearbeitung, die Färberei, Zinngießerei und den Betrieb von Papiermühlen. Dabei pflegte Karl Verbindungen mit finanzstarken Kaufleuten und Unternehmern und begünstigte Patrizier vor Handwerkern. Überhaupt hielt er Städte und soziale Gemeinschaften politisch möglichst kurz, was dem Ausbau fürstlicher Territorien zugute kam. Prag wurde zu einer Metropole der Königsmacht ausgebaut. Schon 1344 hatte Karl die Unterordnung der Prager Kirche unter die Kirchenprovinz Mainz aufgehoben und dem neuen Erzbistum das Ehrenvorrecht gegeben, den böhmischen König zu weihen und zu krönen. Bedeutsamer noch war der Ausbau der Staatskanzlei, die unter dem langjährigen Kanzler Johannes von Neumarkt eine effektive Verwaltungstechnik förderte und die juristische Begriffsbildung, vermittelt durch Frankreich, im Sinne des römischen Rechtes präzisierte, was sich nicht zuletzt auf eine beachtliche Stilkunst auswirkte.

Ausstrahlung gewann Böhmen ferner durch die Gründung der Prager Universität im Jahre 1348, der ersten nördlich der Alpen. Der Förderung der Wissenschaft gesellte sich die der Kunst bei; in der großzügigen Anlage der Prager Neustadt ließ Karl neben Gebäuden ein halbes Dutzend gotischer Kirchen erbauen. Es nahte die große Zeit des Baukünstlers und Bildhauers Peter Parler, der Einfluss auf ganz Mitteleuropa ausübte.

Peter Parler, Selbstporträt

Die von Böhmen ausgehende Kunst widerspiegelte das historische Milieu der zweiten Hälfte des 14. Jahrhunderts auf recht widersprüchliche Weise: Einerseits drückte sie die Nöte, Ängste und Schrecken der Zeit eindrucksvoll aus, andererseits strebte sie nach der verklärenden Form des Schönen. Neben individuell charakterisierenden Porträts in Bildern und Büsten pflegte man das Ikonenhafte und suchte das Fromm-Vorbildliche der schönen Madonnen.

Was Karl aus hierarchischem und klerikalem Kalkül förderte, war repräsentative Schaukunst. Man denke nur an die märchenhafte Burg Karlstein bei Prag mit ihren Wänden und Gefäßen aus Edelstein, ihren Fresken und Glasmalereien.

Manch anderes in der Architektur war für repräsentative Einzüge in Städte und Dome angelegt. Das feudale Schaugepräge im feierlichen Gottesdienst und in der würdig einherschreitenden Prozession machte den bekannten und immer wieder nachgeahmten Prager Stil aus. Was da geboten wurde, erfreute die Augen und berauschte die Gemüter des schauenden Volkes; wer dabei war, hatte etwas zu erzählen. So pflegte man, mehr als vorher, eine äußerliche Religionsbeflissenheit, die sich über die private Frömmigkeit erhob und sich in demonstrativer Staatsfrömmigkeit äußerte. In neuer, üppiger Weise verband sich Religion mit den inneren und äußeren Machtkämpfen.

Die böhmische Königsmacht dehnte sich vornehmlich nach Norden aus, der Elbe entlang, wo in Tangermünde ein prächtiger Stützpunkt entstand, im Südwesten erwarb sie oberpfälzisches Gebiet bis an die Grenze des Nürnberger Stadtterritoriums. In Karls Augen war das übrige Deutschland gewissermaßen Böhmens Vor- und Umland, in dem er sich bemühte, die Herren und Städte etwa in Franken, Bayern, Schwaben, im Elsass, am Rhein und in der Wetterau in regionalen und befristeten Friedenseinigungen zusammenzuschließen. Um all dies regional Begrenzte und zeitlich Befristete unter Kontrolle zu behalten, setzte Karl seine Reichsvikare ein. Und während er die Zentralisierung des böhmisch-mährischen Königlandes betrieb und dort die Rechte des Hochadels beschnitt, respektierte er außerhalb seines Hausmachtgebietes die partikularistisch-landesherrschaftlichen Strukturen, also die zentrifugalen Kräfte in Gestalt der Fürstentümer und der städtischen Ratsoligarchien.

Niemals berief Karl IV. die Fürsten, die Städte und die Ritterschaft als Reichsstände zusammen, etwa zur Beratung der Abgaben, wie das in Frankreich und vor allem in England schon im Sinne einer national-ständischen Monarchie geschah. Die bösen Worte Maximilian I. von Habsburg am Ende des 15. Jahrhunderts über Karl IV. trafen schon zu: Er sei zwar »Böhmens Vater, aber des Heiligen Römi-

Karlsbrücke mit Hradschin

97

Die von Karl IV. erteilte Goldene Bulle galt von 1356 bis 1806 als Grundgesetz.

schen Reichs Erzstiefvater« gewesen. In der Goldenen Bulle des Jahres 1356 fand Karls Grundhaltung wie seine Politik gegenüber dem Papst vertragliche Fixierung. Man kann diese reichsrechtlichen Festlegungen ohne die Absprachen des Jahres 1346 – als die von den moselländisch-rheinischen Erzbischöfen geführte Mehrheit der Kurfürsten mit Zustimmung der Kurie einen Gegenkönig zu Ludwig dem Bayern wählte – nicht voll begreifen.

Schon damals hatte Karl eine Reihe von Zusagen gemacht, als da waren: die Kirchenpatrimonien in Italien zu achten, niemals der Kirche gehöriges Land ohne Erlaubnis des Heiligen Stuhles zu betreten; außerdem hatte er 1346 Ferrara der päpstlichen Herrschaft überantwortet und, was wichtig war für Avignon, die Unabhängigkeit der Provence anerkannt. Verständlich also, warum er nach seiner römischen Krönung am 5. April 1355 Stadt und Land fast fluchtartig verließ. Er wollte sich aus den italienischen Verwicklungen heraushalten, allerdings gegen beträchtliche Bezahlung. So war der Verzicht auf eine imperiale Politik südlich der Alpen realistisch und zugleich eine solche Konzession an das Papsttum, die der Förderung einer nationalen Einigung in Italien abträglich sein musste.

Ein solchermaßen politisch erfolgreiches Papsttum, das sein kirchlich-religiöses Politikverständnis bei Kaiser und König Karl IV. so gut vertreten fand, konnte ihm wohl die Zugeständnisse machen, deren er zu einem Einverständnis mit den Kurfürsten bedurfte. Es ging um den bislang heißumstrittenen Anspruch auf päpstliche Approbation der Königswahl; dieser wurde in der Goldenen Bulle mit Stillschweigen übergangen und indirekt durch die Festlegung zurückgewiesen, dass der erwählte Fürst berechtigt sei, vom Augenblick der Wahl an die vollen Rechte auszuüben. Damit ward ein für allemal das Recht, den deutschen König zu wählen, den sieben Kurfürsten, geistlichen und weltlichen, zugestanden, also den Erzbischöfen von Köln, Mainz und Trier, dem König von Böhmen, dem Pfalzgrafen bei Rhein, dem Herzog von Sachsen-Wittenberg und dem Markgrafen von Brandenburg.

Ungehemmt gab Karl IV. städtische Interessen preis; die Goldene Bulle verbot Städtebünde und die Aufnahme von Pfahlbürgern, also von auswärtigen Schutzbürgern. Sie bestätigte ferner das freie Zollrecht der erzbischöflichen Kurfürsten, also das Recht auf Rheinzölle, und wertete zudem die Stellung der weltlichen Kurfürsten auf, indem man ihr Territorium für unteilbar erklärte und ihnen das Recht zugestand, die oberste Gerichtsbarkeit auszuüben und neue Zölle zu erheben.

Nach dem 1356 fixierten Kurfürstenwahlrecht setzte sich eine verhängnisvolle Entwicklung fort. Mit gutem Grund nannte Friedrich Christoph Schlösser, ein Geschichtsschreiber der Aufklärung, die Goldene Bulle ein »Grundgesetz der deutschen Vielstaaterei«.

Kaiser Karl IV. starb am 29. November 1378, zu einer Zeit, als die französischen Kardinäle Robert Graf von Genf als Gegenpapst Clemens VII. wählten. Der Italiener Urban VI. hatte seinen Sitz in Rom genommen.

Der moralische Niedergang der Papstkirche, ohnehin seit Langem unverkennbar, nahm nun groteske Formen an. Nicht nur, dass sich die Truppen des Clemens VII. mit denen Urbans VI. am 30. April 1379 in der Schlacht von Marino schlugen und besiegt wurden, auch Urban, gebürtiger Neapolitaner, musste überstürzt aus seiner Heimatstadt übers Meer fliehen, nachdem er sich dort zu sehr in politische Händel eingelassen hatte. Unterwegs ließ er einige gefangene Kardinäle ermorden, die er eines Anschlages gegen sich verdächtigt und deshalb in Fesseln mit sich geführt hatte.

Die derart zerrüttete Kirche, überdies den europäischen Interessengegensätzen konfrontiert, konnte ihr Schisma, also die päpstliche Doppelherrschaft über Jahrzehnte hinweg nicht überwinden. Die Gelegenheit, diesen Zustand zu beenden, ergab sich ausgerechnet in dem von Karl IV. gestalteten »allerchristlichsten Königreich Böhmen«. Dort prangerte Jan Hus seit den ersten Jahren des 15. Jahrhunderts die Verderbnis der Prager und Römischen Kirche an und lehrte in Anlehnung an den englischen Reformator Wiclif eine ketzerische Theologie. Es war darum durchaus verständlich, dass der mit Böhmen verwandtschaftlich verbundene, 1410 zum deutschen König gewählte Sigismund von Luxemburg – der Sohn Karls IV. und Bruder des böhmischen Königs Wenzel – die Initiative zur Einberufung eines Generalkonzils der christlichen Kirche ergriff. Der in Rom residierende Papst Johannes XXIII. stimmte dem zu. In seiner Anwesenheit trat am 5. November 1414

Sigismund von Luxemburg

das Konzil in Konstanz zusammen und stellte sich drei Aufgaben: die Beilegung des Schismas – causa unionis –, die Behebung der Missstände in der Kirche – causa reformationis – und die Überwindung der hussitischen Lehre – causa fidei. Nach seiner Krönung in Aachen kam auch König Sigismund in den Weihnachtstagen nach Konstanz, wo sich das Konzil zunächst mit Johannes XXIII. auseinandersetzte, der nur gezwungenermaßen und halbherzig in seine Abdankung einwilligte. Er floh daraufhin im März 1415 zum Tiroler Erzherzog, wohl wähnend, durch diesen Eklat die Konstanzer Versammelten wieder verunsichern zu können. Doch das verhinderten sowohl die umsichtige Intervention König Sigismunds am Konzilort selbst als auch der kurze, siegreiche Feldzug in Tirol gegen den erzherzoglichen Rebellen und Beschützer des geflohenen und abdankungsreifen Papstes. Den gefangenen Johannes XXIII. setzte das Konzil dann kurz entschlossen ab. Sein Name blieb gleichsam gelöscht; erst in der zweiten Hälfte des 20. Jahrhunderts nahm ihn ein römischer Pontifex wieder an. Angelo Giuseppe Roncalli wirkte von 1958 bis 1963 als Johannes XXIII.

Nach anfänglich zögerndem Besuch des Konzils fanden sich schließlich 29 Kardinäle ein, etwa 300 Bischöfe und Prälaten sowie mehrere hundert Universitätsdoktoren; zu diesen 600 bis 700 Geistlichen gesellten sich ebenso viele hochrangige Laien: deutsche und ausländische Fürsten und Gesandte, Städtevertreter, Grafen und sonstige Würdenträger. Es tagten also in Konstanz mächtige Repräsentanten der kirchlichen wie der weltlichen Hierarchie, die im Dekret *Haec sancta* vom 6. April 1415 das Konzil für die Vertretung der Gesamtkirche erklärten. Seine Gewalt habe es unmittelbar von Christus; jeder, auch der Papst, schulde ihm Gehorsam in Sachen des Glaubens, der kirchlichen Einheit und der Reform an Haupt und Gliedern.

Rasch ging man in Glaubensfragen zu Werke: Die Konzilgewaltigen missachteten den Geleitschutz, den König Sigismund einem Jan Hus gewährt hatte, sie inhaftierten den Prager Gelehrten und Prediger und quälten ihn mit entwürdigenden Verhören. Am Ende standen seine Verurteilung und die spektakulär vollzogene Verbrennung. Was die hohen Herren vor allem gegen Jan Hus aufgebracht hatte, war sein theologisch begründeter Angriff auf die Amtskirche, die sie nur oberflächlich zu reformieren gedachten. Sie wollten nichts wissen von der Geistkirche eines Hus mit ihrem Minimum an Institutionen. Also wehrten sie den Anfängen, indem sie Jan Hus den unerbittlichen Ketzerrichtern überließen – eine Beleidigung gegenüber dem böhmischen Volke, das in hellen Aufruhr geriet und immer mehr in jene grauenvollen, über eineinhalb Jahrzehnte dauernden, sich bis in deutsche Gebiete erstreckenden Kriegszüge verstrickt wurde.

Der Prozess gegen Hus hatte etwa drei Monate gedauert; für die intrigenreiche Beseitigung des Schismas, also die Herstellung der kirchlichen Einheit, brauchte das Konzil drei Jahre. Erst im November 1417 wählte das Kardinalskollegium, verstärkt durch je sechs Abgeordnete einer jeden Konzilnation, im Konstanzer

Jan Hus auf dem Scheiterhaufen

Kaufhaus zum Papst den Kardinal Oddo Colonna, der aus einer alten und mächtigen römischen Adelsfamilie stammte. Nach dem Tagesheiligen nannte er sich Martin V. Mit ihm war das Hochfeudale der Amtskirche und der politische Erfahrungsschatz einer langen Tradition gewahrt.

Es war eine erklärte Aufgabe des Konzils gewesen, die Reform der Kirche an Haupt und Gliedern einzuleiten. Vergeblich hatten die Deutschen, zunächst von den Engländern unterstützt, bereits im Sommer 1417 dafür plädiert, das Konzil möge noch vor der Papstwahl grundlegende Reformen beschließen. Wie sich zeigen sollte, hatten sie mit Recht befürchtet, dass ein neugewähltes Oberhaupt der Kirche sich einer ernsthaften Reform entgegenstellen würde. Vor der Wahl Martins V. beschloss man lediglich das Dekret Frequens, nach dem alle zehn Jahre das Konzil als eine Art kirchliches Kontrollparlament stattzufinden habe, das nächste allerdings schon nach fünf Jahren. Ansonsten liefen die Konstanzer Dekrete auf eine Beschränkung der päpstlichen Obergewalt zugunsten etwas erweiterter Befugnisse der Bischöfe hinaus. Das genügte ihnen, von da an verhielten sie sich konzilsmüde.

Nach Ablauf der Fünfjahresfrist war das Konzil, das zunächst in Pavia, dann in Siena zusammentrat, so schwach besucht, dass Martin V. es leichter Hand auflösen konnte. Außerhalb der Hierarchie blieb jedoch die Konzilsidee lebendig, so-

Papst Martin V.

dass für den Papst die erneute Einberufung einer Kirchenversammlung unumgänglich ward. Unter vielen Wechselfällen zog sich dieses neue Konzil – nun in
Basel – von 1431 bis 1449 hin. Bei seiner Eröffnung durch einen päpstlichen Legaten war kein einziger Bischof anwesend. Nicht verwunderlich also, dass weiterhin Prokuratoren und Doktoren die Versammlung beherrschten. Bei einer Abstim-
mung standen 3 Kardinäle, 19 Bischöfe und 29 Äbte 303 anderen Teilnehmern
gegenüber. Mochten diese jedoch noch so sehr von konziliarischem Eifer erfasst

103

sein, sogar Prozesse entscheiden und Pfründe wie Ablässe vergeben, die auf Rom orientierte Kirchenhierarchie ging davon unbeirrt ihren eigenen Weg.

Noch über viele Jahre blieb der Gegensatz zwischen Papst und Konzil unentschieden, eben solange, wie europäische Mächte, insbesondere Frankreich und Deutschland, sich neutral verhielten. Auf die Dauer erwies sich jedoch die kirchliche Hierarchie für die weltlichen Regierungen als geeigneter Verhandlungspartner, um Mitspracherechte bei bischöflichen Stellenbesetzungen und Anteile an kirchlichen Steuern und Abgaben zu erhalten. Die päpstliche Kurie und die weltlichen Regierungen begegneten sich durchaus in jenem Konservatismus, der den allzu kritischen und überdies politisch unerfahrenen Intellektuellen des Konzils entgegenstand. Am Ende war es das Papsttum, das sich den größten Einfluss auf das staatlich zersplitterte Deutschland sichern konnte, es verlor hingegen weiter an universaler Macht gegenüber England und Frankreich. Das opponierende Konzil blieb unterlegen. So war dann die Reform *durch* die Kirche ausgeblieben, nur noch eine *gegen* die Kirche war denkbar, und diese ließ noch lange auf sich warten.

In Deutschland hing viel von seinem Verfassungsleben ab, das sich in der Zeit der großen Konzilien immer noch in einer kritischen Phase befand. Seitdem die Goldene Bulle die Ausnahmestellung der Kurfürsten gestärkt hatte, konnten auch die anderen Fürsten ihre Territorien gegenüber dem Kaiser als weitgehend unabhängig behaupten. Das Reich wurde immer mehr zu einem bloßen Konglomerat von Fürstentümern, wenn auch die Fürsten den Grad von souveräner Autorität, den sie nach oben, gegenüber dem Kaiser, entschieden wahrten, noch nicht nach unten hin, gegenüber den Rittern, Städten und dem Klerus durchsetzen konnten.

Nach dem Tode von Karl IV. im Jahre 1378 nahmen die Spannungen zwischen Ständen und Fürsten zu. Es entstanden Einigungen von Städten oder auch von Rittern mit dem erklärten Ziel, Sonderrechte geltend zu machen, notfalls auch unter Berufung auf ein Widerstandsrecht, das gegebenenfalls den Gebrauch von Waffen einschloss. Doch die antifürstlichen Kräfte operierten uneins. Schon ein Jahr nach Karls Tode bildeten sich Ritterbünde gegen den schwäbischen Städtebund mit seinen bis 1385 auf vierzig Städte anwachsenden Mitgliedern, und überdies gestalteten sich die Beziehungen zwischen städtischem Gewerbe und Landwirtschaft wie zwischen Handel und Gewerbe konfliktreich. Am meisten hatten unter allem die Bauern zu leiden, die der ritterliche Adel erbarmungslos ausbeutete und oft genug mit Räubereien und Privatfehden heimsuchte, wogegen sich auch die Städte wehren mussten. So gestaltete sich das gesellschaftliche und politische Klima reichlich diffus und anarchisch.

Erst in der zweiten Hälfte des 15. Jahrhunderts gelang es den Fürsten, sich wenigstens die ständische Opposition in verfassungsmäßigen Organen zu unterwerfen. Staatliche Konturen wurden ausgeprägter; eine Zeit neuer weltpolitischer Konstellationen und ökonomisch-sozialer wie kultureller Entwicklungen brach an.

Die europäische Revolution Nr. 1 der Bourgeoisie (Auszug)*

Ist es schon für die modernen bürgerlichen und proletarischen Revolutionen keineswegs so leicht, ihr jeweiliges Ende zu fixieren, dann erst recht nicht für die erste bürgerliche Revolution, die in einer Zeit stattfand, da es in Mittel- und Südeuropa keine ausgeprägten Nationalstaaten gab. Da waren die Grenzen zwischen nationaler und internationaler Revolution auch im rein territorialen Sinne recht fließend. Wo fing Deutschland damals an, und wo hörte es auf? Auch von dieser Sicht her ist es zumindest problematisch, bei der Niederlage einer revolutionären Bewegung in revolutionären Zeiten ohne Weiteres vom Endpunkt zu sprechen. Begriffe wie Wendepunkt oder Angelpunkt sind deswegen zur Erfassung der historischen Wirklichkeit adäquater, weil sie sowohl die positiven wie die negativen Entwicklungen, die von nun an eingeleitet werden, zu erfassen vermögen.

Alle Aussagen von Friedrich Engels über die verhängnisvollen Entwicklungen in Deutschland beziehen sich auf Entwicklungen, die sich über viele Jahrzehnte, ja sogar Jahrhunderte erstrecken. Wenn Engels sicherlich sehr dezidiert sagt, dass die Reformation Deutschland zugrunde gerichtet habe, dann hat er bei aller verkürzten Aussage doch eine Entwicklung im Auge, in die die Verhärtung der religiösen Spaltung vermittels der territorialen Abgrenzung der verschiedenen Glaubensbekenntnisse (cuius regio, eius religio), die Verlagerung der Welthandelswege und der Dreißigjährige Krieg unbedingt mit einbezogen werden müssen. Von der Niederlage auf den Endpunkt zu schließen, von wo aus der revolutionäre Prozess abgeschlossen erscheint, ist eine Betrachtungsweise, die die verschiedenen Entwicklungswege, die sich nach 1526 national und international eröffneten, außer Acht lässt.

Was den historischen Platz des Bauernkrieges, vor allem in seiner Müntzerschen Ausprägung, betrifft, so muss man immer wieder an jene theoretische Aussage von Engels erinnern, die er aus den Erfahrungen der englischen Revolution zog. In seiner Einleitung zur englischen Ausgabe der *Entwicklung des Sozialismus* stellte er Folgendes fest: »Damit selbst nur diejenigen Siegesfrüchte vom Bürgertum eingeheimst wurden, die damals erntereif waren, war es nötig, dass die Revolution bedeutend über das Ziel hinausgeführt wurde – ganz wie 1793 in Frankreich und 1848 in Deutschland. Es scheint dies in der Tat eins der Entwicklungsgesetze der bürgerlichen Gesellschaft zu sein.« Wenn Engels hier von einem Entwicklungsgesetz der bürgerlichen Gesellschaft spricht, dann können wir seine Aussage als gültig auch für die erste bürgerliche Revolution ansehen. Unter dem Aspekt dieses Entwicklungsgesetzes werden die bereits angeführten Aussagen über die

* Den gesamten Text findet man in: Theorie, Empirie und Methode in der Geschichtswissenschaft. Gesammelte Aufsätze Ernst Engelbergs, hrsg. von G. Seeber und W. Küttler, Berlin 1980, 416 S. Dasselbe, Vaduz 1980, 416 S.

halbe Niederlage der ersten bürgerlichen Revolution in Deutschland oder ihren Sieg in religiöser Verkleidung erst recht erhärtet.

Hinsichtlich der verschiedenen Entwicklungswege, die sich national und international nach 1526 eröffneten, haben wir geradezu die Pflicht, auch einige positive Aspekte, auf die Engels hingewiesen hat, zu berücksichtigen. In seinen handschriftlichen Notizen *Varia über Deutschland,* geschrieben Ende 1873/Anfang 1874, meinte Engels: »Spezifisch theologisch-theoretischer Charakter der deutschen Revolution des 16. Jahrhunderts. Vorherrschendes Interesse für die Dinge, die nicht von dieser Welt. Die Abstraktion von der miserablen Wirklichkeit – Basis der späteren theoretischen Überlegenheit der Deutschen von Leibniz bis Hegel.« Von dieser Einschätzung eines bedeutenden positiven Entwicklungsweges, der von der deutschen Reformation ausging, rückte Engels niemals ab. Da befand er sich auch in den revolutionär-demokratischen Traditionen und damit in Übereinstimmung mit Heinrich Heine, der in seinem großartigen Buch *Zur Geschichte der Religion und Philosophie in Deutschland* die Kontinuitätslinie schon durch die drei Kapitelüberschriften absteckte: Deutschland bis Luther / Von Luther bis Kant / Von Kant bis Hegel.

In den *Varia* finden sich Überlegungen, die geradezu ein Musterbeispiel für die dialektische Methode sind, gesellschaftliche Erscheinungen und Entwicklungen in ihren verschiedenen, auch widerspruchsvollen Seiten zu analysieren. Es lohnt sich, hier ausführlich zu zitieren: »Die schließliche Unterdrückung des Protestantismus in Frankreich kein Pech für Frankreich – teste Bayle, Voltaire und Diderot. Desgleichen wäre diese Erdrückung in Deutschland nicht ein Unglück für Deutschland gewesen, wohl aber für die Welt. Sie hätte Deutschland die katholische Entwicklungsform der romanischen Länder aufgezwungen, und da die englische Entwicklungsform auch halb katholisch und mittelalterlich war (Universitäten etc. Colleges, public schools, alles protestantische Klöster), wäre die ganz protestantisch deutsche Bildungsreform (Erziehung zu Hause oder in Privathäusern, freiwohnende und kollegwählende Studenten) weggefallen und die europäische geistige Entwicklung unendlich einförmig geworden. Frankreich und England haben die Vorurteile in der Sache, Deutschland hat die der Form, die Schablone gesprengt. Daher auch teilweise die Formlosigkeit alles Deutschen, bis jetzt noch mit großen Nachteilen verknüpft, wie die Kleinstaaten, aber für die Entwicklungsfähigkeit der Nation ein enormer Gewinn und erst in der Zukunft volle Früchte tragend, wenn dies selbst einseitiges Stadium überwunden.

Dann: der deutsche Protestantismus die einzige moderne Form des Christentums, die der Kritik wert. Der Katholizismus schon im 18. Jahrhundert unter der Kritik, Gegenstand der Polemik (Welche Esel also die Altkatholiken!): der englische (Protestantismus) in unzählige Sekten zerfahren, ohne theologische Entwicklung, oder eine, deren jede Stufe sich als Sekte fixierte. Der deutsche allein hat eine Theologie und damit einen Gegenstand der Kritik – der historischen, philolo-

Martin Luther als Junker Jörg, Holzschnitt von Lucas Cranach

gischen und philosophischen. Diese von Deutschland geliefert, ohne den deutschen Protestantismus unmöglich und doch absolut nötig. Eine Religion wie das Christentum wird nicht mit Spott und Invektive allein vernichtet, sie will auch wissenschaftlich überwunden sein, d. h. geschichtlich erklärt, und das bringt auch die Naturwissenschaft nicht fertig.«

Es kann nicht meine Aufgabe sein, die Fülle der inhaltlichen Aussagen und methodologischen Denkanstöße, die hier bei Engels zu finden sind, jetzt auszuschöpfen. Aber sie mussten einmal in Erinnerung gebracht werden, auch als Beitrag für das weitere Forschungsprogramm, das wir zu befolgen hätten.

Auf jeden Fall muss Folgendes festgehalten werden: Engels hat die Entwicklung, die von der ersten bürgerlichen Revolution ausging, keineswegs so einsträngig negativ gesehen, wie dies bei vielen erscheint; auch hat er diese Entwicklung in ihrer widerspruchsvollen Dialektik von nationaler und internationaler Geschichte betrachtet. Gerade auch in letzterer Hinsicht schätzt Engels die erste bürgerliche Revolution, die nun einmal in Deutschland ihren weithin hallenden Auftakt nahm, sehr positiv ein. Mit einer einseitigen Niederlagen- und Misere-Sicht gerät man wissenschaftlich wie auch moralisch-politisch auf einen Irrweg. ...

Der immer ausgeprägtere Übergang der lutherischen Reformation zur sogenannten Fürstenreformation ist sicherlich ein hervorstechender Zug der Entwicklung des deutschen Protestantismus nach der Niederlage des Bauernkrieges. Aber das darf doch nicht die andere Grundtatsache übersehen lassen, dass sich nach 1525 bis in die dreißiger Jahre hinein eine zunächst von den Fürsten unabhängige stadtbürgerliche Reformation ausbreitete. Diese an ähnliche Ereignisse aus der Zeit vor und während des Bauernkriegs anknüpfende Bewegung für politische und kirchliche Umgestaltung in den Städten vollzog sich im Norden, Nordwesten, im Westen, im Südwesten Deutschlands und in der benachbarten Schweiz. Die reformatorische Initiative in den Städten dieser Gebiete war in den Jahren 1525 bis etwa 1532 stärker als in den fürstlichen Territorien und ging von der in Zünften und Kirchspielen organisierten Bürgerschaft der Städte aus, nicht vom Patriziat, vom Stadtadel oder von der Stadtobrigkeit. Dabei waren die genossenschaftlichen Bestrebungen zur Errichtung einer Gemeindekirche sehr stark. Erst später setzte sich die Tendenz zur Obrigkeitskirche durch.

Im Nordwesten und Norden siegte diese Bewegung 1526 in Celle, 1528 in Goslar, 1529 in Braunschweig, Hamburg und Göttingen, 1530 in Lübeck, 1531 in Greifswald und Rostock, 1532 in Hannover. In Westfalen fasste die gleiche Bewegung Fuß. Schließlich siegte die Reformation 1531 in Münster, wo sie 1534/35 die radikale Form des Täuferreichs annahm. Die städtisch-republikanische Reformation hatte ihr Zentrum in dem oberdeutsch-schweizerischen Raum unter der Flagge Ulrich Zwinglis. Ich stimme Max Steinmetz zu, der in dieser Gruppierung »das Zwischenglied zwischen der lutherischen und calvinischen Reformation« innerhalb der Revolution Nr. 1 der Bourgeoisie erblickt. Basel nahm die Reformation 1528/29 an und Bern 1528. Bern aber war für die ganze weitere Entwicklung der politischen und religiösen Reformation in Genf entscheidend. Ohne Unterstützung durch Bern wären weder der politische Befreiungskampf von der bischöflichen und savoyardischen Oberherrschaft noch die Einführung der Reformation möglich geworden. Manche Erscheinungen der Genfer Reformationsbewegung erinnern in frappierender Weise an das, was 1517 in Wittenberg vor sich ging. So, wenn in der Nacht vom 8. auf den 9. Juni 1532 aus Anlass der päpstlichen Ankündigung des Jubelablasses Anschläge angebracht wurden, die im Namen »des himmlischen Vaters Jedem einen vollkommenen Ablass unter der einzigen Bedingung der Reue und des Glaubens an die Verheißung Christi« ankündigten. Welches auch die Stellung der Genfer vorcalvinistischen Reformatoren zu den verschiedenen theologischen Glaubenssätzen und Streitpunkten gewesen sein mag, bei dieser für die Massen bestimmten Proklamation bekannte man sich sozusagen zur Urformel der lutherischen Reformation. Der innerstädtische Druck in Genf selbst und der außenpolitische, der vornehmlich von Bern ausging, nahmen in einer solchen Weise zu, dass die Reformation am 21. Mai 1536 endgültig siegte. Erst jetzt trat der siebenundzwanzigjährige Jean Calvin in dieser Stadt auf den Plan.

Kurz vorher hatte Calvin seine erste theologische Manifestation, die bei allen späteren Bearbeitungen sein Hauptwerk blieb, sein *Lehrbuch des Christentums* (*Institutio religionis christianae*) in Basel veröffentlicht. Calvins Institutio war einerseits eine systematische Zusammenfassung protestantischer Dogmatik, andererseits eine leidenschaftliche Verteidigung der unterdrückten Protestanten Frankreichs. Nachdem diese in der Nacht vom 17. zum 18. Oktober 1534 in einer Reihe französischer Städte, auch in der Residenz des Königs, Plakate mit evangelischen Thesen angebracht und damit auch ihre weitverbreitete Organisation bekundet hatten, wurden sie fürchterlichen Verfolgungen ausgesetzt – Verfolgungen, die das gesamte protestantische Europa empörten. In die Genfer Reformation, die unter die Leitung Calvins kam, mündeten unmittelbar sowohl die stadtbürgerliche Reformation in Oberdeutschland und in der Schweiz als auch die unterdrückte protestantische Bewegung Frankreichs ein.

Das alles war sozial geeint durch das Bürgerliche, bei allen Unterschieden des sozialökonomischen und politischen Entwicklungsgrades und der ideologischen Physiognomie im Einzelnen. Wir haben eben hier getreu nach Engels immer wieder die europäische Bourgeoisie in unser Blickfeld zu rücken. Das führt uns auch dahin, innerhalb der »Revolution Nr. 1« den Spannungsboden weiter zu fassen, in dem sich der Übergang von der lutherischen zur calvinistischen Reformation alles andere als naht- und konfliktlos vollzog. In dieser Kette voneinander geschiedener und doch wieder zusammenhängender Glieder sind zu erkennen Karlstadt und Zwingli, die ganze Gruppe der oberdeutschen Reformatoren wie Oecolampad, Martin Bucer, Zwinglis Nachfolger Heinrich Bullinger, die Franzosen Lefévre d'Étaples, Nicolas Cop und Guillaume Farel, der Wegbereiter Calvins in Genf. Schließlich muss daran erinnert werden, dass es bei Luthers engstem Mitarbeiter Philipp Melanchthon durchaus Tendenzen gab, die in ihrer Konsequenz zu Calvin hinführten.

Jean Calvin

Über diese vielfach selbständigen Reformatoren sind scharfsinnige Untersuchungen ohne Zahl veröffentlicht worden. Es zeigt sich: Bis zum Auftreten von Calvin sind alle Reformatoren der einzigartigen Persönlichkeit Luthers zugeordnet, wenn auch manchmal in spannungsvoller Distanz. Luthers damalige Oberherrschaft im internationalen Protestantismus anerkannte auf seine Weise der französische König Franz I., indem er des Öfteren, u. a. im Dezember 1533, »diese verfluchte Lutherische Ketzersekte« verdammte, die in Paris »wucherte«. Sicherlich war Franz I. zum Leidwesen der Sorbonne in Glaubensfragen nicht taktfest, und mit deutschen protestantischen Fürsten hat er gegen Kaiser und Papst gern intrigiert, wenn es um Oberitalien ging. Auch versah man gerade in Frankreich die verschiedenen religiösen und kirchlichen Dissidenten leichter Hand mit dem Etikett: »Lutherisches Ketzertum«. Aber warum gerade dieses Etikett? Echte Demagogie knüpft eben an beherrschende Vorstellungen an und berechnet daraufhin ihre Wirkung.

Was verschaffte Luther bei Freund und Feind seine einzigartige internationale Stellung bis in die dreißiger Jahre des 16. Jahrhunderts? War es die Gelehrsamkeit? Hier war ihm wahrscheinlich Melanchthon überlegen. War es seine besondere politische Befähigung? Hier überragte ihn Zwingli. Theologen und Kirchenhistoriker haben in die Seele der Reformatoren und gerade auch Luthers hineingelotet. So nützlich psychologische Bemühungen auch in der Geschichtswissenschaft sein mögen, eine rechte Antwort auf unsere Frage konnten sie nicht geben. Da erinnern wir uns an die quälenden Studierzimmer-Fragen *Fausts:* Im Anfang war das Wort? Der Sinn? Die Kraft? Nein, im Anfang war doch die Tat – die befreiende Tat Luthers, die Taten eines vielmillionen-köpfigen Volkes auslöste und weiter trieb. In dem von Spannungen wahrhaftig nicht freien Wechselspiel mit dem Volk wurde Luther während gut einundeinhalb Jahrzehnten zur beherrschenden Figur auf dem internationalen Feld des Protestantismus.

Es ist also die vielfältige, im Volke verwurzelte Bewegung, die den Zusammenhang von lutherischer und calvinischer Reformation in erster Linie herstellte. Wer dabei den Bauernkrieg als »kritische Episode« (im oben gekennzeichneten Sinne) nicht richtig erfasst, ihn aus dem Zusammenhang mit der der darauffolgenden Phase der Reformation herausreißt, der macht ihn zum Endpunkt und nicht zum »Gipfelpunkt« (Engels) der europäischen Revolution. Auf diese Weise wird der Bauernkrieg unbewusst und ungewollt in seinem historischen Gewicht herabgesetzt. Nur auf der Grundlage der Volksbewegung sind auch die ideologischen Zusammenhänge zu suchen und zu finden, so widerspruchsvoll diese auch sein mögen.

Die Anknüpfungspunkte Calvins an Luther sind unbestreitbar. ... Luthers ganzes Auftreten war doch ein grandioser und zeitweilig höchst gefährlicher Ungehorsam gegen das Papsttum. Man muss sich nur einmal vergegenwärtigen, mit welcher Devotion der Erfurter Mönch Luther noch 1511 in Rom, trotz aller Enttäuschungen, der Papstkirche gegenüberstand, um sein späteres Rebellentum voll würdigen zu können. Auch rein dogmatisch waren weder die Gehorsamsdoktrin bei Luther (besonders in den ersten Reformationsjahren) noch das angebliche Widerstandsrecht bei Calvin recht eindeutig. Überhaupt: Es ist eine merkwürdige List der Geschichte, dass zwei im Grunde ihres Herzens konservative Männer wie Luther und Calvin – wobei Letzterer aristokratischer war als Ersterer – die Welt revolutionär aufwühlten.

»Luther fegte nicht nur den Augiasstall der Kirche, sondern auch den der deutschen Sprache aus, schuf die moderne deutsche Prosa und dichtete Text und Melodie jenes siegesgewissen Chorals, der die Marseillaise des 16. Jahrhunderts wurde.« Friedrich Engels schrieb diese fast hymnischen, an Heinrich Heine erinnernden Worte nicht in einer sonnigen Rheinwein-Laune, sondern in der Erkenntnis des Bürgerlich-Rebellischen, das – trotz allem – in der lutherischen Reformation lag. ... Von welcher Sicht her wir die Revolution Nr. 1 der Bourgeoisie betrachten mögen, der Zusammenhang von lutherischer und calvinischer Reformation darf im Interesse der historischen Wahrheit nicht auseinandergerissen werden. Damit rückt wieder die Periodisierung der bürgerlichen Revolution Nr. 1 in unser kritisches Blickfeld. Das Jahr 1517 steht außerhalb der Diskussion, anders steht es mit 1536. Für dieses Datum spricht zunächst der Umstand, dass es gerade den Zusammenhang von lutherischer und calvinistischer Reformation und zugleich den Übergang von der ersten Entwicklungsform zur zweiten, höheren Form des Protestantismus geradezu demonstrativ anzeigt.

Das Jahr 1536 ist in besonderer Weise End- und zugleich Ausgangspunkt.

Es ist Endpunkt für eine Periode, während der die Volksbewegung in ihrer Breite, Vielfalt und Heftigkeit vorherrschte und die Entwicklung der evangelischen Theologie und des Humanismus eine neue ideologische Qualität, eben eine höhere Form des Protestantismus erforderte. Zu Ende ist jetzt, wie Lucien Febvre sich ausdrückt, die »lange Periode der herrlichen religiösen Anarchie«. Besonders sichtbare Marksteine für das Ende der sozial, politisch und religiös vielfältigen und in ihrer historischen Funktion doch auch wieder einheitlichen Volksbewegung in Europa sind die blutige Repression der französischen Protestanten, die Ende 1534 einsetzte; die Niederschlagung des Täuferreiches in Münster im Sommer 1535; schließlich bald darauf die Verhaftung und spätere Hinrichtung Wullenwebers in Lübeck.

Während das Luthertum erst im Feuer der Revolution sich herausbildete, konnte der Calvinismus schon mit dem ersten öffentlichen Auftreten Calvins 1536 in den Grundzügen fest umrissen dastehen. Er fußte eben auf den Anregungen und Erfahrungen Luthers und der Humanisten und nicht zuletzt auf der bisherigen Volksbewegung für politische und kirchliche Umgestaltungen. Das wiederum ermöglichte es Calvin, sich der Reformation in Genf zu bemächtigen – in dieser Stadtrepublik, die europäische Bedeutung erlangen sollte.

Wir können von einer Gemeinsamkeit des Sieges der calvinischen und lutherischen Reformation im Jahre 1536 insofern sprechen, als diese in jener dialektisch aufgehoben wurde. Das Jahr 1536 ist noch durch zwei andere bemerkenswerte Daten der europäischen Reformationsgeschichte gekennzeichnet: Damals wurde die Wittenberger Konkordie abgeschlossen, die mit ihrer vermittelnden Abendmahlsformel den Zwinglianismus in den oberdeutschen Städten zugunsten des Luthertums zurückdrängte. In England erschien das Anglikanische Glaubensbekenntnis in zehn Artikeln; die Gegenbewegung, die sogenannten Gnadenpilgerfahrt, d. h. Aufstand der alten feudalen Familien des nördlichen Grenzlandes gegen die Säkularisation der Klöster und den wachsenden Einfluss der königlichen Macht und für die Aufrechterhaltung des »alten, heiligen Glaubens«, erlitt eine Niederlage. Mit 1536 errang die europäische Revolution Nr. 1 einen bedeutsamen Sieg.

Damals wurde jedoch nicht nur ein Endpunkt gesetzt, sondern – wie gesagt – auch ein Ausgangspunkt. So wie die Reformation in England ein Staatsakt des Königabsolutismus war, wurde sie in Deutschland von nun an ausschließlich eine Aktion des werdenden Fürstenabsolutismus; die Reformation von unten wurde endgültig zu einer solchen von oben. Stärker denn je wird das Luthertum in die landesfürstlichen Händel und außenpolitischen Verwicklungen von Kaiser und Reich hineingezogen. Der Calvinismus hat jetzt von einem einzigen Platz, von Genf aus, die nötige Ruhe (trotz gelegentlicher Erschütterungen) für seine innere Sammlung und macht dort seine »Laboratoriumsversuche«. Er bildet sich auf den von Anfang an gegebenen Grundlagen am klarsten zum theologischen Interessenausdruck des aufstrebenden Bürgertums im Manufakturstadium des Kapitalismus aus. Ideologische Hauptgegner sind jedoch nicht Luthertum und Calvinismus; beide stehen vielmehr in Front gegen den neu aufkommenden Jesuitismus der katholischen Kirche.

1536 kann nicht durch die Tatsache abgewertet werden, dass vom Jahre 1538 bis 1541 Calvin von Genf ausgewiesen war. Ein so ausgewogen urteilender Kirchenhistoriker wie Karl Heussi meinte, dass Calvin mit seiner ersten Wirksamkeit den »Grund für seine späteren Erfolge gelegt« habe. Tatsächlich hatte er so viele Anhänger in der Bürgerschaft gewonnen, dass ohne ihn Genf nicht zu regieren war; er musste wieder zurückgerufen werden. Darum betrachtet die Calvin-Stadt Genf bis zum heutigen Tage die erzwungene Abwesenheit Calvins in den Jahren 1538 bis 1541 als »péripétie« und sieht 1536 als quasi-offizielles Datum an.

Nochmals sei es betont: 1536 ist ein Periodeneinschnitt nicht allein wegen des herausragenden Ereignisses in der Stadtrepublik Genf, sondern auch wegen des unverkennbaren Endes der revolutionären Flut, auf die die Ebbe folgte. So bedeutungsvoll im Übrigen Genf für die Entwicklung des Calvinismus sein sollte, sein Schicksal war doch nicht allein von den Ereignissen in dieser Stadt abhängig; die sozialhistorische Verwurzelung und Lebenskraft des Calvinismus hatte einen wesentlich breiteren Untergrund. Die Periode von 1536 bis etwa 1555 ist die Zeit der

Sammlung, der Profilierung der Positionskämpfe der drei wichtigsten ideolo-gisch-politischen Richtungen, nämlich des Luthertums, des Calvinismus und des Jesuitismus. Nach 1555 rückte der Calvinismus endgültig auf den ersten Platz im europäischen Protestantismus, wurde zur Kampfideologie der Hugenotten in Frankreich und der Niederländer in ihrem national-revolutionären Befreiungs-kampf. Schließlich wies er ideologisch in all seinen Nuancen auf die zweite große Entscheidungsschlacht der europäischen Bourgeoisie, auf die englische Revoluti-on des 17. Jahrhunderts hin.

Die bürgerlich-plebejische Bewegung, die 1536 zu Ende ging, hatte den »Er-folg ihrer religiösen Verkleidung« (Engels). Man ist oft schnell dabei, diesen ein-schränkenden Erfolg mit Nachdruck festzustellen und rennt offene Türen ein, um zu verkünden, dass doch noch zwei große Entscheidungsschlachten im 17. und 18. Jahrhundert notwendig waren für den politischen Sieg der Bourgeoisie. Abge-sehen davon, dass auch die Große Französische Revolution – streng genommen – keinen vollständigen Sieg brachte, ist sie nur insoweit Maßstab, als sie ein für al-lemal offenkundig machte, was eine klassische bürgerliche Revolution alles zu lei-sten hat. In diesem Sinne ist sie mehr Maßstab für die ihr nachfolgenden bürgerli-chen Revolutionen. Auf keinen Fall darf die Französische Revolution des 18. Jahrhunderts die Waage der weltgeschichtlichen Gerechtigkeit für die ihr voraus-gegangenen Revolutionen sein; auf sie möchten viele alles legen, was vorher ge-schah: Gewogen und zu leicht befunden! Dann interessiert man sich vornehmlich für das, was diese frühbürgerlichen Revolutionen alles nicht fertigbrachten!

Wie wäre es, wenn man anders verfahren würde? Historisch richtig und ge-rechter ist es, vor allem zu zeigen, wie die eine Revolution die andere vorbereite-te, und sich zunächst auf das zu konzentrieren, was die »Entscheidungsschlach-ten« (Engels) tatsächlich brachten und voranbrachten.

Nachdenken, nicht nachtrauern
Über Preußen*

Als der Alliierte Kontrollrat am 25. Februar 1947 den Staat Preußen für aufgelöst erklärte, da mögen sich manche an jenen »Tag von Potsdam« am 21. März 1933 erinnert haben, als der Reichspräsident Paul von Hindenburg den neugewählten Reichskanzler Adolf Hitler mit dem Pomp eines feierlichen Staatsakt in der Potsdamer Garnisonskirche und einem Aufmarsch in sein neues Amt einführte. Alles war darauf abgestimmt, den preußisch-militärischen Geist aufzuwerten und mit dem der Hitlerschen Heerscharen von SA und SS gleichsam zu vermählen. Schon der Ort des Schauspiels und die zu dem Zweck in Szene gesetzten Personen gaben dafür einiges her. Die Garnisonskirche galt vor allem durch die dortigen Gräber des »Soldatenkönigs« Friedrich Wilhelm I. und seines Sohnes Friedrich II., des »Großen«, als Sakralstätte des preußischen Militärs. Und der Reichspräsident von Hindenburg kam nicht im schwarzen Repräsentationsrock, sondern in der Uniform des preußisch-deutschen Generalfeldmarschalls.

Dem Tag der Hybris und nationalistischer Verführung im Jahre 1933 folgte, gleichfalls in Potsdam, 1945 die Besiegelung einer schmachvollen Niederlage, in die auch das deutsche Volk hineingerissen worden war. Es gibt Gründe genug, um über Preußen und das Preußentum nachzudenken.

Da ist zunächst – einführend in die Problematik – die Herrschaft des Kurfürsten Friedrich Wilhelm, auch er ein »Großer«, zu nennen. Nach dem Landgewinn im Westfälischen Frieden von 1648 war dessen Machtgewinn schon dreimal größer als Kursachsen, umfasste fünfmal mehr Land als das welfische Hannover und war an Gebietsumfang nur zu vergleichen mit allen süddeutschen Fürstentümern, Bayern eingeschlossen. Doch das preußische Land war zerrissen; vom brandenburgisch-pommerschen Kerngebiet weit getrennt, lagen im Westen die niederrheinischen und westfälischen Gebiete, und im Osten erstreckten sich Bereiche von der Weichsel bis zur Memel. Diese weit auseinanderliegenden, nur über andere fürstliche Besitzungen zu erreichenden Gebiete brachten das entstehende Preußen in unmittelbare Nähe mit westlichen wie auch mit östlichen Staatssystemen – eine besondere Art innerdeutscher und europäischer Problematik, die bis zum deutsch-österreichischen Krieg von 1866 währte und dem Drang nach einer starken Armee ständig Vorschub leistete.

Der Kurfürst konnte ein stehendes Heer nur dann auf- und ausbauen, wenn der Landadel in den ständischen Gremien die nötigen Steuern bewilligte. Sie waren nur zu erlangen, wenn die Herrschaft der adligen Grundbesitzer über die Bauern sogar noch erweitert wurde, vor allem durch bäuerliche Frondienste und Abgaben

* Überarbeitete Fassung. Zuerst in: Berliner Zeitung, 22./23.2.1997

115

König Friedrich Wilhelm I.

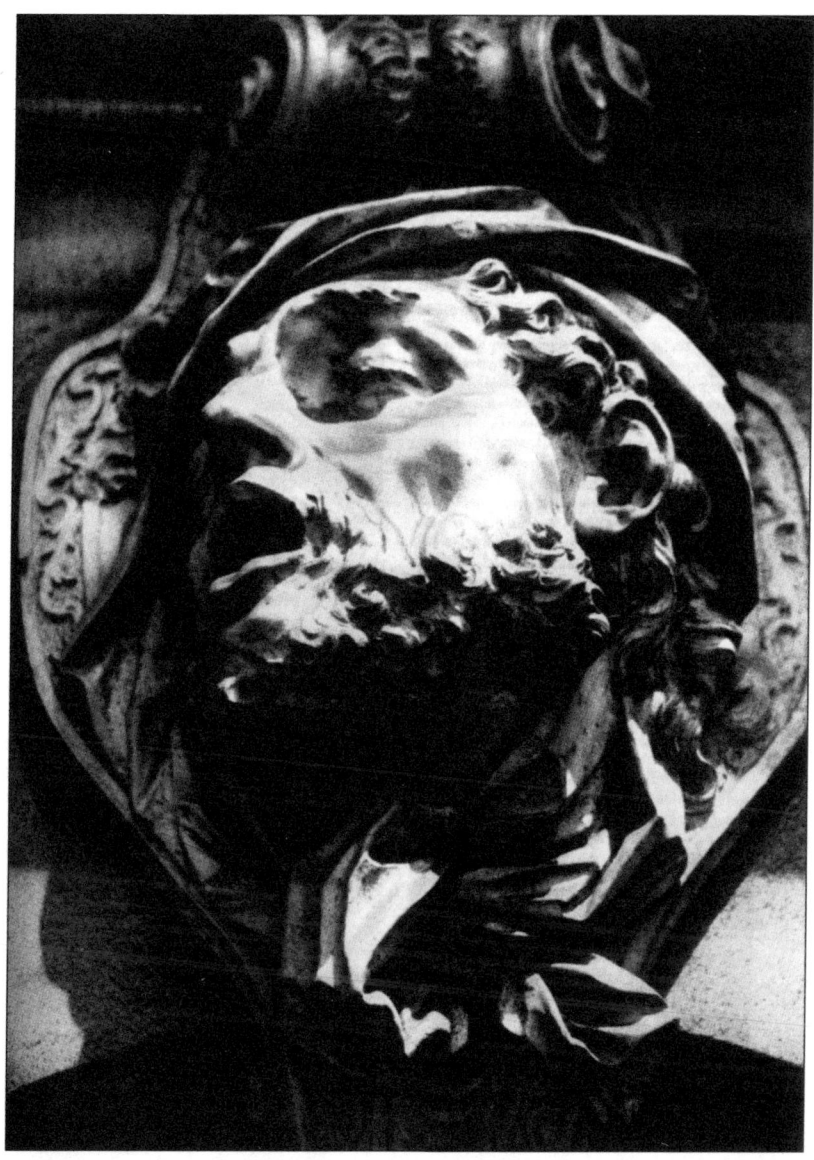

Sterbender Krieger von Andreas Schlüter

oder durch obrigkeitliche Rechte über den Gutsbezirk in Form der Patrimonialgerichtsbarkeit, der Polizeigewalt, aber auch des Kirchenpatronats. Zu diesen Privilegien – bewilligt zuerst durch den Landtagsrezess von 1653 – gehörte auch die

Steuer- und Zollfreiheit des Adels. Überdies beherrschten die Junker durch ihre Positionen im Heer das flache Land.

Weil sich die meist adligen Regimentschefs bei den oft turbulenten Werbungen von Soldaten auf die ihnen zugewiesenen Distrikte beschränken mussten, fühlten sie sich erst recht ermächtigt, in deren Verwaltung und das zivile Leben einzugreifen. Ihre despotischen Praktiken bei der Werbung und Kasernierung empörten umso mehr, als sie zudem durch ihr Offiziersmonopol herrschten. Den Söhnen des Besitz- und Bildungsbürgertums war ohnehin nicht am Offiziersberuf gelegen, und der preußische Staat verschonte sie gern davon im Interesse der wirtschaftlichen und kulturellen Entwicklung. So richtete der Kurfürst sein militärisches Augenmerk auf die Landadligen, die, soweit sie nicht auf den heimatlichen Gütern untergebracht werden konnten, im Heeresdienst ihr standesgemäßes Auskommen fanden. Allerdings gerieten sie dadurch in vielfache Abhängigkeiten vom Souverän. Sie erhielten als Kompanie- oder gar Regimentschefs auch keine festen Gehälter, sondern mussten darauf aus sein, das Ihrige aus dem vom Staat bewilligten Etat für Werbung, Bekleidung, Unterbringung und Unterhalt der Truppen herauszuschlagen. So drückten sie nach unten nicht allein als Exerziermeister, sondern blickten als profitheischende Militärs nach oben, auf den Monarchen, von dem nicht allein die Gelder kamen, sondern auch etwas von Preußens Glanz und Gloria auf sie herabstrahlte. Im »Dienste des Souveräns« sahen sie »Befehlen und Gehorchen« als ihrer urpreußischen Natur zugehörig an.

Doch darauf lässt sich der allgemeine Preußengeist nicht reduzieren. Als Ludwig XIV. in Frankreich die Hugenotten erneut und erbittert verfolgte, erließ der Kurfürst im Jahre 1685 immerhin das berühmte Edikt von Potsdam, in dessen Folge Preußen im Laufe der Zeit etwa zwanzigtausend Franzosen aufnahm, für die ihre Heimat unerträglich geworden war. Brandenburg-Preußen entsprach mit dieser Aufnahme nicht allein dem Geist kirchenpolitischer Toleranz, sondern auch in seinem ureigenen Interesse dem Bedürfnis nach gewerbe- und manufakturfördernden Produzenten.

Ohnehin stand die Zeit im Zeichen des Handels- und Manufakturkapitalismus, insbesondere nach der glorious revolution in England im Jahre 1688. So wollte der Nachfolger des Großen Kurfürsten auch Preußen neue Konturen geben. Am 18. Januar 1701 – es wurde ein denkwürdiges Datum auch für die Reichsgründung 1871 – setzte sich Friedrich I. die Krone auf, nicht ohne erkauftes habsburgisches Einverständnis. Preußen war zum Königtum avanciert. Sogleich ließ Friedrich I. in acht Jahren (1698–1706) das Königliche Schloss zu Berlin erbauen, das auch noch im 20. Jahrhundert den Bedürfnissen des preußisch-deutschen Kaisertums diente; und fast zu gleicher Zeit entstand das Zeughaus.

Es waren große Baumeister und Bildhauer am Werk, solche wie Andreas Schlüter, der in Italien und Frankreich studiert hatte und sich einen eigenartigen Stil erarbeitete, der weder gegenreformatorischem Barock glich noch höfischem Klassi-

König Friedrich II.

zismus, aber menschliches Leiden in seinen berühmten *Sterbenden Kriegern* ergreifend gestaltete.

Es war ein eigen Ding mit jenem Neukönigtum, das, repräsentiert von geistig wie moralisch mittelmäßigen Männern, dennoch bedeutsame Bauwerke schaffen ließ und solche geistigen Größen wie Gottfried Wilhelm Leibniz heranzog, der im Jahre 1700 der erste Präsident der in Berlin gegründeten »Societät der Wissenschaften« wurde, der ersten sowohl auf die Erforschung der Natur wie der Gesellschaft orientierenden Akademie der Wissenschaften in Deutschland. Zweifellos herrschte um die Wende vom 17. zum 18. Jahrhundert ein aufgeklärter überkonfessioneller Geist, vornehmlich unter den Gelehrten in Berlin und Halle, wo die Universität 1694 gegründet wurde.

Doch unter den nachfolgenden Königen und ihren Kriegen rückte das Heer immer mehr in den Mittelpunkt des Staates. Diese verhängnisvolle Entwicklung leitete der sogenannte Soldatenkönig ein, dessen Maxime lautete: »eine formidable Armee und ein großer Tresor«. Auch sein Sohn, Friedrich II., handelte danach und postulierte nach den Schlesischen Kriegen in den vierziger Jahren und dem verlustreichen Siebenjährigen Krieg: »Wir müssen Preußen als einen Militärstaat betrachten: alles muss darauf eingestellt sein.«

Dabei eignete sich Friedrich II. durchaus Postulate der Aufklärung an, nicht zuletzt angeregt durch seine Beziehungen zu Voltaire. Er bejahte die Autonomie der Vernunft und verneinte jegliche Offenbarung als »ein widersinniges System von Fabeln«. Die Freiheit des Denkens sollte auch der wissenschaftlichen Forschung Freiraum geben. Von seiner Toleranz profitierten auch die Katholiken, man denke an den Bau der Hedwigskirche. Die Gleichheit vor dem Gesetz war innerhalb der vorgegebenen Schranken der verschiedenen Stände durchaus möglich, aber niemals zwischen dem Adel und den Untertanen, auch wenn der königliche Herr auf Schlachtfeldern oder während seiner zahlreichen Inspektionsreisen durch das Land volkstümliche Töne anzuschlagen und sich zur Vaterfigur des »alten Fritzen« zu machen wusste.

Drei Jahre nach dem Tode Friedrich II. brach in Frankreich die Große Revolution aus, deren politische und soziale Konvulsionen ein neues Zeitalter eröffneten. Bald sollte es sich zeigen, dass die »formidable Armee« Preußens den Umwälzungen auch im militärischen Bereich nicht gewachsen war. Alles lief auf die schmähliche Niederlage gegen die Armee Napoleons bei Jena 1806 zu.

Tiefgreifende Reformen waren unumgänglich geworden und kamen in ihrer Gesamtheit dem Beginn einer bürgerlichen Revolution gleich. Die Gutsuntertänigkeit der Bauern wurde aufgehoben; aber die feudalen Lasten blieben vorerst. Neben der Agrarreform war die Heeresreorganisation die bedeutendste Leistung jener Jahre. Das adlige Offiziersmonopol wurde eingeschränkt, die allgemeine Wehrpflicht eingeführt. Bewegend dabei waren Militärreformer wie Scharnhorst, Gneisenau und Blücher gewesen, die man nicht unabhängig von einer allgemeinen

Reformbewegung sehen kann. An der 1810 gegründeten Berliner Universität wirkten immerhin Männer wie Fichte, Humboldt, Schleiermacher und Hegel, End- und Höhepunkt einer Entwicklung der Philosophie, die nach Leibniz mit Kant neu begonnen hatte. Mit der – wie es bisweilen hieß – »deutschen Dialektik« eines Hegel reihte sich Preußen-Deutschland ein in den Kreis der geistig führenden Mächte Europas, also neben Großbritannien als dem Land der industriellen Revolution und der politischen Ökonomie und Frankreich, dessen politische Literatur vorwärtsweisende Impulse gab.

Nach den Befreiungskriegen von 1813 bis 1815 gesellte sich zu den deutschen »Denkern und Dichtern« der berühmte Architekt Friedrich Schinkel. Vor allem durch drei Bauten bereicherte er das städtebauliche Bild im Zentrum Berlins: das Große Schauspielhaus am Gendarmenmarkt, die Neue Wache Unter den Linden, schließlich das Alte Museum, damals einer der schönsten Museumsbauten Europas. Tief beeindruckend, dass sich Schinkel auch in seiner geistig-ethischen Haltung harmonisch einfügte in die idealistische Philosophie seiner preußisch-deutschen Zeitgenossen, auch wenn sich ihre Ausstrahlung in Deutschland nach 1848/49 für lange Zeit reduzierte.

Die nationale Einigung, das Hauptanliegen der 48er Revolution, war als Bewegung von unten misslungen. Doch ungeachtet gravierender demokratischer und liberaler Defizite nahmen ökonomische Wandlungen, insbesondere in Preußen, einen raschen Verlauf, was die nationalstaatliche Einigung von oben historisch notwendig und den Einsatz der Armee dabei wieder einmal unerlässlich machte. In Vorbereitung auf die nationalen Einigungskriege stattete man das Heer in einer nochmaligen Reform den Zeiterfordernissen gemäß aus und nahm dabei in Kauf, dass Kräfte zum Zuge kamen, die die Armee zum Staat im Staate machten. Keineswegs unterstand das Heer der Kontrolle des Parlaments, es war dem König zugeordnet, womit sich für Jahrzehnte Strukturen verfestigten, die Progressives aus der Reformzeit wieder aufhoben und den alten Geist von Befehlen und Gehorchen auf lange Zeit belastend wieder belebten. Das war umso folgenreicher, als dies geistige Klima eben nicht auf die Kasernenhofmentalität der Armee beschränkt blieb, sondern in zunehmendem Maße alle anderen gesellschaftlichen Bereiche durchdrang.

Das politisch-moralische Klima der Armee, durch drei siegreiche Kriege bestärkt, führte mitunter zu unmenschlichen Auswüchsen, die auch ein Otto von Bismarck vernichtend beurteilte: Das 1. Garde-Regiment, so berichtete er, sei das »militärische Mönchtum, der Korpsgeist bis zum Unsinn; diesen Herren müsste man das Heiraten verbieten; ich rate jeder ab, einen aus diesem Regimente zu heiraten, sie wird dienstlich geheiratet, dienstlich unglücklich gemacht, dienstlich in den Tod getrieben…«

Bismarck bleibt – trotz aller royalistischen Feindschaft gegenüber demokratischen Kräften, insbesondere in der Arbeiterbewegung – bemüht, das Preußische im Deutschen aufgehen zu lassen. Und wenn er ständig wiederholte, nun wäre das

Reich saturiert, so störte er damit sehr empfindlich gerade die Anhänger bornierten preußischen Armeedenkens und großkapitalistischen Expansionsverlangens. So kam es, dass sich nach seinem Sturz ungebremst der Einfluss jener Kreise ausbreitete, denen es nach der Reichseinigung weniger um die Reichserhaltung ging als um koloniale Ausweitungen. Nur da nicht zurückbleiben hinter anderen!

So steuerte alles auf den Ersten Weltkrieg zu, der, gefürchtet und bekämpft von den einen, herbeigerüstet von den anderen, schließlich in den Julitagen 1914 von Millionen bejubelt wurde. Das Erwachen kam rasch und schrecklich. Nach vier Kriegsjahren war Berlin am 9. November 1918 reif für die Revolution und die Ausrufung der Republik. Wieder standen in entscheidender Situation Offiziere und Freikorps bereit, um anstehende radikal-demokratische Entwicklungen zu verhindern. Nachdem es ihnen im Januar 1919 gelungen war, konnte sich bereits wieder ein militaristischer Kern entwickeln, der für die sich ausbildende Nazi-Partei Bedeutung gewann.

Die Republik vermochte dem Ansturm der Faschisten nicht standzuhalten, trotz beeindruckender Arbeiterparteien und einer Intellektuellenschicht, die vor Faschismus und erneutem Krieg warnte. Das deutsche Volk war eben nicht in der Lage, aus eigenen Kräften der unheiligen Allianz von Faschismus und preußischem Militarismus ein Ende zu setzen. Das Spektakulum am »Tag von Potsdam« war aufs Welttheater gelangt und zur nationalen Tragödie geworden. Es bedurfte eines letzten Aktes.

Carl von Clausewitz in seiner Zeit*

Carl von Clausewitz war gerade neun Jahre alt, als die Große Französische Revolution ausbrach. Sie musste in Deutschland, da hier die ökonomische, politische und geistige Krisensituation schon sehr ausgeprägt war, einen lebhaften Widerhall finden.

Deutschland war am Ende des 18. Jahrhunderts insofern schon reif für eine sozialökonomische Revolution, als auch dort die feudalen Produktionsverhältnisse für die Anwendung und Entwicklung der modernen Produktivkräfte in Landwirtschaft und Industrie zu eng geworden waren. Die Ausdehnung der Lebensmittelproduktion und ihre Anpassung an die Nachfrage des Marktes – ein Beispiel wird uns das illustrieren – waren schier unmöglich geworden. So bildeten die Gemengelage der Bauerngrundstücke, Flurzwang und alteingefahrenes Produktionssystem, insbesondere die Dreifelderwirtschaft, eine starre Schranke, die den Anbau neuer Kulturpflanzen und eine elastischere Bewirtschaftung erschwerte. Der Bauer wiederum, von den Feudalherren und dem absolutistischen Staat durch Abgaben und Steuern bis aufs Letzte ausgepresst und in Unwissenheit gehalten, war nicht in der Lage, neue Anbaumethoden einzuführen. Auch die fronenden Bauern in der ostelbischen Gutswirtschaft hatten kein Interesse, sich diesen anzupassen. Frei mussten die Bauern werden, damit sie sich die neuen Produktionsmethoden in Wissen und Können aneignen konnten. Wie anders sollten sie den inneren Auftrieb dazu bekommen? Frei mussten sie auch sein, um in größerem Umfang als Käufer von Waren aus kapitalistischen Betrieben oder unter Umständen auch als Verkäufer ihrer eigenen Ware Arbeitskraft auftreten zu können.

Die feudalen Agrarverhältnisse hemmten auch den Fortschritt der kapitalistischen Kräfte in Gewerbe und Industrie, die im Schoße der überkommenen Gesellschaft herangereift waren und eine zukunftsweisende Mission hatten. Sie waren vor allem verhängnisvoll gehemmt durch die nationale Zersplitterung, die verstockt-altväterlichen Zunftbestimmungen und die staatliche Bevormundung des unfruchtbar gewordenen Merkantilsystems.

Freiheit in der agrarischen und gewerblichen Produktion, Freiheit im Handel, Freiheit im theoretischen Denken und politischen Handeln – alle diese bürgerlichen Freiheitsforderungen postulierte die Bourgeoisie als angeblich ewige und unveräußerliche Staatsbürger- und Menschenrechte.

Deutschland war jedoch damals für eine bürgerliche Revolution der breiten Volksmassen unter der Führung der Bourgeoisie politisch keineswegs reif. Gewiss gab es schon 1789 Bauernunruhen am Oberrhein, ein Rumoren des städtischen Kleinbürgertums und plebejischer Schichten am Mittelrhein, in Baden, in Hessen-

---

* Fassung ohne Anmerkungen. Zuerst in: Carl von Clausewitz: Vom Kriege, Berlin 1957.

Kassel. Die Frondienstverweigerungen und Widerstandsaktionen, die in der Meißener Gegend anfänglich noch vereinzelt waren, wuchsen in der zweiten Hälfte des August 1790 zu einer allgemeinen Bewegung zusammen, die ganz Kursachsen zu erfassen drohte. Nur ihre unmittelbaren Ausbeuter vor Augen, hegten die Bauern noch große Illusionen über die Schützerrolle des Kurfürsten – bis dessen Truppenkontingente das Aufstandsgebiet der ganz ungenügend bewaffneten Bauern besetzten. Engherzig und eigentumsfanatisch, sich schon vor den plebejischen Schichten der Städte fürchtend, hat das Besitzbürgertum diese Bauernbewegung, im Ganzen gesehen, im Stich gelassen, da und dort sogar bekämpft.

Die revolutionär aufgewühlteste Gegend war Schlesien. Bauern und Weber, Handwerksgesellen in den Städten, Deutsche und Polen – sie alle, in tiefster Not und Bedrängnis, begannen schon 1792 zu rebellieren. Aber sie erhoben sich zeitlich, örtlich und beruflich noch isoliert voneinander. Im Frühjahr 1793, Ende des gleichen Jahres, dann wieder 1794 im Anschluss an den polnischen Aufstand nahm die Bauernbewegung Umfang und Formen an, als ob sich der Bauernkrieg erneuern wollte. »Die Edelleute sind Schinderknechte... Wenn die Herrschaften werden sein erschlagen, danach wird es besser werden« – hieß es empört in einem Flugblatt. Aber darin stand auch: »Einen König wollen wir haben.« 1794 waren die Bauern in der Kurmark, in der ureigensten Domäne der preußischen Junker, ebenfalls in Bewegung geraten.

In Demonstrationen und Streiks kämpften da und dort Handwerksgesellen und Manufakturarbeiter um ihr tägliches Brot und ihre menschliche Würde. In Hamburg beispielsweise erhoben sich etwa 7 000 bis 8 000 Gesellen wegen der steigenden Preise lebensnotwendiger Waren. Sie brachten viel Energie auf, waren aber nicht frei von zünftlerischer Borniertheit, da sie nur nach anfänglichem Widerstreben mit den unzünftigen Manufakturarbeitern zusammengingen. Auch sahen sie vor allem nur ihre unmittelbaren Ausbeuter, die Meister, weniger die Kaufleute, die seit 1789 durch ihre steigenden Exporte nach Frankreich die Getreidepreise in die Höhe trieben.

Es gab damals in Deutschland keine einzige gesellschaftliche Schicht, die politisch weitblickend gewesen wäre. Auch das handel- und gewerbetreibende Bürgertum hatte nicht erkannt, dass es die damals drängenden Probleme am besten lösen könnte, wenn es die revolutionären Potenzen der Bauernschaft gegen den Feudalismus mit Energie und Umsicht ausnutzte. Das Bürgertum war bestenfalls enthusiastisch bewegt. So feierte der Hamburger Kaufherr Georg Heinrich Sieveking (1751–1799) den ersten Jahrestag der Erstürmung der Bastille, den 14. Juli 1790, in seinem Gartenhaus in Anwesenheit des Dichters Klopstock und von Schriftstellern und Gelehrten unter Trikolorenschmuck und Trinksprüchen.

Dieses Fest war gleichsam Symbol für die Einheit von kapitalistischen Geschäftsherren und bürgerlichen Ideologen. Dichter und Philosophen, Historiker und Publizisten begrüßten mit lebhaftem Interesse, meist voll Bewunderung den Aus-

Carl von Clausewitz

bruch der Französischen Revolution und erkannten in ihr den beispielhaften Aufbruch einer neuen Zeit. »Es war … ein herrlicher Sonnenaufgang. Alle denkenden Wesen haben diese Epoche mitgefeiert. Eine erhabene Rührung hat in jener Zeit geherrscht, ein Enthusiasmus des Geistes hat die Welt durchschauert.« In diesen Worten voller innerem Pathos hat der alte Hegel die Revolutionsbegeisterung seiner Jugendzeit zusammengefasst. Und Hölderlin hat der begeisternden Zukunftshoffnung in jener ersten Zeit der Revolution in hymnischen Versen Ausdruck gegeben:

»Majestätisch, wie die Wandelsterne,
neuerwacht am off'nen Ozean
strahlst Du uns in königlicher Ferne
freies kommendes Jahrhundert an!«

Wie sich in Klopstock die anfängliche Revolutionsbegeisterung der bürgerlichen Ideologen widerspiegelte, so auch deren Feindschaft und Unverständnis gegenüber jener Phase der Revolution, in der die politische Führung dem französischen Großbürgertum entglitt. Nur wenige der deutschen Dichter und Denker brachten für die jakobinische, terroristische Phase der Revolution Verständnis auf. Zu diesen Ausnahmen gehörten auch wieder, unterschiedlich in ihrem revolutionären Feuer und ihrer politischen Tatkraft, Georg Forster, Fichte, Hölderlin und Immanuel Kant.

Erst nachdem am 9. Thermidor 1794 die kleinbürgerliche Diktatur liquidiert und die Herrschaft wieder auf das Großbürgertum übergegangen war, da zeigten Männer wie Klopstock oder Wilhelm von Humboldt erneut Sympathien – wenn auch gedämpfte – für Frankreichs politische Zustände.

Die zahlreichen Bewegungen der Bauern und städtischen Plebejer in den Jahren 1789 bis 1794 blieben isoliert, schlecht organisiert und meist politisch kurzsichtig. Sie konnten ihre Spontaneität nie überwinden und sich nie zu einer gesamtnationalen Bewegung zusammenschließen. Das wiederum führte 1792 zu jener tragischen Isolierung und Verkennung der Mainzer Klubbisten, die die erste demokratische Republik auf deutschem Boden errichteten.

Die politisch-nationale Zerrüttung Deutschlands, das in über dreihundert Staaten und Stätchen von den Großmächten Österreich und Preußen bis hinab zum kleinsten reichsunmittelbaren Marktflecken in lächerlicher Buntscheckigkeit aufgebröselt war, hat keine starke und weitblickende Klasse als Führer der revolutionären Bewegung und keinen alles beherrschenden hauptstädtischen Zentralpunkt, wie Paris in Frankreich, aufkommen lassen. Das Heilige Römische Reich Deutscher Nation war schon längst ein politisches Gebilde ohne innere und äußere Kraft. Immer wieder wurde die Bewegung des Volkes durch provinzielle und ständische Borniertheit gehemmt. So zeigte sich gerade mitten in dieser Zeit revolutionärer Gärung, wie die soziale Frage mit der nationalen Frage in höchst vertrackter Weise miteinander verstrickt war. Die eine konnte nicht ohne die andere der Lösung nähergebracht werden.

Führten der Absolutismus und sein adliger Anhang in diesen Jahren der akuten Krise des Feudalismus mit Erfolg den Klassenkampf nach innen, so erlitten sie im Klassenkampf nach außen, im Interventionskrieg Preußens und Österreichs gegen das revolutionäre Frankreich, der im Frühjahr 1792 begann und sich Anfang 1793 zum ersten Koalitionskrieg unter Führung Englands ausweitete, schließlich doch eine schwere Niederlage.

Im Sonderfrieden von Basel 1795 hat Preußen seine Unfähigkeit in zweifacher Hinsicht besiegelt: Weder hat es einen erfolgreichen Krieg gegen das bürgerliche Frankreich führen noch wirksam beitragen können, Deutschland gegenüber den Annexions- und Hegemoniebestrebungen der französischen Großbourgeoisie zu schützen. Preußen gab gegenüber Frankreich sein prinzipielles, aber vorerst noch geheim gehaltenes Einverständnis zur Annexion des linken Rheinufers.

Die nationale Frage rückte von Jahr zu Jahr mehr in den Vordergrund, ohne ihre dialektische Verbundenheit mit der sozialen Frage zu verlieren. Denn einerseits konnte das deutsche Volk die soziale Frage jener Zeit, nämlich die bürgerliche Umgestaltung der gesellschaftlichen Verhältnisse, nicht lösen, andererseits waren die nach innen und außen aggressiven feudalistischen Kräfte und Mächte nicht imstande, Deutschland vor dem aggressiven großbürgerlichen Frankreich zu schützen. Wir werden später sehen, dass im Laufe der Entwicklung Persönlichkeiten in die Reihen der nationalbürgerlichen Bewegung rückten, die bisher vorbehaltlos die Sache des Absolutismus unterstützten, so vor allem Offiziere und Verwaltungsbeamte.

Unter diesem Aspekt müssen wir die Entwicklung von Carl von Clausewitz betrachten. Die Vorfahren von Clausewitz, der am 1. Juni 1780 in Burg bei Magdeburg geboren wurde, waren Pfarrer, Professoren und Magister. Erst sein Vater war Leutnant im friderizianischen Heer. Dieser usurpierte sich das Adelsprädikat, das ihm aber in seinem Fortkommen nichts nützte. Nach Beendigung des Siebenjährigen Krieges, als Friedrich II. alle bürgerlichen Elemente aus dem Offizierkorps bewusst entfernte, wurde er wegen seines unverbrieften Adels mit zerschossener Hand entlassen und zum Akziseeinnehmer in Burg ernannt. Die Familie Clausewitz führte auf der untersten Stufe der Beamtenhierarchie eine jämmerliche Existenz. Von der Familie her waren nun in Carl von Clausewitz zwei Triebkräfte wirksam: Einmal waren er und seine Familienangehörigen wegen des Zweifelhaften ihres Adelsprädikats dazu gedrängt, den preußischen Geist und das »Kastengefühl« der Offiziere gleichsam zu forcieren, zum andern erhob sich die Familie Clausewitz durch ihre bürgerliche Intellektuellentradition innerlich über die Beschränktheit des ostelbischen Junkertums.

Vor Carl von Clausewitz dienten schon zwei seiner Brüder, Friedrich und Wilhelm, im preußischen Heer. Mit zwölf Jahren trat Carl in ein Potsdamer Regiment ein. Noch drei Jahrzehnte später, gerade in Erinnerung an die Zeit, als sein Vater ihn zum Regiment führte, bekannte er in einem Brief an seine Gattin Marie, dass Potsdam stets »ernste und trübe Töne« in ihm anklingen ließe und dass er sich dort »stets fremd und allein« fühlte. Mit dreizehn Jahren rückte Carl ins Feld und nahm am Rheinfeldzug gegen das revolutionäre Frankreich teil, insbesondere an der Belagerung von Mainz.

Kurz vor dem Baseler Frieden war Carl von Clausewitz in einer Bauernfamilie in der Grafschaft Tecklenburg einquartiert. Hier hatte er einige Monate Zeit und

Muße, zu lesen und nachzudenken. Er las unter anderem Schriften der sogenannten Illuminaten, die er sich aus dem nahen Osnabrück verschaffen konnte. Der Illuminatenorden, von bürgerlichen Professoren und Publizisten gegründet, war damals schon verboten und in seiner ursprünglich bürgerlich-radikalen Grundkonzeption bereits abgeschwächt. Der junge, nachdenkliche, sich seiner intellektuellen Familientraditionen durchaus bewusste Clausewitz machte sich nun mit bürgerlich-oppositionellen Gedankengängen vertraut. Er hatte hier auch Zeit, über seine Kriegserfahrungen nachzudenken, vor allem darüber, dass es im Kriege ganz anders zuging, als er es auf den Potsdamer Exerzierplätzen gelernt hatte. Diese intellektuellen Erlebnisse können wir aus der Entwicklung von Clausewitz nicht hinwegdenken.

Während er in der Garnisionsstadt Neuruppin entfernt vom Geschehen der großen Welt lebte, vollzogen sich politische Ereignisse, die für Deutschland und Europa bedeutungsvoll waren. In dem komplizierten europäischen Kräftespiel war England, das Land einer fortschrittlichen Landwirtschaft und vor allem einer mächtig aufstrebenden Industrie und eines weltweiten Handels, der gefährlichste und hartnäckigste Gegner des neuen großbürgerlichen Frankreichs. Mit diesem neuen Frankreich trat für England ein Konkurrent auf, der ihm die Märkte in Übersee und in Europa zu sperren drohte und zeitweise sogar tatsächlich sperrte. Darum führte England, von einer kurzen Unterbrechung nach dem Frieden von Amiens (1802) abgesehen, zwanzig Jahre lang Krieg gegen Frankreich und finanzierte immer wieder die feudalen Staaten Europas, die im Kriege mit Frankreich lagen.

Während der Kampagnen im ersten Koalitionskrieg, endend 1797 mit dem Frieden von Campo Formio, und erst recht im zweiten (1799–1801), endend mit dem Frieden von Lunéville, rückte der General Napoleon Bonaparte militärisch und politisch immer mehr in den Vordergrund. Durch den Staatsstreich vom 9. November 1799 erhob er sich zum Ersten Konsul, und zwar zuerst auf zehn Jahre, dann 1802 auf Lebensdauer, schließlich kürte er sich 1804, gestützt auf die Armee, selbst zum Kaiser der Franzosen.

Im Frieden vom Campo Formio willigte Österreich, wie Preußen 1795, in die Abtretung des linken Rheinufers ein, wobei ein Kongress in Rastatt Näheres über die Entschädigung der deutschen Fürsten bestimmen sollte. Also auch die Habsburger Monarchie war nicht fähig und willens, die nationalen Interessen Deutschlands wirksam zu verteidigen. Der Frieden von Lunéville enthielt im Wesentlichen die gleichen Bestimmungen wie der von Campo Formio. Um die nationale Demütigung zu vervollständigen, wurde auch noch festgelegt, dass Frankreich im Verein mit Russland bei der Neu- und Umgruppierung der deutschen Länder mitzusprechen, im Grunde genommen zu entscheiden hatte.

Napoleon vertrat bei all seinem Autokratismus, Chauvinismus und Imperialismus den historischen Fortschritt gegenüber den feudalen Mächten und Kräften. Er war antifeudal, zugleich aber antidemokratisch gegen das eigene Volk und imperialistisch gegen die anderen Völker.

Bonaparte 1801 an der Brücke von Arcole (Detail), Louvre

Das napoleonische Frankreich war ein Feind der Volksrechte und der Demokratie, ein Land der kapitalistischen Ausbeutung und des großbourgeoisen Strebens, Europa seinen Profitinteressen dienstbar zu machen. Aber es war frei von allen feudalen Fesseln: Die Bauern waren nicht mehr den Gutsherren unterworfen, nicht mehr zu feudalen Abgaben und Dienstleistungen verpflichtet; die Handwerker nicht mehr durch einengende Bestimmungen bedrückt; die Bourgeoisie konnte dem »Enrichissez-vous!« (Bereichert Euch!) hemmungslos folgen. Das Land war vom Provinzegoismus frei und verfolgte weltgeschichtlich mächtigere Ziele als die deutschen Staaten und Stätchen.

Wie Napoleons Grundhaltung, so war auch seine Wirkung zwiespältig. Er wirkte mehr oder weniger revolutionierend im Sinne bürgerlichen Fortschritts. Damit war jedoch die Einrichtung der imperialistischen Vorherrschaft Frankreichs in Mittel- und Südeuropa untrennbar verbunden.

In Deutschland – um nur ein Beispiel zu nennen – hat der im Wesentlichen von Napoleon inspirierte Reichsdeputationshauptschluss von 1803 die schlimmsten Auswüchse der deutschen Kleinstaaterei beseitigt, in manchen deutschen Territorien den Weg für einige politische Reformen freigelegt, den politischen Kampf der Liberalen und Demokraten erleichtert und den ökonomischen Fortschritt in Gesamtdeutschland begünstigt. Aber mit der Vereinfachung der politischen Landkarte Deutschlands wurde der Partikularismus von der Position der Krähwinkelei auf die des Mittelstaates gehoben. Die Partikularstaaten, die durch Reichsdeputationshauptschluss gekräftigt worden waren, erwiesen sich im 19. Jahrhundert bis zur Reichsgründung von 1870/71 als die zähesten Widersacher der deutschen Einheit. Überdies wurden diese Partikularstaaten im europäischen Kräftespiel zu wirksameren und leichter übersehbaren Instrumenten für die Großmächte, insbesondere für Frankreich und Russland. Sie waren leichter zu handhabende Hebel, wo ausländische Intrigen ansetzen konnten, als die lächerlichen Zwerggebilde von Fürstentümern, Grafschaften, Reichsstädten, Abteilen.

Das historisch Fortschrittliche in Napoleon wirkte sich vor allem militärisch aus, machte ihn allen großen und kleinen Potentaten im feudalen Deutschland überlegen. Er hat alle durch die Revolutionsheere geschaffenen militärischen Errungenschaften zu einem System ausgebildet. Seine Strategie und Taktik, die zu gewaltigen Siegen über die Heere Österreichs und dessen Verbündeten führten, wurzelte in den durch die Französische Revolution entstandenen neuen gesellschaftlichen Verhältnissen. Die feudalen Heere, die aus unfreien, meist mit Hilfe der Gendarmerie herbeigeholten Bauern und aus ausländischen Söldnern bestanden, konnten nur durch barbarischen Drill zusammengehalten werden. Diese Soldaten gingen während der Schlacht in fest geschlossener, kompakter Linie, Mann an Mann, vor, was sie starr und unbeweglich machte.

Eine solche Starrheit war in diesen Heeren notwendig, damit die Soldaten, denen die eigenen Offiziere nicht trauten, fest zusammenblieben. Der einzelne Soldat war nur ein streng überwachtes, dressiertes, blind handelndes Glied einer sich maschinenmäßig bewegenden Heeresformation. Initiative und eigenes Denken wurde von keinem Soldaten erwartet und konnte nicht erwartet werden. Die Soldaten versuchten in der Schlacht – wenn auch meist ohne Erfolg –, nach einem streng geregelten Pelotonfeuer zu schießen, das sie auf den Exerzierplätzen gelernt hatten.

Napoleon oder: Die Revolution ist beendet.

Anders sah es im französischen Heer aus. Es bestand nicht aus unfreien, ins Heer gepressten Leibeigenen und aus Söldnern, sondern aus Bauern, die in der Revolution ihre persönliche Freiheit und Land als freies Eigentum erkämpft hatten. Es bestand aus Handwerkern, die Gewerbefreiheit genossen. Die napoleonischen Heere, weit entfernt von dem revolutionären Patriotismus, Demokratismus und Humanismus der vorangegangenen Periode, obwohl schon erfüllt von Raub- und Eroberungssucht, hatten noch viele Jahre lang etwas von missionarischem Elan in sich. Diese Soldaten brauchten nicht auf Schritt und Tritt unter Aufsicht zu stehen. Auf ihre Kampfbegeisterung und ihren Kampfeswillen konnte eine geschickte Führung vertrauen. Mehr und mehr operierten sie als Einzelschützen in aufgelöster Ordnung und passten sich dem Gelände an. Darin bestand das Wesen der napoleonischen Tirailleurtaktik. Zum Angriff selbst gingen sie in geschlossenen Kolonnen vor, sich gegenseitig anfeuernd, und bildeten so massive, durch inneren Elan vorgetriebene Stoßkeile, denen gegenüber die geistig, moralisch und physisch schier unbeweglichen Formationen der feudalen Heere unterlegen waren. Die neue Taktik bestand also aus einer Verbindung von Tirailleurfeuer und geschlossenen Angriffskolonnen.

Größere Beweglichkeit und zweckmäßigere Gliederung der Truppenverbände – das heißt, die Divisionen setzten sich jetzt aus allen Waffengattungen zusammen – gestatteten es, rasch zu manövrieren, um im entscheidenden Augenblick an der entscheidenden Stelle eine zahlenmäßige Überlegenheit zu erreichen. Die Strategie hatte dabei das Ziel, die feindlichen Streitkräfte zu vernichten. Der Feind sollte nicht mehr, wie in der alten feudalen Strategie, vornehmlich aus irgendwelchen Positionen oder Gebieten hinausgeworfen oder hinausmanövriert, sondern vernichtet werden.

Gegen den napoleonischen Imperialismus, der aber den bürgerlichen Fortschritt repräsentierte, hätte der Kampf von deutscher Seite aus nur unter zwei grundlegenden Bedingungen erfolgreich und gerecht geführt werden können: Er musste politisch und militärisch gleichfalls vom bürgerlichen Fortschritt getragen sein, zum andern auf deutsche Solidarität abzielen, zumindest einen gesamtdeutschen Patriotismus zu wecken versuchen.

Keiner der Fürsten und keine der damaligen Klassen in Deutschland vermochte den Widerstandswillen so zu entwickeln und die hin und wieder auftretenden spontanen Widerstandsaktionen so zusammenzufassen, dass der Kampf gegen das imperialistische Frankreich auf der Höhe der Zeit gestanden hätte.

Um den Erzherzog Karl, den Befehlshaber der Reichsarmee und der österreichischen Streitkräfte, entstand etwas Ähnliches wie eine reichspatriotische Partei, die sich vor allem aus einigen Reichsrittern und Bürgern der Reichsstädte zusammensetzte. Aber gerade dieser reichspatriotischen Partei waren bürgerlich-liberale Reformideen fremd. Ihr »Patriotismus« war nicht demokratisch, sondern auf die Stärkung der alten Reichsverfassung gerichtet. Ihre Pläne und Maßnahmen für einen bäuerlichen Landsturm ähnelten weit mehr der Bewaffnung der Bauern in der konterrevolutionären Vendée als der Bewaffnung und Organisierung der Sansculottenheere. Ihr Reichspatriotismus repräsentierte die Lokalborniertheit der kleinen Reichsstände wie auch den Großmachtegoismus der Habsburger, die ihre Vorherrschaft in Süddeutschland nicht verlieren wollten.

Soweit die Fürsten zu einigen, wenn auch bescheidenen bürgerlichen Reformen geneigt waren, ließen sie sich ausschließlich von dynastischen und nicht von deutschen nationalen Interessen leiten. Gerade diese Fürsten, die ihre Territorialmacht auf Kosten kleinerer Feudalstaaten ausweiten und modernisieren wollten, begannen aus egoistischen Beweggründen immer mehr um die Gunst Napoleons zu buhlen.

Wohin wir blicken, standen die großen und kleinen Fürsten Deutschlands, vielfach uneinig unter sich, in ihrer politischen Zielsetzung voll tiefer Feindschaft und blödestem Unverständnis jedem ehrlichen und großherzigen gesamtdeutschen Patriotismus gegenüber. Darum konnten sie nicht anders, als an der Unversehrtheit und Unabhängigkeit der deutschen Nation und an ihren eigenen Bundesgenossen Verrat zu üben. Dies demonstrierte Preußen 1795 im Frieden von Campo Formio und Lunéville, die mittleren Fürsten in der Vorbereitung des Reichsdeputationshauptschlusses. Halten wir uns demgegenüber vor Augen, mit welcher Energie, Klarheit und Charakterstärke es die Jakobiner vermocht hatten, das französische Volk für den Kampf um die Rettung der Nation und ihrer revolutionären Errungenschaften zusammenzuschweißen und zu entflammen. Die Fürsten Deutschlands erwiesen sich als das entscheidende Bewegungshindernis für das deutsche Volk. Friedrich Engels konnte später mit Recht das lapidare Verdammungsurteil über sie fällen: »Doch ihre größte Schandtat war ihre bloße Existenz.«

Und das deutsche Bürgertum? Ebenso, wie es in den revolutionären Krisenjahren 1789 bis 1794 versagte, hatte es jetzt nicht den Willen und die Kraft, das Volk unabhängig von den Dynasten und erst recht nicht gegen die Dynasten zum Kampf gegen den Eroberer aufzurufen und zu organisieren. Das Enge und Lausige in der Politik der deutschen Fürsten machte das deutsche Bürgertum Napoleon gegenüber unsicher, der immerhin einiges Zukunftsvolles aufzuweisen hatte und eine gewaltige Kraft darstellte. Die liberalen Großbürger wurden ihm – wenigstens für eine ganze Weile – durchaus geneigt.

Die mehr demokratisch gesinnten Bürger verfielen in politische Resignation, denn sie wollten weder den fremden Eroberer und Autokraten noch die alte feudale Welt und das großkapitalistische reaktionäre England verteidigen. So erging es den Cisrhenanen, Michael Venedey und dem jungen Görres, die ihre Hoffnungen auf eine unabhängige rheinische Republik mit dem Machtantritt Napoleons endgültig dahinschwinden sahen.

Warum fanden aber die demokratisch gesinnten Deutschen in ihrem Dilemma, weder für den Eroberer noch für seine feudalen und großkapitalistischen Widersacher eintreten zu können, nicht den Weg zu jakobinischer Selbständigkeit, Rücksichtslosigkeit und Kühnheit? Das politische Ende der deutschen Kleinstaaterei, das Niederdrückende des Fürstenabsolutismus, das Fehlen eines welt- und hauptstädtischen Mittelpunktes – das alles musste ja die politische Energie schwächen, den politischen Geist in Dichtung und Theorie verflüchtigen. »Tatenarm und gedankenvoll!«, wie Friedrich Hölderlin die damaligen deutschen Bürger kurz und dennoch so erschöpfend kennzeichnete!

Auch dürfen wir nie übersehen, dass das deutsche Volk die Französische Revolution, wenn wir von der problematischen Mainzer Episode von 1792/93 absehen, auf deutschem Boden nur in ihrer antidemokratischen Phase gesehen hat, in der Periode der Korruption und des Raubes. Dahin also, so sagten sich viele, auch antifeudal eingestellte Deutsche, hat es der jakobinische Schrecken gebracht. Viele wurden in dem Gedanken bestärkt, das auf dem Wege des Kompromisses mit diesen oder jenen Fürsten zu erreichen, was der Kampf und Terror der französischen Volksmassen und die Kühnheit der Jakobiner erreicht hatten – noch größeren patriotischen Zusammenschluss der Nation, ihre Unabhängigkeit und ihre Befreiung von allen feudalen Fesseln.

So war Deutschland in seiner Gesamtheit Napoleon gegenüber machtlos: die Fürsten, weil sie nicht an Deutschland, sondern nur an ihre dynastischen Hausmachtinteressen dachten; das Großbürgertum, weil es in Napoleon zuweilen eher einen Verbündeten als einen Gegner sah; das demokratische Bürgertum und Kleinbürgertum, weil es – von jeher politisch schwach – an dem damals einzig möglichen Vorbild, an der jakobinischen Phase der Französischen Revolution, irre geworden war. Die Bauern hatten große revolutionäre Potenzen, konnten aber nicht die Führung der Nation übernehmen.

Trotzdem weckten gerade das Zerfahrene der politischen Situation in Deutschland, seine Wehrlosigkeit und staatliche Nichtigkeit Kräfte der Besinnung. Die deutschen Intellektuellen waren aufs Tiefste beunruhigt, und jeder große deutsche Dichter und Denker setzte sich damals auf die eine oder andere Weise mit der nationalen Krise auseinander. Die nationalbürgerlichen Regungen seit dem Frieden von Campo Formio, noch keineswegs aufeinander abgestimmt, jede auf eigene Art, oft noch tastend, sind dennoch unverkennbar und haben die nationale Bewegung wider die Fremdherrschaft nach 1807 vorbereitet.*

Es konnte nicht anders sein, als dass in einer Zeit der nationalen Krise, ausgelöst durch eine Folge schwerwiegender Niederlagen deutscher Heere, auch die Militärs gedrängt wurden, ihre bisherigen Anschauungen von Strategie und Taktik kritisch zu überprüfen. Forderte denn das militärische Geschehen wirklich einen grundsätzlichen Wandel, oder ging es nur um diese oder jene Korrekturen, damit das Kriegsglück wieder auf die Seite der Gegner Frankreichs trete? Und wenn es

---

* Hier folgt ein Abschnitt, der textidentisch mit einem im Schiller-Aufsatz ist. »Es begann eigentlich mit Johann Wolfgang Goethe. … Schließlich sei Hegel erwähnt, der in seiner Schrift über die Verfassung Deutschlands (1801/02) nach einem Ausweg aus dem politischen Elend der Deutschen suchte.« In diesem Band S. 28-30.

einen grundsätzlichen Wandel im Militärischen gab, war er dann sozial und politisch bedingt? Es gab für aufgeschlossene Offiziere der beunruhigenden Fragen genug! Die Siegeszüge der französischen Armee ließen gerade auf deutscher Seite einen Mann auftreten, der das bisherige Kriegsbild in glänzender literarischer Fehde vernichtete. Dies war Heinrich von Berenhorst, Sohn Leopolds von Anhalt-Dessau, des alten Dessauers, und der Tochter eines Schultheißen zu Ellrich am Harz, im Siebenjährigen Krieg Brigadeadjutant in der Suite Friedrich II., wo er manche Kränkungen erfuhr. Es war also ein Mann, der dem Mächtigen so nahestand, dass er das absolutistische Staats- und Militärgetriebe sehr genau kennenlernte, der auf der anderen Seite aber distanziert genug war, um es mit kritischem Scharfsinn überblicken zu können.

Berenhorsts dreibändige *Betrachtungen über die Kriegskunst*, über ihre Fortschritte, ihre Widersprüche und ihre Zuverlässigkeit erschienen 1797 und 1798 und hatten einen weiten Widerhall. Geschrieben von einem lebenserfahrenen Fachmann, waren sie wie eine napoleonische Schlacht auf literarischem Gebiet: gegen die alte Manövrierkunst, die nur noch für den Paradeplatz, aber nicht mehr für das Schlachtfeld taugte; gegen das jetzige stehende Heer, das »einen Stand, abgesondert von allen übrigen Ständen«, bildete; für ein »Heer aus Staatsbürgern«; gegen den Absolutismus.

Berenhorst hatte vielleicht das Zeug eines deutschen Carnot in sich; es fehlten ihm aber deutsche Jakobiner und Sansculotten; es fehlte ihm eine Revolution in Deutschland, das nur krisenhaft beunruhigt, aber nicht entschlossen und einig war; tatenarm und gedankenvoll! Und in der Geschichte der Kriegstheorie konnte er kein Klassiker werden, der uns Erkenntnisse von dauerndem Wert vermittelt, da die wesentlichen Veränderungen im Kriegsgeschehen am Ende des 18. Jahrhunderts immer noch nicht klassisch ausgeprägt waren. Er nimmt jedoch einen ehrenvollen Platz als Zerstörer des Alten und Wegbereiter des Neuen ein; zugespitzt formuliert: ohne Berenhorst kein Scharnhorst, ohne Scharnhorst kein Clausewitz.

Berenhorst war Kriegstheoretiker, aber kein Kriegsverherrlicher. Er sah vielmehr den »Endzweck« seines Werkes darin, beizutragen, damit »endlich die alte verhärtete Geschwulst der Krieges- und Zerstörungsseuche in den Herzen der Großen« erweicht und zerteilt werde. Rechten wir nicht darüber, dass er, wie so viele reiche Geister seiner Zeit glaubte, an das Gewissen und die Vernunft der Herrschenden des Ausbeuterstaates mit Erfolg appellieren zu können. Nicht jede Illusion in einer geschichtlichen Epoche ist ein verräterisches Ausweichen vor dem Kampf der Massen. Es gibt Illusionen, die eine notwendige politische Entwicklungsetappe eines Menschen oder einer Schicht bilden. Zu ihnen gehörten diejenigen eines Berenhorst.

Zu den Militärtheoretikern, die die Erfahrungen der Revolutions- und Koalitionskriege literarisch umzusetzen und zu fixieren versuchten, gehörte Heinrich Dietrich von Bülow. Wie Berenhorst ging auch er in seinen Schriften von den vordergründigsten neuen Erscheinungen aus, der Tirailleurtaktik und dem Enthusiasmus der revolutionierten Massen. Aber im Widerspruch zu dieser kritischen Hellsicht für das Neue im Kriegswesen, baute er ein dogmatisches System formelhafter Leitsätze auf, die deren Kenner und Beherrscher zum unausbleiblichen Sieger im Kriege befähigen sollten. Logisch zu Ende gedacht, führte dieser Glaube an ein »sicheres Rezept« für den Sieg zu der Ansicht, man würde »dem Kriege, als fruchtlos, bald entsagen, da die Heere, in der Taktik gleich geübt und mit gleicher Geschicklichkeit angeführt, einander nichts abgewinnen könnten«.

Die beiden Kriegstheoretiker, insbesondere Berenhorst, hatten also eine Volksrevolution nötig, um praktisch wirksam sein zu können. Da diese aber unter den damaligen gesellschaftlichen und politischen Verhältnissen nicht möglich war, ergibt sich die Frage, ob denn hinsichtlich militärischer Reformen und strategischen Umdenkens Resignation geboten war. Hier setzt die historische Leistung eines Gerhard von Scharnhorst ein. Lange Zeit im Dienste Hannovers, trat er 1801 mit 46 Jahren als Oberstleutnant in die preußische Armee ein. Auch für Scharnhorst waren seine persönlichen Erfahrungen in den Feldzügen von 1793 bis 1795, die er aufseiten der Koalitionsarmeen in Flandern und Holland mitmachte, ausschlaggebend für seinen geistigen Wandel. Dort hatte er den inneren Zusammenhang von Tirailleurtaktik, Enthusiasmus und Wandlung der gesellschaftlichen und politischen Verhältnisse in Frankreich erlebt. Von da ab nimmt »eine ganz andere Art, den Krieg zu führen, als bisher gebräuchlich war, den Anfang«. Dann wirkte Berenhorsts Kritik am stehenden Heer auf ihn. Er nahm den »trotzigen, gelehrten, militärischen Schriftsteller« gegenüber dem adligen Offizierkorps, das Berenhorst als schriftstellernden Rebellen hochmütig-empört abtun wollte, in Schutz, obwohl er nicht in allem mit ihm übereinstimmte.

Scharnhorst war nicht überzeugt, dass das stehende Heer ganz und gar überlebt sei, wenngleich es eine tiefgehende Wandlung durchzumachen habe. Für ihn waren stehendes Heer und Miliz keine starren Gegensätze. Die geschichtlichen Erfahrungen sollten ihm ja auch recht geben. Überdies konnte Scharnhorst unter den damaligen politischen Verhältnissen, erst recht von seiner offiziellen Stellung aus, das stehende Heer gar nicht frontal angreifen. Um das neue militärische Denken und Handeln durchzusetzen, musste er, der umsichtige Denker und Praktiker, eine ganz andere Methode anwenden – die Methode der Infiltration.

Scharnhorst musste mit dem Widerstand der großen Masse der junkerlichen Offiziere rechnen. Eingefuchst auf den alten Kasernenhof- und Paradedrill, auf die festgelegten Manöver und Evolutionen, pochten sie auf ihr sogenanntes angeborenes Führertum. Von früh an lernten sie auf dem elterlichen Gutshof, wie der Junker mit seinen Leibeigenen fertig wurde, so etwa im Geiste des Aufsehers »einer Koppel Jagdhunde, die zu bestimmter Stunde Fressen und Prügel bekommen, ohne dass man sich weiter auf mündliche Erörterung einlässt«. Es war dann nicht schwer, die Technik des Befehlens und Schurigelns vom Gutshof auf den Kasernenhof zu übertragen. Diese junkerlichen Banausen und Gamaschenköpfe waren in ihrer Gefühls- und Denkweise so festgefahren, dass sie gar nicht mehr umlernen und umdenken konnten. Aus dem politischen Instinkt einer bedrohten Klasse lehnten sie alles Neue ab, das allzu sehr jakobinischen Ursprungs schien und überdies Bildung verlangte, die, wenn sie den Aufgaben der Zeit gerecht werden wollte, nun einmal bürgerlich war.

Zwei Aufgaben hatte Scharnhorst zu lösen: Einmal musste er die wichtigsten Lehren aus der alten und neuen Kriegsgeschichte erarbeiten, zum anderen wenigstens einen kleinen Kern junger Offiziere im neuen Geist schulen. Die neue Kriegslehre hatte in erster Linie gegen den Dogmatismus der feudalen, aber auch der antifeudalen Schule zu kämpfen. Bis auf den heutigen Tag hilft gegen Wuchergeschwüre dogmatischer Formeln am besten das historische Tatsachenmaterial, das in theoretisch richtiger Fragestellung allseitig erarbeitet wird. Darum stand für Scharnhorst die Kriegsgeschichte im Vordergrund des Interesses und der Beweisführung. Aber sie durfte nicht mehr gekrönten Häuptern und gefeierten Feldherren dienen. Scharnhorst kritisierte, dass bisher nicht gesagt wurde, »wie die Truppen eingerichtet waren. Sie unterrichtet uns unvollkommen von ihren Positionen und Bewegungen; sie erzählt uns nicht von dem Fehler, den ein oder der andere Befehlshaber machte, nicht von den wahren oder falschen Nachrichten, die die Heeresführer von dem Feinde hatten; sie belehrt uns nicht von der Beschaffenheit des Terrains und sagt uns nicht, inwieweit es der Heerführer kannte; kurz, sie enthält wenig Gegenstände, die uns belehren und die uns in den Stand setzen, unsere Beurteilung in diesem Fache zu bilden.« Außerdem forderte Scharnhorst das, was er den »politischen Teil der Kriegswissenschaft« nannte, das heißt die Untersuchung der gesellschaftlichen und politischen Verhältnisse der Krieg führenden Länder.

Es blieb nicht beim Programm; Scharnhorst schritt auch zur Ausführung. Weniger trat er hier als Schriftsteller denn als Lehrer in der Akademie für junge Offiziere hervor, deren Direktor er bei ihrer Gründung im Jahre 1801 wurde. Hier konnte er die Forschung und die Lehre in einer die bestehenden Vorurteile am wenigsten schockierenden Weise miteinander verbinden und wirksam werden lassen.

1802 ging Scharnhorst einen Schritt weiter und regte die Gründung einer Militärischen Gesellschaft an, mit der Absicht, seine neuen Ideen durch Diskussionen und Publikationen über den engen Kreis der Kriegsakademie hinaus verbreiten zu können. Es sollte keine Gesellschaft Gleichgesinnter sein, geschweige denn eine Vereinigung militärischen Jakobinertums. Sie trat im Gegenteil sehr akademisch und distinguiert auf, und Scharnhorst verstand, die engherzigsten und eitelsten Honoratioren in den Vordergrund zu schieben. Erster Präsident der Gesellschaft war der Generalleutnant von Rüchel, Generalinspekteur sämtlicher militärischer Erziehungsanstalten, der von sich schrieb, dass »niemanden in der Welt unsere Staats- und Militär-Verfassung heiliger ist als gerade mir«.

Neben von Rüchel figurierten noch andere erlauchte Namen und Titel. Gönnerhaft wie selbst die exklusivsten und bösesten Greise zuweilen sind, duldeten sie auch junge Leutnante neben sich. Diesen sah man wohl manche jakobinisch anmutenden Ansichten als jugendliche Extravaganz zuversichtlich nach, die sich unter dem wohltätigen Einfluss einer distinguierten Gesellschaft und der Weisheit des Alters läutern werde. Immerhin traten in dieser Militärischen Gesellschaft junge Offiziere auf, die später die bedeutendsten Parteigänger und Stützen der preußischen Militärreform wurden: Clausewitz, Knesebeck und Valentini, Rühle von Lilienstern – und die etwas älteren Müffling und Boyen. Leicht war es nicht, die Geister zusammenzubringen. Der damalige Leutnant und spätere Militärschriftsteller von Valentini schrieb darüber an den alten Kämpen von Berenhorst: »Die Konstitution der Gesellschaft hat fast so viel Debatten gekostet als die Gründung der französischen Konstitution.«

Scharnhorst hat seine Zöglinge in die Schule des historischen und theoretischen Denkens, aber auch in die der offiziellen Gesellschaft genommen, mit der sie sich in ihrem späteren Leben noch genugsam auseinanderzusetzen hatten. Doch das war keine Schule für Revolutionäre, sondern für Reformer, die keine Revolution von unten vorbereiten und durchführen, sondern eine Revolution von oben schrittweise durchsetzen wollten.

In diesem gesellschaftlichen und geistigen Lebenskreis und in diesen Jahren der nationalen Krise formten sich das theoretische Denken und die politische Grundhaltung des Carl von Clausewitz. Erst an der Berliner Kriegsakademie, in die er im Herbst 1801 voll weltoffener Lernbegierde eintrat, konnte er unter Scharnhorsts kluger Leitung systematisch studieren, mit neuen schöpferischen Ideen bekannt werden und seine allgemeine Bildung erweitern und vertiefen. »Er ist der Vater und der Freund meines Geistes«, so kennzeichnete Clausewitz später sein Verhältnis zu seinem Lehrer in schönen und treffenden Worten. Wenn sich Clausewitz niemals in abstrakter Spekulation verlor, sondern immer von einem reichen historischen Tatsachenmaterial ausging, dann hatte er dies Scharnhorst zu verdanken. Die »große Vorliebe für die Kraft des historischen Beweises in allen Gegenständen seines Bereichs«, womit Clausewitz die Geistesart seines Lehrers und Freundes umriss, hing aufs Engste mit »denjenigen Grundsätzen und Regeln, die das Wesen der neuesten Kriegskunst ausmachen«, und die Scharnhorst »auf dem Lehrstuhle und im Umgange« verbreitete, zusammen.

Neben der historischen darf auch die philosophisch-logische Schulung, die ihm der Kantianer Kiesewetter in diesen Jahren vermittelt hat, nicht unterschätzt werden. Es ist Sache spezieller Untersuchung, ob und inwieweit Züge Kantschen Denkens in den Schriften von Clausewitz vorhanden sind. Eines ist allerdings ohne Weiteres einleuchtend, die Beschäftigung mit der Philosophie hat seinen theoretischen Sinn entwickelt. Wenn die Geschichte Clausewitz vor dogmatischen Spekulationen bewahrt hat, so die Philosophie vor reiner Stoffhuberei.

Nach dem dreijährigen Studium auf der Berliner Kriegsschule wurde Clausewitz durch Vermittlung seines Lehrers Adjutant des Prinzen August. Jene besondere Art von Schule der Welt- und Menschenkenntnis, die ihm und seinen Kameraden in der Militärischen Gesellschaft zuteil geworden war, setzte sich für Clausewitz in den höfischen Kreisen fort. Dort lernte er auch seine spätere Frau, Marie von Brühl, kennen. Sie stammte aus einer international liierten, hocharistokratischen Familie. Ihr Großvater war der sächsisch-polnische Minister und Reichsgraf von Brühl. Ihr Vater war anfänglich auch als Generalleutnant in sächsischen Diensten und hat im Siebenjährigen Krieg auf französischer Seite gestanden. Das bildete weder für ihn noch die anderen ein Hindernis dafür, dass er militärischer Erzieher des preußischen Kronprinzen, des späteren König Friedrich Wilhelm III., wurde. Marie von Brühls Mutter war die Tochter des englischen Botschafters in St. Petersburg. Die Familie besaß zwar ein ausgeprägtes Standesbewusstsein, das auch durch die Mittellosigkeit nach dem Tode des Generalleutnants von Brühl sicherlich nicht gebrochen war, aber kennzeichnend für sie war doch die Weite des internationalen und geistigen Horizonts, im Gegensatz zu jener Enge beim junkerlichen Landadel.

Historisch außerordentliche Schwierigkeiten können nur von außerordentlichen Charakteren gemeistert werden. Es ist deshalb nicht nur vom Biographischen, sondern auch vom Historisch-Politischen her bedeutsam, dass sich beide jungen Menschen in dem Ernst und der Tiefe ihrer Gefühle erhoben über die sogenannte Berliner Gesellschaft. In den höfischen und großbürgerlichen Kreisen herrschten Frivolität oder hysterische Überspanntheit im Verhältnis der Geschlechter zueinander vor. Marie von Brühl hatte auch einen großen Einfluss auf die literarische und damit sittliche und patriotische Bildung Carl von Clausewitz. Sie hat ihm die Welt der deutschen Klassik wohl erst ganz erschlossen. Im Briefwechsel finden wir oft Zitate aus Schillers Dramen, dessen Gedichte seine eigenen stark beeinflusst haben.

Als Adjutant eines Hohenzollernprinzen hatte Clausewitz Zeit, wissenschaftlich zu arbeiten. Tatsächlich nahm er jetzt die ersten literarischen Arbeiten in Angriff, von denen eine anonym veröffentlich wurde: die Auseinandersetzung mit Heinrich Dietrich von Bülow.

Diese Polemik ist das Fazit der ersten Etappe von Clausewitz' wissenschaftlicher Entwicklung und enthält schon die Grundelemente seines geistigen Schaffens: logische Schärfe und historische Beweisführung. In den zusammenfassenden Bemerkungen enthüllte Clausewitz die methodische Struktur des Dogmatismus bei Bülow: »Das Resultat aller dieser Untersuchungen ist: dass der Verfasser einige Elementarbegriffe licht gedacht hat: dass er, voll Vergnügen darüber, nicht weiter fortgeschritten ist; dass er, ohne sich um die Natur des Gegenstandes zu bekümmern (vermutlich ohne sie zu kennen), aus diesen wenigen eingeschränkten Ideen eine systematische Lehre ausgesponnen hat; dass er diese auf der einen Seite, ohne richtige Begriffe von dem Wesen einer Theorie zu haben, für die wissenschaftlich dargestellte Strategie gehalten; dass er auf der anderen sie roh und ohne Kritik auf die Geschichte angewandt hat.« Politisch und wissenschaftsgeschichtlich war diese Auseinandersetzung notwendig, weil der Bülowsche Dogmatismus in eitler Gespreiztheit revolutionär auftrat und großen Einfluss ausübte.

Die Schärfe der Sprache, die Unerbittlichkeit, mit der sich Clausewitz ausschließlich auf die Fehler des Gegners gestürzt hat, die sarkastische Abfertigung der Person, scheinen auch politisch beabsichtigt gewesen zu sein. Denn Bülow hat nicht nur – wie wir wissen, mit gutem Grund – die französische Taktik als neu und vorbildlich, sondern auch die Herrschaft Bonapartes und sein Streben nach einer Universalmonarchie als historisch gerecht angepriesen. Obwohl Clausewitz auf die politische Haltung seines Gegners mit keinem Wort einging, so ist doch nicht von der Hand zu weisen, dass der Kreis um Scharnhorst in dem Dogmatiker Bülow auch den Bonaparte-Anhänger treffen wollte. So lesen wir in einer der aphoristischen Bemerkungen aus dem Jahre 1803 Sätze, die geradezu auf Bülow gezielt haben könnten: »Spott und Verachtung allen, die so mutlos und selbstvergessen sind! Leider lockt mehr als ein Deutscher diesen Bannspruch auf sich, indem er schamvergessen den Wert der ganzen Nation, seiner eigenen Nation leugnet. Verachtungswerter noch als der gemeine Mensch, der sich in dem Anschauen der großen Taten oder im Anschauen der Unendlichkeit verliert, ist der, der die Nation herabsetzt, damit er selbst umso größer dastehe. Er richtet die Nation, er versteht die Großtaten der Nachbarn zu würdigen – darum steht er höher als die übrigen der Nation. Stehe er, wo er sich einbilde zu stehen; er kann nicht beitragen, die Nation zu erheben, zu veredeln, zu verewigen – sie stößt ihn aus als ein unnützes Glied und überlässt es seinem Eigendünkel, ihm zu lohnen, damit er das Lob seiner Vaterlandsgenossen entbehren könne.«

Alle aus jener Zeit von Clausewitz stammenden aphoristischen Bemerkungen beschäftigen sich mit außenpolitischen Fragen: mit den Koalitionen, mit dem politischen Gleichgewichtssystem und mit den Weltherrschaftsplänen des napoleonischen Frankreichs. Es ist bezeichnend genug, dass sie mit dem Jahre 1803 einsetzen, also mit dem Zeitpunkt, da sich Preußen durch die französische Besetzung Hannovers unmittelbarer denn je durch Napoleon bedroht sah.

Der Friedenszustand nach dem Vertrag von Lunéville (1801) hatte sich als trügerisch erwiesen. England, das nach Österreich im Jahre 1802 zu Amiens mit dem napoleonischen Frankreich Frieden geschlossen hatte, geriet schon im Mai 1803 wiederum in Feindseligkeiten mit Frankreich. Mit den alten Mitteln der Subsidienzahlungen verstand es England erneut, sich Verbündete auf dem Festlande zu schaffen und im Jahre 1805 die dritte Koalition zustande zu bringen, das heißt Russland und Österreich wiederum in einen Krieg gegen Napoleon zu ziehen. Auch im dritten Koalitionskrieg führte Österreich den Krieg mit den gleichen Methoden wie in den beiden ersten.

So musste der Krieg von 1805 enden, wie er geendet hat – mit einer schmählichen Niederlage. Mit dem Frieden von Pressburg wurde auch die Schlussetappe der Auflösung des deutschen Reiches eingeleitet. Die süddeutschen Mittelstaaten wurden zusammen mit einer Anzahl anderer deutscher Fürstentümer für souverän erklärt, das heißt unabhängig gegenüber dem deutschen Kaiser, und zum berüchtigten Rheinbund zusammengefasst. Diese Unabhängigkeit vom deutschen Kaiser wurde jedoch durch eine weit ausgeprägtere Abhängigkeit vom französischen Kaiser erkauft. Der Schlusspunkt unter die Auflösung des deutschen Reiches war der Verzicht des Habsburgers Franz II. auf die deutsche Kaiserkrone. Von nun an führte er den Kaisertitel nur noch für sein habsburgisches Erbreich weiter.

Mit dem unrühmlichen Ende des Heiligen Römischen Reiches Deutscher Nation fanden eine seit dem Mittelalter währende Schwächung der kaiserlichen Reichsgewalt, ein jahrhundertelanger ständiger Verrat der deutschen Fürsten an Kaiser und Reich ihre Vollendung.

Noch war aber Deutschland im Sommer 1806 nicht vollständig unter der Herrschaft Napoleons. Die einzige wertvolle Chance, die die preußische Neutralität seit 1795 dem Staate gegeben hatte, nämlich während der Ruhepause grundlegende Reformen durchzuführen, wurde nicht genutzt. Es blieb bei der Befreiung von über 50 000 spannfähigen Domänenbauern von den Frondiensten, bei ihrer Lösung aus dem Erbuntertänigkeitsverhältnis. Zu weitergehenden Reformen konnten sich die herrschenden Kreise, voran der König, nicht entschließen. Die ganze innere und äußere Politik Preußens war ein Fortwirtschaften ohne Perspektive, ein stumpfsinniges Beharren bei alten Gewohnheiten des Regierens und Reglementierens über die Untertanen, ein eigensinniges und egoistisches Pochen auf alte Privilegien, so fragwürdig sie geworden sein mochten. In der Außenpolitik gab es nichts als unsicheres Ausschauhalten, wo etwas zu erraffen war oder wo Gefahren drohten, nicht, um sie zu überwinden, sondern um sich an ihnen vorbeizudrücken. Geboren aus der inneren und äußeren Schwäche Preußens, verstrickte sich seine Diplomatie 1805 und 1806 immer mehr in ein Netz von Dummschlauheit und Doppelzüngigkeit, bis Preußen schließlich moralisch geächtet und politisch isoliert dastand. Kritisch meinte Clausewitz dazu: »Ich halte nicht viel von den kleinlichen Zinken und Giebeln in der Politik. Ich will nicht behaupten, dass die Politik immer eine offene Straße gehen könne, mit unverhehlter Absicht; allein, wie versteckt auch der Plan liege, dem ein Staat mit Gewandtheit nachgeht, immer müssen die Hilfsmittel kräftig und des Staates würdig bleiben, wenn es dabei auf den Ausgang einer wichtigen Sache ankommt.«

Die politischen Bemerkungen, die er in den für Preußen krisenhaft zugespitzten Jahren niederschrieb, sind durchweg von einem einzigen Gedanken getragen: Wie kann Frankreichs Vorherrschaft über Preußen und Deutschland abgewehrt werden? Es handelte sich für Clausewitz um keine rein preußische Angelegenheit mehr. Vergessen wir auch nicht, dass Scharnhorst schon in seiner Person als Hannoveraner die jungen Offiziere seiner Kriegsschule über den rein preußischen Gesichtskreis hinausgeführt hat. Sicherlich hatten diese Offiziere keine auch nur halbwegs klare Konzeption von der deutschen Einheit, aber es ist nicht schwer, einzusehen, dass ihr preußisch-patriotischer Kampf gegen Napoleon in einen deutsch-patriotischen Kampf umschlagen musste. Im Frühjahr 1806 wandte sich Scharnhorst mit einer Denkschrift an den König und verlangte darin die Vermehrung des stehenden Heeres sowie dessen Ergänzung durch eine Nationalmiliz. Sich auf die Kraft des Volkes besinnen und sie durch Reformen des Staates entfesseln – das war ein richtiger Ausgangspunkt, um die Bündnisfrage zu lösen. Der erste Verbündete wäre dann das Volk in den außerpreußischen Staaten Deutschlands gewesen. So war die fortschrittlich gesinnte Widerstandspartei, die sich in Preußen vornehmlich um Scharnhorst konzentrierte, der inneren Konsequenz ihres Denkens und Tuns nach notwendigerweise gesamtdeutsch orientiert.

Zu den Männern, die im Frühjahr 1806 mit ersten Reformforderungen hervortraten, gehörte auch der Reichsfreiherr Friedrich Karl vom und zum Stein. Er schlug vor, die obersten Staatsbehörden völlig zu reorganisieren. Noch wurden die Reformer nicht gehört, und noch musste die militärische Katastrophe vom Herbst 1806 folgen. Vorerst mussten sich die Männer, die im Geiste Scharnhorsts dachten und handelten, gerade in dieser Katastrophe bewähren und ruhmvoll auszeichnen, als der allgemeine Verfall offen zutage trat, als Kopflosigkeit und Feigheit in der preußisch-friderizianischen Armee herrschten. Erst dann sollten sie jenes moralische Gewicht bekommen, um den Kampf gegen die Vertreter der Reaktion erfolgreich aufnehmen zu können.

Das feudale und absolutistische Preußen lavierte zwischen allen Seiten, unentschlossen und innerlich zerrissen, nie sicher, ob nicht ein anderer als der eben eingeschlagene Weg vielleicht doch der bessere sei. So machten sich stets die verschiedenartigsten, einander widersprechenden Einflüsse im Regierungsapparat, im Heer, beim Monarchen mit aller Offenheit geltend. Jede Geschlossenheit, jede Konsequenz, jegliche innere Sicherheit fehlten. Hatte sich die preußische Monarchie zum Bündnis mit Napoleon zwingen lassen, dann machte sie sich bald daran, nach seinem Feinde, dem russischen Zaren, Ausschau zu halten; hatte sie sich zur Mobilisierung gegen Napoleon entschlossen, so waren die herrschenden Cliquen sofort von dem inneren Zweifel erfasst, ob man am Ende nicht doch mit Napoleon auskommen solle – und das währte mitten im Aufmarsch, sogar noch mitten im Kampfe.

Im Hohenzollern-Absolutismus und nicht in der persönlichen Schwäche des Monarchen wurzelte die schwächliche, antinationale Politik Friedrich Wilhelms III. (1797–1840). Wie so oft bei Vertretern einer niedergehenden Klasse, hatte der König sogar einen gewissen politischen Scharfsinn im Einzelnen, bei gänzlichem Mangel eines historischen Weitblicks.

Für diesen von einem dumpfen, gleichsam ererbten Machttrieb geleiteten Menschen schien es bequemer und vorteilhafter, die (so paradox dies klingt) mühselige Politik des Lavierens und der verlogenen Doppelgleisigkeit, die nichts als Schwäche verriet, zu verfolgen, statt den Weg der Reformen und einer geradlinigen Politik der Verteidigung der Interessen der Nation zu beschreiten. Seine Kriegserklärung gegen Napoleon war mehr eine Verlegenheitslösung in einer schwierigen innen- und außenpolitischen Situation; aus seiner innen- und außenpolitischen Schwäche demonstrierte er Stärke. So waren in der Organisation der Rüstung, im Aufmarsch des Heeres und in der strategischen Konzeption heillose Verwirrung und Zerfahrenheit unvermeidlich.

Die militärische Niederlage und der staatliche Zusammenbruch Preußens im Herbst 1806 und Sommer 1807 waren ohne Beispiel in der preußischen Geschichte. Durch den Frieden von Tilsit verlor Preußen die Gebiete links der Elbe und wurde dadurch noch stärker als früher Agrarstaat. Es war finanziell ausgeplündert und einer unwürdigen Einmischung Napoleons in die wichtigsten staatlichen Angelegenheiten ausgesetzt.

Tilsit ist das Stichwort für einen bedeutungsvollen Wendepunkt in der deutschen Geschichte: Es heißt Vollendung der direkten und indirekten Unterwerfung Deutschlands unter Napoleons Willen. Zugleich aber setzten die bürgerlichen Reformen ein, und die vereinzelten nationalbürgerlichen Regungen schlugen allmählich in eine nationale Widerstandsbewegung um. Friedrich Engels kennzeichnete die Jahre 1808 bis 1813 als den Beginn der bürgerlichen Revolution in Deutschland, die 1848 fortgesetzt, aber auch da noch nicht vollendet wurde.

Die bürgerliche Revolution, die in jenen Jahren begonnen wurde, bezog sich auf die Agrarverhältnisse, die Städteverwaltung, die staatliche Zentralverwaltung und auf die Armee. Die Gutsuntertänigkeit der Bauern wurde aufgehoben, und alle Rittergüter konnten von nun an auch an Nichtadlige ganz oder teilweise verkauft werden. Aber die feudalen Lasten der Bauern, wie Hand- und Spanndienste, Gefälle und Zinszahlungen, wurden immer noch nicht beseitigt; ihre Ablösung, nicht entschädigungslose Aufhebung, wie in der Französischen Revolution, zog sich zum Schaden der Bauern bis über die Mitte des Jahrhunderts hin.

In der Städteverwaltung wurde die bisherige Herrschaft des Steuereinnehmers und Garnisionschefs gebrochen und durch die Stadtverordnetenversammlung ersetzt, in der die Hausbesitzer und der bürgerliche Mittelstand starken Einfluss hatten. Darüber hinaus wurden die obersten und mittleren Staatsbehörden klarer gegliedert und erhielten eine größere Verantwortlichkeit. Die Justiz und Verwaltung wurden voneinander getrennt.

Neben der Agrarreform war die Heeresreorganisation die bedeutendste Leistung dieser Jahre. Den Militärreformern gelang es, eine Militär-Reorganisationskommission einzusetzen. Diese förderte auch die Säuberung des Offizierkorps von Feiglingen, Verrätern und unfähigen Offizieren. Von den 143 Generälen, die 1806 im Dienst waren, gab es 1812 nur noch 8. Das Offiziersmonopol des Adels wurde eingeschränkt, da Beförderungen nur bei entsprechenden Leistungen möglich sein sollten. Alle Männer im ganzen Staat waren verpflichtet, ihr Vaterland zu verteidigen. Der Grundsatz der allgemeinen Wehrpflicht war damals demokratisch, denn diese war untrennbar mit den gesellschaftlichen und politischen Reformen verbunden und stärkte den Geist des Opferwillens im Kampf gegen die Fremdherrschaft. Die Einführung der allgemeinen Wehrpflicht traf sowohl auf den Widerstand des Adels, der seinen Einfluss im königlichen Militärkabinett geltend machte, als auch verständlicherweise auf den Napoleons. Nach dem Septembervertrag von 1808 wurde das preußische Heer auf 42 000 Mann beschränkt und die Aufstellung einer Miliz verboten. Die Beschränkungen wurden jedoch durch das System kurzfristiger Ausbildung und rasch aufeinanderfolgender Rekrutenaushebungen, das sogenannte Krümpersystem, umgangen.

Die Reformen der Jahre 1807 bis 1813 bildeten nicht nur den Beginn der bürgerlichen Revolution, sondern auch ein Musterbeispiel einer bürgerlichen Revolution von oben. Diese ist immer dann unumgänglich, wenn die für den Fortbestand einer menschlichen Gemeinschaft notwendigen gesellschaftlichen und politischen Veränderungen von keiner der vorhandenen Klassen in einer Revolution von unten durchgesetzt werden können. Die preußischen Reformer haben das historische Verdienst, anstelle der Bourgeoisie mit dem nationalen Widerstand auch die bürgerliche Revolution gegen unzählige Widrigkeiten und Widerstände eingeleitet zu haben. Ihre ideologische Begrenzung lag in ihrem Bestreben, auf Kosten einer raschen und ungehemmten bürgerlicher Entwicklung Adel und Bürgertum miteinander zu versöhnen und die hohenzollernsche Monarchie zu erhalten. Das subjektive Unvermögen ihres Denkens und Wollens wurzelte in den objektiven Umständen der gesellschaftlichen und politischen Verhältnisse und ihrer beruflichen Stellung.

Dabei wollten die Reformer subjektiv sicherlich weitergehen, als es ihnen möglich war. Warum waren überhaupt die Militärreformer in der Lage, dem herrschenden Geist in der preußischen Armee zu trotzen, in der großen Bewährungsprobe von 1806/07, die so wenige Offiziere bestanden hatten, Beispiele von Heroismus zu geben, im Frieden ein bürgerlich-liberales und nationales Reformwerk einzuleiten und 1813 den Kern der vorwärtsdrängenden Kräfte zu bilden? (Die Frage nach dem großen Verwaltungsreformer und Patrioten Freiherrn vom und zum Stein wollen wir hier nicht stellen.) Allen ist eines gemeinsam: Ihrer Herkunft, ihrem Lebens- und Bildungsweg nach haben sie mit dem eigentlichen Landjunkertum Ostelbiens, diesem Inbegriff des reaktionären Preußentums, nur lockere Verbindung.

Beginnen wir mit dem Haupt der fortschrittlichen Militärpartei. Als Sohn eines ehemaligen Quartiermeisters und derzeitigen Großbauern im Jahre 1755 in der Nähe von Hannover geboren, hegte Scharnhorst schon früh den Wunsch, Berufsoffizier zu werden. Erst nachdem sein Vater durch einen erfolgreichen langjährigen Erbrechtshändel Besitzer eines staatlichen Gutes geworden war und damit Sitz und Stimme in der Kalenbergischen Landschaft, also in einer ständischen Vertretung, erhalten hatte, konnte der junge Scharnhorst ernsthaft an die Offizierslaufbahn denken. Inzwischen hatte sich sein Wunsch insofern verändert, als er zur

Ingenieurkunst und zum Artilleriewesen übergehen wollte – zu einem Zweig des Militärwesens, der nahezu bürgerliches Reservat war, von dem die Junker nicht allzu viel wissen wollten. Kennzeichnend für Scharnhorsts Lebensgefühl war es, dass er stets zu der in bürgerlichen Verhältnissen lebenden Verwandtschaft hielt und im Jahre 1785 die Schwester eines jungen hannoverschen Gelehrten heiratete. Revolutionär war dieses Milieu gewiss nicht, aber dennoch von der bürgerlichen Aufklärung beeinflusst. Nicht zuletzt sei erwähnt, dass Scharnhorst in der Kriegsschule des Grafen Wilhelm von Schaumburg-Lippe herangebildet wurde, der im bürgerlichen England aufgewachsen und vom Geist der Aufklärung durchdrungen war. Es ist heute unzweifelhaft nachweisbar, dass die in der zweiten Hälfte des 18. Jahrhunderts aufblühende deutsche Literatur einen großen Einfluss auf Scharnhorst ausübte. Er las eifrig die Schriften Goethes – der übrigens mit Scharnhorsts Schwager in Halle verkehrte –, die Werke von Klopstock, des Matthias Claudius, des zur Festungshaft verurteilten württembergischen Dichters Schubart, die Schriften Lessings und Kants.

Der Lebensweg Neidhardt von Gneisenaus war turbulenter. Erst nach der heroischen Verteidigung Kolbergs, die er, gestützt auf die patriotische Bürgerbewegung, erfolgreich geleitet hatte, trat er im Kreis der Reformer hervor. Er wurde 1760 als Sohn eines Artillerieoberleutnants und der Tochter eines Artillerieoberstleutnants, Ingenieurs und Baumeisters mitten im Kriegstrubel geboren. Gneisenau verlor seine Mutter sehr früh, sein Vater führte ein sehr unstetes Leben, sodass Gneisenau zuerst in ärmlichen Verhältnissen von Pflegeeltern, dann von den Großeltern mütterlicherseits in Würzburg erzogen wurde. Es war nicht das Milieu des satten Junkertums, sondern das von wissenschaftlich interessierten und geschulten Offizieren, in dem er aufwuchs. Geistig wurde er auch von solchen väterlichen Freunden angeregt, wie von dem Würzburger »Professor der schönen Wissenschaften« Johann Justus Herwig oder von dem aufgeschlossenen und keineswegs bigotten Domherrn Oberthür, der später engen geistigen und persönlichen Kontakt mit dem Goethekreis in Weimar hatte und 1818 Ehrenbürger dieser Stadt wurde. Wie das im 18. Jahrhundert bei den stehenden Heeren der absolutistischen Fürstenstaaten nicht selten vorkam, wechselte Gneisenau einige Male seine Kriegsherren. Im Dienste des letzten Markgrafen von Ansbach und Bayreuth wurde er 1782 noch kurz vor Friedensschluss nach Nordamerika geschickt, um dort gegen die Befreiungsbewegung zu kämpfen. Dennoch bekam er Einblick genug in die Kampfesweise der sich vom englischen Joch befreienden Nordamerikaner: Sie kämpften, wie später die französische Revolutionsarmee, als ausgeschwärmte Einzelschützen, als Triailleure. Der Drang nach größeren Aufgaben wies ihm den Weg nach Preußen, wo er 1786 als Premierleutnant in den Armeedienst trat. Jedoch zwei Jahrzehnte lang musste er langweiligen Dienst in Provinzgarnisonen tun. Von 1803 ab bewirtschaftete er das Gut seiner Frau. Bei geselligen Veranstaltungen trat er als Dichter und Regisseur auf. Auch seine Gedichte waren in Inhalt und Form stark von Schiller beeinflusst. Erst Ende 1806 wurde Gneisenau zum Major befördert, und zur gleichen Zeit begann seine historisch bedeutsame Tätigkeit.

Der älteste und populärste unter den preußisch-deutschen Patrioten war Leberecht von Blücher. 1742 als jüngstes von neun Kindern eines pensionierten hessischen Rittmeisters in Rostock geboren, wuchs Blücher in ärmlichen Verhältnissen auf. Unter solchen Umständen – besonders in der Hansestadt Rostock, wo der Adel niemals vorherrschte – konnte sich schwerlich ein besonderer Standesdünkel entwickeln. Blüchers Mutter, obwohl nicht zu den Damen der gebildeten Gesellschaft gehörend, machte ihre Kinder nicht nur mit *Bibel* und Gesangbuch bekannt, sondern auch mit Klopstocks Dichtung. Blücher hat Klopstock, den Dichter des deutschen Patriotismus und bürgerlichen Frühliberalismus, nicht nur literarisch, sondern auch persönlich kennengelernt; er nannte ihn seinen Freund. Sonst wuchs Blücher sozusagen wie ein Wildling auf, ohne rechte Ausbildung. Bedenkliche Bildungslücken hatte er ohne Zweifel, und bis an sein Lebensende stand er mit deutscher Orthographie und Grammatik auf gar schlimmem Kriegsfuß. Nachdem Blücher 1773 von Friedrich II. aus dem Heeresdienst gejagt worden war, bewirtschaftete er vierzehn Jahre lang erst das Gut seines Schwiegervaters, später das von ihm erworbene Rittergut Groß-Radow in Pommern. Blücher war Junker in dem Sinne, dass er mit der seiner Klasse eigenen Habgier bedacht war. Doch sein Temperament und sein Lebensgefühl hielten ihn nicht allzu lange auf seinen Gütern. Diese Welt war ihm zu eng. Nach dem Tode Friedrich II. ging er wieder in die Armee zurück. Von großer Bedeutung für die ideologische Entwicklung Blüchers war sein Eintritt in den Freimaurerbund im Jahre 1782; in ihm hatten zahlreiche Offiziere und Beamte engsten Kontakt mit Angehörigen der bürgerlichen Klasse, meist mit patrizisch-kaufmännischen Kreisen. Damals war der Freimaurerbund von humanistischen Idealen und vom Oppositionsgeist gegen die Intoleranz der feudalen Kirche und des Staates erfüllt; er war die ideologische Pflanzschule für den bürgerlichen Frühliberalismus. In Münster, wo Blücher um die Jahrhundertwende Garnisionschef war, verkehrte er mit den Professoren der Universität und soll ihre Vorlesungen besucht haben. Blücher war insofern die reichste Natur von all den Großen des deutschen Freiheitskampfes, als er im Interesse der Sache mit Menschen aller Klassen und Lebenskreise umzugehen verstand. Wie kein anderer fand er herzlichen Zugang zum einfachen Volk. Das heißt, er war sozusagen Meister des kleinen Alltags in allen Lebenssphären, sei dies auf diplomatischem Parkett oder auf den Morastwegen des Kriegsschauplatzes, in gesellschaftlichen Salons oder auf Kasernenhöfen, im Verkehr mit Professoren oder mit Bauernjungen im Soldatenrock. Gewiss war er nicht frei von Entgleisungen im Verkehr mit seinen Dienstleuten und Bauern während seiner eigentlichen Junkerzeit, er ließ sich jedoch mehr und mehr, ohne in unverbindliches Bildungsgeschwätz zu verfallen, von humanistischen Idealen leiten; mehr und mehr bildeten die deutsch-patriotischen Ziele den zentralen Impuls seines Handelns.

Auch im Lebens- und Bildungsgang der übrigen preußischen Reformer und deutschen Patrioten war wie bei Clausewitz gleichfalls wenig Preußisch-Junkerliches. Aus fremder Ferne schrieb Clausewitz am 15. September 1807 an seine Braut, er würde sich gerne auf das Land zurückziehen, dem Studium der Geschichte und Kriegskunst leben und den Augenblick ruhiger abwarten, wo es Zeit wäre, in den Dienst zurückzukehren. »Aber«, so fügte er hinzu, »daran ist nicht zu denken; denn ich habe kein anderes Besitztum als was ich an der Seite tragen, den Degen.«

Wie bei allen Angehörigen dieses Patriotenkreises, so bedeutete auch für Clausewitz das Jahr 1806/07 einen Wendepunkt in seiner persönlichen und beruflichen Entwicklung. Das Verantwortungsbewusstsein für die preußische und deutsche Sache hatte sich freudvoll und leidvoll gesteigert. Und wer wollte es leugnen, dass ihre innere Belastung angesichts der widrigen Umstände, unter denen sie alle wirken mussten, immer stärker wurde? Die Kriegserlebnisse im Herbst 1806 und die relativ lange Gefangenschaft an der Seite seines Vorgesetzten, des Prinzen August, der sich in seinen Augen wenig würdevoll benahm, steigerten in Clausewitz das Nationalgefühl bis zum höchsten Grade. »… kein Mensch in der Welt hat mehr das Bedürfnis der Nationalehre und -würde als ich«, schrieb er am 1. September 1807 an seine Braut in empfindlichstem Selbstgefühl.

An seine Gefangenschaft, die am 1. August 1807 offiziell endete, schloss sich ein erzwungener Aufenthalt am Genfer See an. Dort lernte er in Coppet bei Frau von Stäel, einer bekannten Gegnerin Napoleons, August Wilhelm von Schlegel kennen, der eines der Häupter des deutsch-patriotishen Romantikerkreises und berühmter Shakespeare-Übersetzer war. Schlegel sei, so schrieb er am 15. September 1807 wieder an seine Braut, »ein wackerer, gutmütiger, patriotischer Deutscher, der einen wohl konditionierten Hass gegen die Franzosen hat und überhaupt so echt das deutsche Gepräge trägt, dass es einem Menschen wie mir unmöglich ist, ihn nicht zu lieben. Er hat mir viele hübsche Sachen von sich gezeigt und mir besonders dadurch Vergnügen gemacht, dass er mich mit der deutschen Poesie aus dem neunten und den späteren Jahrhunderten des Mittelalters bekannt gemacht hat. Er ist mein einziger Trost; denn aller Verstand der hiesigen Sozietät kann auch nicht die kleinste Entschädigung für den Kummer und die Sorgen sein, die jetzt auf jedem gefühlvollen Deutschen lasten.«

Zeugt diese patriotische Verbundenheit mit August Wilhelm Schlegel von einer Annäherung von Clausewitz an die Romantik als die neue Geistes- und Literaturströmung? Wird eine solche Auffassung nicht auch durch den Kontakt unseres Patrioten mit dem Arnimschen Kreise, der christlich-deutschen Tischgesellschaft, unterstützt? Diese auf oberflächlichem Schein beruhende Vermutung kann jedoch sehr rasch zerstreut werden. Alle Militärreformer waren Kinder der Aufklärung und der Klassik; keiner kann für die Romantik in Anspruch genommen werden. Sehen wir uns die zitierte Briefstelle näher an, dann bleibt als Substrat die menschliche und politische Sympathie für einen deutschen Patrioten. Clausewitz hat das literarische Schaffen und praktische Wirkung der Romantiker bejaht, soweit es volkstümlich und patriotisch, also eine lebenskräftige Antwort auf die nationale Krise war. Verneint hat er jedoch den negativen Grundzug der Romantiker, ihren Irrationalismus und Subjektivismus.

Wir vernehmen in einer vermutlich 1807 niedergeschriebenen Betrachtung ein Bekenntnis zur menschlichen Vernunft und eine Absage an die reine, unkontrollierte Einbildungskraft, das Idol der Romantiker: »Ich erkenne nichts rein geistiger als den Gedanken; alle Bilder, selbst alle Gefühle ohne Ausnahmen, sind eine Mischung der geistigen und sinnlichen Natur. Dies ist ganz gegen den Geist der neuesten Sekten; aber ich bin überzeugt, dass sie nicht lange leben und wirken werden, und scheue mich deswegen gar nicht, meine Meinung auszusprechen. Dieser Mystizismus, dessen sie sich rühmen, ist zu flach, zu sehr gekünstelt, um zu einem langen Irrtum zu führen. Sie wollen alles menschliche Erkennen dunkeln Bildern der Phantasie, unbestimmten Gefühlen unterordnen, weil es ihnen an gesunder Geisteskraft fehlt und sie doch neu sein wollen.« Es fehlt ihnen an gesunder Geisteskraft – das klingt fast wörtlich an das an, was Goethe und Johann Heinrich Voss, der Homer-Übersetzer, über die Romantik gesagt haben: Das Klassische sei das Gesunde, das Romantische das Kranke. Goethe verspottete auch »das klosterbruderisierende, sternbalderisierende Unwesen« und die »Phrasen der neukatholischen Sentimentalität« der Romantiker. Und Voss wetterte gegen die neue Richtung, die »dem Klassischen das wild Romantische, dem Antiken das Moderne, ja wenn sie noch schamloser sich aussprachen, dem Irdischen Ihr Geistiges, dem Heidnischen Ihr Christkatholisches vorgezogen« haben.

Clausewitz war sich auch bewusst, dass die Weltgeschichte »nach uns unbekannten Gesetzen« ablaufe, dass die gesellschaftlichen Verhältnisse »das Prinzip ihrer eigenen Zerstörung in sich« tragen, dass weltgeschichtliche Erfolge »nicht das Produkt von bloßen Zufälligkeiten« seien. Es zeugt von der intellektuellen Ehrlichkeit, wenn Clausewitz bekennt, dass ihm die geschichtlichen Gesetze noch unbekannt seien; aber er hat nach ihnen gefragt wie die großen Denker seiner Zeit. An das Gedankengut des klassischen deutschen Idealismus, zu dem Clausewitz seiner Grundposition nach gehörte, konnten Marx und Engels später anknüpfen; sie konnten das, was dort geschaffen worden war, vom Kopf auf die Füße stellen und die besten Elemente durch kritische Verarbeitung in den dialektischen und historischen Materialismus eingehen lassen.

Es ist nicht übertrieben, sondern liegt in der Natur der Sache, wenn wir sagen: Hätte Clausewitz unter dem Einfluss der Romantik das Vertrauen in die Erkenntniskraft der menschlichen Vernunft, in dieses großartige geistige Erbe, das die Aufklärung und Klassik trotz mancher dogmatischer, metaphysischer und idealistischer Züge hinterlassen hat, verloren, dann wäre *Vom Kriege*, diese Zierde der wissenschaftlichen Weltliteratur, nicht entstanden. Wir können aus diesem Werk bis auf den heutigen Tag Anregungen und Erkenntnisse schöpfen, weil es sich, aller romantischen Gefühlsschwärmerei und allem Mystizismus abhold, durch Schärfe der Begriffsbildung und Eindringlichkeit der historischen Fakten, durch eine große Kraft der Analyse und Synthese auszeichnet.

Wie wenig jedoch Clausewitz die Phantasie vernachlässigen und sie – wie die Romantiker – in feindlichen Gegensatz zum theoretischen Denken (zur Meditation, wie er sagte) bringen wollte, zeigten seine kritischen Bemerkungen zur Erziehungsmethode und zum Erziehungsinstitut Pestalozzis. Er gab zu, dass dessen Methode »logische Fertigkeit gibt, die Abstraktionskraft, den Scharfsinn, das Erfindungsvermögen, also summa summarum die Kraft der Meditation entwickelt«. Wenn bei Pestalozzi die Phantasie vernachlässigt oder gar erstickt würde, dann wäre daran nicht seine Unterrichtsmethode schuld, sondern das Institut, das »durch zu viele gebundene Beschäftigung der Kinder« sündige. »Newton und Kepler hatten vielleicht keine Kunstphantasie; dann lag aber die Ursache nicht in der gewonnenen Stärke ihrer Denkkraft, sondern in ihren anhaltenden Beschäftigungen. Wer könnte Rousseau oder Friedrich Schiller einen hohen Grad von Meditationskraft absprechen? Dem Kinde solche Beschäftigungen geben wollen, die seine Phantasie beleben, kommt mir sehr schulmeistermäßig vor; die Phantasie ist kein Stier, der sich in den Pflug spannen lässt, zumal bei einem Kinde; sie verlangt Müßiggang, oder mit einem edleren Ausdruck, Muße.«

Der produktiven Kraft sind also Vernunft wie auch Gefühl, die in steter Wechselwirkung stehen, nicht fremd, wobei die erstere das zweite lenken muss, nicht umgekehrt. Vernunftstolz bedeutet nicht notwendig Gefühlskälte. Clausewitz hat sich auch dazu bekannt und erklärt: »Dass ich in meinem Leben kein kalter Vernünftler sein werde, das sollen meine Freunde in der Innigkeit meiner Liebe, mein Vaterland in der unerschütterlichen, treuen Anhänglichkeit und seine Feinde in der leidenschaftlichen Rache und Feindschaft, die ich schwöre und halte, erkennen; darum trage ich aber auch keine Scheu, mich gegen jene unmännliche Mystik aufzulehnen, die den Menschen überall an ein dunkles Ufer fährt, wo es ebenso gut wäre, nicht anzulanden, und wo er wie ein ohnmächtiges Kind dasteht.«

Aus unmittelbarem, elementarem Gefühl heraus lehnte sich Clausewitz in diesen Jahren gegen die Unterjochung Deutschlands auf. Und das war gut so! Denn die nationale Frage war durch die geschichtliche Entwicklung in den Vordergrund gerückt. Sie konnte allerdings nicht von der letzten Endes alles bestimmenden sozialen Frage im Sinne des bürgerlichen Fortschritts getrennt werden, genauso wenig, wie heute die nationale Frage von der sozialen Frage im Sinne der sozialistischen Perspektive getrennt werden kann.

Wie widerspiegelt sich nun Clausewitz' leidenschaftliches Nationalgefühl in seinem Denken, und wie hat er es politisch fruchtbar gemacht? Betrachten wir zunächst die Studie *Die Deutschen und die Franzosen* und die Reisenotizen, die aus der Zeit der französischen Gefangenschaft stammen. Eines fällt von vornherein auf: Hier spricht in keiner Zeile der Preuße, sondern der Deutsche Clausewitz; es geht ihm um Deutschland, nicht um Preußen. Der nationalistischen Einseitigkeiten und Verzerrungen gibt es in seinen Aufzeichnungen genug, aber unausgesprochen liegt die Erkenntnis zugrunde, dass die Zeiten der Kabinettskriege vorbei sind und jetzt ganze Nationen in die Kriege verwickelt werden.

Clausewitz quält die Frage, wie die Deutschen zu einer geschlossenen Kraft werden, wie sie von »Nationalcharakter und Nationalität« zum »Nationalsinn« kommen können. Er will dazu beitragen, das deutsche Nationalbewusstsein zu formen, und vergleicht darum beide Nationen. Wer sich aber mit dem Vergleich des Nationalcharakters dieses und jenes Volkes ausschließlich beschäftigt, gerät sehr leicht auf das schier bodenlose Gebiet des subjektiven Meinens. Indem Clausewitz bei der Betrachtung der Sprache, der Geistesart, der Kultur und Sitte im Psychologischen und Moralischen bleibt, glaubt er, in die Tiefe zu gehen, bleibt aber tatsächlich im Oberflächlichen und Unbestimmten haften.

In seinem Bemühen, einmal das Selbstbewusstsein der Deutschen zu steigern, zum andern ihre Schwächen bloßzulegen, gerät er in merkwürdige Widersprüche: Auf der einen Seite verzerrt er das Bild der Franzosen zugunsten der Deutschen; auf der andern Seite wünscht er den Deutschen, sie hätten im Interesse ihrer politischen Durchschlagskraft manche der von ihm als oberflächlich bezeichneten Eigenschaften der Franzosen. »Je mehr bei der Tendenz zum abstrakten Denken die Meinungen sich durchkreuzen und je weiter sie sich in das Reich des Denkens durchkreuzend verlieren, umso größer muss die Verschiedenheit unter den Individuen werden, umso weniger kann jene Übereinstimmung stattfinden, die wir Nationalsinn nennen, ein Sinn, der sich nicht gut mit dem Grade von Originalität verträgt, der die Individuen des deutschen Geschlechts so sehr vor den Franzosen auszeichnet.« An anderer Stelle heißt es: »Was wäre also das endliche Resultat dieser Untersuchungen? Dass der Franzose in seiner Beschränktheit und Genügsamkeit und mit seiner Eitelkeit sich viel leichter zu einem einförmigen Ganzen vereint, viel lenksamer für die Zwecke der Regierung und also überhaupt ein viel besseres politisches Instrument ist als der Deutsche in der Unbeschränktheit seines Geistes, der Mannigfaltigkeit und der Originalität der Individuen, dem Hange zum Räsonnement, dem unausgesetzten Streben nach einem höheren, selbstgesteckten Ziele.«

Es ist müßig, sich hier auf das Feld dieser psychologischen Betrachtungen zu begeben und den Grad der Wahrheit und des Irrtums abschätzen zu wollen! Doch dürfen wir nicht übersehen, dass Clausewitz die Psychologie der Völker als Grundlage ihrer politischen Verfassung und Entwicklung ansieht. Der Geist der Deutschen eigne sich sehr wenig zu Bürgern einer großen einförmigen Monarchie. Am meisten komme ihm die republikanische Regierungsform entgegen, »wo sein Geist der Kritik sich an der rechten Stelle befinden und ein gesetzmäßiger Anteil an der Regierung sein Interesse mehr an das Vaterland knüpfen und seinen natürlichen Kosmopolitismus einschränken würde«. Man hält inne und fragt sich, ob

Clausewitz denn republikanische Ziele verfolgt habe? Doch vernehmen wir zuerst, was er über die »eben verlorene Föderativ-Verfassung« der Deutschen, das Heilige Römische Reich Deutscher Nation, zu sagen hat. Der Nationalcharakter der Deutschen sei eine der Hauptursachen gewesen, warum sich in Deutschland diese Föderativ-Verfassung so lange gehalten habe, in ihr sei der Geist der Deutschen in seinem wahren Element gewesen.

Tatsächlich war Clausewitz sowohl gegen die Republik als auch gegen eine Föderativ-Verfassung: »Deutschland ist von allen Ländern am meisten in Berührung mit seinen Nachbarn, und es spielt in allen politischen Verhandlungen Europas eine zu wichtige Rolle; man muss daher ihm die höchste Einförmigkeit des politischen Leistens und der Verfassung wünschen, Parteiungen, welche in andern Ländern wohltätige Wirkungen haben können, müssen in Deutschland, um welches sich das Ausland unaufhörlich reißt, immer zu großen Spaltungen führen, durch welche das Reich in sich zusammenstürzt.«

Wollte Clausewitz den Absolutismus? Wollte er die Diktatur eines deutschen Bonaparte? Das Letzte offensichtlich am wenigsten! In seiner Reisenotiz vom 25. August 1807 hat er den »Militär-Despotismus« in Frankreich mit ebenso viel Scharfsinn wie Bitterkeit gebrandmarkt. Die ganze Kunst der Präfekten und Unterpräfekten sei, »die Geschäfte übers Knie zu brechen; ihr ganzer Eifer, die militärischen Maßregeln schnell zu vollziehen, und die gültigste Summe von Staatsverwaltungs-Kenntnissen besteht in dem besten Modus, den Willen des Gefürchteten pünklichst zu erraten und zu erfüllen«. Oder anders ausgedrückt: »In allen Formen der Verwaltung herrscht in Frankreich eine äußerst militärische Tendenz.«

Das Grundmotiv seiner politischen und historischen Betrachtungen in der Gefangenschaft kam in seinem Streben nach größtmöglicher Geschlossenheit des Wollens und Handelns der Deutschen und einer dementsprechenden staatlichen Verfassung Deutschlands zum Ausdruck. Nach dem sozialen Inhalt und der konkreten Form dieser Verfassung hat Clausewitz in dieser Zeit noch nicht gefragt. Er war zu sehr in seiner psychologisierenden und moralisierenden Betrachtungsweise befangen. Das, was fast alle Welt den Franzosen zuerkannte, den hohen Enthusiasmus für das Vaterland während der Revolutionskriege, wollte Clausewitz nicht gelten lassen. Er sah nicht die sozialen Umwälzungen; er sah nicht die neuerrungenen Freiheiten, die die Bauern und Städter zu großen Taten begeisterten; er sah nur ein angeblich reizbares, eitles, leicht zu führendes, vom Schrecken und Terror getriebenes Volk. »Dass, wer zu Hause nur Gespenster guillotinierter Brüder, Väter, Mütter, Kinder sieht, gern hinwegeilt von der blutigen Lagerstätte in den Krieg, wo wenigstens Mord um Mord getauscht wird – ist das ein Beweis von Energie? Dass eine Million beute- und raublustiger Menschen, auf die Grenzen des Reichs hingeworfen, gegen Armeen, die kaum den vierten Teil dieser Zahl ausmachten, von Greisen angeführt, mit abwechselndem Glück fochten – ist das ein Beweis von Energie?« Clausewitz vergaß schließlich, was er später selbst andeutete, dass die französischen Massen in schöpferischer Energie die Grundlage einer neuen Taktik geschaffen haben.

Wenn Clausewitz von der Gesamtheit der Franzosen als einer »verhassten Nation« schrieb, so war dies mehr als ein Gefühlsausbruch eines Gefangenen. Es war die logische Konsequenz einer alle sozialen Analysen ausschaltenden, psychologisierenden Betrachtungsweise und der politisch-erzieherischen Zwecke, die er verfolgte.

Clausewitz konnte dabei nicht stehenbleiben, wenn er sich nicht von den preußisch-deutschen Patrioten, die in der Heimat bereits ein soziales und politisches Reformwerk begannen, isolieren wollte. Nach Preußen Anfang 1809 zurückgekehrt, arbeitete er im Allgemeinen Kriegsdepartement unter Scharnhorst und wurde mit Gneisenau bekannt. Clausewitz sah sich den praktischen Problemen des staatlichen, insbesondere des militärischen Auf- und Umbaus gegenübergestellt und lernte die von Gneisenau im Spätsommer 1808 formulierten Insurrektions-

August Neidhardt von Gneisenau   Gerhard Johann David von Scharnhorst

und Verfassungspläne kennen. Das veranlasste ihn, schon konkretere, wenn auch immer noch nicht klar genug umrissene Erwägungen über den Inhalt der zu erstrebenden Verfassung anzustellen, nicht zuletzt über sein besonderes Anliegen, das Verhältnis von Befreiungskrieg und Revolution.

In den 1808 niedergeschriebenen *Betrachtungen*, die teils offensichtlich von praktischen Erfahrungen ausgehen, teils idealisierende Vorwegnahmen der Zukunft darstellen, meinte er: »In einem Staats-, Kriegs- oder Kabinettsrat seine Meinung mit Präzision und Klarheit entwickeln und begründen ist eine der vergeblichsten Mühen, die man sich geben kann. Für die, welche sie verstehen können und wollen, d. h. die, welche sie teilen, ist sie überflüssig; für die anderen gleichfalls, aber aus andern Gründen, hier hat ein jeder seine bestimmte Meinung, sein System, was er mitbringt… Mit dem Fürsten selbst ist's nicht anders wie mit den Räten. Ganz anders aber ist's, vor einer Versammlung mehrerer hundert gebildeter Menschen zu reden, unter welchen sich trotz der größten Verderbtheit der Wahlversammlung doch immer eine Menge guter Köpfe befinden werden; ... Gewinnt er die Meinung der Majorität unter den guten Köpfen, so folgt der große Haufe bald nach, und nun wird die hartnäckige Dummheit, die kein Blitzstrahl der Wahrheit erschüttern konnte, durch den Strom der Majorität überschwemmt und fortgerissen.« Aus diesen Worten sprach sicherlich kein Anhänger des Absolutismus, wenngleich Clausewitz noch reichlich entfernt war von den Positionen der konstitutionellen Monarchie. Im Frühjahr 1809, als Österreich wieder im Krieg mit dem napoleonischen Frankreich stand und in Norddeutschland Widerstandsaktionen aufflammten, zum Beispiel die der Schillschen Truppen, drängte Clausewitz – neben anderen preußischen Patrioten – zum Anschluss an Österreichs Kampf, zum Befreiungskrieg. Er leitete auch schon erste Verhandlungen ein, um in die österreichische Armee einzutreten. In einem Brief vom 23. April an seine Braut schrieb er, die,»welche sich aus lauter Anhänglichkeit an den König nicht von ihrem Gehalte und aus einer gesicherten Anstellung losreißen können, die aus lauter Patriotismus lieber auf Parade gehen als zur Schlacht, die den Namen Preußen unaufhörlich im Munde führen, damit der Name Deutsche sie nicht an schwerere, heiligere Pflichten mahne, sind schwerlich am besten.«

Von der Volksbewegung jener Wochen beeinflusst, sagte er eine geradezu revolutionäre Perspektive voraus.»Einer großen und allgemeinen Revolution kann Europa nicht entgehen, es mag Sieger bleiben, wer da will; ... Von dieser großen und allgemeinen Revolution (die, nebenher gesagt, eben keine französische zu sein braucht) würde selbst eine allgemeine Insurrektion der deutschen Völker nur ein Vorläufer sein. Nur die Könige, die in den wahren Geist dieser großen Reformation einzugehen, ihr selbst voranzuschreiten wissen, werden sich erhalten können.« Dies hatte er am 21. Mai, also am ersten Tag der Schlacht bei Aspern, an seine Braut geschrieben.

Der gleiche Brief offenbarte aber auch den merkwürdigen psychologischen Zwiespalt, in dem sich ein aufgeschlossener preußischer Offizier damals befand. Als Diener des Königs war er durchaus bereit, sich für diesen zu opfern, obwohl er wusste, dass dieses Opfer nutzlos sei:»Du lieber Himmel, ich finde in dieser Beziehung so wenig wichtig, was der Einzelne tut, dass ich mich, wenn eine heftige Gärung bei uns unter dem Volke ausbrechen und die Person des Königs in Gefahr bringen könnte, mit Freuden in den wilden Haufen stürzen und für den König sterben würde; ich würde weder hoffen noch fürchten, dadurch eine Revolution rückgängig zu machen, die ganz andere Gegenmittel erfordert als die heroische Aufopferung Einzelner; darum würde ich aber auch sagen: Was ich jetzt tue, geschieht aus Stolz, um zu zeigen, dass ich einer noblen Aufopferung für Ew. Majestät Person fähig bin; aber Sie sind ein verlorener Mann, wenn Sie auf solche Mittel rechnen.«

In Aufzeichnungen, offensichtlich aus der Zeit nach dem österreichischen Krieg stammend, ging Clausewitz noch einmal auf das Problem der bürgerlichen Revolution und auf ihr Verhältnis zur nationalen Befreiungsbewegung ein. Er erkannte jetzt den Zusammenhang zwischen der sozialen und nationalen Frage, wenn er schrieb: »Deutschland hat von einer edleren und zweckmäßigeren Verfassung seines Bürger- und Staatsvereins die Sicherung seiner künftigen Existenz zu erwarten.« Es scheint auch so, als ob Clausewitz den übergeordneten Rang der sozialen Frage über der nationalen anerkannt hätte. Aber wich er nicht sehr gern gleichsam ab, um wieder auf das zu kommen, was ihn doch am tiefsten bewegte, auf den nationalen Befreiungskrieg? Wenige Absätze danach hieß es nämlich: »Sie wollen eine Revolution – ich habe nichts dagegen; aber wird diese Revolution in der bürgerlichen und Staatenverfassung sich nicht weit leichter machen in der Bewegung und Schwingung aller Teile, welche der Krieg hervorbringt? Wo ist außerdem die Aussicht auf eine heilsame Revolution, die Aussicht auf Rettung?« Er erkannte damit die soziale Revolution an, wenn auch mehr von andern dazu gedrängt. Und auf die selbstgestellte Frage nach dem auslösenden Moment und dem Weg zu ihr antwortete er zwar rhetorisch, aber unter den damaligen Umständen durchaus realistisch.

Wer die Revolution oder den mit ihr verbundenen nationalen Befreiungskrieg in Betracht zog, musste auch nach der sozialen Hauptstütze von Krieg und Frieden fragen. Clausewitz wurde immer bewusster, dass die preußischen Reformer und Patrioten objektiv die historische Aufgabe hatten, die bürgerliche Revolution von oben einzuleiten. Noch 1807 war ihm die nationale Not das alleinige Anliegen, ohne zu sehen, dass sich hinter ihr die gesellschaftliche und politische Rückständigkeit Deutschlands verbarg. Die deutsche Wirklichkeit machte ihm immer deutlicher, wie sehr die Grundfragen der Zeit in wechselseitiger Einwirkung miteinander verbunden waren, aber letzten Endes von der sozialen Frage beherrscht wurden.

Im Jahre 1809 erlitt die patriotische Befreiungsbewegung eine Niederlage. Ein gerüttelt Maß Schuld an diesem zeitweiligen Niederbruch der Bewegung trugen der unentschlossene preußische König und die ihn beratenden Höflinge und Junker. Obwohl sich die patriotischen Verheißungen des Frühjahrs 1809 nicht erfüllt hatten, so war Clausewitz im Unterschied von 1808 keineswegs niedergeschlagen. Es war für ihn schon ermutigend, feststellen zu können: »Die österreichischen Völker (wenigstens die deutschen) haben sich diesmal zu einem Grad von Patriotismus erhoben, den sie lange nicht gezeigt hatten und wovon die Spuren bei ihnen selbst so leicht nicht verwischt sein werden (dafür bürgt uns die Kenntnis des menschlichen Herzens, … wenn Schill ein einzelner Funke war, dessen kurzes Dasein alle Blicke auf sich zog und alle Gefühle augenblicklich belebte, so sind die Tiroler eine mächtige Fackel, die schon erleuchtet mit ihrem Licht und an deren Glut man sich schon erwärmen kann. Norddeutschland, obgleich nirgends tätig, ist in dieser Epoche, da sich seine Fesseln etwas lüften, in einem so gereizten Zustande gewesen, dass es in der Unterwerfungsfähigkeit wenigstens nicht fortgeschritten sein wird.« Nach den Ereignissen des Jahres 1809 mussten einige Patrioten ihre Staatsämter niederlegen, unter anderen Gneisenau, der nach England ging, und Scharnhorst, der von dem Posten des Direktors des Allgemeinen Kriegsdepartements zurücktrat. Trotzdem ließ sich die Reformpartei nicht ganz und gar aus dem Staatsapparat hinausdrängen. Scharnhorst blieb immerhin Chef des Generalstabs.

Ende 1811 unterhielt man sich erneut über einen Volksaufstand und verhandelte wegen eines Bündnisses mit Russland gegen Napoleon. Im Kreise des Monarchen wurde überlegt, ob man nicht ein Bündnis mit Napoleon abschließen, also nach der Weisheit des Knechtes handeln sollte: Die Hand sei geküsst, die man nicht abschlagen kann. Die Reformer mussten sich fragen, auf welche Schichten im Volke sie sich stützen könnten.

Seitdem sich in Deutschland nach der förmlichen Auflösung des alten Reiches und dem Zusammenbruch Preußens im Jahre 1806 die nationale Krise bis zur Existenzkrise gesteigert hatte, waren der Nation große Volkserzieher, Erwecker und Förderer des deutschen Nationalbewusstseins erstanden. Johann Gottlieb Fichte (1762–1814), einer der Ideologen von fast jakobinischer Radikalität in den Jahren der Französischen Revolution, wurde mit seinen *Reden an die deutsche Nation* (1807) der objektiven politischen Entwicklung gerecht. Die nationale Frage hatte sich in ihrer dialektischen Verbindung mit der sozialen Frage in den Vordergrund der historischen Aufgaben gedrängt. Clausewitz hat die politischen Schriften Fichtes aus jener Zeit mit Aufmerksamkeit verfolgt. Der liberale Staatstheoretiker Wilhelm von Humboldt wurde nach 1807 zum patriotischen Kulturpolitiker und Gründer der Berliner Universität. Ernst Moritz Arndt (1769–1860) versuchte mit seinen politischen Erziehungsschriften *Geist der Zeit* (1806 und 1809) alles Träge und Gleichgültige aufzurütteln. Selbst wenn er den Verrat und den moralischen Niedergang der Fürsten und des Adels geißelte, hat er dies nicht mit dem Ziel ge-

Johann Gottlieb Fichte   Ernst Moritz Arndt   Friedrich Schleiermacher

tan, sie zu stürzen, sondern zu »erneuern«, sie durch Ermahnung und Strafpredigten zu befähigen, an die Spitze der Nation zu treten. Der hervorragendste Vertreter jener evangelischen Geistlichen, die nach 1806 auf der Kanzel vielfach von der Not des gesamtdeutschen Vaterlandes predigten und über einen engen Landespatriotismus hinauswuchsen, war Friedrich Schleiermacher (1768–1834). Schließlich sei des Friedrich Ludwig Jahn (1778–1852) gedacht. So deutschtümelnd-chauvinistisch, grobschlächtig und flach er in seinem Denken und literarischen Schaffen auch sein mag, er ist der Begründer der patriotischen Turnbewegung, die aus der Vorbereitung des Befreiungskrieges nicht wegzudenken ist. Sie wirkt in mannigfachen politischen und kulturschöpferischen Abwandlungen bis auf den heutigen Tag in Deutschland und in der ganzen Welt weiter.

Alle diese Männer kamen aus bürgerlichen Schichten und wirkten für sie und eine bürgerliche Nation. Werke, die als Ausdruck der ersten, voneinander isolierten nationalbürgerlichen Regungen entstanden waren, wurden nach 1807 immer volkstümlicher. Die erste Buchausgabe von Schillers *Wilhelm Tell* kam in einer Auflage von 7 000 Stück heraus; bis 1813 wurde das Zehnfache verkauft. Weit mehr als vorher zündeten jetzt im Herzen der Geknechteten Stauffachers Worte, der von der Grenze der Tyrannenmacht sprach: »Zum letzten Mittel, wenn kein andres mehr verfangen will, ist ihm das Schwert gegeben.«

Wir wollen den Patriotismus des Bürgertums jener Jahre gewiss nicht überschätzen. Es gab des Dumpfen und Engen noch genug, und der allgemeine nationale Aufschwung nach 1807 vollzog sich weder geradlinig noch ohne zeitweilige Rückschläge. Dennoch war es kein Zweckoptimismus, wenn Clausewitz 1811, als er Gneisenaus Insurektionspläne studierte, meinte, es gäbe »trotz der allgemeinen Unterwerfung doch noch eine ziemliche Anzahl von Menschen, die voll Geist und Herz, voll Mut und Entschlossenheit etwas für das Vaterland zu tun wünschen«. Mit ihnen könne man zuerst »eine eigene kleine Legion« bilden und: »Wahrscheinlich werden die meisten aus dem Mittelstande sein, einige aus höheren Ständen, mancher vom Volk.« Der Mittelstand – das war nach dem damaligen Sprachgebrauch das Bürgertum in seiner Gesamtheit. Diese noch stärkere Hinwendung der Patrioten zum Bürgertum auch im Militärischen war außerordentlich bedeutsam und stellte eine neue Etappe in ihrer politischen Entwicklung dar. Nach den ersten kriegerischen Handlungen der Deutschen Legion im nordwestlichen Raume Deutschlands sollte dann »der Übergang zur wichtigen Rolle einer revolutionären Armee« vor sich gehen.

Die bedeutsamste politische Denkschrift von Clausewitz ist die vom Februar 1812. In der Form der *Drei Bekenntnisse* geschrieben, ist sie von bewegender Sprachgewalt und zugleich ein Dokument nüchterner politischer und generalstabsmäßiger Analyse. Er sagt sich feierlich von der öffentlichen Meinung der vornehmeren Stände los, die den Glauben verloren haben, dass man Frankreich widerstehen könne, und kommt zu der Ansicht: »Die vornehmen Stände sind die

Verderbteren; Hof- und Staatsbeamte die Verderbtesten.« Der König wird zwar verteidigt, vielleicht nicht ohne Berechnung, aber dennoch schleicht sich eine Kritik in Formulierungen ein, die die höfische Schulung verrät:»Ohne Mut und Entschlossenheit kann man in großen Dingen nie etwas tun, denn Gefahr gibt es überall, und die Politik ist nicht immer eine feige Hinterlist, womit sie mancher für gleichbedeutend hält. Der König war gewiss eines solchen Entschlusses nicht unfähig (!); er wurde aber von einer Partei umringt, welche die Unterwerfung an Frankreich predigte, aus Furcht vor einer Katastrophe, die zu großen Aufopferungen nötigen konnte, aus Mangel an edlem Stolze der Seele und aus Mangel an historischer Bildung. Diese Partei hing sich an die besten Entschließungen des Königs wie ein Bleigewicht und vernichtete oder schwächte so alle Maßregeln, welche der König durch einen mutigen Vorsatz seiner eigenen Besorglichkeit abgewonnen (!) hatte.«

Clausewitz hat hier und an anderen Stellen einiges über den Charakter einer großzügigen und vorausschauenden Politik anklingen lassen, die unsere Aufmerksamkeit verdient. Es fällt nämlich auf, dass er immer wieder von der Notwendigkeit spricht, diese oder jene Entscheidung zu treffen. So erklärt er, der Entschluss, die Unabhängigkeit zu erringen, solle»aus der Notwendigkeit der Rettung hervorgehen, nicht aus der Leichtigkeit derselben«. Seit Bismarck gehört der Satz: »Die Politik ist die Kunst des Möglichen« zur Lieblingsidee der bürgerlichen und junkerlichen Ideologen und Praktiker. Das ist die politische Phrase einer Klasse, die entweder ihre historische Aufgabe nicht mehr erfüllen will und kann (wie die Bourgeoisie der fünfziger und sechziger Jahre des 19. Jahrhunderts) oder die wie die Bourgeoisie unserer Epoche keine mehr hat und ohne historische Perspektive gleichsam nur noch von Tag zu Tag lebt. Wer jedoch eine aufgrund der wissenschaftlichen Analyse erkannte historische Perspektive hat, der wird eine großzügige, ja sogar eine heroische Auffassung von der Politik haben. Der reaktionär-opportunistischen Auffassung von der Politik als der Kunst des Möglichen möchten wir deshalb die fortschrittlich-mutige Auffassung von der Politik als der Kunst, das als historisch notwendige Erkannte durchzusetzen, gegenüberstellen.

Diese Denkschrift von Clausewitz ist, wie schon früher richtig hervorgehoben wurde, als ein Parteidokument zu betrachten. Sie zirkulierte nämlich im engen Kreise der Patrioten und wurde mit Randnotizen von Gneisenau, Boyen und Gruner versehen. In den Insurrektionsplänen des Jahres 1811 und in diesem Dokument vom Februar 1812 haben sich die preußisch-deutschen Reformer den bürgerlichen Klassen weiter genähert, ohne allerdings ihre politische Grundkonzeption aufzugeben, die eine von oben, von der Monarchie zu organisierende nationale und soziale Revolution anstrebte und die ein möglichst breites Bündnis von den Landjunkern bis zu den Stadtbürgern zur Voraussetzung oder zur Folge hatte.

Die preußisch-deutschen Patrioten sind in der politischen Krise 1811/12 mit ihren Plänen und Vorschlägen beim König nicht durchgedrungen. Dieser ließ sich vielmehr von Napoleon zum Bündnisvertrag vom Februar 1812 pressen. In ihm verpflichtete sich Preußen, 20 000 Söldner für den bevorstehenden Feldzug des französischen Kaisers gegen Russland zu stellen. Große Empörung über diesen schandbaren Vertrag bemächtigte sich der deutschen Patrioten. Wie Clausewitz 1809 bereit war, in österreichische Dienste überzutreten, so zog er jetzt aus der Unterwerfung des preußischen Königs unter Napoleon seine Konsequenzen: Er verließ Preußen und begab sich im Interesse des Kampfes um Deutschland nach Russland. Deutsche Patrioten wie Stein, Arndt und andere taten in Russland gleichfalls alles, um die deutsche Erhebung vorzubereiten und zu unterstützen.

In dem vaterländischen Krieg des russischen Volkes war Clausewitz sowohl an den Kämpfen bei Borodino als auch an der Beresina beteiligt. Über seine damaligen Erlebnisse schrieb er unter dem 17./29. November an seine Frau: »Wenn mein Gefühl nicht schon abgehärtet oder vielmehr abgestumpft wäre, ich würde vor Schauder und Entsetzen nicht zu mir selbst kommen, so wie ich noch nach vielen Jahren nicht ohne Schauder daran werde denken können. Ich mag meinen Brief nicht damit anfüllen aus vielen Gründen; aber wenn wir uns einst wiedersehen, muss ich Dich einen Blick tun lassen auf dieses blutige Blatt der Geschichte.«

Wir kennen das Schicksal der 500 000 Mann starken »großen Armee« Napoleons, die gegenüber dem Heldenmut des russischen Heeres und Volkes und in der russischen Weite ruhmlos unterging. Der Kampf Russlands, der im Jahre 1812 in seinem Grundzug gerecht war (weil es die Unterjochung Russlands durch Napoleon zu verhindern galt), gab den deutschen Patrioten neuen Auftrieb. Diejenigen von ihnen, die in Deutschland zurückgeblieben waren, wie Scharnhorst und Blücher, fühlten und erkannten, dass die Stunde der Tat heranrückte.

Ein Kampfsignal für die preußische Armee und das preußische Volk war die berühmte Konvention von Tauroggen vom 30. Dezember 1812, die der alte General von Yorck mit den Russen abschloss. Es war Clausewitz, der die entscheidenden Verhandlungen mit Yorck geführt hat und damit seinen historisch bedeutsamsten Beitrag für den Befreiungskampf des deutschen Volkes im Jahre 1813 leistete. Die Konvention, die ohne Einwilligung des Königs unterzeichnet wurde, sah nur die Neutralität der Armeegruppe Yorck und nicht das direkte Eingreifen gegen die zurückflutenden napoleonischen Truppen vor. Dennoch wirkte diese Konvention aufrüttelnd und trug wesentlich dazu bei, Preußen in den Krieg gegen Napoleon zu bringen. Yorck war ein alter Junker, der die preußischen Reformer als »Natterngeschmeiß« betitelt hatte. Er entschloss sich schließlich zu der Tat von Tauroggen, weil er wohl wusste, dass jetzt auch die preußischen Junker, ebenso wie die russischen Gutsbesitzer schon früher, den Krieg gegen Napoleon wollten. Die Kontinentalsperre, die ihnen die Ausfuhr von Getreide und Holz unmöglich machte, ging ihnen zu sehr an den Geldbeutel und deshalb auf die Nerven. Auch mussten sich die Junker die Frage vorlegen, ob nicht der Kampfeswille des Volkes über sie die Oberhand gewinnen könnte, ob es für sie nicht besser wäre, wenn sie sich an die Spitze dieser patriotischen Bewegung stellten, um sie in eine ihren Interessen genehme Richtung zu lenken.

Tatsächlich hatte sich – nicht zuletzt in Ostpreußen – eine in Preußen noch nie dagewesene Volksbewegung erhoben, die vom König stürmisch den Krieg gegen Napoleon forderte. Darum sprach ja auch Friedrich Engels von einem »halben Insurrektionskrieg«, den der Krieg von 1813 darstellte.

Am 3. Februar erließ der König auf Vorschlag der preußischen Reformer den Aufruf zur Bildung freiwilliger Jäger; er appellierte damit vor allem an die studentische Jugend des bürgerlichen Mittelstandes. Am gleichen Tage kam das Edikt heraus, das alle Befreiungen von der Wehrpflicht aufhob. Auch wurde die Landwehr mobilisiert, in die alle Wehrfähigen vom siebzehnten bis zum vierzigsten Lebensjahr einberufen wurden, die nicht in der sogenannten Linie dienten. So wurde die allgemeine Wehrpflicht weitgehend verwirklicht. Aber noch wurde es, wenigstens nach außen hin, offengelassen, gegen wen sich die formierten Streitkräfte richten sollten. Erst im März 1813 war der König so weit, dass er Napoleon den Krieg erklärte.

Die ganze preußische Armee war getragen von dem Opfermut und der patriotischen Begeisterung des deutschen, insbesondere des preußischen Volkes. Das Landsturmedikt vom April 1813 über die allgemeine Volksbewaffnung und die irreguläre Kriegführung im Rücken des Feindes wurde jedoch im Laufe des Sommers immer mehr abgeschwächt und praktisch nie verwirklicht. Die Initiative des bewaffneten Volkes war zu jakobinisch, sie förderte die gesamtdeutsche Bewegung zu sehr, als dass der preußische König und die preußischen Junker einer solchen Entwicklung nicht entgegengetreten wären.

Sie taten dies mit umso größerer Verbissenheit, als schon im Januar und Februar des Jahres 1813 gerade die sogenannten unteren Schichten des Volkes (nicht zuletzt Fabrikarbeiter) in Nordwestdeutschland da und dort in hellem Aufruhr waren, so im Bergischen, in einigen Ruhrorten, im Hannoverschen, an der Wasserkante. Diese Aufstandsbewegung erlitt eine Niederlage nicht nur durch das Fehlen einer Unterstützung von außen; schuld daran waren auch – besonders in Hamburg – die Mattherzigkeit, der Klassenegoismus und die landesverräterische Konspiration der Mehrheit der »gesitteten« und besitzenden Klassen. Auch im Deutschland von 1813 zeigte es sich, wie im Frankreich von 1793, dass die Bauern, Handwerker und Arbeiter zuverlässigere »Kinder des Vaterlandes« waren als die Mehrzahl der Besitzenden. Doch fehlten den Bauern, Handwerkern und Arbeitern in Deutschland revolutionäre Führer von jakobinischer Kühnheit und Unerschrockenheit.

Obwohl durchaus bestrebt, die selbständige Kraft und die Initiative des Volkes zu wecken und zu nutzen für den Kampf gegen den ausländischen Unterdrücker, waren die preußisch-deutschen Patrioten, wie Scharnhorst, Gneisenau, Blücher, Clausewitz usw., aufgrund ihrer eigenen Klassenbeschränktheit, ihrer äußeren Stellung und inneren Einstellung nach noch zu sehr von dem absoluten Monarchen abhängig, als dass sie revolutionär-demokratische Führer des Volkes hätten werden können.

In dem Widerspruch, einerseits den Volkswiderstand gegen die Fremdherrschaft zu wünschen, andererseits ihn nicht entgegen dem Wunsch des Königs zu organisieren, mögen die preußisch-deutschen Patrioten allzu sehr auf die Spontaneität der Massen vertraut und sich auch über die tatsächlichen Bewegungen im Volke ungenügend informiert haben; sonst hätte Clausewitz am 28. Mai 1813 an seine Frau nicht schreiben können: »Auf Österreichs und Schwedens Hilfe habe ich so früh, wie sie uns zu werden scheint, nicht gerechnet; dagegen scheint auch alles auszufallen, was von dem Beistande der Völker im Rücken des Feindes erwartet wurde. Dies ist das Einzige, was bis jetzt meinen Erwartungen nicht entsprach, und ich muss gestehen, dass mir diese Betrachtung schon traurige Augenblicke machte.«

Der König hat trotz des eifrigen Zuspruchs von Scharnhorst und Gneisenau die Rückkehr Clausewitz' in die preußische Armee während des Befreiungskrieges nicht erlaubt; er hatte dem Rebellen von 1812 noch nicht verziehen. Der Freundeskreis um Clausewitz fand zunächst das Aushilfsmittel, ihn als russischen Verbindungsoffizier zur schlesischen Armee Blüchers fungieren zu lassen. Als dann der Frühjahrsfeldzug von 1813 am 4. Juni mit einem Waffenstillstand beendet wurde, der bis zum 26. Juli dauern sollte (und tatsächlich bis zum 16. August verlängert wurde), waren darob viele patriotisch gestimmte Menschen missmutig und befürchteten eine erneute Unterwerfung unter Napoleon. Da beauftragte Gneisenau seinen Freund Clausewitz, eine Schrift zu verfassen, in der er den Waffenstillstand rechtfertigen und neue Zukunftshoffnungen und den Kampfesmut nähren sollte. Schon früher hatte Scharnhorst ihn als journalistischen Gehilfen benutzt. Tatsächlich vertauschte Clausewitz im Sommer 1813 zeitweilig wieder das Schwert mit der Feder. Seine Schrift erschien anonym unter dem Titel *Der Feldzug von 1813 bis zum Waffenstillstand*. Ende September 1813 wurde Clausewitz im Range eines Obersten Generalstabschef der russisch-deutschen Legion unter Wallmoden.

Mit dem Sieg der Verbündeten in der Völkerschlacht bei Leipzig brach die Herrschaft Napoleons in Deutschland zusammen; die Rheinbundfürsten lösten sich von Napoleon und gingen zu den Verbündeten über.

Die Reaktionäre vom Schlage eines Metternich dachten nicht daran, die ehemaligen Vasallen Napoleons für ihren Verrat an Kaiser und Reich zu bestrafen. Bayern wurde sogar schon vor der Schlacht bei Leipzig im Vertrag zu Ried (am 8. Oktober) seine Souveränität und sein Besitzstand garantiert.

Keine der europäischen Großmächte, weder das metternichsche Österreich noch das zaristische Russland, noch das großkapitalistische England waren an einem geeinten Deutschland interessiert. Im Gegenteil, der Zar beispielsweise hatte das größte Interesse, über seine mittel- und kleinfürstlichen Verwandten in Baden,

Württemberg, Weimar, Hessen-Darmstadt und Mecklenburg ständig Einfluss auf Deutschland zu nehmen.

Aus diesen Gründen mussten auch die Pläne Steins, mit Hilfe einer Zentralverwaltung in den eroberten deutschen Gebieten den Einfluss der Rheinbundfürsten abzuschwächen oder gar zu vernichten, immer mehr eingeschränkt und schließlich gänzlich fallen gelassen werden.

Die Kräfte, die der deutschen Einheit Feind waren, hatten schon vor dem endgültigen Sieg über Napoleon das Übergewicht erhalten. So konnten die Völker, insbesondere das deutsche Volk, die Früchte ihrer Anstrengungen und Opfer nicht ernten. Sieger in dem gewaltigen Völkerringen waren: England, das seine Seeherrschaft und seinen gewaltigen Vorsprung als Industrie- und Handelsmacht noch einige Jahrzehnte sicherte; Russland, das bis über die Mitte des 19. Jahrhunderts hinaus die reaktionäre Vormacht Europas war und einen starken Einfluss auf Deutschland ausübte; Österreich, das die stärkste und reaktionärste Macht im Deutschen Bund darstellte. Der Deutsche Bund der Fürsten, der nach dem Befreiungskrieg gebildet wurde, war weniger ein Fortschritt auf dem Wege zur deutschen Einheit als eine Organisation zu ihrer Bekämpfung.

Dennoch war der Kampf des deutschen Volkes gegen Napoleon nicht vergeblich. Wenn es auch, wie Marx einmal sagte, einen Napoleon gegen 36 Metterniche austauschte, so hatte sich doch das Nationalbewusstsein gewaltig gehoben. Der Kampf des deutschen Volkes um seine nationale Einheit gegen die inneren und äußeren Widersacher war ein für allemal auf die Tagesordnung der Geschichte gesetzt.

Das Bürgertum war durch die nationale Befreiungsbewegung, die ihren Höhepunkt 1813 erreicht hatte, selbstbewusster geworden. In jenen Monaten, als noch nichts entschieden war (1814/15), gab es eine gärende Vielfalt von politischen Flugschriften, die nach Kaiser und Reich verlangten. Das neue Reich sollte im Unterschied zu jenem Heiligen Römischen Reich Deutscher Nation, das 1806 so schmachvoll untergegangen war, Kraft nach innen und außen haben: nach außen – gegen ausländische Einmischungsversuche; nach innen – gegen die Fürsten. Ihre Souveränität sollte gegenüber dem Reich, ihr Absolutismus gegenüber den bürgerlichen Klassen abgeschwächt werden. Im Allgemeinen waren die nationalen und verfassungsrechtlichen Forderungen der bürgerlichen Publizisten immer noch bescheiden; darüber hinaus verlangten sie jedoch Freiheit für Industrie und Handel.

Die Mehrheit des deutschen Bürgertums wollte seine Klassenforderungen, die sich auf die nationale und soziale Frage bezogen, durch die Verständigung mit den Fürsten erreichen. Diese machten zwar Konzessionen, aber derart, dass die gesamtdeutsche Bewegung des Bürgertums zersplitterte, das »allgemeine Deutsche in eine Menge provinzieller Interessen« zerspaltete. So gewährten die süddeutschen Fürsten zur Festigung ihrer jungen, von Napoleon geschaffenen Staatsgebilde landständische Verfassungen mit einigen von Staat zu Staat verschiedenen

Rechten für das Bürgertum, dessen politische Aktivität von Gesamtdeutschland weg auf den Partikularstaat gelenkt wurde. Der preußische König wiederum machte Konzessionen, indem er durch die Gesetze von 1816 und 1818 die Binnenzölle aufhob.

So kompromissbereit die deutsche Bourgeoisie auch war und so leicht sie sich auf provinzielle Angelegenheiten ablenken ließ, ihre Grundinteressen, nämlich nationale Einheit und Schutz der kapitalistischen Industrie, konnte sie nicht aufgeben. Ihre gesamtdeutsche Bewegung war aufgespalten in die Partei der Enthusiasten, die in der Studentenbewegung den patriotischen Elan des Befreiungskrieges weiter tragen, und in die Partei der Geschäftspraktiker, die durch Schutzzölle nach außen und Handelsfreiheit im Innern die Zukunft der nationalen Einheit vorbereiten wollte: Im Oktober 1818 wurde die »Allgemeine deutsche Burschenschaft«, im April 1819 der »Allgemeine deutsche Handels- und Gewerbeverein« gegründet.

Blicken wir zurück, dann erkennen wir, welchen großen Fortschritt die bürgerliche Klasse Deutschlands im Kampf um die nationale Einheit mit der Gründung beider Organisationen gemacht hat. Gemessen an der historischen Aufgabe, die die deutsche Bourgeoisie noch zu bewältigen hatte, war er jedoch höchst ungenügend. Eine starke selbstbewusste Klassenpartei des Bürgertums, die für dessen soziale und nationale Grundforderungen allseitig und planmäßig kämpfte, fehlte immer noch.

Den Gegenschlag gegen die bürgerliche Bewegung der Studenten und »die Verbrüderung des praktischen Revolutionärs« führte die Reaktion mit den berüchtigten Karlsbader Beschlüssen vom August 1819, die die Knebelung der Verfassungsentwicklung in den Einzelstaaten, der Presse und der Universitäten vorsahen. Im Gefolge dieser Beschlüsse, die die eigentliche Reaktionsperiode einleiteten, wurden die letzten Angehörigen der preußischen Reformpartei, die Generäle Boyen und Grolmann und der Minister Wilhelm von Humboldt, entlassen.

Scharnhorst, das Haupt der preußisch-deutschen Militärreformer, war während des Befreiungskrieges tödlich verwundet worden. Dies war gleichsam ein Symbol dafür, wie mit dem siegreichen Ende des Krieges dieser Kreis den Höhepunkt seiner historisch-politischen Rolle überschritten hatte. Die preußisch-deutschen Reformer hatten mit ihrem erfolgreichen Kampf um die Befreiung Deutschlands von dem fremdländischen Tyrannen zugleich die preußische Monarchie gerettet.

Doch mit der Befreiung änderten sich auch die Klassenbeziehungen. Wurde der Widerspruch zwischen Bürgertum und Aristokratie vor 1813 durch den auf allen Klassen liegenden Druck der Fremdherrschaft gemildert und dadurch das Auftreten einer aristokratisch-bürokratisch-liberalen Reformpartei begünstigt, so musste nach 1813 der bestehende gesellschaftliche Widerspruch wieder offener auftreten. Der Hauptstoß des Kampfes um die Lösung der nationalen Frage richtete sich nicht mehr nach außen, gegen den fremden Eroberer, sondern nach innen, gegen die eigenen Fürsten. An diesen politischen Veränderungen scheiterte die Reformpartei, die jetzt nicht mehr zwischen beiden Klassen vermitteln konnte, obwohl sie ihre bisherige Politik der allmählichen bürgerlichen Umgestaltung des Landes bei Aufrechterhaltung der Monarchie fortsetzen wollte.

Es lag in der politischen Logik der Dinge, dass die reaktionäre Hofclique jetzt, nach der Befreiung vom fremden Joch, die preußischen Reformer und deutschen Patrioten zurückdrängte, verdächtigte, ja schließlich verleumdete.

Von diesem Schicksal blieb auch Clausewitz nicht verschont. Er verlebte zwar von 1815 bis 1818 in Koblenz drei glückliche Jahre als Generalstabschef des Rheinischen Armeekorps, das Gneisenau eine Zeitlang befehligte. Dann war er von 1818 bis 1830 Direktor der Allgemeinen Kriegsschule in Berlin. Das waren unglücklich-glückliche Jahre für ihn. Unglücklich, weil diese großartig betitelte Stellung eine reine Verwaltungsfunktion war, in der Clausewitz täglich nur einige Unterschriften zu leisten hatte.

Glücklich waren diese Jahre, weil sie ihm Muße gönnten, um *Vom Kriege* abzufassen. Wenn es auch selbstverständlich aus seinem Inhalt heraus beurteilt werden muss, so ist es nicht unwichtig, die Frage zu stellen und zu beantworten, ob Clausewitz seine ideologisch-politische Grundposition, die man deutsch-patriotisch und konservativ-liberal nennen könnte, behalten hat. Diese Frage ist zu bejahen. Er war konservativ, weil er die preußische Monarchie erhalten, er war liberal, weil er die gesellschaftlichen Verhältnisse bürgerlich umgestalten wollte.

Anfang der zwanziger Jahre hat Clausewitz eine längere, allerdings Torso gebliebene Abhandlung, betitelt *Umtriebe,* geschrieben. Bei allem Hang zum Beschönigen der preußischen Verhältnisse zeigt sie in vielem eine große Reife und Klarsicht in der Erfassung der historischen Entwicklung. Er holt sehr weit aus und kommt auch auf die Französische Revolution zu sprechen; diese sei aus zwei Hauptursachen entstanden: »Die erste ist das gespannte Verhältnis der Stände, die große Bevorrechtung des Adels, die große Abhängigkeit und man kann wohl sagen teilweise die große Unterdrückung des Bauernstandes; die zweite die unordentliche, parteiische und verschwenderische Administration der Regierung.« Nachdem er schon 1819 in dem Aufsatz *Unsere Kriegsverfassung* erklärt hatte: »Aber das Feudalsystem hat sich bei uns wie anderswo ausgelebt«, wiederholte er jetzt, dass das bisherige Verhältnis in Frankreich »auf immer« zusammengebrochen sei. Und dann fügte er eine Beobachtung hinzu, die nicht ohne aktuelles Interesse ist: »Dieses Zerbrechen alter Verhältnisse, die sich schon in einer großen Spannung befanden, war viel leichter als die Schöpfung einer neuen Regierungsform, und es ließ sich vorhersehen, dass nach einem gewaltsamen Umsturze man lange hin und her tappen und manches Decenium zur Einübung der Begriffe brauchen würde, ehe eine Regierungsform dastehen konnte, die einigermaßen Wurzeln geschlagen hatte.«

Deutschland hätte sich in seinen innersten Verhältnissen wohler gefühlt. »Nichtsdestoweniger regte das Beispiel Frankreichs die Menschen auch in Deutschland an; dass das Verhältnis der Stände nach und nach mehr Ausgleichung, der

Bauernstand mehr Eigentum, die Gewerbe mehr Freiheit bedürften, fühlten auch die Ruhigsten, wenn sie sonst nur fähig waren, sich über die großen Gewohnheits-Ideen zu erheben. Diese Veränderungen konnten sich aber freilich ohne Revolution zutragen, aber dies Bedürfnis machte doch, dass man diesen Zweck der Französischen Revolution billigte, wenn man auch das Mittel verwarf.«

Es kann kein Zweifel sein: Clausewitz verblieb auf der Position einer bürgerlichen Revolution von oben. Dies zeigte sich auch in seiner Auffassung von der nationalen Einigung Deutschlands. Hier ist er unmissverständlich:»Deutschland kann nur auf einem Wege zur politischen Einheit gelangen; dieser ist das Schwert, wenn einer seiner Staaten alle anderen unterjocht. Für eine solche Unterwerfung ist die Zeit nicht gekommen, und wenn es je dazukommen sollte, so lässt sich jetzt noch nicht einmal vorhersehen, welcher der deutschen Staaten der Herr der übrigen werden wird.« Er konnte es nicht vorhersehen, aber er hat es gewünscht, dass Preußen der Staat werde, der die Vorherrschaft in Deutschland ausübe. In einem Brief an Gneisenau vom 9. August 1816 hat er sich dagegen gewandt, rheinische Besitzungen aufzugeben zugunsten einer Einverleibung Sachsens in Preußen: »Wenn man sich feig von der Grenze zurückzieht, so gewinnt man in Deutschland nicht das Zutrauen, was uns so wichtig ist und was allein uns zu neuer Macht, zu besserer Stärke und Deutschland zum Heil führen kann… Wenn wir aber Deutschland aufgeben, um bloß Preußen zu sein, sollen uns die deutschen Völker dann nicht gleichfalls aufgeben, sollen sie nicht, statt unserer Sache Opfer zu bringen, lieber dem Interesse des Augenblicks folgen? … Diesen an sich unangreifbaren Gründen stellt man nun nichts entgegen als die konzentrierte Lage des Staates, die doch nur in der schlimmen Beziehung Wert hat, dass Preußen Deutschland aufgibt und sich als ein isoliertes Volk betrachtet; eine Ansicht, die unmöglich je die meine werden kann.«

Als Gegner der demokratischen Revolution konnte er in der nationalen Bewegung des polnischen Volkes keinen Verbündeten sehen. Im Gegenteil sah er in der Wiederherstellung Polens eine Gefahr, indem es ein Verbündeter eines zu neuen Aggressionen schreitenden Frankreichs werden könnte. Auf der anderen Seite war seine Haltung in der polnischen Frage nicht identisch mit der der konservativen Legitimisten. Trotz allem bleibt es dabei: Clausewitz war kein Verteidiger des Feudalismus, sondern ein Anhänger des bürgerlichen Fortschritts. Noch vor Ausbruch der Julirevolution 1830 in Frankreich, dem darauffolgenden Aufstand in Russisch-Polen und den revolutionären Konvulsionen in Sachsen, Hessen, Braunschweig, Hannover und anderen Gebieten Deutschlands erhielt Clausewitz ein Truppenkommando. Nach Dienstleistung in der Artillerieinspektion wurde er an der Grenze des polnischen Aufstandsgebiets Generalstabschef der Observationskorps, die Feldmarschall von Gneisenau befehligte. Gerade in diesem Gebiet wütete im Sommer 1831 die Cholera, deren Opfer Gneisenau wurde; bald folgte ihm Clausewitz.

Sein Tod am 16. November 1831 im Alter von 51 Jahren ist von erschütternder

Tragik. Ein leichter Anfall von Cholera hat ihn in wenigen Stunden hinweggerafft. Briefstellen beweisen, dass dieser aufrechte, großzügig denkende und fühlende Mann schon innerlich gebrochen war, bevor ihn die Krankheit erfasste.

Bereits am 9. Juli 1831 hatte er aus Anlass des Todes von Freiherrn vom Stein an seine Frau geschrieben:»So sinken die Erscheinungen des Lebens, mit denen wir enger zusammenhängen in Menschen und Dingen, nach und nach unter und mahnen uns, dass es nicht mehr so fern ist, wo auch wir untersinken werden. Ich glaube, dass er die Welt gern verlassen hat; denn er sah viele Dinge mit ebenso trostlosen Blicken an als ich und fühlte, dass er nichts mehr gegen das Üble in der Welt zu leisten vermöchte. Auch würde man sich seiner schwerlich noch einmal bedient haben.« Zwanzig Tage später schrieb er:»Gräme Dich nicht so sehr um ein Leben, womit nicht viel mehr anzufangen war ... Ich kann nicht sagen, mit welcher Geringschätzung des menschlichen Urteils ich aus der Welt gehe.« Und am 13. August sprach er von seiner»vollkommenen Resignation, ... von diesem Leben nichts mehr als einen ehrenvollen Untergang zu erwarten...«

Wie sollte er auch weiterhin fruchtbar und sinnvoll wirken? Der König und mit ihm seine Hofclique hatten noch wenige Monate vorher beim Ableben seines Freundes Gneisenau – demonstrativ genug – nur ihre äußerliche Anteilnahme gezeigt. Hier als Reformer, als Förderer der Revolution von oben zu wirken war hoffnungslos geworden. Er konnte sich aber auch nicht der demokratischen Volksbewegung, die nach der Julirevolution in Frankreich auch in Deutschland anhob, anschließen. Er hätte im Widerspruch zu seiner inneren Einstellung und äußeren Stellung gestanden. Aber warum hatte er nicht mehr den festen Willen, sein wissenschaftliches Lebenswerk zu vollenden? – Er fühlte wohl, dass ein posthumes Werk leichter ertragen werden würde als das eines Lebenden, der bei den herrschenden Reaktionären als verstockt galt. Nein, Clausewitz starb nicht eigentlich an der Cholera; er starb in Verzweiflung an der preußischen Monarchie.

Marie von Clausewitz vollzog getreu das Vermächtnis ihres verstorbenen Mannes und veröffentlichte von 1832 ab unter dem Sammeltitel *Hinterlassene Werke* neben seinem theoretischen Hauptwerk sieben Bände kriegsgeschichtlichen Inhalts. Diese Bände zeigen zweierlei: einmal, dass Clausewitz seine Theorie kriegsgeschichtlich aufs stärkste fundierte, zum anderen, dass er sich vornehmlich mit den Kriegen der von ihm selbst durchlebten und durchkämpften Zeitgeschichte beschäftigt hat. Das ist ein Beweis dafür, dass Clausewitz die Kriegserfahrungen seiner Zeit, die eine Zeit revolutionärer Umwälzungen war, und die Kriegserfahrungen der Vergangenheit in sich aufhob, theoretisch zusammenfassen wollte.

Bekanntlich hat Engels nach dem Studium des Werkes von Clausewitz von der »sonderbaren Art« seines Philosophierens, die »der Sache nach aber sehr gut« sei, geschrieben. Engels drückte hier nicht nur sein Gefühl des Ungewohnten aus, sondern auch die Erkenntnis, dass das theoretische Denken von Clausewitz in keines der bekannten philosophischen Systeme einzugruppieren sei. Gewiss unterlag

Clausewitz dem Einfluss der philosophischen Grundströmungen seiner Zeit, dem Idealismus und der Dialektik der klassischen deutschen Philosophie, aber er wird nie als Kantianer, Fichtianer oder Hegelianer zu bezeichnen sein. Der philosophische Idealismus bei Clausewitz ist eigentlich innerlich zersetzt. Das sehen wir gerade bei jener These, die gewöhnlich als Beispiel für seine idealistische Grundkonzeption herangezogen wird. Seine These vom absoluten Krieg, mit der er sein Werk beginnt, stimmt zwar mit dem idealistischen Grundschema: Idee – Wirklichkeit; idealer Krieg – wirklicher Krieg, überein; es zeigt sich aber bei näherem Zusehen sehr bald, dass Clausewitz den Begriff des absoluten Krieges einmal von der historischen Erscheinung des Revolutionskrieges, zum anderen von realen Tendenzen der jahrhundertelangen Waffenentwicklung abstrahiert hat. Was das Erstere betrifft, so hat er im zweiten Kapitel des 8. Buches (»Absoluter und wirklicher Krieg«) geschrieben,»man könnte zweifeln, dass unsere Vorstellung von dem ihm (dem Kriege – E. E.) absolut zukommenden Wesen einige Realität hätte, wenn wir nicht gerade in unseren Tagen den wirklichen Krieg in dieser absoluten Vollkommenheit hätten auftreten sehen. Nach einer kurzen Einleitung, die die Französische Revolution gemacht hat, hat ihn der rücksichtslose Bonaparte schnell auf diesen Punkt gebracht.« Was das Zweite betrifft, so schrieb er in dem Äußerste Anwendung der Gewalt betitelten dritten Abschnitt des ersten Kapitels des 1. Buches:»Die Erfindung des Pulvers, die immer weitergehende Ausbildung des Feuergewehrs zeigen schon hinreichend, dass die in dem Begriff des Krieges liegende Tendenz zur Vernichtung des Gegners auch faktisch durch die zunehmende Bildung keineswegs gestört oder abgelenkt worden ist.« Heute, in der Periode der allgemeinen Krise des Kapitalismus und der Atomwaffentechnik, sollten wir den rationellen Kern in der These vom absoluten Krieg nicht verkennen.

Das Idealistische in dieser These liegt in etwas anderem; wir merken auf, wenn Clausewitz von der »wunderlichen Dreifaltigkeit« des Krieges spricht, »zusammengesetzt aus der ursprünglichen Gewaltsamkeit seines Elementes, dem Hass und der Feindschaft, die wie ein blinder Naturtrieb anzusehen sind, aus dem Spiel der Wahrscheinlichkeiten und des Zufalls, die ihn zu einer freien Seelentätigkeit machen, und aus der untergeordneten Natur eines politischen Werkzeuges, wodurch er dem bloßen Verstande anheimfällt. – Die erste dieser drei Seiten ist mehr dem Volke, die zweite mehr dem Feldherrn und seinem Heer, die dritte mehr der Regierung zugewendet.« An dieser Stelle ist gleichsam mit den Händen zu greifen, wie der antidemokratische (wenn auch bürgerliche) Grundzug seines politischen Wirkens mit seiner Tendenz zum philosophischen Idealismus zusammenfällt. In Abkehr von den oben wiedergegebenen Erkenntnissen (die, man möchte sagen, im Vorhof der Erkenntnisse von der Entwicklung der Produktionsverhältnisse und der Klassenkämpfe waren) reduziert Clausewitz die Tendenz zum absoluten Krieg, zur äußersten Gewaltsamkeit, auf psychologische Momente. Wir haben bereits seinen Hang zur psychologischen Betrachtungsweise des Verhaltens der Völker kennengelernt. Darüber hinaus stellt er den angeblich blinden Naturtrieb der Völker dem Verstande der Regierenden (seiner Zeit) gegenüber, wendet also eine Methode an, deren Fragwürdigkeit er an manchen Stellen seines Werkes dunkel erkannt hat. Hier zeigt sich auch der große Mangel, dass er die Politik nicht als Politik einer bestimmten Klasse zu definieren vermochte.

Das Höchste in der theoretischen Leistung von Clausewitz liegt in der Anwendung der dialektischen Denkmethode. Da unterscheidet er sich grundlegend von der älteren Generation der antiabsolutistischen Kriegstheoretiker, von Berenhorst und vor allem von Bülow. In seinem theoretischen Werk finden sich immer wieder bestechende und überzeugende Beispiele für die Lehre von der Einheit der Gegensätze, die Lenin als den »Kern der Dialektik« bezeichnet hat. Am berühmtesten ist die Untersuchung des Verhältnisses von Krieg und Politik; hier steht der Krieg der Politik gegenüber, wie der Teil dem Ganzen, dem letztlich Bestimmenden, wobei der Teil auch wieder auf das Ganze zurückwirken kann. Weitere Leitmotive des Werkes sind das dialektische Verhältnis von Angriff und Verteidigung, von materiellen und moralischen Faktoren, von festen und veränderlichen Größen, von Spannung und Ruhe, von Zufälligem und Wesentlichem, von Kleinem und Großem.

Niemals bleibt Clausewitz bei der isolierten Betrachtung eines einzelnen Faktors, und wenn er noch so wichtig ist, stehen; er schreitet vielmehr alle Seiten seiner Beziehungen und Verknüpfungen ab und deckt die Bedingungen und Formen auf, unter denen sich die verschiedenen Erscheinungen, Faktoren und Momente zueinander in Beziehung setzen und entwickeln. Nie lässt er sich auf oberflächliche Analogieschlüsse ein, sondern betrachtet stets das Konkrete der Umstände. Untersucht er auch immer wieder einzelne Seiten der Erscheinungen isoliert voneinander, so richtet er auch den Blick auf die Gesamtheit der Verhältnisse, behält er alle Dinge zugleich im Auge. Darum versteht Clausewitz auch in den dogmatischen Systemen, das Wahre vom Falschen, das Reale vom Übertriebenen zu trennen. Andererseits verfällt er niemals in Eklektizismus, weil er sich bewusst ist, dass »nichts so wichtig im Leben« ist, »als genau den Standpunkt auszumitteln, aus welchem die Dinge aufgefasst und beurteilt werden müssen, und an diesem festzuhalten; denn nur von einem Standpunkte aus können wir die Masse der Erscheinungen mit Einheit auffassen, und nur die Einheit des Standpunktes kann uns vor Widersprüchen sichern.« Sowohl bei der isolierten als auch bei der allseitigen Betrachtung der Erscheinungen und Dinge zeichnet er sich durch die Klarheit und Schärfe der Begriffe aus. Zugleich sind die Eindringlichkeit und Exaktheit seiner Begriffsbildung die Grundlage des geschliffenen Glanzes und der Bildkraft seiner Darstellung.

Clausewitz starb in Verzweiflung, aber was er in seiner Zeit und von seiner gesellschaftlichen und politischen Position aus auf dem Gebiet der Kriegstheorie an Unsterblichem leisten konnte, hat er geleistet.

Deutschland als »Bund« 1815 bis 1866

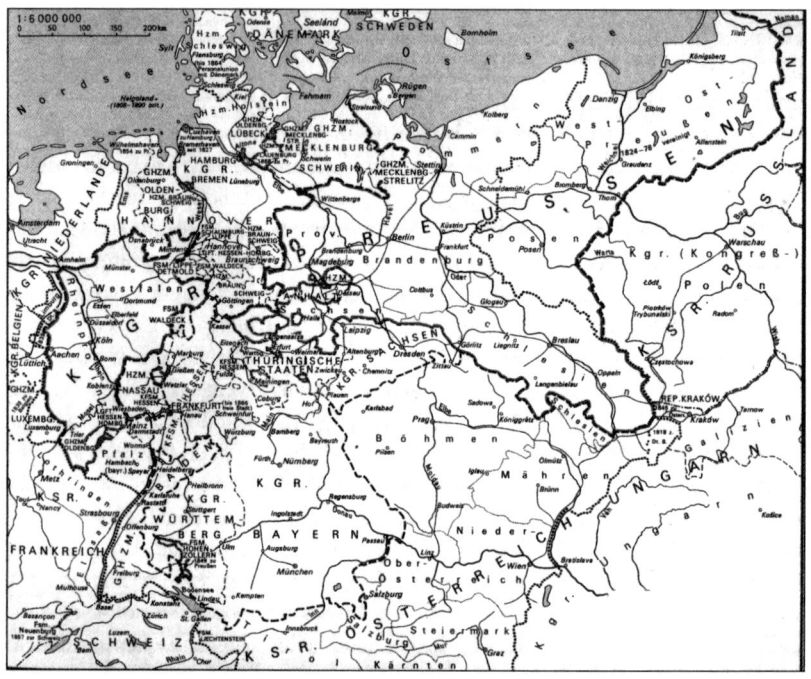

Sturm über Europa oder:
Die Achtundvierziger Revolution*

Wer sich mit der Revolution von 1848 befasst, sollte in der historischen Betrachtung auch das ausgehende 18. Jahrhundert im Blick haben, wo die Große Revolution der Franzosen von 1789 eine Epoche der politischen und sozialen Umgestaltungen einleitete. Das Groß- und Kleinbürgertum erkämpfte sie gegen die Krone, den Adel und die Bürokratie. Damit war das von feudalen Fesseln befreite Frankreich in Europa für die einen zur Bedrohung geworden, für die anderen zum Vorbild. Das Bürgertum konnte seine neuen Produktionsmethoden durchsetzen und seinen Drang nach dem »enrichisez vous!« ungehemmt folgen. Die französischen Bauern waren nicht mehr den Gutsherren unterworfen, nicht länger den von ihnen geforderten Abgaben und Diensten verpflichtet, und auch die Handwerker konnten sich von einengenden Bestimmungen lösen. Das ganze Land war endgültig von Provinzegoismen befreit und staatlich geeint. Das zeitigte Breiten- wie Tiefenwirkung. Auf dem europäischen Kontinent verlief das Geschehen während der ersten Hälfte des 19. Jahrhunderts in einem Dreierrhythmus der politischen und gesellschaftlichen Umwälzungen von 1807 bis 1814; von 1830 bis 1834 und von 1848 bis 1849.

Mit den preußischen Reformedikten, die in den Jahren nach 1807 feudalbürokratische Fesseln in der Landwirtschaft lösten, begann die bürgerliche Revolution in Deutschland. Sie setzte sich fort in der von England ausgehenden industriellen Revolution. Dabei gerieten einige der alten Mächte in provozierend wie produktiv wirkende Widersprüche. Um im internationalen Kräftespiel mithalten zu können, duldeten oder begünstigten auch feudale Staaten manches, was die kapitalistische Entwicklung direkt oder indirekt förderte. Man denke nur an die Gründung von Interessenvertretungen im Handel und Gewerbe oder an die Entstehung von Technischen Hochschulen inmitten der Restaurationszeit, wie es vor allem in Wien und Berlin geschah. Auch der 1834 zustande gekommene deutsche Zollverein agierte letztlich im Interesse der modernen bürgerlichen Gesellschaft.

Ungeachtet allen sozialen und wirtschaftlichen Progresses, drängten die liberalen und demokratischen Volkskräfte nach vollständiger Beseitigung der feudalbürokratischen Barrieren, vor allem wandten sie sich gegen die Souveränität der drei Dutzend Mittel- wie Kleinstaaten, die in einem losen Staatenbund, dem Deutschen Bund, unter der Führung der Habsburger Monarchie zusammengefasst waren. Es ging im Grunde um die Überwindung des »Systems Metternich«.

Sollte die nationale Frage gelöst werden, so schloss das die Beseitigung der mittel- und kleinstaatlichen Souveränität zugunsten des Nationalstaates ein, aber

* Zuerst in: Freiheit schöner Götterfunken! Europa und die Revolution 1848/49, Hamburg 1998, S. 6-11 (Zeitpunkte 1/1998)

auch der Unterdrückung durch eine fremde Macht musste Einhalt geboten werden. In Italien und Ungarn strebte man beides an; das machte dort 1848 und erneut 1849 Befreiungskämpfe gegen die Habsburger Monarchie unvermeidlich. Keineswegs kam die Revolution von 1848 wie ein Gewitter aus heiterem Himmel. Liberale und demokratische Parteien, die sich bildeten, bereiteten sie im sogenannten Vormärz mehr oder weniger bewusst vor. Nicht verwunderlich also, dass nach dem Februar-Umsturz in Frankreich, der hier den bereits bestehenden Kapitalismus im Interesse der Industrie nur vervollständigen sollte, der Sturm zugleich in ganz Kontinental-Europa bis an die Westgrenze des zaristischen Russlands losging. Gegen den Feudalismus gerichtet, erschütterte er die Habsburger Monarchie ebenso wie die Herrschaftssysteme Preußens und die der anderen deutschen Bundesstaaten.

Freiheit und Einheit waren die beiden Losungsworte in der Revolutionszeit. Sobald jedoch die Vertreter der einzelnen Klassen und Schichten darangingen, Freiheit und Einheit im sozialen und politischen Leben zu verwirklichen, verkamen die hehren Ziele meist, je nach den besonderen Interessen und jeweiligen Umständen, und enthüllten einen recht prosaischen Charakter.

Seit der Julirevolution von 1830 agierten immer mehr Arbeiter politisch und brachten – teilweise sogar tumultuarisch – ihre ökonomischen und politischen Forderungen vor, so die Lyoner Seidenweber in den dreißiger und die gut organisierten Chartisten in den vierziger Jahren. Diese beunruhigenden Erfahrungen veranlassten das liberale Bürgertum 1848 in Deutschland zu äußerster Vorsicht. Die Bourgeoisie zog es vor, anstatt im Bündnis mit den Arbeitern zu handeln, die für ihre eigene Macht gefährlich werden konnten, lieber auf einen revolutionären Sturz der alten Mächte zu verzichten und einen reformistischen Ausgleich mit der vom Adel gestützten Krone zu suchen.

Die »Vereinbarung« mit den überkommenen Mächten wurde besonders in Deutschland offen propagiert und kursierte als ein viel strapazierter Begriff. Weil es in reformistischem Eifer Rücksicht nahm auf die Dynastien, setzte das liberale Bürgertum nicht auf einen zentralistischen Einheitsstaat, sondern zog einen Bundesstaat vor, der die Zerfahrenheit und Aufsplitterung des losen Staatenbundes überwinden sollte. Es begnügte sich mit einer konstitutionellen Monarchie, die lediglich eine Kontrolle der Regierung durch das Parlament zuließ und Wahlen mit einem durchaus nicht immer allgemeinen und gleichen Wahlrecht konzedierte; keineswegs war unter den neuen staatsbürgerlichen Rechten die Presse- und Versammlungsfreiheit unbeschränkt gewährleistet.

Gegen eine kompromisslerische Politik, vertreten in Deutschland durch Gagern, in Frankreich durch Lamartine, in Italien durch Cavour und in Ungarn durch Batthyány, wandten sich die dem Kleinbürgertum nahestehenden Vertreter der radikalen Demokratie. Sie forderten die Republik, damit die Abschaffung der Dynastien und die Entmachtung des Adels, der »kleinen Könige« auf dem Lande. In Deutschland allerdings fühlten sich viele Demokraten den Traditionen der Klein- und Mittelstaaten so verhaftet, dass sie in ihrer Mehrheit keinen Einheitsstaat, sondern eine Föderativrepublik durchsetzen wollten. Nur der »Bund der Kommunisten« strebte für ganz Deutschland die »einzige, unteilbare Republik« an, weil er davon mehr Zusammenschluss und Organisation der Arbeiter erhoffte.

Seit Beginn der Revolution hatten sich Arbeiter den Demokraten beigesellt und bildeten gewissermaßen deren linken Flügel. Mit erwachendem sozialem Selbstbewusstsein entstanden auch Arbeitervereine und erste gewerkschaftliche Organisationen, die für eine Verkürzung der Arbeitszeit eintraten und höhere Löhne forderten.

In Frankreich war diese Bewegung der Arbeiter traditionsbewusster und auch fordernder; vor allem das »Recht auf Arbeit« verlangten die Klubs der Hauptstadt so eindringlich, dass die Regierung sich gezwungen sah, beruhigende Konzessio-

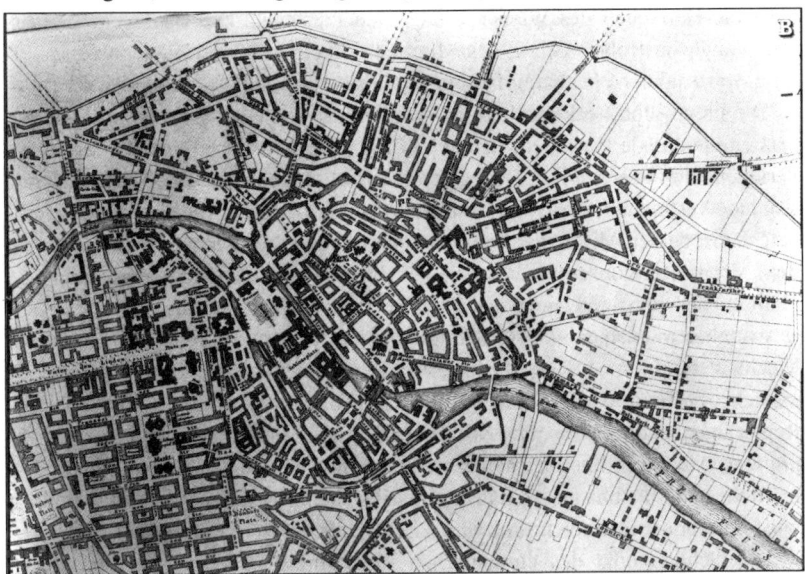

Karte mit den Barrikaden von Berlin im März 1848

nen durch die Einrichtung von »Nationalwerkstätten« zu machen. Als man diese finanziell bald untragbar gewordenen Behelfsinstitutionen im Sommer in provozierender Weise auflöste, steigerte sich der Arbeitskonflikt zu Straßenschlachten; einige zehntausend Arbeiter hielten vier Tage lang einer Übermacht von Soldaten und Mobilgardisten stand. Viertausend Tote blieben das anklagende Resultat zentraler Sozialkonflikte, denen noch Hinrichtungen und Deportationen folgten.

Die Junischlacht in den Straßen von Paris – ein ungeheuerliches Ereignis in den Auseinandersetzungen zwischen den Klassen – wurde zum Wendepunkt der europäischen Revolution. Frankreich geriet innenpolitisch ins Reaktionäre, es wirkte fortan nicht mehr revolutionär stimulierend, sondern war im internationalen Kräftespiel so gelähmt, dass Preußen und vor allem Österreich ungehindert vorgehen konnten bei der Niederschlagung politischer und nationaler Befreiungskämpfe, die sich bis in den Sommer 1849 hinein fortsetzten.

Den Auftakt gab die Septemberkrise von 1848, als das Volk in fast allen deutschen Staaten aus Protest gegen die Preisgabe von Schleswig-Holstein in eine patriotische Bewegung geriet, die sich in Frankfurt am Main bis zum Aufruhr steigerte; das preußische Militär schlug ihn nieder.

Ende Oktober konnte die Konterrevolution in Wien weitere Erfolge für sich verbuchen. Die Bevölkerung hatte dort zunächst den Abmarsch von Truppen gegen die aufständischen Ungarn verhindert und Kaiser Ferdinand zur Flucht nach Olmütz gezwungen. Doch nach achttägigen Kämpfen vermochte das kaiserliche Heer die Herrschaft des Wiener Volkes niederzuringen. Die standrechtliche Erschießung von Robert Blum, des Mitgliedes der Frankfurter Nationalversammlung, war zugleich eine Kampfansage an dieses verfassungsgebende Parlament.

Die preußische Reaktion verfuhr während der nächsten Wochen umsichtiger. Das opponierende Parlament ließ der König zwar von Berlin nach Brandenburg verlegen und löste es am 5. Dezember 1848 auf, doch er oktroyierte am gleichen Tag eine Verfassung, die zwei Kammern vorsah, ein Herrenhaus und ein Abgeordnetenhaus, dessen Mitglieder bald nach dem Dreiklassenwahlrecht gewählt wurden. Mit diesen Konzessionen an die gemäßigten Liberalen verhinderte man eine einheitliche Opposition gegen das diktatorische Vorgehen der Monarchie.

In Italien mit seinen unterschiedlichen, auch von außen – von der Habsburger Macht – bestimmten Herrschaftsverhältnissen, machte der Befreiungsprozess zunächst hoffnungsvolle Fortschritte: In der Toskana entstand eine linksliberale Regierung, in Rom rief man im November die Republik aus, in Piemont berief König Karl Albert ein liberales Ministerium, wenngleich dessen Kampf für ein einheitliches und unabhängiges Italien damit endete, dass Lombardo-Venetien doch wieder unter die österreichische Herrschaft geriet.

Der Schwerpunkt des europäischen Revolutionsgeschehens verlagerte sich 1849 endgültig nach Deutschland und Ungarn. Ende März nahm die Frankfurter Nationalversammlung die von ihr erarbeitete Reichsverfassung an, die ein kleindeutsches Kaiserreich unter Ausschluss Österreichs unter preußischer Führung vorsah, einen Bundesstaat also, in dem die alten Einzelstaaten und ihre Dynastien fortexistieren sollten. Die Monarchien der wichtigsten deutschen Staaten, insbesondere Wilhelm IV., der präsumptive Kaiser, lehnten die Verfassung ab.

Wie stark das Verlangen nach staatlicher Einheit im deutschen Volke lebte, zeigten die empörten Reaktionen auf die dynastischen Verweigerungen; den Rebellionen in Dresden, im preußischen Rheinland und Westfalen folgte der Aufstand in der Pfalz und in Baden, wo eine demokratische Regierung entstand, nach-

Die Märzgefallenen von Käthe Kollwitz

dem die gesamte badische Armee auf die Seite der Revolution übergegangen war. Diese Erhebung schlug das preußische Armeekorps in einem regelrechten Feldzuge nieder. In unrühmlicher Weise erwarb sich dabei Prinz Wilhelm, der spätere Kaiser, den Namen »Kartätschenprinz«. Er war verantwortlich für die Hinrichtungspelotons gegen jene Kämpfer, über die Friedrich Engels voller Anerkennung schreiben sollte: »Sie sind in den Gräben von Rastatt gestorben wie die Helden. Kein Einziger hat gebettelt, kein Einziger hat gezittert.« Die konterrevolutionären Schrecken ließen im kleinen Baden 80 000 Menschen emigrieren.

173

Die blutige Schlussphase der europäischen Revolution vollzog sich in Ungarn. Noch im April und Mai 1849 war es den demokratischen Unabhängigkeitskämpfern unter Kossuth gelungen, einen erneuten Umschwung herbeizuführen und die Nationalfahne Ungarns auf der Burg von Buda zu hissen. Aber Ungarn blieb angesichts der konterrevolutionären Siege in Europa isoliert. Das Habsburgerreich, durch viele Rückschläge geschwächt, bat sogar das zaristische Russland zu intervenieren, befürchtend, dass es mit dem abtrünnigen Land allein nicht fertig werde. Wiederum war ein Feldzug notwendig, bis die ungarische Heerführung am 13. August 1849 kapitulieren musste. Noch zahlreicher als in Baden folgten Exekutionen und grausame Racheakte. Dreizehn Generäle der ungarischen Armee starben unter den Kugeln eines österreichischen Hinrichtungskommandos; weitere hundert Todesurteile vollstreckte man, etwa 10 000 Personen litten in Gefängnishaft.

Die Niederlage von 1848/49 ließ viele demokratisch gesinnte Menschen resignieren oder emigrieren. Manche passten sich den alten Ordnungen wieder an und übernahmen geistige Leitbilder; die nichts mehr gemein hatten mit dem Optimismus der Vormärzsituation. Der vormals unbeachtete Arthur Schopenhauer avancierte in diesen fünfziger Jahren zum »Philosophen des Jahrhunderts«.

Doch trotz des politischen Sieges der traditionellen Mächte, so leicht war es nicht, den Geist der Heiligen Allianz wiederaufleben zu lassen. Was das Bürgertum vor und während der Revolution an konstitutionellen Zugeständnissen errungen hatte, musste um des historischen Kompromisses willen bestehen bleiben. Die politischen und sozialen Reformen, vor allem im Agrarbereich, blieben nicht nur bestehen, sondern wurden – wie in Preußen und Österreich – fortgeführt. Die traditionellen Klassen mussten sich den ökonomisch sozialen Realitäten der bürgerlichen Umwälzung anpassen. Immerhin hatte die Revolution so viele Kräfte in Bewegung gebracht, dass selbst nach der Niederlage, nach dem politischen Rückschlag, vieles, vor allem der ökonomische Fortschritt, nicht aufzuhalten war. Auch um seinetwillen musste das Testament der Revolution von 1848 verwirklicht werden: die nationale Einheit und die Befreiung von nationaler Unterdrückung. Diese Ziele erreichten Deutschland, Italien und Ungarn in den Jahren von 1864 bis 1871 durch die von Preußen ausgehende Revolution von oben.

Der Bismarck-Komplex

Das Recht zur Revolution hat existiert,
sonst wären ja die jetzt Herrschenden unberechtigt.

Friedrich Engels

Soll Revolution sein, so wollen wir sie lieber machen als erleiden.

Otto von Bismarck

Die historische Gestalt, mit der sich Ernst Engelberg am längsten auseinander-
setzte, war Otto von Bismarck. Bei einem seiner zahlreichen Auftritte nach dem
Erfolg des ersten Bandes seiner zweibändigen Biographie Bismarck Urpreuße
und Reichsgründer *(1985) stellte er in einem Vortrag im Georg-Eckert-Institut in*
Braunschweig seine lange Auseinandersetzung mit dieser wirkmächtigen Gestalt
dar. Aus der 1987 publizierten Rede stammt der folgende Ausschnitt:
»Meine erste intensive Beschäftigung mit Bismarck begann ich als Student im
Forschungsseminar von Gustav Mayer an der Berliner Universität. Aus dem Re-
ferat von damals über die Deutsche Sozialdemokratie und die Bismarcksche Sozi-
alpolitik erwuchs meine Dissertation, die nach der Entlassung Mayers im März
1933 von Hermann Oncken angenommen wurde. Ihre Veröffentlichung erwies sich
als unmöglich, nachdem mich im Februar 1934, vier Tage nach der offiziellen Mit-
teilung, ich hätte die Promotionsprüfung bestanden, die Gestapo verhaftet hatte.
Kurzum: meine erste Beschäftigung mit Bismarck bezog sich auf jene Periode sei-
nes Wirkens, in der er sich als Feind meiner politischen Ahnen erwies.
Auf die Gesamtproblematik Bismarcks historischen Wirkens wurde ich mit be-
sonderer Intensität unmittelbar vor und nach dem Ende des Zweiten Weltkriegs
gestoßen. Damals kam eine wahre Flut von Publikationen auf uns zu, in der viele
bedeutende Gestalten der deutschen Geschichte als Vorläufer Hitlers interpretiert
wurden: von Luther über Friedrich II., dann auch über Fichte bis zu Bismarck.
Insbesondere war alles Preußische Gegenstand einer heftigen Kritik, die vielfach
durchaus ernst zu nehmen war.
Natürlich beteiligte ich mich an der kritischen Abrechnung mit dem preußisch-
deutschen Militarismus. Dazu stehe ich bis zum heutigen Tage. In jener Nach-
kriegszeit sprach mich auch manches an, was bürgerliche Antifaschisten veröf-
fentlichten. Doch meine kritische Abwehrhaltung nahm zu, je mehr ich in den
Beurteilungsmaßstäben der antipreußischen Literatur den Liberalismus engli-
scher Provenienz und Weimarer Färbung erkannte. Allmählich wurde einem klar,
dass die liberale, scheinbar tiefgründige Kritik am ganzen Gang der deutschen
Geschichte, vor allem auch der des 19. Jahrhunderts, objektiv dazu diente, die un-
mittelbar Verantwortlichen für das Hitlersche Verbrecherregime und die Katastro-
phe des deutschen Volkes zu entlasten; unversehens konnten damit sowohl jene

großen Herren in der Zeit der Weimarer Republik, die einen nach innen und außen aggressiven Rechtsruck anstrebten und auch erreichten, als auch jene Liberalen, die damals wieder einmal versagten, in den Windschatten der historischen Kritik gerückt werden. Angesichts dieser politischen Umstände, die ich als Zeitgenosse selbst miterlebt habe, war kritische Vorsicht gegenüber allzu lauten Anklagen geboten, die die ganze deutsche Geschichte, insbesondere die Reichsgründung, für das Nazi-Regime möglichst voll verantwortlich machten. Mit dieser Warnung will ich nicht in ein anderes Extrem verfallen und die Verbindungsfäden zwischen dem preußisch-deutschen Militarismus und dem Hitlerschen Faschismus übersehen oder gar den berüchtigten Tag von Potsdam im Jahre 1933 verharmlosen.

Doch ich will nicht verschweigen, dass ich äußerst empört war, als liberale Kritiker des Preußentums und des Nazismus zur Diffamierung der Massen und vor allem des Sozialismus übergingen. Ich denke hier an das Buch des früher in Marburg wirkenden Ökonomen und Soziologen Wilhelm Röpke, betitelt: Die deutsche Frage. Es kam 1945 in mehreren Auflagen in Zürich heraus, auch in französischer und englischer Übersetzung. Wilhelm Röpke gehörte zu den Wortführern des Neoliberalismus.

Der Reichsgründung von 1870 warf er vor allem vor, dass sie eine Revolution gewesen sein, ›ein gewaltsamer und jäher Bruch des Rechts und der organischen Entwicklung‹. Von dieser Position aus lehnte er selbstverständlich nicht allein die Revolution von oben ab, sondern war auch geradezu von Abscheu erfüllt gegenüber einer Revolution von unten, insbesondere wenn sie vom Proletariat geführt würde. Dieser Klasse war seiner Meinung nach ›entscheidend‹ die starke Bevölkerungsvermehrung zuzuschreiben. Röpke verstieg sich zu folgendem Satz: ›Dieses Deutschland ist von ungezählten Millionen überflutet worden, die zu schnell und zu zahlreich kamen, um kulturell assimiliert zu werden. Deutschland ist das Opfer einer Barbareninvasion geworden, die aus dem eigenen Schoße der Nation hervorgegangen ist.‹ Diesen ungeheuerlichen Satz ließ der Erzliberale Röpke auch kursiv setzen. Die Gefahr der ›Barbarenrevolution‹, so fuhr er fort, sei umso größer geworden, als die zusätzlichen Millionen erfasst worden seien vom ›organisierten Sozialismus als Massenbewegung, geführt von Menschen, die an einer solchen Wirtschaft eigentlich nur das eine auszusetzen haben, dass andere an den leitenden Schreibtischen sitzen‹.

Abgesehen davon, dass hier der öfters erwähnte Neidkomplex publizistisch ins Spiel kam, war für mich damals Folgendes entscheidend: Röpke lastete dem Bismarckreich gerade das als negativ an, was ich in meiner Dissertation verteidigt hatte: nämlich die von der deutschen Sozialdemokratie organisierte Arbeiterbewegung. Sicher wusste ich, dass Marx und Engels die deutsche Nationalstaatsbildung bei aller Kritik an ihrem undemokratischen, preußisch-dynastischen Charakter als einen historischen Fortschritt betrachteten, gerade auch im Blick auf die Entwicklung der Arbeiterbewegung. Aber jetzt wurde ich durch die Röpke-Pu-

blikation, die die Arbeiterbewegung nicht allein kritisierte, sondern auch diffa-
mierte, geradezu gedrängt, mich mit dem intensiver zu beschäftigen, was Röpke
als ›preußischen Komplex‹ und als ›krankhaftes Einheitsgefühl‹ verurteilte.
Vielleicht wird es jetzt verständlicher, warum ich mich in den 50er Jahren um
die Ausarbeitung jener zwei Hochschullehrbücher bemühte, die sich mit der Ge-
schichte Deutschlands von 1849 bis 1871 und von 1871 bis 1897 befassten. Mit ih-
rer Publizierung reifte der Gedanke, eine Bismarck-Biographie zu schreiben. Auf
die zahlreichen methodologischen Probleme, die ich dabei zu bewältigen hatte,
will ich hier nicht eingehen. Nur eines sei festgehalten: eben die Reichsgründung
als Revolution von oben, die Röpke so vehement verneinte, erwies sich als Schlüs-
selbegriff, um das historische Geschehen in den Jahren 1866 bis 1871 in seinem
Wesen adäquat zu erfassen.«
Über seine politische Ahnen, die in der Zeit des Sozialistengesetzes die politi-
schen Feinde Bismarcks waren, schrieb Ernst Engelberg im Vorwort seiner 1959
erschienenen Studie Revolutionäre Politik und Rote Feldpost 1878-1890:
»Ich widme dieses Buch dem Andenken zweier Kämpfer der alten Sozialdemo-
kratie, die meine väterlichen Freunde waren. Adolf Geck (1854–1942), in den Fa-
milientraditionen der badischen Demokratie aufgewachsen, einst flotter, bierzei-
tungsredigierender und schwänkedichtender Student, bewies schon sehr bald
durch sein Leben und Wirken, dass ein konsequenter Demokrat Sozialist werden
müsse und mit dem Militarismus niemals paktieren könne. Während des Soziali-
stengesetzes leitete Adolf Geck in Offenburg einen wichtigen Stützpunkt im Trans-
portwesen des Sozialdemokraten und hielt eine legale Zeitung, den Volksfreund,
gegen alle Tücken der polizeilichen Verfolgung aufrecht. Er war lange Zeit der un-
bestrittene Führer der badischen Sozialdemokratie, bis dort die Opportunisten
das Übergewicht erhielten. Bei Adolf Geck habe ich zum ersten Mal, noch vor mei-
ner Studentenzeit, Originalbriefe von August Bebel, Wilhelm Liebknecht, Clara
Zetkin mit Ehrfurcht gelesen, auch einen erschütternden Kondolenzbrief Rosa Lu-
xemburgs vom 18. November 1918 – mit einer Nachschrift Karl Liebknechts –, in
dem sie mit merkwürdiger Todesahnung schrieb: ›Wir alle stehen unter dem blin-
den Schicksal, mich tröstet nur der grimmige Gedanke, dass ich doch vielleicht
bald ins Jenseits befördert werde – vielleicht durch eine Kugel der Gegenrevoluti-
on, die von allen Seiten lauert.‹ Zugleich empfand Rosa Luxemburg, dass im Hau-
se Geck die Sonne immer strahle, als tröstliche Bestätigung.
Dort lernte ich auch Joseph Belli (1849–1927) kennen, einstmals wichtigster
Mitarbeiter Julius Mottelers; er hat sich in seinem Büchlein Die rote Feldpost
selbst ein Denkmal gesetzt. Ich suchte ihn öfters im Berghäusle in Gengenbach
auf, wo er und seine energische Frau bei der Tochter, der Witwe Kurt Eisners,
wohnten. Ein Jahr vor seinem Tode sagte er in meiner Gegenwart zu Adolf Geck:
›Ich bin kein Kommunist, aber ich mache die Hetze gegen die Kommunisten nicht
mit; sie sind Fleisch von unserm Fleisch und Blut von unserm Blut.‹ Diese Worte

Adolf Geck, 1927

beeindruckten mich damals, der ich noch ein Oberschüler war, zutiefst. Ich habe sie niemals vergessen. Noch heute sehe ich im Geiste das Fenster, wo wir, die beiden Alten und ich Junger, standen. Wir konnten auf den Hinterhof des Zähringer Hofes schauen, jener Gastwirtschaft, in der 1848 die badischen Demokraten zusammenzukommen pflegten, wohin auch der Landesausschuss der Volksvereine seine Mitglieder am 12. Mai 1849 zu dem entscheidenden Landeskongress entbot, wo aber auch etwa hundert Jahre später der berüchtigte Studienrat Zind seine wildantisemitischen Reden hielt. Ist das Zufall? Oder ist dies nicht Ausdruck einer grausigen Entwicklung seit 1933, die sich in der Bundesrepublik ›freiheitlich‹ fortsetzt?

Von den beiden Alten, Joseph Belli und Adolf Geck, haben wir Jungen über die damalige Sozialdemokratie fast nur Kritisches, ja sogar Abschätziges gehört. Es konnte uns gar nicht in den Sinn kommen, in die SPD einzutreten. Als junger Student musste ich in München zu Beginn des Wintersemesters 1927/28 dann noch erleben, wie Abgesandte der Sozialdemokratie die überparteiliche sozialistische Studentengruppe spalteten. Es galt da nur noch, Lehren aus den Erfahrungen der Münchener Novemberrevolution und der Räterepublik zu ziehen, die ich an Ort und Stelle auch in Gesprächen mit alten Arbeitern studieren konnte. Dann war mir klar geworden, dass ein Zögling Joseph Bellis in die Kommunistische Partei gehört.«

Ernst Engelberg, der als Bismarck-Gegner politisch geprägt wurde, erlebte seinen größten Erfolg mit seiner Bismarck-Biographie, die zahlreich besprochen worden ist. Signifikant war der Artikel vom Spiegel-Gründer Rudolf Augstein zum Erscheinen des ersten Bandes, der entscheidend Diskussion und Verkauf beeinflusste: »Engelberg nähert sich dem Mann Bismarck mit der gebotenen Objektivität und der gebotenen Sympathie, manchmal sogar mit recht generöser Sympathie. Nie ist, jedenfalls mir, die Wurzel von Bismarcks Junkertum, das Erdreich seiner gewaltigen Triebe, so plastisch geworden wie in Engelbergs Erzählwerk; nie das Geflecht, in dem er sich regte, so durchsichtig. Man muss wohl Marxist zumindest gewesen sein, um den Teppich aus persönlichen und gesellschaftlichen Bezügen so meisterhaft zu wirken.«

Während die deutschen Fachhistoriker, die damals das Erzählen noch nicht wiederentdeckt hatten, zurückhaltender waren, gab es hymnische Wertungen sowohl vom ostdeutschen Wirtschaftswissenschaftler Jürgen Kuczynski als auch vom westdeutschen Theodor Eschenburg, dem ersten Lehrstuhlinhaber für Politikwissenschaften in Deutschland (Universität Tübingen): »Die weitaus bedeutendste Bismarck-Biographie, die wir besitzen.«

Otto von Bismarck

Otto von Bismarck und seine historische Leistung*

Der am 1. April 1815 geborene Otto von Bismarck, Sprössling jahrhundertealten märkisch-preußischen Landadels und – mütterlicherseits – eines Geschlechts von Gelehrten und Hofräten, verbrachte seine frühe Kindheit in der ländlichen Idylle Pommerns. Nach als hart und lieblos empfundenen sechs Jahren in der Plamann-schen Erziehungsanstalt zu Berlin kam für ihn in den Gymnasien, zuletzt im Grauen Kloster, eine Zeit freierer Geistesentwicklung. Als Bismarck 1832 das Gymnasium verließ, neigte er im Religiösen, keineswegs staatskonform, zum Pantheismus, wogegen im Politischen die mannigfachen Einflüsse des kritischen Berlin nicht stark genug waren, »um angeborene preußisch-monarchische Gefühle auszutilgen«. Trotz seines Urpreußentums widerstand Bismarck »dem zuletzt ziemlich kategorischen Drängen« seiner Eltern, »Soldat zu werden, mit siegreicher Festigkeit«. Doch auch für eine Laufbahn im Verwaltungsdienst konnte er sich nicht erwärmen, da beklagte er »die körperlich und geistig eingeschrumpfte Brust, welche das Resultat des Beamtenlebens« sein werde. Worauf sein Tätigungsdrang sich richtete, bezeichnete er im Herbst 1838. Weniger auf dem »breitgetretenen Weg durch Examen, Connexionen, Actenstudium und Wohlwollen« seiner Vorgesetzten würden ihn Erfolge reizen, vielmehr könnten die »eines Mitspielers bei energischen politischen Bewegungen« auf ihn »eine jede Überlegung ausschließende Anziehungskraft ausüben, wie das Licht auf die Mücke«. Diese Zeit reifte für ihn allerdings erst gegen 1848 heran. Zunächst befasste sich Bismarck mit der Landwirtschaft, brachte Ordnung ins väterliche Gut in Pommern, las viel belletristische und religionskritische Bücher; doch das alles vermochte sein Aktionsbedürfnis nicht zu befriedigen. Um der Enge des Landlebens zu entkommen, bedurfte er der Förderer, und das waren für ihn schließlich die pommerschen Pietisten. Selbst wenn er gegenüber ihrem religiösen Eiferertum seine Vorbehalte behielt, kam ihr politisches und soziales Credo seinem Grundbesitzerinteresse durchaus entgegen. Jetzt eröffnete sich ihm die Möglichkeit, auf die größere Bühne gesamtpreußischer Politik zu treten, nicht als Staatsbeamter, sondern als einer, der für die sich herausbildende konservative Partei stritt.

Ein Platz in der Politik

Die von England und Frankreich ausgehende Doppelrevolution, die industrielle und die politisch-soziale, konnte man in Deutschland zwar modifizieren, letztlich aber nicht verhindern. Die Februarrevolution in Paris war ein Signal gewesen, das die schon lange unzufriedenen Volksmassen in Bewegung brachte; in Wien wurde am 13. und in Berlin am 18. März 1848 die Absetzung der alten Minister und ihre Ersetzung durch bürgerliche erzwungen. Die größte Errungenschaft des revolu-

---

* Zuerst in: Praxis Geschichte 9 (1995) H. 5, S. 4-9.

tionären März war die Rede-, Presse- und Versammlungsfreiheit. Dennoch blieben die Dynastien und deren Heere erhalten, also jene Mächte, die vom Herbst 1848 an alles revolutionäre Aufbegehren niederschlagen konnten. Im Frühjahr 1848 waren Wahlen erzwungen worden, aus denen mehrere Parlamente hervorgingen, vor allem die Nationalversammlung in der Paulskirche zu Frankfurt und die preußische Abgeordnetenversammlung. Ihre Mehrheit bestand aus Vertretern des liberalen Bürgertums, welche die den Fürsten und dem Adel verbliebene Macht nicht brechen, sondern die Revolution durch »Vereinbarung« beenden wollten. Insgesamt gesehen, erwies sich die deutsche Revolution als eine abflauende, keine aufsteigende Bewegung. Ihr Niedergang begann in Preußen mit dem Hinausdrängen der liberalen Minister aus der Regierung und endete 1848 mit der Oktroyierung einer Verfassung und der Ernennung des Generals Wrangel zum Befehlshaber der Marken, wo die Bürgerwehr entwaffnet und der Belagerungszustand verkündet wurde.

Im Jahre 1848 gehörte Bismarck noch nicht zu den herausragenden Politikern, bestenfalls tat er sich als provokanter Redner hervor. Tief überzeugt, dass die Krongewalt und ihre Armee wieder zu stärken seien, hingegen eine liberale Mitregierung und erst recht eine demokratische Volksbewegung bekämpft werden müsse, fühlte er sich in seinem praktischen Verhalten doch verunsichert.

In den ersten Tagen nach der Märzrevolution hatte er sich als spontaner und hitziger Draufgänger gezeigt, dann folgten Wochen des Nachdenkens. Die leitenden pietistischen Köpfe der Kamarilla, seine Förderer, der Appelationsgerichtspräsident Ludwig von Gerlach und der Generaladjutant des Königs, Leopold von Gerlach, grollten ihm mitunter ob seines vorsichtigen Taktierens. Auch bei der Gründung der Kreuzzeitung, dem konservativen Parteiblatt, gehörte er keineswegs zu den Hauptakteuren.

Im Frühjahr 1849 beschloss die liberale Mehrheit der Frankfurter Nationalversammlung eine Reichsverfassung, deren Kernstück die allgemeinen, gleichen, geheimen und direkten Wahlen für das Volkshaus bildeten. Nur ein sogenanntes Kleindeutschland unter Ausschluss Österreichs war vorgesehen. Nachdem Preußens König Friedrich Wilhelm IV. die ihm angebotene Kaiserkrone, antiparlamentarisch voreingenommen, wie er war, abgelehnt hatte, brachen in Dresden, Baden und in der Pfalz Aufstände aus; man wollte die Einführung der Reichsverfassung erzwingen. Preußen reagierte mit einer Doppelstrategie: einerseits mit der Niederschlagung der radikal-demokratischen Aufstände durch Truppen unter dem Befehl des Prinzen Wilhelm, andererseits mit der Inaugurierung einer deutschen Union unter seiner Hegemonie, unterstützt von kompromissbereiten Liberalen.

Bismarck wurde Abgeordneter in dem aufgrund des Dreiklassenwahlrechts gewählten Unionsparlament, das bald den Intrigen und Drohungen der beiden Großmächte Österreich und Russland sowie der deutschen Mittelstaaten ausgesetzt war. Als die Gegensätze sich verschärften, stand Preußen vor der Alternative, entweder Kriegführen mit Unterstützung der Liberalen, die dadurch wie die Demokraten wieder erstarken konnten, oder Kapitulieren vor den Widersachern. Die Kamarilla um die Gerlachs erreichte damals den Verzicht des preußischen Königs auf die Unionspolitik, was einer Kapitulation gleichkam. Anstelle des gescheiterten deutschen Bundesstaates unter preußischer Hegemonie trat ein Staatenbund. Der alte 1815 gegründete Bundestag, eine Versammlung von Regierungsbevollmächtigten unter Vorsitz des österreichischen Gesandten, konstituierte sich wieder.

Als Bundestagsgesandter in Frankfurt
Zu allgemeiner Verwunderung ernannte die preußische Regierung 1850 den diplomatisch noch unerfahrenen Bismarck zu ihrem Bundestagsgesandten in Frankfurt. Das geschah nach seiner eindrucksvollen Rede über die Annahme des Diktats von Olmütz, in der er vor einem revolutionär-demokratischen Ausgang eines militärischen Machtkampfes zwischen Preußen und Österreich gewarnt hatte. Gleichwohl blieb Bismarck nicht unberührt von der Unterwerfung gegenüber Österreich und Russland, getroffen im Stolze seines Stockpreußentums. Diese Erlebnisse bewegten ihn ständig während seiner diplomatischen Gesellenjahre in Frankfurt, wo er Auseinandersetzungen führte über die Liquidation der deutschen Flotte, die Pressegesetzgebung und den von Preußen 1834 begründeten Zollverein. Alles weitere sich aus zu einem grundsätzlichen Prestigekampf zwischen den beiden deutschen Großmächten Österreich und Preußen. Bismarck wusste da schon, dass trotz allem die alte Zeit nicht wiederzubeleben sei. Zudem brach nach der Niederlage des Zarismus im Krimkrieg die außenpolitische Basis der Stockkonservativen zusammen. In jenen Jahren erarbeitete er sich seine politische Konzeption: Festhalten an der Unabhängigkeit der Krongewalt und ihrer Armee von parlamentarischer Mitbestimmung, aber auch Bereitschaft, den Liberalen auf nationalstaatlichem und wirtschaftlichem Gebiet Zugeständnisse zu machen. Das Jahr 1859 mit seiner Weltwirtschaftskrise und politisch-militärischen Krise in Oberitalien brachte auch in Deutschland Spannungen hervor; es erwuchs eine Volksbewegung mit neuen Parteien.

Bismarcks Berufung als Ministerpräsident
Vom Kriegsminister von Roon schon längere Zeit gegen den Widerstand König Wilhelm I. gefördert, wurde Otto von Bismarck in der prekären Krisensituation des preußischen Heeres- und Verfassungskonflikts im September 1862 zum Ministerpräsidenten und Außenminister berufen. Damals kam die antiliberale Komponente seiner politischen Strategie mit oft provozierender Deutlichkeit zum Ausdruck. Wo er dem Liberalismus entgegenkam, lief es auf einen »kleindeutschen« Nationalstaat unter Ausschluss des schutzzöllnerischen Habsburgerreiches hinaus und auf die Beseitigung des Deutschen Bundestages. Darüber konnte er natürlich nicht offen zu einer Zeit sprechen, in der er seinen strategischen Hauptgegner Österreich während des schleswig-holsteinischen Konfliktes 1863/64 zu seinem

taktischen Verbündeten machte. Differenzen gab es dabei genug, die Bismarck ab Herbst 1865 so verschärfen konnte, dass ein Krieg zwischen Österreich und Preußen unumgänglich wurde. Die im Frühjahr 1866 erstarkende Volksbewegung irritierte er durch den Vorschlag, ein deutsches Parlament aus allgemeinen, gleichen und direkten Wahlen hervorgehen zu lassen. Der Konfliktminister wandelte sich zum Testamentsvollstrecker liberaler Aspirationen von 1848.

Nach dem militärischen Sieg Preußens über Österreich 1866 begann in Deutschland die Staatsumwälzung durch Annexionen von Hannover, Kurhessen, Schleswig-Holstein und Frankfurt an Preußen, ferner durch die Entthronung von vier Fürsten und die Auflösung des Deutschen Bundestages. Das war der politische Höhepunkt der deutschen Revolution von oben. So verstand es auch der Zeitgenosse Ludwig Bamberger, der 1867 schrieb, dass Bismarck – allen illiberalen Zügen seines Wesens zum Trotz – letzten Endes im Dienste der 1789 begonnenen bürgerlich-kapitalistischen Umwälzung agierte. Zur Revolution von oben gehörten ferner die später zur Reichsverfassung gewordene Verfassung des Norddeutschen Bundes sowie eine umfangreiche Gesetzgebung, die dem Industriekapitalismus der freien Konkurrenz diente.

Nachdem die Vereinigung von Nord- und Süddeutschland durch ein Zollparlament gescheitert war und sich auch Widerstände in Bayern und Württemberg gegen einen Nationalstaat unter preußischer Hegemonie verstärkten, erhöhte sich die Gefahr einer Intervention durch Frankreich, zumal Napoleon III. in eine innenpolitische Krise geriet. Unter diesen Umständen ließ sich Frankreich durch die berühmt-berüchtigte Emser Depesche Bismarcks provozieren zum letzten der preußisch-deutschen Einigungskriege von 1870/71.

Nach der Niederlage Napoleons III. bei Sedan im September 1871 war noch ein schwerer Waffengang notwendig, der mit dem Siege Preußen-Deutschlands endete. Mit der Kaiserproklamation zu Versailles und dem Friedensschluss mit Frankreich war das nationalpolitische Ziel erreicht und Bismarck schien auf dem Höhepunkt seiner Laufbahn angelangt. Doch er fühlte sich keineswegs als frohgemuter Sieger, sondern war ein bedenkenüberladener Mann, der »nach oben wie nach unten Stimmungen berücksichtigen« musste, die die Annexion von Elsass und Lothringen verlangten.

Neue innenpolitische Probleme erwuchsen nur allzu bald. Im konstituierenden Deutschen Reichstag hatte er nicht mehr allein mit den beiden liberalen und konservativen Parteien zu tun, die sich nach 1866 herausgebildet hatten, sondern auch mit der im Winter 1870/71 gegründeten katholischen Zentrumspartei, die mit der päpstlichen Kurie in Rom Kontakt pflegte. Vor allem die Liberalen in ganz Europa waren über das kurz vor Ausbruch des Deutsch-Französischen Krieges zu Ende gehende Vatikanische Konzil höchst aufgebracht. Unter Pius IX. wurde der dort schon lange bekundete Geist der Unduldsamkeit, des Eifertums und des Machtanspruchs der Papstkirche feierlich bestätigt und die Unfehlbarkeit des Papstes in allen dogmatischen Fragen verkündet. Der bedeutende Mediziner Rudolf Virchow, ein Linksliberaler, sprach deshalb später vom »Kulturkampf«, der gegen die Kirche geführt werden müsse.

Das rein Dogmatische des Vatikanischen Konzils hat Bismarck kaum interessiert. Besorgt war er jedoch zunehmend wegen dreier Aspekte des Konzils und der vorausgegangenen päpstlichen Kundgebungen (des Syllabus errorum und der Enzyklika). Einmal wegen der klerikalen Machtansprüche im Staat, nicht zuletzt im Unterrichtswesen, was ein altes Toleranzprinzip der preußischen Staatsraison, die Gleichberechtigung aller Religionen, erneut gefährdete. Zum anderen beunruhigten ihn die zentrifugalen Kräfte des Reiches wegen ihres überzogenen Partikularismus, vertreten vor allem vom katholischen Zentrum. Und dann erwuchs auch die Gefahr einer katholischen, reichsfeindlichen Liga etwa zwischen Österreich, Italien und Frankreich. So gab Bismarck denn dem preußischen Kultusminister Adalbert Falk weitgehend freie Hand für die Ausarbeitung einer antiklerikalen Gesetzgebung, die u. a. die kirchliche Schulaufsicht beseitigte und die Anzeigepflicht bei Neuanstellung von Pfarrern und damit ein Vetorecht der Behörden vorsah. Das Kirchenvolk war weniger vom Inhalt der Kulturkampfgesetze berührt als von der Art und Weise, wie sie durchgesetzt wurden. Die Verhaftung von Priestern (angefangen von Kaplänen bis zu Bischöfen), sofern sie die gesetzlichen Bestimmungen nicht befolgten, führte oft genug dazu, dass monate-, ja jahrelang Pfarreien verwaisten.

Ende der 70er Jahre wurde Bismarck klar, dass der Kulturkampf in der ursprünglichen Weise nicht mehr weitergeführt werden konnte. Die Zeit zum Einlenken war günstig, weil der neue Papst, Leo XIII., zu einigen Kompromissen bereit war. So erreichte die katholische Kirche das Ende der Verfolgung, aber keineswegs die Zurücknahme wesentlicher Kulturkampfgesetze, etwa der Schulaufsicht und der Zivilehe. Die Zentrumspartei blieb stark genug, um die Interessen des katholischen Kirchen- und Volkslebens wirksam zu vertreten.

Während des sogenannten Kulturkampfes wirkten Bismarck und die Liberalen zusammen, noch enger aber auf dem Gebiet der Wirtschaftspolitik; dienten doch die reichsgesetzlichen Regelungen des Währungs- und Münzwesens und im Zusammenhang damit des Bankwesens der Entwicklung des Handels und des Kredits. Parallel zu den Banken und in Zusammenhang mit ihnen wuchsen die Schwerindustrie, also Bergbau und Hüttenwesen, aber auch die eisenverarbeitende Industrie, der Maschinenbau. In den 80er Jahren kündigte sich das Zeitalter der Elektroindustrie an. Sehr zu Recht konnte Bismarck am Ende seines Lebens davon sprechen, dass die Einheit Deutschlands viele neue Energien entwickelt und neue Interessen geschaffen habe. Doch die soziale Frage, so konzedierte er weiter, mache alle Regierungen schaudern.

Sie stand in der Tat auf der Tagesordnung, zumal die Wirtschaftskrise, die nach 1873 eingesetzt hatte, auch die sozialen Konflikte der Arbeiter zuspitzte, sie erschütterte nicht allein das Freihandelssystem und den Liberalismus. Die Sozialdemokratie war schon durch die Einigung der bisher getrennten und einander bekämpfenden Lassalleaner und der Marx-Anhänger im Jahre 1875 erstarkt. Dem wollte Bismarck mit einer Doppelstrategie beikommen: einerseits mit Repressionen, andererseits mit Konzessionen in Gestalt der Sozialversicherung.

Die Repression war das im Jahre 1878 im Reichstag durchgebrachte Ausnahmegesetz gegen die Sozialdemokratie, gegen ihre Organisationen und Presseorgane; das Verbot traf auch nahezu alle Gewerkschaften; sozialdemokratische Funktionäre wurden aus den Betrieben entlassen, gelegentlich auch durch die Erklärung des sogenannten kleinen Belagerungszustandes aus ihren Heimatorten verwiesen. Die einzige legale Betätigung blieb den Sozialdemokraten in Wahlvereinen, die Kandidaten ernennen konnten, sodass die Arbeiterpartei während der ganzen Zeit des Sozialistengesetzes im Reichstag vertreten blieb.

Konzessionen wurden durch die Sozialversicherungsgesetze gewährt, in Gestalt der Kranken-, Unfall-, Alters- und Invalidenversicherung. Sie erwiesen sich als zukunftsweisend, selbst für außerdeutsche Länder, waren aber im Jahrzehnt ihrer Entstehung politisch nicht wirksam. Das bewies die von Wahl zu Wahl anwachsende Stimmenzahl für die Sozialdemokratie. Die Leistungen der Sozialversicherung waren noch viel zu gering, zumal sie keine Fabrikgesetzgebung ergänzte, die sich etwa auf Arbeitszeit oder Arbeiterschutz bezog. Dagegen stemmte sich Bismarck mit schier unglaublicher Hartnäckigkeit; sein gutsherrlicher Patriarchalismus traf sich da mit dem Herr-im-Hause-Standpunkt der Unternehmer, die man bezeichnenderweise »Schlotbarone« nannte.

Seit Jahren wollten sich die Arbeiter nicht mit Abschlagzahlungen für Kranke, Invalide und Altersschwache begnügen, sondern forderten auch den Schutz der Gesunden in den Betrieben. Dieses elementare Verlangen war im großen Bergarbeiterstreik von 1889 laut und unmissverständlich geworden. Im Übrigen tagte am 14. Juli 1889, am hundertsten Jahrestag des Sturms auf die Bastille, in Paris ein internationaler Arbeiterkongress, auf dem die II. Internationale gegründet wurde. Ihre zentrale Gegenwartsforderung war der Achtstundentag. So war eine Fabrikgesetzgebung für den Schutz der gesunden Arbeiter national und international auf die Tagesordnung gesetzt – dringend und drängend.

Bismarck hatte es jetzt nicht mehr mit dem alten Kaiser Wilhelm I. zu tun, der im März 1888 verstarb, auch nicht mehr mit dem todkranken Kaiser Friedrich, dem 100-Tage-Kaiser, sondern mit dem jungen Kaiser Wilhelm II. Unter dem Einfluss seines früheren Erziehers, Hinzpeter, erschienen – ohne Gegenzeichnung durch den Kanzler – die Kaiserlichen Erlasse über Arbeiterschutz. Damit wollte sich Wilhelm, die Kanzlervorherrschaft überwindend, positiv von Bismarck abheben. Aber ernst war es ihm mit den Erlassen keineswegs. Trotz aller Konferenzen liefen seine Anläufe bald ins Leere.

Die Reichstagswahlen vom Februar 1890 brachten für die Regierung und die systemkonformen Parteien eine böse Überraschung: die deutsche Sozialdemokratie erhielt die meisten Stimmen (1,4 Millionen); in Berlin erreichte sie sogar die absolute Mehrheit. Die Krise des Kanzlerregimes war unausweichlich geworden, zumal sich zu den innen- und sozialpolitischen Differenzen schicksalsschwere Auseinandersetzungen über die weitere Außenpolitik gesellten. All das führte schließlich zum Sturz Bismarcks. Viele atmeten auf in Deutschland. Aber das Ausland war betroffen. Respekt vor dem scheidenden Staatsmann vermischte sich mit Unbehagen vor dem künftigen außenpolitischen Kurs, repräsentiert durch den jungen Kaiser.

Die Bismarcksche Außenpolitik ab 1871 und ihr Erbe

Als Grundlage seiner Außenpolitik galt Bismarck nun die territoriale Saturiertheit des Reiches und Nichteinmischung in fremde Angelegenheiten. Davon ausgehend, strebte er stets aufs Neue die Sicherheit des Reiches durch das Gleichgewicht der europäischen Großmächte an. Vor allem wollte er ein russisch-französisches Bündnis verhindern und Deutschland davor bewahren, in Balkanhändel militärisch hineingezogen zu werden. Dem diente das Dreikaiserverhältnis zwischen Deutschland, Russland und Österreich. Im Jahre 1887 schloss er den geheimen, später berühmt gewordenen Rückversicherungsvertrag mit Russland ab, der wohlwollende Neutralität für den Fall, dass eine der beiden abschließenden Mächte von einer dritten Großmacht angegriffen werde, zusicherte. Anders als führende Generalstäbler, war Bismarck gegen einen Präventivkrieg, sowohl gegen Frankreich wie auch gegen Russland. Seine diplomatischen Bemühungen gingen dahin, Frankreich an einem antideutschen Bündnis zu hindern. Aber er hegte niemals die Illusion, Frankreich als Großmacht vernichten zu können. Als der auf drei Jahre abgeschlossene Rückversicherungsvertrag 1890 von seinen Opponenten in Berlin nicht mehr erneuert wurde, förderten sie die französisch-russische Annäherung, die zum Bündnis von 1893 führte. Die gefürchtete Ost-West-Einklammerung erweiterte sich ab 1903 durch England zur Gefahr einer Einkreisung. Was Bismarck ständig befürchtet hatte, zeigte sich jetzt in vollem, katastrophalem Ausmaß. Russland wurde allmählich bereit für ein antideutsches Einvernehmen mit der kriegsentscheidenden Weltmacht England. Noch ein halbes Jahr vor seinem Tode meinte der Altkanzler zur angekündigten Weltpolitik, Deutschland sollte sich auf überseeische Unternehmungen nur dann einlassen, wenn dadurch kein Konflikt mit anderen Großmächten entstünde. Das Bedürfnis, überall dabei zu sein, widerspräche dem realen Interesse Deutschlands. Höchst ungewöhnlich, dass ihm dabei im Reichstag sogar August Bebel zustimmte, da auch für diesen »die Schaffung einer Flotte, wie sie jetzt geplant wäre, außerordentlich Bedenkliches hätte ...«

Bismarcks vorausehende Warnung, Umsicht und Vorsicht in internationalen Beziehungen walten zu lassen, wurde sowohl von seinen Nachfolgern wie auch vom liberalen Großbürgertum in sträflicher Weise missachtet; damit wurde sein überaus wichtiges außenpolitisches Erbe in folgenschwerer Weise vertan.

Das Deutsche Reich 1871 bis 1918

»Die Evolution in der Geschichte macht früher oder später eine Revolution notwendig«*

Vorbemerkung: Im März 1987 kamen erst- und letztmalig führende Historiker des geteilten Deutschland in Bonn zusammen und diskutierten offen und öffentlich über die gemeinsame deutsche Geschichte. Nach der Eröffnungsrede von Willy Brandt agierten – in alphabetischer Reihenfolge – Ernst Engelberg, Bernd Faulenbach, Dieter Fricke, Peter Glotz, Helga Grebing, Jürgen Kocka, Eberhard Kolb, Dieter Langewiesche, Susanne Miller, Hans Mommsen, Walter Schmidt, Gustav Seeber, Rudolf von Thadden, Manfred Weißbecker und Walter Wimmer.

Zunächst möchte ich den Initiatoren dieses Forums dafür danken, dass sie den Schlüsselbegriff meiner Bismarck-Biographie, nämlich den der Revolution von oben, als Diskussionsthema auf die Tagesordnung gesetzt haben. Die bisherigen Auseinandersetzungen zeigten, dass man ohne Berücksichtigung dieses Schlüsselbegriffs den historischen Ort der Bismarckschen Reichsgründung nicht richtig bestimmen kann. Als sich Preußen nach seinem Sieg über Österreich 1866 erlauben konnte, Hannover, Nassau, Kurhessen, Schleswig-Holstein und Frankfurt zu annektieren, wurden drei Fürsten gegen alle Prinzipien der Legitimität und des Gottesgnadentums entthront; Bismarck beseitigte zudem den 1815 auf dem Wiener Kongress geschaffenen Deutschen Bund.

Was er 1866 als Rechtsbruch vollzog, bezeichneten seine Freunde wie Feinde als eine »Revolution von oben«. Die zeitgenössischen Betrachter aus den verschiedenen Parteilagern versahen dieses Schlüsselwort allerdings mit sehr unterschiedlichen, bejahenden oder verneinenden Vorzeichen und emotionalen Akzenten (vgl. S. 619ff. meiner Bismarck-Biographie). Dabei bedeutete die Revolution von oben nicht allein das Ende eines alten Staatensystems, sondern ermöglichte auch den endgültigen Durchbruch zum Industriekapitalismus der freien Konkurrenz. Er erreichte in den Jahren 1866 bis 1873 gerade auch international seinen Höhepunkt.

Welches waren die ökonomischen und politischen Kräfteverhältnisse, die die Revolution von oben erzwangen?

Der Industriekapitalismus hatte in den fünfziger Jahren in raschem Tempo Fortschritte gemacht; aber absolutistisch-bürokratische Hemmnisse existierten weiter, was erneute Widersprüche schuf. Deutschland wurde zudem in die Weltwirtschaftskrise von 1857 hineingerissen. Nach der nationalrevolutionären Krise und den militärischen Auseinandersetzungen in Oberitalien ging es auch in Deutsch-

---

* Zuerst in: Erben deutscher Geschichte. DDR-BRD: Protokolle einer historischen Begegnung, hrsg. von Susanne Miller und Malte Ristau, Reinbek 1988, S. 100-108.

land um nationale Einheit und bürgerliche Umgestaltung. Die Volksbewegung stand 1859 noch unter dem Einfluss des liberalen Bürgertums, das einen National-staat unter preußischer Führung erstrebte und im Nationalverein organisiert war. Dieser war zwar eine Honoratiorenorganisation, die bewusst Arbeiter und Studen-ten von sich fernhielt und sich darum die großbürgerliche Willensbildung bewahr-te, aber hatte auch wieder beachtliche Ausstrahlungskraft auf die Organisationen des Volkes. Die liberale Presse erschien täglich in einer Auflage, die im Verhältnis zu der konservativen um über das Fünffache höher lag, nämlich mit 250 000 Ex-emplaren gegenüber 45 000. Die Möglichkeiten des Bürgertums, sowohl seine na-tionalen und ökonomischen Ziele als auch wesentliche politische Machtansprüche durchzusetzen, waren also nicht gering.

Doch verschiedene Widersprüche, in denen sich die Liberalen bewegten, ließen sie zu keiner historischen Tatkraft kommen. Der entscheidende Widerspruch war dieser: Der Liberalismus benutzte das Volk in begrenztem Maße und mit ängstli-chem Herzen als Druckmittel gegen die Dynastien und ihre Ministerien, war aber gleichzeitig gegen die Revolution von unten, also gegen die Gewalt der Volks-massen. Nach 1859 differenzierte und radikalisierte sich die Volksbewegung im-mer mehr. Die vom radikalen Kleinbürgertum und von den Arbeitern vertretene Demokratie trat für einen Nationalstaat ein, der von den revolutionären Massen gegen die bestehenden Dynastien erkämpft werden sollte. Also Revolution von unten!

Im Ganzen war der Liberalismus zusammen mit der kleinbürgerlichen und pro-letarischen Demokratie gerade im Hinblick auf den angestrebten Nationalstaat eine historische Triebkraft, aber da er seine Zielvorstellung in keine kohärente Strategie und Taktik umzusetzen imstande war, fehlte ihm die Führungskraft. Überdies war die radikale Demokratie durch kleinbürgerlichen Subjektivismus und teilweise durch Partikularismus in sich nicht einig und schlagfertig genug.

Hier erkannte Bismarck immer mehr seine Chance. Nach dem Ende des Krim-krieges und in der Auseinandersetzung mit Leopold von Gerlach, dem Adjutanten Friedrich Wilhelms IV., arbeitete er seine politische Konzeption aus. Er hielt fest an der Unabhängigkeit der Krongewalt und ihrer Armee von aller parlamentari-schen Mitbestimmung. In dieser Hinsicht machte er den Liberalen keinerlei Kon-zessionen; darin bestand auch der Kern des preußischen Heeres- und Verfassungs-konfliktes in den Jahren 1861 bis 1866. Bismarck zielte andererseits immer bewusster darauf hin, dass preußische Hegemoniestreben in Deutschland mit dem Streben der Liberalen nach Nationalstaatsbildung zu verbinden. Dieser von ihm konzipierte Kompromiss mit den Liberalen barg jedoch einen Rechtsbruch in sich, nämlich das Hinauswerfen Österreichs aus dem 1815 gegründeten Deutschen Bund und dessen Auflösung. Das Vorgehen Bismarcks im Jahre 1866 war also schon Ende der fünfziger Jahre im Prinzip ins Auge gefasst, wenn auch nicht im Einzelnen geplant.

In seinem grundsätzlichen Denken war Bismarck insofern konsequent, als er relativ früh das Recht auf Revolution in gewissem Sinne anerkannte. Im Mai 1857 wagte er in einem Brief an Leopold von Gerlach einen historischen Rückblick auf die Zeit seit der Französischen Revolution. Einmal zeigte er, wie legitime Zustände als »eingealterte« Revolutionen zu betrachten seien, zum anderen konnte der Rückblick zugleich einen Ausblick auf die nächste Zukunft eröffnen, wenn es hieß: »Wie viele Existenzen gibt es noch in der heutigen politischen Welt, die nicht im revolutionären Boden wurzeln? Nehmen Sie Spanien, Portugal, Brasilien, alle amerikanischen Republiken, Belgien, Holland, die Schweiz, Griechenland, Schweden, das noch heute mit Bewusstsein in der ›glorious revolution‹ von 1688 fußende England; selbst für das Terrain, welches die heutigen deutschen Fürsten teils Kaiser und Reich, teils ihren Mitständen, den Standesherren, teils ihren eigenen Landständen abgewonnen haben, ... und in unserem eigenen staatlichen Leben können wir der Benutzung revolutionärer Unterlagen nicht entgehen.« (GW, Bd. 14, S. 470) Man wird zugeben, dass das hier Zitierte nicht jener Vorstellung entspricht, die in Bismarck nur den Reaktionär schlechthin sehen will.

Nicht aus Gründen einer apologetischen Schulgläubigkeit, sondern im Interesse eines instruktiven Vergleichs möchte ich hier Friedrich Engels anführen, der fast drei Jahrzehnte später in einem Brief an August Bebel im Kern ähnliche Argumente wie Bismarck geltend machte, wenn er Ende November 1884 schrieb: »Der bestehende politische Zustand in ganz Europa ist das Ergebnis der Revolutionen. Der Rechtsboden, das historische Recht, die Legitimität, ist überall tausendmal durchlöchert oder ganz umgestoßen worden. ... Das Recht zur Revolution hat existiert, sonst wären ja die jetzt Herrschenden unberechtigt. ... In Deutschland beruht der bestehende Zustand auf der Revolution, die mit 1848 anfing und mit 1866 abschloss.« (MEW, Bd. 36, S. 238) So verschieden die Ausgangs- und Grundpositionen eines Engels von denen eines Bismarck auch waren, die Aussagen der beiden Politiker über die Rolle der Revolutionen waren nahezu identisch. Überdies bekräftigte Engels, dass 1866 eben eine Revolution gewesen sei.

Die Evolution in der Geschichte macht früher oder später eine Revolution notwendig. Beides kann man nicht voneinander trennen. Was 1866 und danach geschah, bezog sich auf die Umwälzung der gesamten Gesellschaft innerhalb der »Epoche der sozialen Revolution«, die von 1789 bis 1871 reichte. Diese bürgerliche Revolution im weiteren Sinne schloss international eine Vielfalt miteinander zusammenhängender Revolutionen im engeren Sinne ein, so die Revolution von 1789 bis 1794, die Julirevolution von 1830, die von 1848 bis 1849, von 1866 bis 1871, aber auch jene sektoralen, auf einzelne Bereiche der Gesellschaft in Basis und Überbau bezogenen Revolutionen, wie die industrielle, die ideologische (oder philosophische), die militärische oder die rein politische.

Ohne Epochenverständnis geht man in seinem theoretischen Denken wie praktischem Handeln ebenso in die Irre wie beim Übersehen des dialektischen Zusammenhangs von Evolution und Revolution. 1789 wie 1917 leiteten eben weltge-schichtliche Epochen mit ihren vielgestaltigen Revolutionen ein. Trotz aller Reak-tionen ist der revolutionäre Prozess auf die Dauer nicht aufzuhalten, er geht trotz allem weiter, heute bis in die letzten Winkel unseres Erdenkreises.

Im Interesse der so wichtigen Methodik des historischen Vergleichs möchte ich noch erwähnen, dass in der Geschichtswissenschaft der DDR die Frage aufkam, ob es innerhalb der Epoche von 1789 bis 1871 nur in der Reichsgründungszeit eine Revolution von oben gegeben habe. Natürlich war sie in jener Form einzigartig. Doch meiner Ansicht nach waren die preußischen Reformen von 1807 bis 1816 und die sie begleitenden sektoralen Revolutionen (nämlich die militärische und die ideologische) in ihrer Gesamtheit so weit systemübergreifend, dass hier von einer anderen Form der Revolution von oben gesprochen werden könnte. Unter Umständen kann auch heutzutage in der allseitig krisengeschüttelten Industriege-sellschaft der westlichen Welt eine Revolution von oben mit einem neuen sozial-historischen Inhalt wieder aktuell werden.

Schon aus diesem Grunde sei »zum Hausgebrauch«, wie Engels einmal sagte, eine Definition gewagt: Die Revolution von oben wurzelt, wie jede andere Revo-lution, in den Widersprüchen zwischen Produktivkräften und Produktionsverhält-nissen. In ihr sind die Führungskräfte zumindest ein Teil der bis dahin herrschen-den Klassen oder die aus ihnen hervorgegangenen Diktatoren. Die Führungskräfte der Revolution von oben handeln unter dem ökonomischen und politischen Druck eines in dieser oder jener Hinsicht fortgeschrittenen Auslands, aber auch einer kräftigen Volksbewegung, das heißt einer Revolution von unten. Die Revolution von oben hat verschiedene Formen und soll stets eine Systemkrise, nicht eine bloße Entwicklungskrise innerhalb einer Gesellschaft lösen. In der Dialektik der Revolution von unten und der von oben ist ein ganzes Parallelogramm der Kräfte wirksam. (ZfG, 1974, S. 1202 und S. 1212)

Seit Beginn des Jahres 1866 erstarkte eine antidynastische Volksbewegung, wenn auch ohne »klare und zielbewusste Führung«. Deshalb meinte Bebel in sei-nen Lebenserinnerungen: »Nie verlief resultatloser eine im Kern vortreffliche Be-wegung.« Bismarck konnte sie für eine Revolution von oben ausnutzen. Die Ver-fassung des Norddeutschen Bundes und später des Deutschen Kaiserreichs war eine der Formen des Bonapartismus, der die Beseitigung des Feudalismus zur Vor-aussetzung hatte, doch der Bourgeoisie die politische Herrschaft in Gestalt eines vollentwickelten Parlamentarismus vorenthielt. Mit dem Bonapartismus wurde der Militarismus konsolidiert und weiter gestärkt.

Angesichts dieser negativen Belastungen des preußisch-deutschen Reiches wird immer wieder die Frage gestellt, ob denn die nationalstaatliche Einigung und der Großkapitalismus nicht ohne Bismarcks Aktivität vorangekommen wären. Nun ist die Frage nach dem »hätte« und »wäre« in der Geschichtswissenschaft immer misslich, aber nur dann einigermaßen plausibel zu beantworten, wenn man sich nach den Tendenzen innerhalb des Parallelogramms der Kräfte einer Zeit richtet, also sich an Gegebenheiten hält. Da ist Folgendes festzustellen: Der Liberalismus war nicht willens und nicht imstande, eine Volksrevolution gegen die Dynastien zu führen; das hat er seit 1848 dutzendfach bewiesen. Die Arbeiterklasse war in ihrer ökonomisch-sozialen und politischen Herausbildung in der Tat noch nicht »fertig« und konnte darum keine entscheidende Rolle spielen. Die kleinbürgerliche Demokratie war zerfahren und unfähig, die Volksbewegung erfolgreich zu leiten. Der Führer der in Deutschland stärksten Kleinbürgerpartei, nämlich der schwäbischen Volkspartei, Karl Mayer, war eine Provinzgröße, die geistig-moralisch weit unter solchen Demokraten stand wie Friedrich Albert Lande (dem Bebel in seinen Erinnerungen einen besonderen Abschnitt gewidmet hat), wie Ludwig Büchner (dem Bruder von Georg Büchner), wie Johann Jacoby und dem Weltmann Leopold Sonnemann. Karl Mayers Partikularismus hat eine gesamtdeutsche Partei der Demokratie auf so provozierende Weise sabotiert, dass der Verdacht, er sei von Napoleon III. (womöglich über dessen Agenten Karl Vogt) bezahlt worden, nicht von der Hand zu weisen ist. Das historische Milieu in den drei süddeutschen Staaten war recht verschieden und die dynastischen Eifersüchteleien so groß, dass man es selbst nach 1866 zu keinem Südbund brachte. Der ökonomisch schwach entwickelte und labile Vielvölkerstaat der Habsburger hatte national ungenügende Integrationskraft.

Alles in allem genommen: Die Niederlage der Volksrevolution 1848/49 und damit die Rettung der großen und mittleren Dynastien erwiesen sich als ein langzeitlich und weithin wirkendes Verhängnis. Angesichts all dieser Tatsachen hätte Deutschland insbesondere südlich des Mains ohne die historische Initiative Bismarcks sehr wohl ein Operationsfeld der Hegemoniebestrebungen des imperialen Frankreich und der Habsburgermonarchie werden können, verbunden mit kleinbürgerlicher Verkrüppelung des Kapitalismus und Abhängigkeit vom Ausland.

Um Bismarcks Sieg durch eine Revolution von unten zuvorzukommen, hatte das deutsche Volk noch nicht genügend Selbstbestimmungskraft. Aber es hatte so viel politische Stärke entfaltet, dass Bismarck es nicht wagen konnte, ihm alle demokratischen Rechte vorzuenthalten. Das deutsche Volk verstand, bonapartistische Terrorwahlen nach dem berüchtigten Muster im Frankreich Napoleons III. von vornherein unmöglich zu machen. Im Gegenteil: Das allgemeine, gleiche, direkte und geheime Wahlrecht half den verschiedenen Klassen und Schichten des Volkes, sich zu sammeln und zu organisieren. Die Wahlen zum Reichstag gaben gerade auch der Arbeiterklasse eine besonders günstige Gelegenheit, ihre Position auszubauen und die Agitation zu verstärken, nicht zuletzt in der Zeit des Ausnahmegesetzes gegen die deutsche Sozialdemokratie.

Und was die deutsche Bourgeoisie betrifft, so hat sie zwar auf ihre »eigene politische Macht« verzichtet, aber »ihre allmähliche gesellschaftliche Emanzipation« erreicht, wie Friedrich Engels 1874 schrieb. Er fuhr damals fort: »Wir haben endlich einen Welthandel, eine wirklich große Industrie, eine wirklich moderne Bourgeoisie, wir haben dafür aber auch einen wirklichen Krach gehabt und haben ebenfalls ein wirkliches, gewaltiges Proletariat bekommen.« Diese Entwicklung setzte sich fort – derart, dass sich in Deutschland besonders moderne Industrien, wie die chemische und die Elektro-Industrie, entwickelten und um die Jahrhundertwende weltweite Vorherrschaft erreichten, wie auch die entsprechenden Naturwissenschaften. Auch die deutsche Literatur, Publizistik, Kunst und Theater erhoben sich auf einen beachtlichen Rang, so wie auch die Verlagstätigkeit weltoffen wie nie zuvor war. Und die deutsche Sozialdemokratie war damals geistig, politisch und organisatorisch auf ihrem Kulminationspunkt und stand an der Spitze der internationalen Arbeiterbewegung.

Bismarck hat mehrfach versucht, die Geister zu bannen, die er durch seine Revolution von oben gerufen. Das ist der Gegenstand meiner Untersuchung und Darstellung im zweiten Band der Biographie. Die geschichtlichen Kräfte, die er in Bewegung gebracht hat, waren stärker als sein reaktionäres Wollen, von dem er sich bisweilen beherrschen ließ. Im Ganzen war er nicht imstande und im Grunde auch nicht willens, sein Werk zu zerstören.

Was er staatspolitisch geschaffen hat, ist endgültig dahin. Aber was sich in seinem Reich an materiellen und menschlichen Produktivkräften, an geistigen Potenzen, an Organisationen des Volkes, gerade auch der Arbeiterklasse – trotz allem – entfalten konnte, bildet ein bedeutsames Erbe. Ihm haben wir uns zu stellen, auch wenn unsere krisenerschütterte Zeit weit über den damaligen Industriekapitalismus hinausweist.

Methodisch sei noch Folgendes gesagt: Wir halten uns an Fakten, aber es ist für uns nicht nebensächlich, zu eruieren, was Marx und Engels zu dieser oder jener Zeit unter diesen oder jenen Umständen gesagt haben. Zugegeben, wir alle haben vielfach den Fehler gemacht, uns mit der Aussage ihrer Zitate zufriedenzugeben. Inzwischen haben wir gelernt, dass mit einer interessanten These von ihnen das Denken nicht zu Ende sein darf, sondern erst beginnen sollte.

Wir brauchen dringend theoretische Arbeit, die in heutiger Zeit ohne die Verarbeitung von Marx und Engels nicht mehr möglich und fruchtbar ist; natürlich muss unsere Arbeit quellenfundiert sein. Da Empirie, Theorie und Methode beim spontan entstandenen Begriff der »Revolution von oben« übereinstimmten, habe ich ihn nach gründlicher Prüfung übernommen.

Man warnt oft vor der Gefahr, dass die Probleme von Krieg und Frieden falsch interpretiert werden könnten, dass Assoziationen entstünden, die politisch gefährlich seien. Das ist sehr ernst zu nehmen. Aber es gibt im Grunde genommen keine Begriffsbildung, die vor Fehlinterpretationen gefeit wäre. Wir mussten einfach die Fragen, die in der Zeit lagen, nämlich die nach der Nation, nach Krieg und Frieden auf dem Wege zu ihr, im Einzelnen untersuchen. Dabei spielt Bismarck natürlich eine wesentliche Rolle, man kommt um ihn nicht herum.

Hinweisen möchte ich noch darauf, dass Engels von einer ganzen Periode der Revolution von oben sprach, die begonnen hatte mit dem Staatsstreich Louis Napoleons im Jahre 1851, nach der Niederschlagung der Revolution von unten also. In den sechziger Jahren gab es dann den Sezessionskrieg in den Vereinigten Staaten. Er forderte fürchterliche Opfer, was nicht zuletzt von preußischen Militärfachleuten ausgenutzt wurde, um die Bildung einer Volksarmee zu diffamieren. Dennoch, niemand wird heute auf den Gedanken kommen, dass der Sezessionskrieg keinen historischen Fortschritt gebracht hätte. Schließlich haben auch die Italiener einen Einigungskrieg in Etappen führen müssen. Aus dem Rahmen jener Geschichtsperiode fällt der nationale Einigungskrieg nicht.

Wir leugnen nicht, sondern heben sehr stark hervor – Kollege Fricke hat das erneut getan –, dass sich der Einigungskrieg in Deutschland in einen Eroberungskrieg verwandelte. Aber zunächst führte er zum Sturz Napoleons III., womit eine Forderung der internationalen Arbeiterbewegung und der demokratischen Bewegung in Erfüllung ging. Auch Engels hat das in einem seiner letzten Artikel noch einmal hervorgehoben.

Schließlich zur Frage, ob die Reichsgründung, begonnen 1866, nicht eine Konterrevolution war. Von einer solchen könnte nur dann gesprochen werden, wenn die demokratische Bewegung absolut niedergeschlagen worden wäre. Aber das war ja gerade nach 1866 nicht der Fall; im Unterschied zur Konterrevolution von 1849, wo die Massenorganisationen auf der Strecke blieben. 1866 hingegen konnten sie sich weiterentwickeln; die lassalleanische Organisation erweiterte sich, die sächsische Volkspartei, die ihrer Zusammensetzung nach im Grunde genommen eine Arbeiterorganisation war, wurde gegründet und entwickelte sich zur Eisenacher Sozialdemokratischen Arbeiterpartei, die Organisationen der I. Internationale verbreiteten sich. Das war kein Niederbruch der Massenorganisationen oder der Volksorganisationen, sondern ein Aufbruch; schon deswegen kann von einer Konterrevolution nicht die Rede sein.

Revolutionen von oben in Italien und Russland (Auszug)*

Hier ist ein Vergleich mit den übrigen Revolutionen von oben, in Italien und in Russland, in aller Kürze angebracht. In beiden Ländern ist der Zusammenhang zwischen Revolution von unten und von oben offensichtlich. Nur ist dieser prinzipielle Zusammenhang jeweils verschieden; die Form ist dabei bedingt durch den besonderen Charakter der Beziehungen der Klassen und der Länder untereinander.

ITALIEN. Im Frühsommer 1859 führte Sardinien-Piemont unter der Ägide und mit militärischer Hilfe des bonapartistischen Frankreichs Krieg gegen das Habsburgerreich, das eine schmachvolle Niederlage erlitt, die Lombardei abtreten musste, aber vorerst noch Venetien behalten konnte – dank des Verrats Napoleons III. an dem verabredeten und proklamierten Kriegsziel: »Italien frei bis zur Adria.« Im Mai 1860 unternahm der italienische Freiheitsheld Giuseppe Garibaldi, dessen Generalstabschef der deutsche Demokrat und frühere preußische Offizier Wilhelm Rüstow war, die berühmte Fahrt mit den tausend Rothemden nach Sizilien und machte der Herrschaft der Bourbonen in Sizilien und Neapel ein Ende. Unter der Leitung von Camillo Cavour nutzte die sardinisch-piemontesische Monarchie mit allen Mitteln der Demagogie und Intervention die nationale Revolution aus und erreichte dadurch, dass im Jahre 1861 durch das erste italienische Parlament, das in Turin tagte, Sardinien-Piemont mit den ihm angeschlossenen Gebieten Mittel- und Süditaliens zum Königreich Italien erklärt wurde. Österreichs Herrschaft in Venetien und der Kirchenstaat waren die letzten Hindernisse der endgültigen Einigung Italiens. Die antiösterreichische und antiklerikale Stoßrichtung dieser Einigungsbewegung führte zum Bündnis mit Preußen im April 1866.

Die Einheits- und Unabhängigkeitsbewegung des italienischen Volkes – das sogenannte Risorgimento – war bei allen inneren Differenzierungen homogener als die deutsche Nationalbewegung. In Italien herrschte noch die eigentliche Manufaktur vor; das hatte zur Folge, dass einerseits die Arbeiterklasse im Sinne einer kapitalistischen Industrie weit weniger entwickelt war als in Deutschland, andererseits die Energie der Bourgeoisie noch nicht gebrochen war durch den Gegensatz zu einem modernen klassenbewussten Proletariat. Und da, worauf Friedrich Engels aufmerksam machte, »in Italien die Zersplitterung nur durch die österreichische Fremdherrschaft bestand, unter deren Schutz die Fürsten die Missregierung bis aufs Äußerste getrieben, so stand auch der großgrundbesitzende Adel und die städtische Volksmasse auf Seite der Bourgeoisie als der Vorkämpferin der nationalen Unabhängigkeit«.

* In voller Länge mit Fußnoten in: Theorie, Empirie und Methode in der Geschichtswissenschaft. Gesammelte Aufsätze Ernst Engelbergs, hrsg. von G. Seeber und W. Küttler, Berlin 1980, S. 377-381; dasselbe, Vaduz 1980.

Doch Bourgeoisie und Adel hätten sich selbst verleugnen müssen, wenn sie nicht immer wieder in Konflikt zu den Vertretern der volkstümlichen Kräfte über Weg und Ziel der nationalen Befreiung geraten wären. Vor allem ging es um die Frage, inwieweit das italienische Volk selbständig handeln soll – ohne Rücksicht auf Napoleon III. Aus dem »jungen Italien«, der Organisation, die geistig und politisch von Mazzini geführt wurde, erwuchs ein Mann wie Garibaldi, der das Haupt der »Aktionspartei« wurde – im Unterschied zur »Diplomatenpartei«, deren vornehmster Repräsentant der sardinische Minister Cavour bis zu seinem plötzlichen Tode 1861 war. Es kam ein eigenartiges, halb freiwilliges, halb erzwungenes, halb bewusstes, halb unbewusstes, sicherlich auch nicht friktionsloses Zusammenspiel zwischen »Diplomatenpartei« und »Aktionspartei« zustande.

Die »Diplomatenpartei« bekam jedoch bei der politischen Konstituierung des italienischen Nationalstaates nicht zuletzt deswegen das Übergewicht, weil ihr eine entscheidende Schwäche der »Aktionspartei«, die ja doch Mazzini geistig letztlich verhaftet war, zugute kam. Karl Marx kritisierte an dem Haupt der nationalen Revolution in Italien diese Schwäche: »Mazzini kennt nur die Städte mit ihrem liberalen Adel und ihren aufgeklärten Bürgern. Die materiellen Bedürfnisse des italienischen Landvolkes – so ausgesogen und systematisch entnervt und verdummt wie das irische – liegen natürlich unter dem Phrasenhimmel seiner kosmopolitisch-neokatholisch-ideologischen Manifeste. Aber allerdings gehört Mut dazu, den Bürgern und dem Adel zu erklären, dass der erste Schritt zur Unabhängigkeit Italiens die völlige Emanzipation der Bauern und die Verwandlung ihres Halbpachtsystems in freies bürgerliches Eigentum ist.«

Indem die »Aktionspartei« die Agrarfrage vernachlässigte, ja die Bauern aus der national-revolutionären Bewegung nahezu ausschloss, verminderte sich in verhängnisvoller Weise die Stoßkraft der Revolution von unten. Antonio Gramsci fand dafür in seinen Betrachtungen über das Risorgimento recht bittere Worte und kam zu dem Schluss, dass »die Aktionspartei, geschichtlich gesehen, von den Gemäßigten geführt wurde. Der Victor Emanuel II. zugeschriebene Ausspruch, er habe die Aktionspartei ›in der Tasche‹ (oder so ähnlich), ist praktisch zutreffend, und zwar nicht nur wegen der persönlichen Beziehungen des Königs zu Garibaldi, sondern weil die Aktionspartei tatsächlich ›indirekt‹ von Cavour und vom König geführt wurde.« Im Übrigen meinte Gramsci, dass der Beitrag der Volksmassen zum Risorgimento überschätzt wurde. So wurde auch Italien ein keineswegs demokratischer Nationalstaat, obwohl dort die nationalrevolutionären Anstöße und Aktionen in ihrer antipartikularistischen Stoßrichtung wirksamer waren als in Deutschland.

Die Vernachlässigung der Agrarfrage machte es auch unmöglich, die Frage des Klerikalismus und der einheitsfeindlichen Haltung des Papstes zu lösen. Der Abfall der Romania und später Umbriens und der Marken vom Kirchenstaat im Laufe des Jahres 1860 veranlasste den Papst, dieses Attentat auf seine weltliche Macht in eine Bedrohung der Religion und der alleinseligmachenden Kirche umzufälschen. Gewissensbedrückende Verwünschungen und Drohungen mit geistlichen Zuchtmitteln schleuderten die klerikalen Dunkelmänner den Rebellen der abgefallenen Provinzen und all ihren Helfershelfern entgegen, zu denen nicht zuletzt die piemontesische Regierung gehörte. Papst, Heilige aller Art, die heilige Jungfrau selbst, die Religionsübungen wurden täglich auf den Straßen und im Theater verspottet. Die verlogenen Klagen und bösartigen Anklagen waren jedoch in der Hochflut der nationalen Einigungsbewegung nicht so wirksam, als dass die Volksabstimmung in den von Kirchenstaat abgefallenen Provinzen zugunsten der Klerikalen hätte ausfallen können; sie waren wiederum wirksam genug, um über Jahrzehnte hinweg den Klerikalismus zu nähren – und zwar in der Form eines auf den Papst ausgerichteten Kurialismus, der in den Ländern nördlich der Alpen als Ultramontanismus bekannt wurde. Dieser dogmatisch neugeformte und neu sich formierende Klerikalismus wurde eine der reaktionären Strömungen im politischen Kräftespiel einer Reihe europäischer Länder.

RUSSLAND. Im zaristischen Russland stand im Mittelpunkt seiner besonderen Art der Revolution von oben nicht die nationale Frage wie in Deutschland, sondern die Agrarfrage. Die nationale Frage Polens »löste« der Zarismus 1863 im Verein mit dem bismarckschen Preußen durch militärische Repression, schob sie also auf Jahrzehnte hinaus. Die Agrarfrage wiederum hing aufs Engste zusammen mit der Krise der gesamten russischen Gesellschaft und des Staates – einer Krise, die nach der Niederlage im Krimkrieg und dem plötzlichen Tod (dem vermutlichen Selbstmord) des Zaren Nikolaus akut wurde. Die Unruhe unter den annähernd 22 Millionen leibeigenen Bauern stieg an und erreichte ihren revolutionären Höhepunkt vom April bis Juni 1861, d. h. nach dem Februaredikt des Zaren. Die Fürsprecher der bäuerlichen Interessen und Repräsentanten der Revolution von unten waren die Kreise um Tschernyschewski und Dobroljubow und die Emigranten um Herzen und Ogarjow. An die Agrarreform schloss sich die Verwaltungsreform an, auch in Richtung der Selbstverwaltung.

Was sich in Russland in den sechziger Jahren des vorigen Jahrhunderts vollzog, war nicht nur eine unter dem Druck von außen und von unten vollzogene Revolution von oben, sondern ähnlich wie in Preußen von 1807 bis 1813 der Beginn der bürgerlichen Revolution, die sich fortsetzte in der Krise der achtziger Jahre, in der Revolution von 1905, der Februarrevolution von 1917 und schließlich in jener bürgerlichen Agrarrevolution, die in der sozialistischen Oktoberrevolution im Vorbeigehen vollzogen wurde, wie sich Lenin ausdrückte.

Zur Durchsetzung der Umwälzungen auf dem Lande und der Veränderungen im Staate während der sechziger Jahre wandte der Zarismus im Unterschied zum Bismarckschen Preußen des Jahres 1866 keine revolutionären Mittel an. Insofern ist es tatsächlich richtig, nur von Reformen zu sprechen, wie es gemeinhin geschieht. Die Reformen wurden jedoch zu einer Revolution von oben durch das, was sie einleiteten und voranbrachten, nämliche eine »kapitalistische Revolution«, eine »wirklich soziale Revolution« im letzten Drittel des 19. Jahrhunderts. Hier wirkte der russische Zarismus noch mehr als der preußische Bonapartismus als »Revolutionär wider Willen« und war noch stärker der Ironie oder List der Geschichte unterworfen. Doch war sich der Zarismus auf seine Weise der Dialektik der Revolution von unten und der von oben bewusst. Schon im Frühjahr 1856 sagte Alexander II. den Deputierten des Moskauer Adels: »Es ist besser, das Recht der Leibeigenschaft von oben her aufzuheben, als den Zeitpunkt abzuwarten, da seine Aufhebung ohne unser Zutun von unten her beginnen würde.«

Es ist nahezu mit Sicherheit anzunehmen, dass Bismarck als preußischer Gesandter in St. Petersburg (1859–1862) von dieser Stimmung und Haltung des Zaren informiert war, zumal er recht vertrauensvolle Kontakte mit höfischen Kreisen und dem Außen- und späteren Staatsminister Gortschakow hatte. Als sich dann 1866 St. Petersburg über die Rigorositäten Preußens gegenüber den Klein- und Mittelstaaten beschwerte, formulierte Bismarck in einem Instruktionstelegramm den Satz: »Soll Revolution sein, so wollen wir sie lieber machen als erleiden.« Treffsicher schlug Bismarck die Exzellenzen und Hoheiten an der Newa mit ihren eigenen Argumenten; zugleich wurde hier in Sachen der Revolution von oben die ideologische Brücke zwischen Berlin und St. Petersburg geschlagen.

Wollen wir uns einen vollständigen Überblick über die außerdeutschen Revolutionen von oben verschaffen, müssten wir noch den österreichisch-ungarischen Ausgleich und die Dezemberverfassung von 1867, aber auch die japanische Meiji-Revolution von 1869 beleuchten. Doch das müssen wir uns versagen.

Friedrich Engels

»Ein arger Kommunist, der sich als Literat umhertreibt«: Friedrich Engels*

Das von vielen unterschätzte 19. Jahrhundert mit seinen Umbruchsjahren 1830, 1848 und 1871 war eine Epoche nationalrevolutionärer Stürme und Kriege; in ihm entwickelte sich auch konfliktreich die Arbeiterbewegung. Als Friedrich Engels am 20. November 1820 in Barmen geboren wurde, gab es in Deutschland immer noch 35 souveräne Einzelstaaten, die nur durch einen Gesandtenkongress, genannt Deutscher Bund, lose verbunden waren.

Einen weiten Weg hatte er vor sich, der Wuppertaler Fabrikantensohn, gleichen Vornamens wie sein Vater, was elterliche Wünsche auf Nachfolge verrät; schließlich war er der Erstgeborene. Und gerade er entwuchs am ehesten der streng-pietistischen Lebensauffassung seines Elternhauses, das nüchternen Kaufmannssinn mit »berufsheiliger Betriebssamkeit« verband. Keine Mühe hatte der Vater gescheut, um den Sohn nach seinem Bilde zu formen, doch auch der Bremer Geschäftsfreund, von dem er Hilfe bei der Erziehung des eigenwilligen Sohnes erhoffte, vermochte da nichts auszurichten. Wer aber konnte da schon ahnen, dass der Minister von Bodelschwingh im Oktober 1845, um Verwechslungen von Vater und Sohn vorzubeugen, an den Rand eines polizeilichen Schnüffelberichtes schreiben würde: »Friedrich Engels in Barmen ist ein durchaus zuverlässiger Mann, aber er hat einen Sohn, der ein arger Kommunist ist und sich als Literat umhertreibt; es ist möglich, dass er Friedrich heißt.«

Begonnen hatte alles damit, dass Friedrich Engels schon auf dem Schulweg mit wachem sozialem Empfinden wahrnahm, was der Frühkapitalismus den Arbeitern antat, die »mehr Kohlendampf und Staub einatmeten als Sauerstoff«. Diese Eindrücke verstärkten sich sogar noch, als er vom Vater im Spätherbst 1842 zur kaufmännischen Weiterbildung nach England geschickt wurde, ins »soziale Erdbebengebiet von Lancashire«, wo er zudem den frühen Chartismus kennenlernte, der gegen die materielle wie geistige Verelendung der Arbeiter kämpfte. Überdies war der junge Engels berührt vom weitverbreiteten Emanzipationswillen der jungen Bürgergeneration in Deutschland. Was ihn aber besonders auszeichnete, war sein unbändiges Streben, Erkenntnisdrang und sozialen Veränderungswillen zu verbinden. So wurde zunächst Ludwig Börne für ihn wegweisend, ein Mann der politischen Praxis, ebenso Hegel, der »Mann des Gedankens«, der sich mühte, Vernunft und Wirklichkeit gleichsetzend, den Zusammenhang der Erscheinungen ebenso zu erhellen wie die vorantreibenden inneren Widersprüche aufzufinden. Doch bald erwies sich im krisenhaft erschütterten Preußen der überkommene Staatskultus der Hegelianer nicht mehr als tragfähig, was dann Ludwig Feuerbach befreiend wirken

* Zuerst in: Neues Deutschland, 5./6. 8. 1995

ließ mit seiner Kritik des Hegelschen Idealismus und des Christentums. »Die Begeisterung war allgemein. Wir waren alle momentan Feuerbachianer«, bekannte Engels später, den bei seiner aufs Anschauliche gerichteten Sichtweise auch die stärkere Hinwendung zum konkreten Menschen und der Blick aufs Gesellschaftliche faszinieren musste. Er hatte schließlich zwei extreme Haltungen kennengelernt, einmal die des Bibelkritikers Bruno Bauer, der rundheraus erklärt hatte, die Theorie sei die stärkste Praxis, zum anderen die in der englischen Arbeiterbewegung vorhandene Überbewertung des puren Pragmatismus. Seiner geistigen Regsamkeit waren zudem in den vierziger Jahren die Publikationen über den Kommunismus nicht entgangen, die ihm besonders Moses Hess nahegebracht hatte.

Die schicksalhafte Begegnung

Solchermaßen geistig getragen von den Strömungen seiner Zeit, wurde in den Augusttagen des Jahres 1844 in Paris die Begegnung mit Karl Marx schicksalhaft für ihn. Und jenem, der, zweiundeinhalbes Jahr älter als Friedrich Engels, auf anderen Wegen zu ähnlichen Ansichten gelangt war, erging es nicht anders. In Marx lebten Traditionen schriftgelehrter Rabbiner, die in Jahrhunderten im Denken geschult worden waren. Auch ihn hatte Hegel in seinen Bann gezogen, nicht aber die praktische Erfahrung ökonomischer Zusammenhänge so kundig gemacht wie Engels. Ihre nun beginnende Zusammenarbeit gestaltete sich umso fruchtbarer, als ihre Fähigkeiten nicht deckungsgleich waren, sondern einander ergänzten. Marx war der profundere und schwerer um das Ergebnis ringende Denker, der den Problemen auf den Grund ging; gerade das anerkannte Engels hellsichtig und achtungsvoll. Er war es, der Marx auf das entscheidende Forschungsgebiet hinwies: auf die Ökonomie und die aus den Eigentumsverhältnissen resultierenden Klassenkämpfe. Engels war in seiner praktischen Arbeit in Manchester darauf gestoßen und hatte schließlich enge Verbindungen gehabt mit der Großindustrie, dem Handel, dem Kapital wie auch mit den Arbeitern in den Fabrikhallen und den Wohnvierteln. Neben der Ökonomie orientierte er auf die Vorstellungen vom Kommunismus, die in jener Zeit sowohl bei jungen Philosophen aufkamen wie bei einfachen Handwerkern. Man denke nur an Wilhelm Weitling. Karl Marx, im abstrakten Denken, in der Analyse wie in der Synthese geübt, konnte nun auch die praktischen Erfahrungen und Anschauungen des Freundes in seine Untersuchungen einbeziehen. Etwas Merkwürdiges geschah, was Marx selbst etwa zwanzig Jahre später Engels gegenüber aussprach: »Du weißt, dass alles bei mir spät kommt, und zweitens ich immer in deinen Fußstapfen nachfolge.«

Dennoch hat Engels immer rückhaltlos die Überlegenheit von Marx anerkannt. Im Jahre 1880 meinte er einmal gegenüber Bernstein, dass er überhaupt nicht begreife, wie man auf ein Genie neidisch sein könne. Jeder wirkte gemäß seiner Begabung, eine Symbiose einmaliger Art. Nie kam es Engels in den Sinn, sich über Marx zu erheben, wenn dieser, von der Fülle seiner Gedanken bedrängt, mit seinen Arbeiten für Journale ständig in Verzug geriet, während der sprachbegabte Engels in flüssigem Stil seine Gedanken ungleich rascher aufs Papier bringen konnte und nicht selten dem anderen helfen musste. Dieses tiefe gegenseitige Verständnis war das Unterpfand ihrer lebenslangen Partnerschaft.

Nach kritischen Auseinandersetzungen mit den junghegelianischen Idealismen und vieldeutbaren Feuerbachschen Begriffen (wie der »wahre Mensch«) fassten Marx und Engels den Sozialismus und Kommunismus nicht mehr abstrakt moralisch auf. Pointiert schrieb Engels 1847: »Der Kommunismus ist keine Doktrin, sondern eine Bewegung: Er geht nicht von Prinzipien, sondern von Tatsachen aus. Die Kommunisten haben nicht diese oder jene Philosophie, sondern die ganze bisherige Geschichte und speziell ihre gegenwärtigen tatsächlichen Resultate in den zivilisierten Ländern zur Voraussetzung ...« Hier rückte Engels Bewegung und Ziel eng zusammen, was nach den Erfahrungen der letzten Jahrzehnte besonders beachtenswert ist. Scheiterte doch die nach dem Zweiten Weltkrieg versuchte Alternative zum Kapitalismus u. a. auch deswegen, weil man an einem doktrinär erstarrten Sozialismus-Modell festhielt, ohne Rücksicht auf die Weltdynamik.

Verjagt aus Deutschland

Als Marx und Engels um die Analyse der bestehenden und die Perspektive einer künftigen Gesellschaft rangen, reifte Deutschland einer bürgerlichen Revolution entgegen. Das schuf günstige Bedingungen für die Herausbildung einer revolutionären Organisation. Es war der Bund der Kommunisten, der für beide die Voraussetzung dafür bot, nun auch programmatisch hervortreten zu können. Nach einem Vorentwurf von Engels hat Marx dann das welthistorische wie weltliterarische Dokument, das *Manifest der Kommunistischen Partei,* in seiner prägnanten Diktion niedergeschrieben. Es erschien am Vorabend der Märzrevolution von 1848, die zwar die reaktionären Minister in den verschiedenen Länderregierungen entmachtete, aber die Dynastien und ihre Armee überleben ließ. Die größten Errungenschaften waren die Freiheit der Presse, der Versammlungen und der Organisationen.

Nach der Niederlage der Pariser Arbeiter im Juni 1848, die weit über Frankreich hinaus die konterrevolutionären Kräfte stärkte, und den Kämpfen der Reichsverfassungskampagne, in denen Friedrich Engels sich militärisch als Adjutant einer Volkswehr hervortat, verlegten Marx und Engels, »verjagt mit gutem Grund«, ihren Wohnort nach England, wo für beide, vielen Widrigkeiten zum Trotz – Marx geriet oft in materielle Not, Engels übte einen ungeliebten Beruf aus – eine Zeit intensiven wissenschaftlichen und journalistischen Arbeitens begann.

Die Auseinandersetzung mit Fragen der Revolution ließ sie nicht mehr los; aufmerksam verfolgten sie alle Bewegungen in der Welt, voll leidenschaftlicher Ungeduld, was ihren sachlichen Blick oft trübte. Hier ist vieles ihrer relativen Isoliertheit von realen Bewegungen zuzuschreiben. Engels vor allem überschätzte oft genug das Entwicklungstempo wie den Erkenntnisgrad der Massen, wenn der Wunsch wieder einmal Vater des Gedankens war. So unterlief ihm sogar auf militärischem Gebiet, wo er in der Fachwelt durchaus anerkannt war, im Entscheidungsjahr 1866 aus tief wurzelndem Antipreußentum das arge Fehlurteil, am Tage des Sieges der preußischen Armeekorps zu Königgrätz deren Niederlage vorauszusagen.

Nach der Entscheidung zugunsten eines Nationalstaates unter preußischer Führung fand sich Engels realistisch mit den Gegebenheiten ab und wollte: »Das Faktum einfach akzeptieren, ohne es zu billigen.« Es war ihm bewusst, dass die Bismarcksche Revolution von oben – vor allem die Auflösung des verhassten Bundestages und die Entthronung dreier Fürsten – nicht zu revidieren sei, doch der Kampf um Demokratie und darüber hinaus um das sozialistische Ziel weitergehen müsse, zumal seit 1864 die Erste Arbeiter-Internationale existierte.

Die Vorbereitungsphase und die Gründung der Sozialdemokratischen Arbeiterpartei in Eisenach 1869 hatte Friedrich Engels von London aus intensiv verfolgt, wie Marx beunruhigt über den Einfluss des Lassalleanismus, der Illusionen über den Klassencharakter und den Reformwillen des preußischen Staates aufkommen ließ und den ökonomischen Kampf der Gewerkschaften vernachlässigte. Die lassalleschen Ansichten wirkten noch im Gothaer Programm von 1875 weiter und konnten erst im Erfurter Programm von 1891 überwunden werden. Die tiefe Erregung von Engels in eben dieser entscheidungsschweren Zeit lässt ahnen, wie er unter der Verwaschenheit der ideologischen Theoreme gelitten hatte. Scharfsinnig hat August Bebel in einem Brief an seinen alten Freund Julius Motteler die Problematik umrissen: »Die lassallesche Auffassung streift die Dinge an der Oberfläche und gestattet große Freiheit, die Marxsche Auffassung erfordert scharfes Denken und Konsequenz im Handeln und, was die Hauptsache ist, scharfen Kampf gegen die Landläufigkeit. Das ist nicht jedermanns Sache und bringt nicht jeder fertig.«

Beachtenswert, dass ausgerechnet der wegen seiner kompromisslerischen Haltung zum Lassalleanismus vielgescholtene Wilhelm Liebknecht im Jahre 1876 Friedrich Engels drängte, sich mit dem eklektischen Vulgärsozialismus des Berliner Privatdozenten Eugen Dühring auseinanderzusetzen; der praxisverbundene Liebknecht spürte, dass auch führende Köpfe der sozialdemokratischen Bewegung noch recht unklare Vorstellungen hatten von der von Marx und Engels erarbeiteten Weltanschauung. Hier schaffte nun Friedrich Engels mit dem anfangs nur widerstrebend konzipierten *Anti-Dühring* Abhilfe. Er erläuterte in diesem Werk nicht nur die neue Weltsicht in kritischer Auseinandersetzung mit Dühring, was von Bebel und Kautsky, aber auch von Plechanow und Axelrod wie von Antonio

Labriola begierig aufgenommen und als marxistische »Schule« empfunden wurde. Er half auch mit kleineren Schriften – etwa *Die Entwicklung des Sozialismus von der Utopie zur Wissenschaft* –, die für Arbeiter leichter lesbar waren, in die Breite zu wirken.

Nicht nur in diesen wichtigen theoretischen Fragen halfen die beiden »Londoner« der deutschen Sozialdemokratie; es entstanden im ständigen Meinungsaustausch auch viele menschliche Beziehungen. Als Engels im Jahre 1880 August Bebel persönlich kennenlernte, war er sogleich angetan von dessen redlich-zuverläßlichem Wesen. Ihr Vertrauensverhältnis ließ sie dann auch Differenzen unbeschadet überstehen. Bebel fand durchaus kritische Worte gegenüber Engels, wenn dieser nach seiner Meinung die deutsche industrielle Entwicklung unterschätzte, und er konnte ihm auch einmal, geplagt von dessen Kritik während der schweren Bedingungen unter dem Sozialistengesetz, beherzt sagen, dass ihm »der Kopf wegen anderer Dinge brumme«, weil die Ausweisungen und Existenznöte der Sozialdemokraten die Partei in härteste Bedrängnis brächten. Freimütig war ihr Umgangston, man starb nicht an Herzdrücken, aber man wusste, was man aneinander hatte, selbst wenn Friedrich Engels nichts weniger als ein Diplomat war und andere leicht verletzen konnte. Schließlich und letztlich waren alle stolz darauf, dass die Sozialdemokratie unterm Ausnahmegesetz einen Aufschwung nahm, der ihr internationales Ansehen verschaffte.

Es traf Friedrich Engels schwer, als Karl Marx, seit Langem kränkelnd, am 14. März 1883 starb. Erschüttert schrieb er noch am gleichen Tag an Wilhelm Liebknecht über den »furchtbaren Verlust, den die europäische sozialistisch-revolutionäre Partei erlitten hat«. Und tags darauf an Friedrich Adolph Sorge in New York: »Die Menschheit ist um einen Kopf kürzer gemacht, und zwar um den bedeutendsten Kopf, den sie heutzutage hatte. Die Bewegung des Proletariats geht ihren Gang weiter, aber der Zentralpunkt ist dahin ... die Lokalgrößen und die kleinen Talente, wo nicht die Schwindler, bekommen freie Hand. Der endliche Sieg bleibt sicher, aber die Umwege, die temporären und lokalen Verirrungen – schon so unvermeidlich – werden jetzt ganz sicher anwachsen...« Das war mit großer Sorge und, wie sich später zeigen sollte, nur allzu berechtigt gesagt.

Noch mehr lastete jetzt auf den Schultern von Engels. Nicht nur, dass er sich verpflichtet fühlte, das hinterlassene Manuskript von Band II und III des *Kapitals* druckfähig zu bearbeiten, was ihm schwer genug wurde, auch ansonsten nahm seine Verantwortung als Ratgeber für die Arbeiterbewegung zu, insbesondere natürlich die deutsche. Immer wusste er sich dabei in Übereinstimmung mit den Marxschen Ansichten. Es ist erstaunlich, wie beide schon im Frühstadium des Kapitalismus die ausgewachsenen Übel der Spätphase entdeckten. Schon der junge Engels hatte die »Versöhnung der Menschheit mit der Natur und mit sich selbst« gefordert und die »bornierte Selbstsucht« als Grundprinzip der bestehenden Gesellschaft bezeichnet.

»Die Organisation der Arbeiter, ihr stets wachsender Widerstand wird dem Wachstum des Elends möglicherweise einen gewissen Damm entgegensetzen«, so meinte er. »Was aber sicher wächst, ist die Unsicherheit der Existenz.« Er blieb überzeugt, dass die Industrie, der Handel, die ganze moderne Gesellschaft an Überfülle unverwendbarer Lebenskraft auf einer Seite und an gänzlicher Abzehrung auf der anderen Seite zugrunde gehen müssten, wenn die Revolution nicht als Retterin aufträte. Auch die Märkte wären schließlich nicht immer nur auszudehnen. Einen Lebenssinn sah er in einem vernünftigen Ausgleich zwischen Arbeit und Selbstverwirklichung in der Freizeit. Im bestehenden System allerdings würden auch die herrschenden Klassen intellektuell und moralisch verkrüppeln: »... materielle Bereicherung bei geistiger Verarmung«.

Nicht nur die grundsätzliche Opposition gegen das kapitalistische System war sein Anliegen, sondern auch die weitestmögliche Verbesserung der Lebensbedingungen unter diesem. Daher unterstützte er Bebel, als dieser in den 80er Jahren einen detaillierten Arbeiterschutzgesetzentwurf im Reichstag einbrachte. Die heute so oft als alternativ gesehene Frage: entweder parlamentarische Mitarbeit oder Opposition stand weder für Engels noch für Bebel. Und das war auch damals nicht immer leicht zu praktizieren. Stets aber bestand Engels darauf, dass man die Zukunft der Bewegung nicht um der Gegenwart willen preisgeben dürfe, eine Meinung, die auch Rosa Luxemburg später mit ihrem Hinweis auf die Dialektik zwischen Gegenwarts- und Zukunftsinteressen unterstrich.

Die nach dem Fall des Sozialistengesetzes beginnende Diskussion in der Sozialdemokratie über ein neues Programm und die Veröffentlichung der Marxschen Kritik am Lassalleanismus lenkte die Aufmerksamkeit vieler auf Friedrich Engels. Lag es doch nahe, nun von ihm authentische Erläuterung der vielberedeten ökonomischen Geschichtsauffassung zu erbitten. So wandte sich auch Conrad Schmidt an ihn, der Bruder von Käthe Kollwitz, oder Joseph Bloch, später Herausgeber der *Sozialistischen Monatshefte*.

Engels lehnte in all seinen Briefen die Verabsolutierung der Ökonomie in dem Sinne ab, dass sie das einzig Bestimmende im historischen Geschehen sei. Er sah sie zwar als dessen Basis und von dort »in letzter Instanz« wirksam. Aber der Überbau in Gestalt der politischen Formen des Klassenkampfes, der verschiedenen Rechtsformen, der politischen, juristischen, philosophischen Theorien, der religiösen Anschauungen »üben auch ihre Einwirkung auf den Verlauf der geschichtlichen Kämpfe aus und bestimmen in vielen Fällen vorwiegend deren Form«.

Auf die Universitäten verweisend, erklärte er vorwurfsvoll: »Was den Herren allen fehlt, ist Dialektik. Sie sehen stets nur hier Ursache, dort Wirkung. Dass dies eine hohle Abstraktion ist, dass in der wirklichen Welt solche metaphysische polare Gegensätze nur in Krisen existieren, dass der ganze große Verlauf aber in der Form der Wechselwirkung – wenn auch sehr ungleicher Kräfte – wovon die ökonomische Bewegung weitaus die stärkste, ursprünglichste, entscheidendste – vor sich geht, dass hier nichts absolut und alles relativ ist, das sehen sie nun einmal nicht, für sie hat Hegel nicht existiert.«

So sehr die ökonomischen Voraussetzungen und Bedingungen unserer Geschichte »die schließlich entscheidenden« sind, so spielen auch die politischen, ja selbst die in den Köpfen spukenden Traditionen eine Rolle. Engels verwies auf »unzählige einander durchkreuzende Kräfte, eine unendliche Gruppe von Kräfteparallelogrammen, daraus eine Resultante – das geschichtliche Ergebnis – hervorgeht«. Es sind also die konstanten wie veränderlichen Beziehungen der Klassen untereinander und zum jeweiligen Staat zu berücksichtigen, d. h. die Klassenkämpfe in ihren ökonomischen, politischen und ideologischen Formen und auch die damit im Zusammenhang stehenden Beziehungen der Staaten untereinander. Die eindringlichen Hinweise von Friedrich Engels aufs dialektische Denken mögen anspornen, sowohl den Dogmatismus vergangener Jahrzehnte zu überwinden wie die davon noch herrührende ängstlich vereinfachte Sicht in der Gegenwart.

»... so trinkt einen guten Wein dazu«

Bekanntlich sind nicht alle frei, die ihrer Ketten spotten. Friedrich Engels war es. Auch nach achtzehn Jahren war ihm seine Arbeit »hündischer Kommerz« geblieben, nur der Existenzsicherung dienend, nicht der Selbstverwirklichung. Und als er endlich am 1. Juli 1869, nach Rückfrage bei Marx, ob er mit 350 Pfund jährlich auskommen könne, die Bürde abwerfen konnte, kam er – wie Marxens jüngste Tochter Eleanor es erlebt hat – singend, stockschwingend und lachend das letzte Mal aus dem Geschäft und trank heiter mit dem Freunde eins über den Durst.

Zwei Irinnen begleiteten den Lebensweg von Engels, die muntere Arbeiterin Mary Burns, die er nach nahezu zwanzig Jahren verlor, dann deren Schwester Lissy, die er gleichfalls überlebte. In menschlichem Großmut ließ er sich mit ihr ungeachtet seiner eigenen freien Ansichten noch auf dem Totenbett trauen. Seinen vereinsamten Haushalt leitete später das Marxsche Hausfaktotum Lenchen Demuth, bis er im November 1890 schmerzerfüllt auch an ihrem Grabe stand, die ihre letzte Ruhestätte in Highgate neben der Familie Marx gefunden hat.

Von bemerkenswerter innerer Nähe war das Verhältnis von Friedrich Engels zu seiner Mutter, die er »wirklich liebte«. Ihretwegen vermied er nach dem Tode des Vaters im März 1860 jeden Erbschaftsstreit mit den Brüdern, denn er wolle, so schrieb er ihr: »... nicht um alles in der Welt auch nur ein Titelchen dazu beitragen, dass Dir Dein Lebensabend durch Familienstreitigkeiten über die Erbschaft verbittert wird.« Und: »Ich kann noch hundert andere Geschäfte bekommen, aber nie wieder eine Mutter.«

Nur als sie ihm wegen seiner Stellung zur Pariser Kommune Vorhaltungen machte, schrieb er ihr mahnend: »Von den paar Geiseln, die nach preußischem Muster erschossen, von den paar Palästen, die nach preußischem Vorgang verbrannt worden, wird ein großes Geschrei gemacht ... aber von den vierzigtausend Männern, Weibern und Kindern, die die Versailler nach der Entwaffnung mit der Maschinerie massakriert haben, davon spricht kein Mensch!« Nicht der böse Dämon Marx habe ihn verführt, sondern er hätte seinen Ansichten gemäß seine Schuldigkeit getan: »Du würdest Dich meiner schämen müssen, wenn ich es nicht täte.«

Es war auf einer Wanderung durch die Schweiz in seiner Jugend gewesen, als Friedrich Engels das Grab Ulrich von Huttens auf der Ufenau tief beeindruckt hatte: »Mitten im See taucht ein Eiland auf – Ufnau*, das Grab Ulrich von Huttens. So kämpfen für die Idee, und so ausruhen von Streit und Mühen, – wem das beschieden wäre! Umrauscht von den grünen Wellen des Sees. ... bewacht von den eisgepanzerten, ewig jugendlichen Riesen, den Alpen!« Kein See umrauschte ihn, keine Alpen bewachten ihn, als es so weit war. Er, der sich immer »wurzelhaft« nannte und bei seinem letzten Besuch am Rhein im Sommer 1893 bewegt ausgerufen hatte: »Dies schöne Land, wenn man darin nur leben könnte!«, er wählte das Meer als letzte Ruhestätte. Friedrich Engels starb am 5. August 1895. Einige nahe Freunde versenkten die Urne mit seiner Asche bei Eastbourne ins Meer, fünf Seemeilen von Beachy Head entfernt. Eine beträchtliche Summe seines Vermögens vermachte er der deutschen sozialdemokratischen Partei. »Sorgt vor allem«, so hatte er noch am 14. November 1894 geschrieben, »dass Ihr das Geld bekommt, dass es nicht den Preußen in die Hände fällt. Und wenn Ihr über diesen Punkt Beschluss fasst, so trinkt eine Flasche guten Wein dazu. Solches tut zu meinem Gedächtnis.«

---

* Der ursprüngliche Name der größten Insel des Zürichsees Ufnau wird heute offiziell vom Insel-Kloster verwendet, allgemein durchgesetzt hat sich der Name Ufenau. A. E.

Das Wilhelminische Berlin*

Die Würde der Reichshauptstadt hatte nach den seit 1871 vergangenen zwei Jahrzehnten auch ihre Bürde zu tragen. Immerhin residierten in Berlin die Spitzen des neuen, mitunter parvenühaft erscheinenden Kaisertums: die Reichsbehörden, der Reichstag, gesamtdeutsche Leitungsorgane von Parteien, von Organisationen und vielerlei Institutionen, von all denen man Lösungen der schwieriger werdenden Probleme in Wirtschaft, Gesellschaft und Politik erwartete. Zu fragen blieb, wie weit es denn nun mit der Anerkennung Berlins als Weltstadt sei. Der Vergleich mit London, Wien und Sankt Petersburg drängte sich auf, insbesondere natürlich mit Paris, das im Säkularjahr der Großen Französischen Revolution mit seiner Weltausstellung viele Millionen aus allen Erdteilen angezogen hatte. Paris repräsentierte damals Weltgeschichte in Vergangenheit und Gegenwart und sprach Menschen aller Länder, Klassen und Schichten an. Damit konnte sich Berlin auch als Reichshauptstadt noch nicht messen.

Wie sollte es auch, hatte doch das Reich selbst noch nicht seinen Platz im europäischen Staatengefüge gefunden. Noch wusste man nicht, wie sich das traditionell gute Verhältnis Preußen-Deutschlands zu Russland künftig gestalten sollte. War in einer zunehmend aufgeteilten Welt die 1871 proklamierte Maxime der territorialen Saturiertheit des Reiches aufrechtzuerhalten? Und wie konnte man innenpolitisch auf die soziale Unruhe, die sich bei der Streikbewegung im Sommer 1889 gezeigt hatte, reagieren? Erste Antworten darauf gab der Reichstag, der im Januar 1890 das Ausnahmegesetz gegen die Sozialdemokratie nicht mehr verlängerte. Bei der Neuwahl im Februar errangen die antibismarckschen Oppositionsfraktionen schließlich die Mehrheit; die Sozialdemokraten erhielten im Vergleich zu anderen Parteien die meisten Stimmen, in Berlin gewannen sie sogar die absolute Mehrheit.

So verlangte vieles sachliche wie personelle Entscheidungen. Mit einem Anflug von Tatendrang zugunsten von Arbeiterschutzforderungen steuerte der geltungssüchtige und von hochbeamteten Intriganten angetriebene Wilhelm II. auf die Trennung von seinem Kanzler Bismarck hin, den er im Frühjahr 1890 zum Rücktritt geradezu nötigte. Nachdem er das Rücktrittsgesuch dann mit verlogenen Huldbeweisen bewilligt hatte, verließ Bismarck am 29. März 1890 Berlin; das verlief spektakulär, denn ungeachtet aller Kritik an ihm, säumten an diesem Tage viele Menschen dicht gedrängt die Straßen vom Reichskanzlerpalais bis zum Lehrter Bahnhof, wo sie den Reichsgründer mit brausenden Ovationen verabschiedeten.

So begann der Zeitabschnitt nach 1890 damit, dass ein politisch nie reif werdender Thronfolger einen Gestalter deutscher und europäischer Geschichte verdrängte. Nicht verwunderlich also, dass nach Bismarcks zwanzig Kanzlerjahren

---

* Zuerst als Einleitung in: Das Wilhelminische Berlin, hrsg. von R. Glatzer, Berlin 1997, S. 11-34.

209

im letzten Dezennium des 19. Jahrhunderts unter Wilhelm II. drei Reichskanzler einander ablösten, nach General von Caprivi kam Hohenlohe-Schillingsfürst, dann folgte Bernhard von Bülow. Dennoch, bei allen Rodomontaden Wilhelms II., denen zufolge nur er allein »Herr im Lande« und »der Wille des Königs ... oberstes Gebot« sei, das bis in unsere Tage so viel erwähnte »persönliche Regiment« ist eine Legende. Da wirkten in der Reichspolitik letztlich ganz andere Kräfte, wie später offenkundig werden sollte. Nicht einmal im hauptstädtischen Bereich konnte der Kaiser so eigenmächtig verfahren. Durchaus gewillt, im September 1890 die Wiederwahl des Freisinnigen Max von Forckenbeck zum Berliner Oberbürgermeister nicht zu bestätigen, weil dieser im Reichstag gegen die Heeresvorlage gestimmt hatte, musste am Ende der sich aufspielende Kaiser und König eben doch auf den vorgesehenen Kraftakt verzichten. Dafür begab er sich zunächst auf einen im wahrsten Sinne des Wortes anderen Schau-Platz, nämlich den des Inaugurierens preußischer Denkmäler in großem Stil.

Im Unterschied zu anderen europäischen Staaten vereinte das Deutsche Reich als Relikte einstiger staatlicher Zerrissenheit die Dynastien in einem Bundesstaat. So war der deutsche Kaiser zugleich König von Preußen, und Berlin galt als Reichs- wie auch als Landeshauptstadt. Eben das sollte nach der Vorstellung Wilhelms II. sichtbar und denkwürdig gemacht werden und bewegte ihn bei dem Vorhaben, im Ostbereich des Tiergartens eine »Siegesallee« mit 32 Skulpturengruppen zu Ehren der brandenburgisch-preußischen Herrscher und ihrer herausragenden Zeitgenossen anlegen zu lassen. Mitte der neunziger Jahre begann man damit, und Ende 1901 waren die Arbeiten abgeschlossen. In der Nähe des Reichstagsgebäudes wirkten die dynastischen Monumente wie eine antiparlamentarische Beschwörung auf borussisch-landesväterliche Art. Der deutsche Kaiser rühmte die marmornen Verherrlichungen Preußens als Kunstwerke, »wie sie wohl kaum in der Renaissancezeit schöner hätten sein können«; bei einem Empfang in Rom erdreistete er sich sogar, das Reichstagsgebäude Wallots als »Gipfel der Geschmacklosigkeit« zu verhöhnen. Seine tief sitzende Antipathie gegen das Parlament verriet er in dessen Verunglimpfung als »Reichsaffenhaus«.

Neben dem königlich-preußischen Berlin wollte Wilhelm II. auch dem kaiserlichen Reichsberlin architektonisch huldigen. Da er seinen Großvater Wilhelm I. als »den Großen« gefeiert sehen wollte – schon um Bismarcks historische Verdienste herabzusetzen –, ließ er ihm zu Ehren zwischen Schloss und Spree ein überdimensionales Reiterdenkmal errichten. In Imponiergehabe waren Ross und Reiter umgeben von Arkaden, auf denen Viergespanne heranstürmten, und vielerlei sonstigem Zierat, auch von mächtigen Löwen, was die Berliner reizte, über »Willem in de Löwenjrube« zu spotten.

Zu den Denkmälern mit ihren feudalen Reminiszenzen gesellten sich zunehmend Bauten, die in ihrem eklektisch-historisierenden Protzentum die feudal-dynastische Selbstherrlichkeit mit aufkommendem hochkapitalistischem Reichsbewusstsein

Kaiser-Wilhelm-Gedächtniskirche in Berlin

verbinden wollten. So entstanden in den Jahren 1891 bis 1895 die Kaiser-Wilhelm-Gedächtniskirche und im Jahrzehnt von 1894 bis 1905 der Domkoloss.

In solchen Repräsentationsbauten erreichte der sogenannte Historismus jene Spätphase, wo in der Architektur das Rezipieren, bisweilen Kopieren früherer Stile vorherrschend wurde. Da weiterhin viele einzelne Bauherren oder Gesellschaften am Werke waren, entstanden je nach Geschmack oft recht unterschiedliche Stilimitate. Dieser Stilpluralismus beraubte die neu- oder umgebauten Straßen in Berlin jenes großzügig-einheitlichen Schwunges, mit dem in den fünfziger und sechziger Jahren der berühmte Haussmann die Pariser Boulevards gestaltete.

Merkwürdigerweise kamen durch dichtes Bauen von Mietskasernen auf teurem Boden gelegentlich doch Straßenfluchten mit Fassaden zustande, die den Anschein solider Wohnkultur vermittelten – hier fast in positivem Gegensatz zu Paris, wo in Arbeitervierteln der Banlieu oft ärmliches Durcheinander herrschte. In Wedding, in Neukölln, im Friedrichshain und auch an anderen Orten in Berlin verbargen dunkelgraue Häuserfassaden enge Hinterhöfe, mehrfach hintereinandergelegen, umgeben von Wohnungen mit ungenügenden sanitären Einrichtungen, licht- und luftarm. Die zahlreich zugezogenen Arbeiter mit ihren Familien steigerten noch die Wohnungsnot, die am schlimmsten in den alten Vierteln der Innenstadt war. Die wachsende Industrie zog die Arbeiter ungeachtet immer wiederkehrender Arbeitslosigkeit an, zugleich vermehrten die vielfältigen Institutionen und Bedürfnisse der Hauptstadt den begüterten Mittelstand, also die Schicht der Beamten, Ärzte, Rechtsanwälte, Lehrkräfte höherer Bildungsanstalten und etablierten Künstler. Für deren Ansprüche wuchsen komfortable Mietshäuser in den westlichen Stadtbezirken wie etwa in Friedenau und Steglitz oder um den Rüdesheimer Platz, wo sie gar ein Landhaus-Ensemble bildeten. Die Wohlhabenden, vor allem in Vororten wie Wannsee, Nikolassee, Schlachtensee und Dahlem, statteten ihr Zuhause standesgemäß aus. Die Luxusvillen der Industriellen, Bankiers oder der hohen Beamten wandelten sich so oft genug nicht nur zu Stätten der erholsamen Annehmlichkeiten, sondern auch zu gesellschaftlichen Zentren imponierender und kulturell umrahmter Macht.

In der Vielfalt des hauptstädtischen Bauens zeigten sich seit der Jahrhundertwende neue Ansätze in der Architektur. Die innere Spannung im vorherrschenden Historismus zwischen Funktion und Form der Bauten, zwischen Tektonik und Erscheinungsbild, regte zu neuen Schöpfungen an. Ein erster Übergang zu moderner Architektur entstand in der Leipziger Straße, nahe dem Potsdamer Platz, in dem 1897 eröffneten Warenhaus Wertheim von Alfred Messel mit seiner gotisch stilisierten – nicht imitierten – Fassade. Als Pionierleistung technischer Architektur ist zudem ein 1909 entstandenes Industriegebäude am Rande der Stadt, im Nordwesten Moabits, zu werten, das von Peter Behrens geschaffene Turbinenhaus der AEG. Und im Stadtzentrum, am Bülowplatz, entstand, getragen von der Volksbühnenbewegung, noch das Gebäude der Volksbühne, das im Innern alle Stuckverzierung und jegliche Ränge vermied – ein bewusst demokratischer und auch in diesem Sinne moderner Theaterbau, geschaffen von dem Architekten Oskar Kaufmann.

Alles in allem, Berlin wuchs sich aus zu einem Ganzen mit sehr verschiedenartigen Stadtteilen, äußerlich verbunden durch die sich ausdehnenden Streckenführungen der Stadt- und Untergrundbahnen. Noch lange zogen Dampflokomotiven die Stadtbahn, weil die Urväter der Berliner Großindustrie, Borsig und Schwartzkopff, durch Kartellabsprachen nicht nur ökonomisch, sondern auch politisch einflussreich, den elektrischen Zugbetrieb bis zum Ausbruch des Weltkrieges zu verhindern wussten. Schließlich entwickelten sich Omnibuslinien, deren erste mit Benzinmotoren betriebene Strecke zwischen dem Halleschen Tor und der Chausseestraße im November 1905 eröffnet wurde.

Die Modernisierung des hauptstädtischen Verkehrs gab der äußeren Physiognomie Berlins, der es an anziehender Großzügigkeit mangelte, mehr Dynamik. Berlin war spätestens seit den achtziger Jahren, trotz vieler Uniformierter im Straßenbild, nicht mehr vorwiegend eine Stadt der Beamten und Militärs, es hatte sich vielmehr zum aufstrebenden und vielgliedrigen Industrie- und Gewerbezentrum gewandelt. Keine Hauptstadt in Europa konnte mit diesem Aufschwung Schritt halten; über das durchschnittliche industrielle Niveau ragten die beiden Elektro-Riesen Siemens und AEG heraus, gegründet und geleitet von Männern mit geistigem Format: Werner Siemens gehörte als Begründer der Elektrotechnik unter anderem durch die Erfindung der Dynamomaschine zu den Großen der Technikgeschichte; Emil Rathenau, mit Gespür für technische Neuerungen begabt, erweiterte in der AEG das Produktionsprogramm von der Fabrikation von Glühlampen bis zu der von Turbinen. Sein Sohn und Nachfolger Walther Rathenau zeichnete sich zwar nicht mehr als industrieller Pionier aus, dafür aber als vielseitiger und gebildeter Unternehmer, als Physiker, Politiker, Organisator und auch als Kulturphilosoph.

Viele der im frühen 19. Jahrhundert gegründeten Betriebe wie auch die später entstandenen Elektrowerke, für die die Innenstadt und die unmittelbar angrenzenden Bezirke zu eng geworden waren, bauten ihre erweiterten Produktionsstätten auf den Wiesen und Äckern der Außenbezirke auf. Die Borsigsche Lokomotiven- und Maschinenbauanstalt verlegte ihre gesamte Produktion nach Tegel; Siemens konzentrierte sich auf den Nordwesten Berlins und gründete dort stolz »Siemensstadt«. Die AEG trieb es ebenfalls in die Randgebiete, allerdings an mehrere Standorte: Die Turbinenfabrik verblieb in Moabit, ein ansehnlicher Komplex entstand beim Humboldthain, das Kabelwerk fand seinen Platz an der Oberspree.

Zur industriellen Physiognomie Berlins gehörten auch die mittelgroßen Firmen des Maschinen- und Werkzeugbaus, die der Nahrungs- und Genussmittelindustrie und die der Konfektion, die vor allem in der Innenstadt konzentriert war.

Trotz beachtlicher Fortschritte in der industriellen Fabrikation existierte das traditionelle Handwerk weiter und befriedigte immer noch spezielle Bedürfnisse. Es bewies seine Lebenskraft ebenso wie der Kleinhandel, der sich trotz aller Warenhäuser wie Wertheim, Hertzog, Tietz und anderer vorerst behaupten konnte; noch lange Zeit verbreiteten Kellerläden mitten in der werdenden Weltstadt eine romantisch-kleinstädtische Atmosphäre.

Das immer lebhafter werdende Getriebe in Industrie, Gewerbe und Handel warf bald auch Schatten; der Kontrast zwischen Reich und Arm wurde stärker. Wie auch immer die Konjunktur verlief, die Löhne der verschiedenen Arbeiterschichten bewegten sich auf einem Niveau, das nur ein beengtes und vielfach eingeschränktes Dasein erlaubte, wie ordentlich geführte Haushaltsbücher von Arbeiterfrauen in eindrucksvoller Weise belegen. Proletarisches Elend war nicht selten, besonders wenn Arbeitslosigkeit die Familien heimsuchte. Vielfach mussten Frauen, um die Familien über Wasser zu halten, jämmerlich bezahlte Heimarbeit annehmen – etwa in der Schuhfabrikation, der Konfektion oder der Papier- und Schmuckwarenbranche. Widerstand selbst gegen krasse Formen der Ausbeutung war den Frauen schon durch das preußische Vereinsgesetz mit seinem berüchtigten Paragraphen 8 erschwert, der ihnen die Mitgliedschaft in politischen Vereinen verbot, wobei die Polizeibehörden das Kriterium dafür weit und willkürlich fassen konnten.

Nicht minder bedrückend für die Arbeiter war die unzureichende Fabrikgesetzgebung, die sich vor allem auf die Fabrikinspektionen und die Regelung der Arbeitsverhältnisse nicht zuletzt von Frauen, Kindern und Jugendlichen bezog. Der seit den achtziger Jahren in allen europäischen Industrieländern geforderte »Normalarbeitstag« war noch längst nicht gesetzlich fixiert. In den kleinen und mittleren Betrieben arbeitete man täglich zwischen zehn und elf Stunden, in den Großbetrieben setzte sich bei zunehmender Intensivierung der Produktion eine neun- bis zehnstündige Arbeitszeit durch. Noch angespannter war die Lage in saisonabhängigen Betrieben, etwa in der Konfektionsindustrie rund um den Hausvogteiplatz, wo zwölf Stunden geschneidert und genäht wurde, bisweilen ging es auch bis ein und zwei Uhr nachts. Die nichtindustriellen Berufszweige hatten es am schwersten, die Schneidergesellen und Näherinnen, die Bäckergesellen, die mit zusätzlicher Nachtarbeit belastet waren, oder die Rollkutscher mit Schichten bis zu achtzehn Stunden. Verhängnisvoll wirkte sich in diesen Berufen aus, dass die Vereinzelung und die überlangen Arbeitszeiten bei kargem Lohn die Kräfte verzehrten und damit die geistige und physische Fähigkeit einschränkten, einen höheren Lebensstandard zu erkämpfen.

Anders war die Lage im Großgewerbe und in der Klein- und Mittelindustrie, von denen die Gewerkschaftsbewegung ausging. Sie wuchs gerade in Berlin stark, von 40 000 Mitgliedern der Freien Gewerkschaften im Jahre 1895 bis auf 302 000 im letzten Vorkriegsjahr. Mit dieser Mitgliederbewegung veränderte sich auch die Organisationsstruktur; aus ursprünglich reinen Berufsgewerkschaften gingen umfassendere Industriegewerkschaften hervor. So gab es beispielsweise nicht mehr nur die fachspezifische Gewerkschaft der Dreher oder die der Former, sondern schließlich die Interessenvertretung aller in der Metallindustrie beschäftigten Arbeiter.

Das alles lief parallel und im Zusammenhang mit Machtkonzentrationen in der Industrie- und Bankwelt, die sich nach der Wirtschaftskrise von 1901 noch beschleunigten. Unternehmer, gelegentlich auch selbständige Meister, bildeten Ringe, die durch Preisabsprachen und Eingrenzung von Absatzgebieten die Konkurrenz auszuschalten suchten. Überdies strafften Großunternehmen ihre bisherigen Kartelle und Syndikate. Besonders expansiv waren AEG und Siemens; teils schluckten sie die Konkurrenten, wie Siemens das Nürnberger Schuckert-Werk, teils trafen sie mit ihnen Vereinbarungen, wie Emil Rathenau mit der General Electric Company, der die USA und Kanada als alleiniges Wirkungsfeld verblieben, während sich die AEG in Deutschland, in Mittel-, Nord- und Osteuropa geschäftlich ausbreiten durfte. In Südamerika und anderen, nicht ausdrücklich erwähnten Gebieten der Erde ließ man die gegenseitige Konkurrenz zu. Das also war, von Berlin aus inauguriert, die »Weltpolitik« auf ökonomischem Terrain.

Eng verbunden mit dem, was in der Industrie und im Gewerbe geschah, vollzogen sich die Konzentration und der Machtzuwachs im Bankwesen. Als kapitalkräftigste Institutionen agierten von Berlin aus die vier sogenannten D-Banken: zwei von ihnen, die Disconto-Gesellschaft und die Darmstädter Bank, existierten bereits seit 1851 beziehungsweise 1853, die Deutsche Bank war im Frühjahr 1870 gegründet worden und die Dresdner Bank 1872. Anfänglich engagierten sich diese Banken weniger bei Industriegründungen als weit mehr im Eisenbahnbau, bei Regierungsanleihen, schließlich in den Jahren 1866 und 1871 bei der Kriegsfinanzierung; die Deutsche Bank orientierte sich zunächst auf die geschäftliche Abwicklung des auswärtigen Handelsverkehrs. Nur die Berliner Handels-Gesellschaft, schon 1856 ins Leben gerufen, wurde bei ihrer Neuformierung in den achtziger Jahren zu einer Industriebank par excellence. Ihr damaliger Leiter, Carl Fürstenberg, wusste seinen Aktionsradius so auszudehnen, dass er um 1910 die Rekordzahl von 44 Aufsichtsratsposten in Aktiengesellschaften erreichte. Damit personifizierte er in geradezu klassischer Weise die Verbindung von Bank- und Industriekapital.

Wie die Großindustrie gingen auch Großbanken dazu über, schwächer gewordene Konkurrenten zu inkorporieren. Wenige Monate vor Ausbruch des Ersten Weltkrieges wirkte es sensationell, dass die Deutsche Bank die dem früheren preußischen Finanzminister von der Heydt nahestehende Elberfelder Bergbank vereinnahmte; die Disconto-Gesellschaft schluckte die älteste deutsche Aktienbank, den Schaaffhausen'schen Bankverein. Die Deutsche Bank war inzwischen zum größten Geldinstitut der Welt geworden, und überhaupt begann sich der Berliner Kapitalmarkt von den alten Finanzmächten in London und Paris zu emanzipieren. Der auch heute noch lesens- und bemerkenswerte Berliner Ökonom und Soziologe Werner Sombart nannte damals die modernen Großbanken »Zwingburgen des Kapitalismus, der ... für Generationen und aber Generationen die Herrschaft über uns alle angetreten hat ...«

Die Kapitalmächte konnten die Reichspolitik zunehmend beeinflussen, nachdem sich seit 1890 vieles im Staatsgetriebe verändert hatte. Zwar waren die Verfassungen des Reiches und Preußens ohne Abstriche in Kraft geblieben, doch ungeachtet des »persönlichen Regiments«, das Wilhelm II. anstrebte, erhielten die einzelnen Glieder des Staatsapparates größeren Spielraum. Nebenregierungen aller Art mischten mit in der Gesamtpolitik, nicht zuletzt das Schattenkabinett unter dem Geheimrat Friedrich von Holstein im Auswärtigen Amt. Er vor allem bewirkte eine Abkehr von der Bismarckschen Außenpolitik, die immer auf Sicherung des prekären Gleichgewichts in Europa bedacht gewesen war.

Nun streifte auch der Generalstab, dem Bismarck mühevoll politische Zügel angelegt hatte, die Bindungen ab und pervertierte den Gesamtwillen der Regierung. Verhängnisvoll wirkte sich das aus in dem unter Admiral Tirpitz betriebenen Ausbau der Flotte, für die der Kaiser immer wieder zu entflammen war. Das Schlagwort von Deutschlands »Weltgeltung zur See« tauchte seit der Jahrhundertwende auf. Diplomaten, Generäle und Admiräle kamen dem tätigen, weitausgreifenden Interesse von Konzernen und Großbanken entgegen, deren politischer Sprecher der Reichskanzler Bülow wurde. Als er im Dezember 1899 vor dem Reichstag vom Schutz der »Interessen in allen Weltteilen« sprach, da ging es nicht mehr um die Sicherheit des 1871 gegründeten Reiches, sondern um die stärkere Ausnutzung des ökonomisch-sozialen Kräftepotentials der Nation für »Weltmachtpolitik«. Es blieb auch nicht bei Erklärungen und einprägsamen Schlagworten; in Ostasien und in der Südsee besetzte man bereits 1898 einen »Platz an der Sonne«. Deutschen Kolonial- und Flottenenthusiasmus entfachend, erzwang die Reichsregierung von China die Verpachtung von Kiautschou und Konzessionen für den Bau von Eisenbahnen und Industrieunternehmen für nicht hundert, sondern neunundneunzig Jahre, wie beim neckisch-kleinen Preisnachlass im Warenangebot.

Die Säkulardauer des Pachtvertrages, eine verhüllte Annexion chinesischen Territoriums, setzte forsch auf eine sichere imperiale Entwicklung: »Deutschland in der Welt voran« oder – wie der Redefluss des Kaisers so verheißungsvoll glauben machen wollte: »Ich führe Euch herrlichen Zeiten entgegen!« Sicherlich, dieses Gehabe reizte zum Spott, und dennoch schien auch in Paris oder London der Bestand des großindustriell und finanzmächtig gestützten Hohenzollernreiches und seiner Landesdynastien ungefährdet.

All das stellte auch die Sozialdemokratie vor die Frage nach der Lebensdauer eines Regimes, das sie überwinden wollte. Die Auseinandersetzungen waren beherrscht von Problemen der Strategie und Taktik. Konnten die immer wieder aufbrechenden Widersprüche des Systems in einem allmählichen Reformprozess gelöst werden oder trieben sie innen- und außenpolitisch doch zu Katastrophen, die dann eine Alternative verlangten?

Bekanntester Vertreter des sogenannten Revisionismus war Eduard Bernstein, der die Sozialdemokratie auf den Kampf um Reformen im gegenwärtigen Staat lenken wollte, gemäß seinem berühmt gewordenen Satz: »Was man gemeinhin Endziel des Sozialismus nennt, ist mir nichts, die Bewegung alles.« Folgerichtig war er innenpolitisch für eine Annäherung an den Liberalismus, in der Außenpolitik wollte er »nationale Interessen« berücksichtigt sehen. Er vertrat auch in den China betreffenden Fragen ein »Mitspracherecht« gegenüber den Ansprüchen anderer Mächte.

Als Bernsteins Kontrahenten traten August Bebel, Karl Kautsky, Franz Mehring und Rosa Luxemburg auf, die immer wieder auf die Dialektik von Reform und Revolution, von Tagesinteressen und Zukunftsperspektiven verwiesen. Ihre Aufsätze erschienen in der *Neuen Zeit,* die um die Jahrhundertwende ihre Redaktion von Stuttgart nach Berlin verlegte, von wo aus diese theoretische Zeitschrift weit über Deutschland hinaus auf die Arbeiterbewegung wirkte.

Die kritischen Intellektuellen in und um die Neue Zeit waren allerdings nur ein kleiner Kreis, verglichen mit der großen Anzahl konservativer Gelehrter. Mochten auch von den zahlreichen Universitäten, Gründungen und Stolz deutscher Dynastien, produktive Impulse ausgehen, erst die 1810, in der preußischen Reformzeit entstandene Berliner Universität erreichte am Jahrhundertende unbestritten Weltgeltung. Während in ihrer Anfangsperiode die in der Hegelschen Dialektik gipfelnde klassische Philosophie beherrschend und ausstrahlend war, veränderten sich im Laufe des 19. Jahrhunderts die Akzente in und zwischen den Geistes- und den Naturwissenschaften. In der Literatur- und Geschichtswissenschaft brach die große Zeit der philologisch scharfsinnigen Textanalysen und historisch umfassenden Quellenkritik an, verbunden mit psychologischer Vertiefung in individuelle Phänomene. Am bekanntesten unter den Berliner Geistes- und Sozialwissenschaftlern wurden der Germanist Erich Schmidt, der Kunsthistoriker Herman Grimm, der Altphilologe von Wilamowitz-Moellendorff, der Historiker und Herausgeber der Preußischen Jahrbücher Hans Delbrück, der Wirtschaftshistoriker und Sozialpolitiker Gustav Schmoller, auch der Theologe und Religionshistoriker Adolf von Harnack, der wissenschaftspolitisch führend im Wilhelminischen Deutschland werden sollte. Der Bedeutendste unter diesen Gelehrten, Theodor Mommsen, berühmt geworden vor allem durch seine *Römische Geschichte,* wurde 1902 wegen der literarischen Meisterschaft seiner historischen Darstellung mit dem zum zweiten Mal vergebenen Nobelpreis ausgezeichnet.

Theodor Mommsen starb 1903, ein Jahr nach dem Mediziner und linksliberalen Politiker Rudolf Virchow, der die Zellentheorie weiterentwickelte und die Zellularpathologie gegründet hatte; er war darüber hinaus in Forschung und Praxis so vielseitig tätig, dass er bis zu seinem Tode den Vorsitz der Medizinischen Gesellschaft innehatte. Ihm folgte in diesem Amte der Direktor der Chirurgischen Universitätsklinik, Ernst von Bergmann. Kein geringerer Ruf umgab den Chirurgen August Bier. Zu den weltbekannten Internisten gehören Ernst von Leyden und Friedrich Kraus, der von 1902 bis 1927 der II. Medizinischen Klinik vorstand. Für Robert Koch, den Bakteriologen und Entdecker des Tuberkelbazillus, wurde bereits 1891 ein Institut geschaffen. Die bauliche Umgestaltung und Neuinstalle-

Theodor Mommsen

rung des ganzen Charité-Komplexes erfolgte erst in den Jahren von 1897 bis 1910. In derselben Zeit entstanden auch die Gebäude der Chemie-Institute; den Weltrang ihrer Forschungsergebnisse unterstrich die Vergabe von Nobelpreisen für Chemie, im Jahre 1901 an J. H. van't Hoff, ein Jahr darauf, 1902, an Emil Fischer und 1907 an Eduard Buchner. Im Jahre 1920 folgte dann Walther Nernst, seit 1905 Leiter des Physikalisch-Chemischen Instituts.

Den vielseitigen Auf- und Ausbau vor allem der Institute im Bereich der technischen wie der Naturwissenschaften leiteten die ebenso bescheiden wie energisch wirkenden Ministerialdirektoren Friedrich Althoff und sein Nachfolger Schmidt-Ott. Sie verstanden es auch, die beamtete Umgebung des Kaisers zu beeinflussen. Im Jahre 1909 schrieb Rudolf von Valentini, Chef des Zivilkabinetts, an den Kaiser, geschickt auf dessen Mentalität abgestimmt: »Für Deutschland ist das Behaupten seiner wissenschaftlichen Vormachtstellung eine ebensolche Staatsnotwendigkeit wie die Überlegenheit der Armee.«

In der Tat verkündete der Kaiser ein Jahr darauf aus Anlass der Hundertjahrfeier der Berliner Universität die Schaffung von wissenschaftlichen Instituten, die sich ausschließlich der Forschung widmen sollten. Seinem Stil gemäß rühmte er es als »heilige Aufgabe«, und dies bewirkte dann 1911 die Gründung der Kaiser-Wilhelm-Gesellschaft zur Förderung der Wissenschaften. Zunächst profitierten davon die Bereiche der physikalischen Chemie und Elektrochemie, dann die der Biochemie und der Physik. Zur Finanzierung flossen die Spenden in Berlin auch aus den Kassen von Industriellen, aus Kreisen der Bankiers und der Verleger wie der von Warenhausbesitzern. Der Kaiser-Wilhelm-Gesellschaft stand für viele Jahre Adolf Harnack vor, der nicht nur Theologieprofessor war, sondern von 1905 bis 1921 auch Generaldirektor der Preußischen Staatsbibliothek. Die vielseitige Forschungsorganisation überdauerte selbst schwierige Zeiten und trägt heute den Namen Max-Planck-Gesellschaft.

Die auf die veränderten Zeitverhältnisse reagierende Umbenennung geschah mit viel Berechtigung, wirkte doch Max Planck an der Berliner Universität als Forscher, dessen Entdeckungen Einzel- und auch Zentralbereiche der Natur erhellten. Viele Physiker gingen bei ihren wissenschaftlichen Fragestellungen zunächst von der industriellen Praxis aus. Die enorme Entwicklung der Beleuchtungstechnik seit den achtziger Jahren veranlasste zahlreiche Forscher – auch die in der 1887 von Werner von Siemens mitbegründeten Physikalisch-Technischen Reichsanstalt –, sich um die Erklärung der Licht- und Strahlungsphänomene zu bemühen. Angeregt davon, so bekannte Max Planck in seiner Selbstbiographie, ging er als Vertreter der Theoretischen Physik eigene Wege, die ihn schließlich zu der Entdeckung führten, dass Energie nicht kontinuierlich, sondern »portionsweise«, in Form des sogenannten Elementarquantums, ausgesandt und absorbiert wird. Plancks Quantentheorie verwies zusammen mit Ergebnissen von Einsteins Relativitätstheorie auf die Welt des Atoms und der Atomkerne. Bereichert durch Albert Einstein, der im Frühjahr 1914 nach Berlin berufen worden war, entwickelte sich hier ein internationales Zentrum der Theoretischen Physik, sekundiert von den Atomforschungen in Cambridge und Kopenhagen.

Wie die Wissenschaften dazu beitrugen, Berlin zu einer Weltstadt zu machen, so gehörten auch die Künste zu ihrer Lebenswelt. Seit Mitte der achtziger Jahre nahm auch das Musikleben einen bedeutenden Aufschwung. Woche für Woche füllten sich die Konzertsäle, nicht allein die traditioneller Klangkörper wie etwa der Singakademie, sondern auch die der Königlichen Kapelle. Bald aber überragte sie alle das erst Anfang der achtziger Jahre ins Leben gerufene Philharmonische Orchester. Seinen Ruhm begründete eine solch vielseitige Musikerpersönlichkeit wie Hans von Bülow, der 1887 nach Berlin gekommen war. Er arbeitete als Pianist, Musikschriftsteller, Komponist und Dirigent und zeigte zudem schon seit den fünfziger Jahren Aufgeschlossenheit im gesellschaftlichen und politischen Leben. Denkwürdig für die Musik- wie für die politische Geschichte wurde sein Abschiedskonzert 1892, zwei Jahre vor seinem Tode, das er, höchst ungewöhnlich, im Konzertsaal mit einer politischen Rede beendete, die mit kritischen Anspielungen auf Wilhelm II. gespickt war. Sie gipfelte in der Erklärung, dass er sich das Recht herausnehme, die einstens Napoleon zugedachte Eroica nun dem »Beethoven der deutschen Politik«, nämlich Bismarck, zu widmen. Was zunächst nur sensationell wirkte, erwies sich in der Folgezeit als ein frühes Anzeichen für das Unbehagen bedeutender Künstler gegenüber dem Wilhelminischen Regime.

Nachdem Hans von Bülow aufgrund seiner schweren Erkrankung den Dirigentenposten verlassen hatte, standen zunächst wechselnde, aber ausnahmslos berühmte Dirigenten am Pult der Philharmonie: Felix Mottl, Ernst von Schuch, Richard Strauss, Hermann Levi und Johannes Brahms. Erst seit 1895 leitete Arthur Nikisch als ständiger Dirigent sowohl das Berliner Philharmonische wie das Leipziger Gewandhausorchester. Durch ausgedehnte Konzertreisen erlangten beide Klangkörper einen Weltruhm, den sie über Jahrzehnte bewahren konnten.

Die Orchester in Berlin waren in ihrer Programmgestaltung und künstlerischen Arbeit unabhängig. Anders war die Lage an der Königlichen Oper Unter den Linden; auch dort war das Orchester meisterhaft, und die Einzelleistungen der Sänger konnten sich mit denen in Wien und Mailand durchaus messen. Dennoch war das künstlerische Niveau der Opernaufführungen in ihrer Gesamtheit durch konservative Hofeinflüsse, gehorsam unterstützt von dem Intendanten von Hülsen, immer wieder gefährdet. So erlaubte sich gelegentlich die Kaiserin wegen »Verletzung des sittlichen Empfindens« zu intervenieren, oder Wilhelm II. verließ die Aufführung des *Rosenkavalier* mit der schnoddrigen Bemerkung: »Det is keene Musik für mich!« Nicht verwunderlich, dass Richard Strauss die Uraufführungen seiner Opern in Dresden inszenieren ließ.

Frischer Wind kam in die Opernregie 1905 aus der Komischen Oper, die Hans Gregor leitete. Seine *Carmen*-Inszenierung empfand die Kritik als »Kriegserklärung gegen alle Traditionen«, wich doch das bislang Salonhafte der Interieurs, der Gewänder und der agierenden Personen dem plebejischen südspanischen Volksmilieus. Witzig und spritzig, mit leicht eingängigen und daher viel verbreiteten Melodien zeigte sich das Operettentheater; alles, was in Paris und Wien berühmt geworden war, fand auch Aufnahme in Berlin, wo Jacques Offenbach, Johann Strauß, Franz von Suppé und Karl Millöcker ein großes Publikum gewannen, gefolgt vom Urberliner Paul Lincke und anderen Schöpfern der »Berliner Operette« mit ihrer oft zeitbezogenen Mischung von Posse, Revue, Lied und Marsch. Alles in allem bot das Musikleben der Reichshauptstadt ein breites und vielfarbiges Spektrum.

Neue Entwicklungen zeigten sich auch im Theater, das, wie Herbert Ihring einmal schrieb, zu den »Atmungsorganen der Stadt« gehörte. Es war offensichtlich, Berlin »zog an, kräftigte, förderte, setzte durch«, die Naturalisten aus Deutschland und die ihnen verwandten Richtungen aus Frankreich, Russland und den skandinavischen Ländern, daneben deutsche Klassiker und Künstler von weltliterarischem Rang.

Es erregte die Gemüter heftig, als die Naturalisten in den neunziger Jahren auf die Berliner Bühnen drängten mit ihrem »sozialen Drama«, das Konflikte der unteren Klassen und Schichten gestaltete. Mit Sudermanns Stücken nahm es seinen Anfang. Gerhart Hauptmanns Dramen aber wurden Höhepunkte der heißumstrittenen Bewegung. Im Laufe des Jahres 1889 kam *Vor Sonnenaufgang* im Verein Freie Bühne zur Uraufführung, 1892 erschienen *Die Weber* in Buchform, dann folgte im selben Jahr *Der Biberpelz*. Besonders das Thema des schlesischen Weberaufstandes verursachte viel Aufruhr. In düsteren Versen hatte einst Heinrich Heine die verzweiflungsvolle Lage der darbenden Weber im Eulengebirge beschworen. Später ließ sich Käthe Kollwitz von Hauptmanns Drama zu ihrem berühmten *Weber*-Zyklus inspirieren. Im April 1892 hatte der Autor sein Schauspiel im vertrauten Kreise vorgelesen, als ein Zuhörer ihm zurief: »Das Stück schreit nach der Bühne!« Und das war allerdings der Theaterdirektor Adolph L'Arronge, der zwar unschwer die Zustimmung des Verfassers für eine Aufführung im Deutschen Theater erwarb, nicht aber die der Polizei, die das Stück »aus ordnungspolitischen Gründen« bis auf weiteres verbot. Daher kam es zunächst nur zu den Aufführungen in den Volksbühnenvereinen – am 26. Februar 1893 in der Freien Bühne, am 15. Oktober 1893 in der Neuen Freien Volksbühne –, weil hier nur Vereinsmitglieder Zutritt hatten und man also mit einer geschlossenen Gesellschaft rechnen konnte. Erst am 25. September 1894, zwei Jahre nach der Publikation, kam es dann zur skandalumwitterten Premiere im Deutschen Theater, bei der sich die Polizei mit der Annahme beruhigte, es sei bei der Höhe der Eintrittspreise nicht zu befürchten, »dass Arbeiter und Arbeitslose dorthin kommen, die aufgereizt werden könnten«. Und dann ging es doch turbulent zu bei der Aufführung dieses Stückes, von dem Theodor Fontane schrieb: »Es ist ein Drama der Volksauflehnung …«, und es enthalte eine doppelte Mahnung, »eine, die sich nach oben und eine andere, die sich nach unten wendet«. Hier agierte nicht mehr der dramatische Einzelheld, schrieb Franz Mehring, Gerhart Hauptmann setze »die Massen selbst in dramatische Bewegung«. Das Deutsche Theater verwandelte sich zum Tribunal, besonders der zweite Rang, wo die Jugend war, reagierte heftig; die Wogen der Erregung schlugen so hoch, dass Wilhelm II. erbost seine »kaiserliche Loge« im Theater kündigte. Da gab es keinen Mittelweg mehr, nur noch begeisterte Zustimmung oder wütende Ablehnung.

Aus dem Zyklus »Ein Weberaufstand« von Käthe Kollwitz

Und die Konfrontation setzte sich fort in einer ganzen Reihe von Theater-
stücken, die von stilprägenden Regisseuren inszeniert wurden. Otto Brahms Name
stand für die naturalistischen Dramen und den ihnen gemäßen Bühnenstil einer
dem Alltagsleben verwandten Gebärdensprache. Als die Hauptdramen des Naturalismus im Deutschen Theater durchgesetzt waren und Brahm sie weiter im Les-
singtheater spielen ließ, da machte sich Max Reinhardt 1903 im Kleinen Theater
Unter den Linden mit der deutschen Erstaufführung von Maxim Gorkis *Nachtasyl*
einen Namen, erregte dann 1904 mit seiner modernen Inszenierung von Lessings
Minna von Barnhelm Aufsehen und prägte schließlich seit Oktober 1905 im Deutschen Theater einen Theaterstil, der sich durch intensive Arbeit am gesprochenen
Wort, aber auch durch Bündelung aller optischen, klanglichen und farblichen Ef-
fekte auszeichnete. Um die theatralische Illusion so perfekt wie möglich zu machen, ließ Reinhardt sogar Tannenduft versprühen, und er scharte exzellente
Schauspieler um sich wie Alexander Moissi, Agnes Sorma, Paul Wegener. Der
Wiederbelebung des klassischen Repertoires gesellte er in den neueröffneten
Kammerspielen die Inszenierung moderner Stücke bei. Eduard von Winterstein
erinnerte sich der beeindruckenden Aufführung von Ibsens *Gespenster* mit der
großartigen Agnes Sorma in der Hauptrolle. Alles schien möglich in Berlin,
nebeneinander, untereinander und auch in produktiven Reibungen, die die »Wir-
kungsmöglichkeiten der Bühnenkunst«, so Osborn, nur noch steigerten. Unvor-
eingenommen und aufnahmebereit war man auch gegenüber ausländischen Thea-
tern. Schon nach dem ersten Gastspielabend des Moskauer Künstlertheaters im
Deutschen Theater im Februar 1906 berichtete Stanislawski glücklich von einem
»Triumph, wie wir ihn nie gesehen haben, weder in Moskau noch in Petersburg«.
Die Gebildeten unter den Deutschen hätten sie staunen gemacht, sie seien in ihrer
Freude an der Kunst ohne nationale Vorurteile. Überdrüssig war das Berliner
Theaterpublikum lediglich der routinemäßigen Aufführungen des Schauspielhau-
ses am Gendarmenmarkt.

Der lebendige Pulsschlag einer Weltstadt zeigte sich auch in der 1890 gegründeten Freien Volksbühne, die mit zeitnahen Stücken und geringen Eintrittspreisen
neue Zuschauer anzog. Eine Künstlerin wie Tilla Durieux sah sich so veranlasst,
dem dankbaren neugewonnenen Publikum in Berlins Vororten des Sonntagsvor-
mittags in einem sorgfältig ausgewählten Programm Goethe und Schiller, Dehmel,
Herwegh und Chamisso nahezubringen. Dort begegnete ihr auch Rosa Luxemburg, mit der sie sich künftig gelegentlich traf, wenn auch nur geheim. Ganz sicher, es bewegte sich vieles in dieser Stadt, auch im Kabarett, wo Claire Waldoff
kess berlinerisch die Herzen eroberte.

Auch die Belletristik bot vielerlei. Vor allem in dem von Samuel Fischer 1886
in Berlin gegründeten Verlag kamen Autoren wie Henrik Ibsen und Émile Zola,
die Brüder Goncourt, Gerhart Hauptmann neben Max Halbe und Johannes Schlaf,
aber auch Dostojewski, Schnitzler und Hofmannsthal, dazu Hermann Hesse und

Bernhard Kellermann heraus. In eben der Zeit, da Theodor Fontane noch an seinem Altersroman, dem *Stechlin* (1898), arbeitete, bereitete Thomas Mann schon seinen *Kleinen Herrn Friedemann* vor (gleichfalls 1898). Sein Berliner Verleger riet ihm zu einem »größeren Prosawerk«, ja »vielleicht einem Roman«, ohne zu wissen, dass die *Buddenbrooks* bereits in Arbeit waren. Als Thomas Mann in seinem Werk den Weg von der bürgerlichen Solidität der *Buddenbrooks* zur Ellbogengesellschaft der Hagenströms beschrieb, da machte sein Bruder Heinrich Mann im ungeliebten Berlin schon ahnungsvoll Erfahrungen mit einer »sklavischen Masse ohne Ideale« und schrieb darüber im Jahre 1906: »Zu dem alten menschenverachtenden preußischen Unteroffiziersgeist ist hier die maschinenmäßige Massenhaftigkeit der Weltstadt gekommen, und das Ergebnis ist ein Sinken der Menschenwürde unter jedes bekannte Maß.«

Auch den Malern forderten die neuen sozialen Kräfte und Spannungsfelder der Zeit andere Sichtweisen auf diese Themenkreise ab. In der Historienmalerei eines Anton von Werner mit seinen Hof- und Staatsbildern sah man immer mehr den erstarrten Stil konventioneller Staatsraison. Beunruhigt und zugleich irritiert verfolgte Anton von Werner das Schaffen der jüngeren Malergeneration. Er vermochte als Direktor der Hochschule für Bildende Künste und Vorsitzender des Vereins Berliner Künstler zwar 1892 noch das Verbot einer Ausstellung des Norwegers Edvard Munch durchzusetzen, aber das Verbot der offiziösen Kunsthüter erwies sich als Pyrrhussieg. Die Wogen der Empörung schlugen so hoch, dass sie Munch erst recht bekannt, ja berühmt machten.

Wortführer der aufbegehrenden Künstlergeneration wurde Max Liebermann, der sich 1892 mit zehn gleichgesinnten Berlinern Malern in der Vereinigung der XI zusammenschloss. Liebermann hatte sich zu wiederholten Malen in Paris, Amsterdam und München aufgehalten und war seit 1872 mit Werken hervorgetreten, die die Arbeit im Handwerk oder auf dem Lande darstellten. Industriebetriebe oder großstädtische Baustellen wie bei Menzel waren nicht sein Thema, ihn fesselten großstädtische Lebensgewohnheiten wie etwa die in Restaurants, beim Baden, beim Reiten, beim Polo- oder Tennisspielen. Sein Stil entwickelte sich vom geistreichen Naturalismus zu einem von Frankreich beeinflussten Impressionismus, der über zeichnerische Wirklichkeitstreue hinaus den farbigen Abglanz des Daseins wiedergab. Liebermann verfügte über einen imponierenden geistigen Radius. Aus gebildetem jüdischen Großbürgertum stammend, von europäischer Erfahrung, intimer Kenner der Kunstentwicklung seiner Zeit und selbst Schöpfer eines umfangreichen Œuvres, war er wie geschaffen für eine künstlerische Führungspersönlichkeit von weltstädtischem Format. So inaugurierte er auch im Mai 1898 in Abkehr vom offiziösen Künstlerverein die *Berliner Secession* von Malern, die schon ein Jahr darauf von sich reden machte, zumal sie von dem ebenso fachkundigen wie geschäftstüchtigen Verleger Bruno Cassirer unterstützt wurde, der bald auch die vielbeachtete Zeitschrift *Kunst und Künstler* herausbrachte. Die erste secessionistische Ausstellung gab, ohne Stilrichtungen auszuschließen, einen Überblick über das zeitgenössische Kunstschaffen und stellte unter 187 Künstlern auch 46 aus Berlin vor. Aus Süddeutschland waren Wilhelm Leibl und Hans Thoma, Lovis Corinth und Max Slevogt vertreten. Das Interesse an der Ausstellung ging weit über das traditionelle Kunstpublikum hinaus und wurde durch Anfeindungen in der Publizistik noch gesteigert.

Lovis Corinth siedelte, angetan von der Berliner Atmosphäre, im Jahre 1900 von München nach Berlin über und wurde dort einer der Köpfe der Secession. Ihm folgte im Jahre 1901 Max Slevogt. Auf der bahnbrechenden Ausstellung von 1899 war auch Käthe Kollwitz aus Berlin schon vertreten, deren Themen nicht nur die Armen und Gepeinigten dieser Welt werden sollten, sondern auch die Wehrhaften. Angeregt von Gerhart Hauptmanns Drama schuf sie ihre eindrucksvollen Radierungen zum Weberaufstand; Höhepunkt ihres künstlerischen Schaffens wurden dann ihre Blätter zum Bauernkrieg, erfüllt von menschlicher Dramatik, besonders in jenen revolutionären Extremsituationen, wo eine leidenschaftlich bewegte Frau (*Losbruch* im Bauernkriegszyklus) die Kämpfenden anfeuert.

Unter den um die Jahrhundertwende in Berlin wirkenden Malern mit sozialkritischem Impetus ist auch Hans Baluschek zu nennen. Mit Sympathie für die Großstadtmenschen und Mitgefühl für die Armen und Beladenen schuf er thematisch variationsreiche Bilder: Arbeiter und Arbeiterinnen auf dem Weg in die Fabrik, Großstadtstraßen, Rummelplätze, die Vergnügungen und das Elend der Vorstädte und immer wieder die faszinierende Welt der Eisenbahnen.

Wie kein anderer war Heinrich Zille mit den Lebensverhältnissen und -schicksalen in den Proletariervierteln vertraut. Sein Zeichenstift bannte alles aus dieser Lebenswelt aufs Papier: die kummervollen Schwangerschaften und den bedrückenden Kindersegen, die Berliner Jöhren und kessen Jungs, die Bürde der Arbeit und die ganze Mühsal des Lebensunterhalts, das Abgleiten in die Prostitution und ein ausgemergeltes Alter bis zum Tod im Elend. Zille wusste wohl, dass man mit einer Wohnung einen Menschen ebenso töten kann wie mit einer Axt, und so hielt er sie fest, all die jämmerlichen Wohn- und Schlafstuben, oft im Kellergeschoss gelegen. Auch die Geselligkeit in den Destillen und Hinterhöfen fehlte bei ihm nicht, poesievolle Szenen gab es selbst im tristen Alltag. Mit Humor und Witz zeichnete er einen Berliner Menschentyp, der gelernt hatte, sich auch in der Armseligkeit zu behaupten. Unter vielen in Zeitschriften veröffentlichten Bildern Zilles standen Texte im Berliner Dialekt, die die Herzen der Menschen erreichten, denn da war Ernst im Spaß und Spaß im Ernsthaften. Nicht verwunderlich, dass das den geistreichen Max Liebermann ansprechen musste, der den Maler- und Secessionskollegen förderte. In eine Stilrichtung war Zille schwer einzuordnen, er schuf selbst eine, die dem Münchener Simplicissimus vielleicht noch am nächsten kam.

Berlin 1905. Ackerstraße.

„Man kann mit einer Wohnung einen Menschen genau so gut töten, wie mit einer Axt!"

H. Zille.

Die Secession war tolerant gegenüber der Tendenz und dem Stil der Maler und bezog in ihre Ausstellungen auch Vertreter moderner Kunstrichtungen aus dem Ausland ein. Dem Kaiser passte wieder einmal die ganze Richtung nicht, die sich vom traditionellen Künstlerbund unter der Ägide Anton von Werners getrennt hatte; in hemmungsloser Selbstherrlichkeit äußerte er im Dezember 1902 öffentlich sein Missfallen: »Eine Kunst, die sich über die von Mir bezeichneten Gesetze und Schranken hinwegsetzt, ist keine Kunst mehr.« Und mit maßregelndem Ingrimm fuhr er fort: Wenn die Kunst, »wie es jetzt vielfach geschieht, weiter nichts tut, als das Elend noch scheußlicher hinzustellen, wie es schon ist, dann versündigt sie sich damit am deutschen Volke«. Allmählich wurde das Kunstrichtertum des Kaisers auch außenpolitisch peinlich. Als die obrigkeitliche Einmischung in die Auswahl der Bilder für die Weltausstellung in Saint Louis unerträglich wurde, war im Jahre 1904 auch der Reichstag zur Stellungnahme gezwungen. Selbst die ausländische Presse staunte darüber, dass alle Vertreter der Parteien mit zum Teil ungewöhnlicher Härte die Regierung kritisierten und damit indirekt auch den Kaiser. Jeder wusste, von seinen Ansichten konnte man ihn nicht abbringen, aber man wollte ihn wenigstens dazu bewegen, nicht mehr öffentlich in dieser autoritativen Pose aufzutreten. Für die Kunstentwicklung in Preußen-Deutschland war damit schon mehr Freiraum geschaffen.

Die gesellschaftliche Atmosphäre in den kommenden Jahren wurde kritischer und angespannter. Allein die Wirtschaftskrise zu Beginn des neuen Jahrhunderts ließ im Volk Missstimmung und Zweifel aufkommen. Zu den mehr als drei Millionen, die im Juni 1903 bei den Reichstagswahlen für die Sozialdemokratie stimmten, zählten auch viele Kleinbürger und Intellektuelle. Der Russisch-Japanische Krieg und erst recht die russische Revolution von 1905 taten ein Übrigens, um das Vertrauen in die Stabilität der Verhältnisse zu erschüttern. Nicht verwunderlich also, dass in der Sozialdemokratie die stets schwelende Auseinandersetzung über Reform und Revolution anlässlich der Frage des politischen Massenstreiks wieder auflebte. Es schien an der Zeit, das preußische Dreiklassenwahlrecht durch das allgemeine Wahlrecht zu ersetzen. Immer empörender empfand man im größten deutschen Bundesstaat das indirekte Wahlsystem und die Einteilung der Wähler nach Vermögensklassen, wodurch die Reichen im Vergleich zu den Lohnarbeitern weit mehr Abgeordnete in den Landtag und die Stadtparlamente bringen konnten. Allerdings ängstigte sich das Bürgertum zu sehr vor der Sozialdemokratie, um energischen Reformwillen aufbringen zu können, wenn es mit einer sozialdemokratischen Mehrheit im Berliner Stadtparlament rechnen musste. Es verhielt sich aber auch zwiespältig zu Preußens Gloria: Immer intensiver nahm man die bürokratischen Bevormundungen wahr, die polizeilichen Vorschriften und Gängeleien, das Imponiergehabe der Offiziere in Berlins Straßen, das einer werdenden Weltstadt unwürdig und anachronistisch erschien. Andererseits war das Bürgertum nicht so selbstbewusst, dass seine Söhne der Versuchung widerstehen konnten, sich als Re-

Heinrich Zille † (Karl Arnold)

„Zille ist tot. Nun sind seine Elendsbilder Kapitalsanlage geworden!"
Zeichnung von Karl Arnold im „Simplicissimus", 1929

serveleutnants oder Verwaltungsbeamte den traditionellen Herrenschichten Alt-
Preußens anzupassen und etwas von deren offiziellem Glanz zu erhaschen. Es gab
schließlich genug Großbürger, die sich Adelsprädikate kauften.

Im Jahre 1906 blamierte ein besonderes Spektakel die militärisch-bürokrati-
sche Autoritätsgläubigkeit. Als Hauptmann verkleidet, übernahm der in Bedrängnis geratene Schuster Voigt die Befehlsgewalt über einen daherkommenden Sol-
datentrupp, besetzte das Köpenicker Rathaus, ließ den Bürgermeister verhaften
und beschlagnahmte die Stadtkasse. Das Gaunerstückchen gab den altpreußischen
Geist militärischen Gehorsams der Lächerlichkeit preis; Berliner Witz triumphier-
te und fand europäisches Echo.

Da wurde es im Jahre 1908 schon ernster, als bei der preußischen Landtagswahl
die Volksmeinung durch das trickreiche Wahlsystem in grotesker Weise verzerrt
wurde: 418 400 konservative Wählerstimmen konnten 212 Parlamentsmandate erringen, hingegen 598 500 sozialdemokratische Wähler nur sieben Mandate. Das

brachte das Fass zum Überlaufen; Zehntausende Berliner gingen jetzt auf die Straße, um erneut und nun lautstark die Abschaffung des Dreiklassenwahlrechts zu verlangen. Als zwei Jahre später die preußische Regierung einen Gesetzentwurf einbrachte, der eine provozierend-unzulängliche Änderung und nicht die Abschaffung des verhassten Wahlsystems vorsah, rief die Sozialdemokratie zu einer Protestdemonstration auf, die der Polizeipräsident prompt verbot. Doch 2 500 Parteifunktionäre dirigierten die Demonstration von den vorgesehenen Treptower Wiesen sogleich in den Tiergarten, wo sich dann 250 000 Berliner, deutlich opponierend, ergingen – ein Beispiel für die Organisationsfähigkeit der Berliner Sozialdemokraten wie für den Widerstandswillen des Volkes.

Es bewegte sich so mancherlei auf gesellschaftlichem Terrain; das weitverbreitete Unbehagen bezog auch die herkömmliche Lebensweise ein. Das betraf Veränderungen, die auf eine gesündere Frauenkleidung hinzielten oder auch auf eine zweckmäßigere Gestaltung der Gebrauchsgegenstände. Kunstgewerbe war gefragt. Der 1907 gegründete Deutsche Werkbund war bestrebt, Kunst, Industrie und Handwerk technisch zu verbessern und Produkte, die sowohl zweckmäßig schön als auch preiswert waren, auf den Markt zu bringen.

Auf der Suche nach neuen Lebensformen entstand auch der Wandervogel, den Steglitzer Gymnasiasten 1901 ins Leben riefen und damit bald eine gesamtdeutsche Jugendbewegung erweckten. Man wollte der konventionell-erstarrten Bürgerlichkeit durch einen Rückzug in eine vorindustrielle, antiurbane Welt entfliehen, konnte aber doch nur in einen relativ engen Lebensbereich eingreifen, wo die Bewegung allenfalls einige ihrer Anhänger zu umfassenderer gesellschaftskritischer Sicht anregte, letztlich aber auch konservativ oder sogar faschistisch missbraucht werden konnte.

Zukunftsweisend erwiesen sich die Emanzipationsbewegungen der Frauen, die sowohl proletarische Organisationen wie auch bürgerliche Vorkämpferinnen ins Leben gerufen hatten. Es ging um politische Rechte, wie das aktive und passive Wahlrecht, und mehr noch um die Entfaltung des Berufslebens. Gerade dagegen gab es schier unglaublich erscheinende Widerstände. Auf eine Anfrage hin meinte der Berliner Philosoph und Herausgeber von Hegels Schriften, Adolf Lasson: »…die Schöpfung im großen Maßstab und die Arbeit aus dem Vollen ist dem Weibe noch nie gelungen und wird ihm auch künftig nicht gelingen – aller Voraussicht nach … Deutsche Wissenschaft ist Männerwerk.« Und sogar Max Planck erklärte dezidiert: »Amazonen sind auf geistigem Gebiet naturwidrig.« Die Natur habe »der Frau ihren Beruf als Mutter und Hausfrau vorgeschrieben.« Damit erhob er sich auf diesem Gebiet kaum über das geistige Niveau des Kaisers, der im Jahre 1910 anlässlich des hundertsten Todestages der preußischen Königin Luise verkündete: »Und was sollen unsere Frauen von der Königin lernen? Sie sollen lernen, dass die Hauptaufgabe der deutschen Frau nicht auf dem Gebiet des Versammlungs- und Vereinswesen liegt, nicht in dem Erreichen von vermeintlichen

Rechten, in denen sie es den Männern gleichtun können, sondern in der stillen Arbeit im Hause und in der Familie.« Damit desavouierte der Monarch, was zwei Jahre zuvor der preußische Landtag gesetzlich geregelt hatte, als er das Verbot des politischen Organisierens für »Frauenspersonen« aufgehoben sowie Frauen zum Studium mit Examensberechtigung endlich zugelassen hatte. So war zu Beginn des Jahrhunderts zumindest juristisch der Weg für weibliche Emanzipation freigegeben worden.

Als im Vorkriegsjahrzehnt Berlin, hoch industrialisiert wie keine andere Hauptstadt in Europa, in atemberaubendem Tempo aus- und umgebaut wurde, entstanden zusätzliche Konflikte. War doch das auf den ersten Blick hin imponierende Wachstum allein von der privaten Spekulation ausgegangen, nicht vom planenden Willen einer auch nur halbwegs demokratisch mitwirkenden Öffentlichkeit. Karl Scheffler, Herausgeber der Zeitschrift *Kunst und Künstler,* sprach vernichtend über das »Stadtschicksal« der Reichshauptstadt: »Das ganze neue Berlin gehört den Bauunternehmern. Die ›stolze Kaiserstadt‹ ist buchstäblich vom subalternen Materialismus barbarischer Spekulanten gebaut worden.« Entstanden aus solchen profitorientierten Beweggründen, drängten sich dann besonders an der Peripherie weiterhin die engen und luftlosen Massenquartiere. Verständlich, dass angesichts dieser mitleidslosen, nur auf maximale Ausnutzung jedes Bodenstückes bedachten Bauweise die Forderung nach Wohnanlagen ohne Hinterhöfe aufkam und lange weiterwirkte. Viele Kritiker beklagten, dass sich städtebauliche Überlegungen gegen die Terraininteressen der Großbanken und die Egoismen des Fiskus in den verschiedenen Gemeinden Groß-Berlins wie Tempelhof, Charlottenburg oder Grunewald wenig durchsetzen konnten. In diesem Gerangel machte auch die sich gern weltweites Flair gebende Deutsche Bank gute Geschäfte auf kommunaler Ebene.

Im raschen Wachsen Berlins, gleichsam im überhasteten Nachholbedarf gegenüber den älteren Weltstädten Europas, gesellte sich zum alten Zentrum – vom Schloss bis zum Brandenburger Tor und um die Nord-Süd-Achse der Friedrichstraße – ein neues um den Kurfürstendamm und die Tauentzienstraße. Und an der Peripherie drängten die dichtgebauten Mietskasernen vor in Wiese und Wald. So bekam der Begriff vom »steinernen Berlin« in vieler Hinsicht seine betrübliche Berechtigung.

All die spannungsreichen Verhältnisse des Vorkriegsjahrzehnts spiegelten sich auch in der Kunst wider, besonders in der Malerei und in der Skulptur. Gegen alle Widerstände hatte sich der Impressionismus Anerkennung verschafft. Aber schon meldeten junge Künstler ihre Ansprüche in Opposition zu dieser bereits etablierten und nach ihrem Empfinden klassisch werdenden Kunstrichtung an; sie kamen mit radikal neuen Sichtweisen und Ausdrucksformen, ohne Respekt vor Herkömmlichem, das ihnen ohnehin anrüchig erschien. Es entstanden Bilder, vor allem von Ludwig Meidner, die mit visionärer Kraft von Krieg und Revolution kündeten.

Um 1910 siedelten die Mitglieder der Künstlervereinigung *Die Brücke* – Pechstein, Kirchner, Schmidt-Rottluff, Heckel, Otto Mueller – von Dresden nach Berlin über. Zwei Zeitschriften – Pfemferts *Aktion* und Herwarth Waldens *Sturm* – boten der neuen »expressionistischen« Generation ein geistiges Forum für künstlerische, literarische und politische Auseinandersetzungen. In diesem Geiste entstand auch, von Herwarth Walden geplant und ausgestaltet, in Berlin *Der Erste Deutsche Herbstsalon* 1913, eine Gemäldeausstellung, in der 75 Künstler aus zwölf europäischen Ländern mit 366 Werken aller wichtigen Richtungen der Moderne vertreten waren. Ungeachtet aller Anfeindungen, entwickelte sich die Ausstellung zu einem bedeutenden kunsthistorischen Ereignis, von Tragik umwittert. Als Erster Herbstsalon gedacht, wurde es die letzte Zusammenschau dessen, was die europäische Avantgarde vor der Katastrophe des Ersten Weltkrieges zu bieten hatte.

Das Weltengewitter kündigte sich schon mit den Marokkokrisen an, als das Deutsche Reich zuerst 1905, dann erneut 1911 demonstrativ koloniale Ansprüche geltend machte und dafür in diplomatische Isolierung geriet. Doch das Verlangen nach Land und Rohstoffen beherrschte weiterhin die pseudonationale Propaganda. Die Wellen der »nationalen Begeisterung« schlugen – wie die alt-konservative *Kreuzzeitung* im Juli 1913 feststellte – »von den Reihen der Alldeutschen bis weit hinein in das Lager der Linksliberalen«. Damals sprach auch die *Deutsche Volkswirtschaftliche Korrespondenz,* das Organ der Schwerindustriellen, vom »Platz an der Sonne, … den man dem deutschen Volke vor länger als einem Jahrzehnt so fest versprochen« habe. Selbst Walther Rathenau mahnte, »dass die Zeit eilends herannahe, in der die natürlichen Stoffe nicht mehr wie heute willige Marktprodukte, sondern heiß umstrittene Vorzugsgüter bedeuten«. Und noch deutlicher: »…wir wollen nicht der Gnade des Weltmarkes anheimfallen. Wir brauchen Land dieser Erde.«

Solche Forderungen hatten ihre innere Konsequenz; auch der Berliner Historiker Hans Delbrück verlangte Deutschlands »gebührenden Anteil« an der Weltherrschaft. Die *Berliner Neuesten Nachrichten,* die dem Bund der Industriellen nahestanden, sprachen es im Dezember 1913 offen aus; Deutschland müsste sich »eines Tages mit Naturnotwendigkeit um jeden Preis, auch um den eines Krieges, neue Siedlungen und Absatzgebiete« verschaffen. Den Gipfel der Unverfrorenheit erreichte das in sechs Auflagen erscheinende Buch des Generals der Kavallerie, Friedrich von Bernhardy, mit dem herausfordernden Titel: *Deutschland und der nächste Krieg.* Als oberstes Gebot politischer Moral postulierte er: »Immer wieder muss die Notwendigkeit, der Idealismus und der Segen des Krieges als eines ebenso unentbehrlichen wie fördernden Entwicklungsgesetzes betont werden.«

Noch herrschte dieser kriegerische Geist weder in der städtischen noch in der ländlichen Bevölkerung vor. Der imponierende Erfolg der Sozialdemokratie bei den Reichstagswahlen im Januar 1912, als in Berlin drei von vier Wählern für sie stimmten und sich ihre Fraktion von 53 auf 110 Abgeordneten mehr als verdoppelte, war nicht allein eine Reaktion auf die Wirtschaftsrezession, viele wollten damit auch gegen die friedensbedrohende Entsendung des deutschen Kanonenbootes »Panther« nach dem marokkanischen Agadir im Jahre 1911 protestieren. Deutlich war die Gefahr eines europäischen Krieges auch im Herbst 1912 geworden, als die Großmächte die Einmischung in den Krieg der Balkanstaaten gegen die türkische Fremdherrschaft erwogen. Der sozialdemokratische Parteivorstand rief zu einer Antikriegskundgebung im Treptower Park auf, zu der 250 000 Berliner strömten. Einig in der Abwehr aller Kriegsvorbereitungen der Großmächte, bot die Sozialistische Internationale die besten Redner in den Großstädten Europas auf, und während des außerordentlichen Sozialistenkongresses in Basel richteten Jean Jaurès und August Bebel mit der ganzen Kraft ihrer Beredsamkeit von der Kanzel des Münsters aus flammende Appelle an die Menschen, den Frieden zu erhalten. Als es aber einige Monate später galt, die jeweiligen Aufrüstungsvorhaben, ob in Paris, London oder Berlin, zu stoppen, sah alles weit prosaischer aus. Da gingen die sozialdemokratischen Abgeordneten von großen Worten zu kleinen Taten über. Am 30. Juni 1913 lehnte die sozialdemokratische Reichstagsfraktion zwar die Rüstungsvorlage ab, sie bewilligte aber die Gesetze zu ihrer Finanzierung mit der spitzfindigen Begründung, durch stärkeres Heranziehen der Besitzenden bei den Rüstungskosten würden die großbürgerlichen Sympathien dafür erkalten. Dieses schäbige Manövrieren der Parlamentarier wurde dann auch noch vom sozialdemokratischen Parteitag 1913 gebilligt – ein schlechtes Omen für die kommende Zeit der Prüfung, die nach der Ermordung des österreichischen Thronfolgers und seiner Gemahlin am 28. Juni 1914 in Sarajevo bevorstand. Sicherlich war es für die sozialdemokratischen Führer schwierig, die geheimen diplomatischen Aktivitäten während einer mehrwöchigen Scheinruhe zwischen Berlin und Wien zu durchschauen. Erst am 23. Juli, als die österreichisch-ungarische Regierung ein unannehmbares Ultimatum an Serbien stellte, wurde deutlich, dass sich Unheilvolles zusammenbraute. Da erschien der Berliner Vorwärts mit dem Alarmruf: »Gefahr ist im Verzug! Der Weltkrieg droht!« Überall in Deutschland, besonders aber in Berlin, kam es nun zu eindrucksvollen Antikriegskundgebungen. Doch nach wenigen Tagen ließ der sozialdemokratische Parteivorstand alles wieder abflauen, erkennend, dass die Straßendemonstrationen nicht mehr bloße politische Heerschauen bleiben konnten, sondern sich zu einer Kraftprobe mit dem zum Krieg entschlossenen Staat verwandeln mussten. Da erschien Wohlverhalten angesagt, allenfalls nur ein zahmes Opponieren.

Als der laute Protest gegen den Krieg auf den Straßen und in den Betrieben verstummte – von einem politischen Massenstreik war nun nicht mehr die Rede –, da konnte der chauvinistische Taumel die öffentliche Atmosphäre beherrschen. Das gegenseitige An- und Aufpeitschen der Emotionen förderte verlogene Schlagworte wie das von der nationalen Verteidigung gegen ruchlose Feinde. Damit wurde die Opposition, die sich selbst entwaffnet hatte, zum Gefangenen der Regierung, der sie nach den Kriegserklärungen zuerst an Russland und dann an Frankreich am

4. August die Kriegskredite bewilligte – zum Entsetzen vieler in der Sozialistischen Internationale.

Im zivilen Leben ging chauvinistisches Lärmen schon in suggestives Tun über: Spionen-Hatz, pseudopatriotischer Kitsch allerorten, von den Ladentischen bis ins Theater hinein, Eindeutschung fremdländisch anmutender Namen auf Firmenschildern, hymnische Verseschmiederei selbst bei namhaften Schriftstellern, Erbötigkeit von Wissenschaftlern, die allen kritisch-politischen Verstand verloren zu haben schienen. Junge Kriegsfreiwillige zogen durch die Straßen, trunken im Glauben, nun den grauen Alltag gegen ein Leben in heldischer Bewährung tauschen zu können.

Als die Regimenter in den Augusttagen 1914 blumengeschmückt und umjubelt von einer in Begeisterung versetzten Menge unter schmetternden hurrapatriotischen Weisen und in gelerntem Gleichschritt zum Fronteinsatz zogen, da ahnten nur wenige, dass die Völker in einen langen, blutigen und millionenverschlingenden Krieg geraten würden. Das Traumbild eines raschen deutschen Sieges zerstob, als im September in der Marneschlacht der Durchbruch nach Paris, also der scheinbar so fein durchdachte Schlieffenplan, scheiterte. Bereits Anfang November ging der sogenannte Bewegungskrieg in den Stellungskrieg über.

Die Regierung war gezwungen, neue Kriegskredite zu fordern, deren Bewilligung nun Karl Liebknecht als einziger sozialdemokratischer Reichstagsabgeordneter verweigerte. Dieses Ausbrechen aus der Fraktionsdisziplin war mehr als Charakterstärke; im Sohn Wilhelm Liebknechts, des radikalen Demokraten und Sozialisten seit den turbulenten Tagen von 1848, verkörperte sich eine in dieser schweren Zeit weiterwirkende revolutionäre Tradition, die nicht zuletzt in Berlin lebendig geblieben war.

Im Frühling und Sommer 1916 tobten die Dauer- und Materialschlachten: die Hölle von Verdun und an der Somme. Mitten in diesen Monaten des schweren Leidens und Sterbens erhob sich von neuem Karl Liebknechts Stimme. Im Herzen Berlins, auf dem Potsdamer Platz, ertönte am 1. Mai 1916 vor demonstrierenden Arbeitern sein Ruf: »Nieder mit dem Krieg! Nieder mit der Regierung!« Und als im Juni daraufhin der Prozess gegen ihn begann, streikten 50 000 Berliner Arbeiter; es war der erste politische Protest in diesem Weltkrieg. Denn selbst auf der vom Waffengang verschonten Heimat lastete neue Not. Die Behörden verordneten, um dem Mangel an Rohstoffen abzuhelfen, die Ablieferung von kupfernen, messingnen und bronzenen Einrichtungsgegenständen für die Kriegsindustrie. Unerträglicher noch für die hart arbeitenden Menschen war die Lebensmittelknappheit bei steigenden Preisen, und all das angesichts eines provozierenden Kriegsgewinnlertums. In den Munitionsfabriken oder Verkehrsbetrieben mussten Frauen die Männer an der Front ersetzen, ständig in Angst vor der Schreckensmeldung: »Gefallen auf dem Felde der Ehre.«

Erbittert und geplagt von körperlichen und seelischen Nöten, aber bewegt von den revolutionären Geschehnissen in Russland vom Februar 1917, streikten nach dem berüchtigten Kohlrübenwinter im April 1917 die Arbeiter in dreihundert Berliner Rüstungsbetrieben. In jenen Wochen bildete sich die Unabhängige Sozialdemokratische Partei (USPD) heraus, zu der in Berlin mehr als die Hälfte der Mitglieder aus der von Friedrich Ebert und Philipp Scheidemann geführten Sozialdemokratie übertrat; auch die von Karl Liebknecht und Rosa Luxemburg politisch geleitete Spartakusgruppe verband sich der neuen Partei als selbständige Gruppe.

Den Arbeiterinnen und Arbeitern drängte sich mehr und mehr die Frage auf, ob man dem Krieg und der Militärdiktatur nicht auf russisch-revolutionäre Art ein Ende bereiten könne. Bewegt davon, legten am 28. Januar 1918 in Berlin 400 000 die Arbeit nieder; es bildeten sich Räte als Organe der Massenaktionen. Das Streikprogramm forderte im Wesentlichen einen gemäßigten Frieden, Brot und Demokratie. Bald folgten diesem politischen Aufbegehren in Berlin die Arbeiter in allen bedeutenden Industriestädten Deutschlands. Obwohl führende Sozialdemokraten wie Otto Braun, Ebert und Scheidemann durch geschicktes Manövrieren die Lage ruhig halten konnten, ging das Hohenzollernregime seiner tödlichen Krise entgegen.

Großkapitalisten, Junker und fürstliche Aristokraten begannen sich gegenseitig der egoistischen Ausnutzung des Staates zu beschuldigen. Bis in den Sommer 1918 hinein wollte die Heeresleitung noch durch Offensiven einen »Siegfrieden« erzwingen. Er scheiterte an der zunehmenden Erschöpfung der Truppen und am wachsenden Übergewicht der Alliierten. Deren wochenlange Gegenoffensiven drohten dem deutschen Heer zum Debakel zu werden. Das zwang Hindenburg und Ludendorff am 29. September 1918, sich an die Reichsregierung zu wenden; sie solle beim amerikanischen Präsidenten Woodrow Wilson die Vermittlung eines Waffenstillstands erwirken. Doch nur eine andere Regierung mit einem anderen Programm hatte Aussicht auf Erfolg.

So wurde als neuer Reichskanzler der Prinz Max von Baden ernannt, der Anfang Oktober eine parlamentarische Monarchie initiieren und zugleich Waffenstillstandsverhandlungen einleiten sollte. Wilhelm II. blieb noch einige Wochen in Berlin, in einer ihm immer unheimlicher werdenden Atmosphäre. Noch wagte niemand, öffentlich seine Abdankung zu fordern, nicht einmal die sozialdemokratischen Staatssekretäre in der Regierung; da reiste der einst so selbstherrliche Wilhelm am Morgen des 31. Oktober heimlich ins Große Hauptquartier nach Spa. Erst am 7. November verlangte die sozialdemokratische Parteispitze in ultimativer Form die Abdankung des Kaisers, die – wie Friedrich Ebert im Gespräch mit dem Prinzen Max von Baden bekannte – die herannahende »soziale Revolution« verhindern sollte.

Als am 28. Oktober die Kieler Matrosen das Signal gaben und sich weigerten, gegen die englische Flotte auszulaufen, griff in den Folgetagen die Bewegung gegen den Krieg, gegen die Hohenzollern, gegen die regierenden Fürsten und für eine Arbeiter-Republik auf die großen Städte der Wasserkante, Nordwestdeutschlands, Bayerns und schließlich auf Berlin über. Am 9. November 1918 war Berlin reif für die Revolution. Alle Maßnahmen des Kommandierenden Generals des Gardekorps zur Verteidigung der Innenstadt wurden zunichte vor der Massenbewegung. Selbst die als zuverlässig geltenden Truppenteile – wie das Jäger-Bataillon und das Alexander-Regiment – wollten die kaiserliche Macht nicht mehr verteidigen gegen Hunderttausende, die dem Aufruf ihrer Obleute und des Spartakusbundes folgten und ins Stadtinnere strömten. Die Truppen verbrüderten sich mit den Demonstrierenden und bildeten gemeinsam mit ihnen Arbeiter- und Soldatenräte.

Daraufhin besetzten die Arbeiter den riesigen, nicht mehr verteidigten Gebäudekomplex des Berliner Polizeipräsidiums und ernannten selbst einen Polizeipräsidenten. Um eine weitere Radikalisierung zu verhindern, mussten die führenden Sozialdemokraten rasch handeln: Scheidemann rief an einem Fenster des Reichstagsgebäudes die Republik aus; Prinz Max von Baden übergab die Regierungsgeschäfte Friedrich Ebert, der – eine Konzession an die Massenstimmung – einen »Rat der Volksbeauftragten« bildete, in dem die Vertreter der Unabhängigen Sozialdemokratie recht abhängig werden sollten von den Mehrheitssozialdemokraten.

Einen Tag nach diesem turbulenten 9. November und einen Tag vor Abschluss des Waffenstillstands ging der Kaiser ins holländische Exil, wo er erst am 28. November 1918 den Thronverzicht unterzeichnete. Die jahrhundertelange Herrschaft der Hohenzollern und der Fürsten fand damit ihr Ende. Berlin war nicht mehr wilhelminisch, musste aber wie das ganze Reich all die Lasten tragen, die ihm das alte Regime überlassen hatte.

Gedanken zu Lenin im Roten Oktober*

Die Erinnerung an die Oktoberrevolution ist heute, achtzig Jahre danach, überschattet vom Erlebnis des Auseinanderfallens der Sowjetunion und des nahezu ungebremsten Eifers, in Russland und anderen Nachfolgestaaten wieder die kapitalistische Markwirtschaft durchzusetzen. Restauration also, wie sie deutlicher nicht sein kann – ein Lehrbuchbeispiel.

Alles, was wir bisher über die historische Stellung der Oktoberrevolution gesagt haben, wird infrage gestellt. Doch wenn wir uns zur Überprüfung bisheriger Anschauungen selbst gedrängt fühlen, wollen wir uns dabei nicht einer gesellschaftlichen Atmosphäre unterwerfen, die in restaurativem Sinn emotional aufgeheizt ist und wird.

In unserem geistigen Bemühen haben wir auszugehen vom Imperialismus, seinen sich bis zu Kriegen steigernden Auseinandersetzungen und seinen vielfältigen Widersprüchen zwischen Kapital und Arbeit. Das zaristische Russland zu Beginn unseres Jahrhunderts, obwohl seine kapitalistische Industrie nur in einigen wenigen Zentren konzentriert war und das große Land immer noch feudalähnliche Erscheinungen aufwies, konnte sich in das imperialistische Staatssystem integrieren, allerdings als dessen schwächstes Glied.

Dass die revolutionäre Krisenzeit des 20. Jahrhunderts in eben diesem Russland begann, ist nicht verwunderlich. Aus dem ökonomischen Dualismus zwischen einem industriellen, schon auf Expansion angewiesenen Großkapital und einer Agrarwirtschaft mit Latifundien und immer noch feudalähnlicher Ausbeutung erwuchs nach der Niederlage der zaristischen Armee im Russisch-Japanischen Kriege die ihrem Inhalt nach bürgerlich-demokratische Revolution von 1905; proletarisch war sie nach ihren Kampfmethoden, vornehmlich denen der Massenstreiks. Sie wurden deshalb auch zum Gegenstand eines lebhaften Meinungsstreits in der europäischen und besonders in der deutschen Arbeiterbewegung.

Nach der russisch-japanischen Friedenskonvention und den russisch-englischen Abmachungen über fernöstliche Fragen konzentrierten sich die imperialistischen Spannungen auf Europa. So entstand in den Jahren zwischen 1904 und 1907 eine Entente zwischen England, Frankreich und Russland – faktisch ein Bündnis, wenn auch kein vertraglich fixiertes –, das sich vornehmlich gegen Deutschland richtete, aber auch gegen Österreich-Ungarn. Angesichts solcher diplomatischer Konfrontationen, die schon durch die von der deutschen Regierung heraufbeschworene Erste Marokkokrise von 1905/06 Bedrohliches ankündigte, war es unerlässlich für die Sozialistische Internationale, sich auf ihrem Kongress in Stutt-

* Manuskript ohne Hinweis zum Anlass aus dem Jahr 1997. Wahrscheinlich Erstveröffentlichung aus Nachl. 462 (Ernst Engelberg), Staatsbibliothek zu Berlin – Preußischer Kulturbesitz.

235

Wladimir Iljitsch Lenin

gart 1907 mit dem Militarismus und den internationalen Konflikten auseinanderzusetzen.

Die Diskussionen, die sich auf die sogenannte Vaterlandsverteidigung konzentrierten, waren recht widersprüchlich, dennoch wurde der von Rosa Luxemburg und
Lenin verfasste Resolutionsantrag mit seinen revolutionären Forderungen einstim-

Lenin von Viktor Zyplakow

mig angenommen. Danach sollten die Arbeiterparteien im Falle eines Krieges »die wirtschaftliche und politische Krise zur politischen Aufrüttelung der Volksschichten und zur Beschleunigung des Sturzes der kapitalistischen Klassenherrschaft« ausnutzen. Mochte man auch spötteln, dass in Stuttgart 1907 eine rechte Mehrheit eine linke Resolution angenommen hätte, im Jahre 1912 wurde in Basel erneut mit allem Elan diese moralisch-politische Verpflichtung beschworen, in eindrucksvollen Reden in und vor dem Münster und in ernst gestimmten Demonstrationen.

Als dann im August 1914 der längst vorbereitete Krieg um die Neuaufteilung der Welt und um Einflusssphären ausbrach, wollten die großen Parteien der II. Internationale von ihren revolutionären Beschlüssen nichts mehr wissen und bewilligten im allgemeinen Taumel die Kriegskredite. Von einer kleinen Minderheit abgesehen, stimmten sie in den allgemeinen Chor des Pseudopatriotismus ein.

Es waren in der Tat nur die Bolschewiki, die fast als Einzige in der nun zusammenbrechenden II. Internationale die revolutionären Vorkriegsresolutionen ernst nahmen – allen Repressionen zum Trotz – und sie in die Tat umsetzten. Der Mut der kleinen, noch isolierten Partei Lenins war evident, er zeugte von ihrer Kraft und Entschlossenheit, zur gegebenen Zeit die Massen, wie eben noch gefordert, beim »Sturz der kapitalistischen Klassenherrschaft« zu führen. Immer wieder erinnerte Lenin, publizistisch wie auch in Zusammenkünften gleich der in Zimmerwald, an die vollmundigen Erklärungen der Vertreter der II. Internationale 1912 in Basel. Erfüllt von revolutionärem Wollen, war er überzeugt, dass die Revolution von 1905 nur »ein Vorspiel der kommenden europäischen Revolution« sei, wie er am Schluss seines Züricher Vortrags vom Januar 1917 hervorhob. Und in der Tat brach wenige Wochen später die bürgerlich-demokratische Februarrevolution in Moskau aus.

Die Niederlagen der zaristischen Armee und der Zerfall der Lebensmittel-, Rohstoff- und Brennstoffversorgung hatten zur letzten Herrschaftskrise des Zarismus geführt. Wie oft in solchen historischen Situationen, begann es mit Intrigen am Hofe und setzte sich fort mit Versuchen von Bourgeoispolitikern, dem Sturz der Monarchie durch die Auswechselung von Monarchen zuvorzukommen; die Krise steigerte sich in Demonstrationen, in Streiks und bewaffneten Zusammenstößen – bis schließlich die Volksrevolution allen Versuchen einer Palastrevolution zuvorkam.

Unter den gegebenen Kräfteverhältnissen bildeten sich zwei Herrschaftsformen heraus: Einerseits entstand nach Absprachen zwischen liberalen Deputierten der Reichsduma, den sogenannten Kadetten, und sozialrevolutionär-menschewistischen Führern eine Provisorische Regierung, die zunächst ausschließlich aus Vertretern der imperialistischen Bourgeoisie bestand; andererseits bildeten sich aus der revolutionären Initiative der Volksmassen Sowjets der Arbeiter- und Soldatendeputierten mit ihrem zunächst von Menschewisten und Sozialrevolutionären beherrschten Exekutivkomitee.

Eine solche Doppelherrschaft konnte nur ein Übergangszustand sein: Entweder man bewegte sich wieder auf die Alleinherrschaft der imperialistischen Bourgeoisie in Form einer parlamentarischen Republik zu, oder man ging voran auf dem Wege der Weiterentwicklung der Sowjets bis zur Staatsmacht der Arbeiter und der armen Bauernschichten.

Die Sowjets von 1917 entstanden ähnlich wie die von 1905 von unten auf, wobei die in der Februarrevolution neuentstandenen Soldatenräte meist die ins Heer eingezogenen Bauern vertraten. Es waren die Sowjets, die einen historischen Zusammenhang von drei Revolutionen, der von 1905, der vom Februar 1917 und der vom Oktober herstellten. Aber bereits im Frühjahr 1917 gab es in ihnen konträre Strömungen. Auf der einen Seite geriet das menschewistisch-sozialrevolutionäre Exekutivkomitee unter den Einfluss des Großbürgertums, andererseits entwickelte sich wider den Willen der reformistischen Politiker in den Sowjets auf allen Ebenen ein politisches Leben, das Suchanow, der linke Menschewist und Redakteur der von Gorki im März gegründeten Zeitschrift *Nowaja Shisn* (Neues Leben) folgendermaßen beschrieb: »Die Bevölkerung wandte sich an den Sowjet mit allen ihren Sorgen und Forderungen, allen ihren privaten, kollektiven, gesellschaftlichen und politischen Fragen. Aber mit der Zeit richteten auch die offizielle Gewalt und alle möglichen Regierungs- und städtische Behörden die verschiedensten

Bitten um Unterstützung an den Sowjet. ... Ob es beide Parteien wollten oder nicht – der Sowjet verdrängte die offizielle Maschinerie. Gegen diesen Prozess kämpften nicht nur die Vertreter der neuen sowjetischen Mehrheit, sondern auch ich und meinesgleichen von der Linken. Aber es war nicht möglich, ihn aufzuhalten.« So erwiesen sich die Sowjets, obwohl keineswegs frei von kleinbürgerlichen und bürgerlichen Einflüssen, bereits vor der Oktoberrevolution als zukunftsträchtige staatliche Machtorgane der Arbeiter und Bauern.

Sozialhistorisch ganz anders geartet zeigte sich die Doppelherrschaft in der bürgerlich-gutsherrlichen Provisorischen Regierung. Notgedrungen musste sie zwar die vom Volk errungene Bewegungsfreiheit tolerieren, aber sie hielt an den vom Zarismus eingegangenen Bündnisverpflichtungen gegenüber Frankreich und England fest. Die Herrschenden waren an der Weiterführung des Krieges gegen Deutschland und Österreich bis zum »Siegfrieden« aus verschiedenen Gründen interessiert. Die Industriellen wollten auch fürderhin von den Armeelieferungen profitieren, und für die Gutsbesitzer schien gerade der Krieg es möglich zu machen, die immer drängender werdenden Forderungen der armen Bauern nach Land zu negieren; schließlich lockten im Falle eines Sieges die Meerengen und Konstantinopel. Immerhin war es im Januar 1917 in Petersburg schon zu einem Geheimvertrag gekommen, nach dem sich Russland und die Westmächte freie Hand gegenüber der Ost- und Westgrenze zusicherten und Konstantinopel an Russland fallen sollte.

Offiziell vernahm man es anders in den Appellen an die Bürger Russlands, in denen der Verzicht auf Annexionen und die Bereitschaft zur Kriegsbeendigung erklärt wurde – in voller Kenntnis dessen, dass die Botschafter Frankreichs und Englands weitere Kriegsanstrengungen im Sinne des Geheimvertrages anmahnten. Mehr noch als im Februar stand jetzt alles im Zeichen der sogenannten Vaterlandsverteidigung.

Entscheidend war nun, wie die sozialdemokratischen Parteien, die Menschewiki, die Sozialrevolutionäre und die Bolschewiki zu dieser Provisorischen Regierung standen. In einer Beratung der Sowjets der Arbeiter- und Soldatendeputierten am 1. April erklärte F. J. Dan »im Auftrag des menschewistischen Teils der Sozialdemokratischen Arbeiterpartei Russlands«, dass diese rein bürgerliche Regierung »in ihrem gegenwärtigen Stadium eine positive Rolle spielt und nicht gestürzt werden muss, sondern als Tatsache anzuerkennen ist«. Und im Hinblick auf die Doppelherrschaft betonte Dan, »dass die Macht die Provisorische Regierung ist, während die revolutionäre Demokratie in Gestalt der Sowjets der Arbeiter- und Soldatendeputierten ihren Einfluss auf das politische Leben und die Tätigkeit der Regierung vermittels des organisierten Drucks auf die Regierung und ihrer Kontrolle verwirklicht«.

Indem Kamenew, der Leiter der bolschewistischen Gruppe der Delegierten, einen Entschließungsentwurf zurückzog, stimmte er faktisch der Position Dans zu. Das alles vollzog sich am 1. April; zwei Tage später kehrte Lenin aus der Schweizer Emigration zurück und trug seine berühmten Thesen vor menschewistischen und bolschewistischen Arbeiter- und Soldatendeputierten vor.

Da wehte schon ein scharfer Wind, als Lenin mit seiner Stellungnahme zum Krieg begann, »der vonseiten Russlands auch unter der neuen Regierung Lwow und Co. – infolge des kapitalistischen Charakters dieser Regierung – unbedingt ein räuberischer imperialistischer Krieg bleibt«. Deshalb schlussfolgerte er, »dass es ohne den Sturz des Kapitals unmöglich ist, den Krieg durch einen wahrhaft demokratischen Frieden und nicht durch einen Gewaltfrieden zu beenden«. Unter diesen Aspekten beurteilte Lenin die Lage in Russland vom Frühjahr 1917 nur als Übergang »zur zweiten Etappe der Revolution, die die Macht in die Hände des Proletariats und der ärmsten Schichten der Bauernschaft legen muss«.

Eine solche Entschiedenheit in der historisch-politischen Zielsetzung schloss auch eine nur »bedingte Unterstützung« der Provisorischen Regierung aus, die entgegen ihren Versicherungen eben keinen demokratischen Frieden anstrebte und auf keine Annexionen verzichtete. Lenin bezog hier eine radikale Gegenposition zu der des Menschewisten Dan, wie er überhaupt einen grundsätzlichen Kampf gegen Menschewiki und Sozialrevolutionäre ankündigte, »die dem Einfluss der Bourgeoisie erlegen sind und diesen Einfluss in das Proletariat hineintragen«.

Was die Bodenfrage betraf, so unterstützte er das bäuerliche Drängen nach »Konfiskation aller Gutsbesitzerländereien« und private Bodenzuteilung, ohne die Agrargesetze der noch nicht gewählten, geschweige denn einberufenen Konstituante abzuwarten. Zunächst kümmerte er sich kaum darum, wie der Privatbesitz an Boden in Gemeinbesitz und gemeinschaftliche Bewirtschaftung übergehen konnte. Es ging ihm vorrangig um die Befriedigung der Forderungen der Bauern, um sie damit politisch für die revolutionäre Bewegung zum Sturz der bürgerlichen Herrschaft zu gewinnen. Die Politik stand im Vordergrund, nicht die Ökonomie. Auch im Industriebereich sah Lenin die unmittelbare Aufgabe nicht in der »Einführung« des Sozialismus, sondern im »Übergang zur Kontrolle über die gesellschaftliche Produktion«.

Das alles konnte nur erreicht werden durch Stärkung und Weiterentwicklung der Sowjets zur Staatsmacht. Darum wollte er »keine parlamentarische Republik, … sondern eine Republik der Sowjets der Arbeiter-, Landarbeiter- und Bauerndeputierten im ganzen Lande, von unten bis oben«. Für ihn stand die Frage, wie und worauf man die revolutionsbereiten, aber nicht revolutionserfahrenen Arbeiter vorbereiten soll.

Die April-Thesen machten die gegensätzlichen Positionen der Parteien deutlich, die der Sozialistischen Internationale angehört hatten. Die Menschewiki und Sozialrevolutionäre, die mit der bedingten Unterstützung der Provisorischen Regierung die kapitalistische Herrschaft nur reformieren, aber nicht stürzen wollten, waren hell empört; die Bolschewiki hingegen folgten in ihrer Mehrheit der für sie überzeugenden Leninschen Taktik. Um sie endgültig festzulegen, tagte noch im

April die Allrussische Konferenz der Bolschewiki, deren 133 Delegierte knapp 80 000 Parteimitglieder vertraten.

Noch mussten Meinungsverschiedenheiten unter führenden Genossen ausgetragen werden; Kamenew, der als Redakteur der *Prawda* kritisch zu den *April-Thesen* Stellung genommen hatte, vertrat als Koreferent gegen Lenin die Auffassung, die bürgerlich-demokratische Revolution sei – vor allem auf dem Lande – noch nicht zu Ende geführt, weshalb der Kurs auf die sozialistische Revolution abwegig wäre. Rykow meinte, der Ansturm auf die soziale Revolution müsse vom Westen kommen, nicht vom rückständigsten Land Europas, ein häufig vorgebrachtes Argument. Lenin hingegen berief sich auf die »Ungleichmäßigkeit der ökonomischen und politischen Entwicklung … ein unbedingtes Gesetz des Kapitalismus«, hatte er doch bereits 1915 gefolgert, »dass der Sieg des Sozialismus zunächst in wenigen kapitalistischen Ländern oder sogar in einem einzeln genommenen Lande möglich ist«. Die »Auffassung von der Unmöglichkeit des Sieges des Sozialismus in einem Lande« wies er zurück. Lenin hatte zwei Phasen der sozialistischen Revolution im Blick: zunächst ihre kurze politische Phase, in der die alte Gewalt gestürzt, also die Bourgeoisie entmachtet wird, wohingegen in der zweiten, sozialökonomischen Phase die Kapitalisten nicht unbedingt auf einmal und nicht allesamt von den kapitalistischer Ausbeutung dienenden Produktionsmitteln enteignet werden.

Er verlangte jedoch »nicht Einführung des Sozialismus als unsere unmittelbare Aufgabe«, wie Kamenew ihm vorwarf, vielmehr ging es ihm zunächst nur um die Kontrolle der gesellschaftlichen Produktion. Im Frühjahr 1918 wies er mehrfach auf fünf verschiedene sozialökonomische Elemente der Übergangsperiode hin, in der sich die junge Sowjetrepublik befände, wobei er die patriarchalische Bauernwirtschaft, die kleine Warenproduktion, den privatwirtschaftlichen Kapitalismus, den Staatskapitalismus und die ersten Elemente des Sozialismus erwähnte. Dabei zeigte es sich, dass er den Sozialismus nicht als ein von vornherein feststehendes Modell ansah, sondern als das Ergebnis eines gesellschaftlichen Prozesses.

Zunächst galt es, die Tagesinteressen der Arbeiter und Bauern – gerade auch derer im Soldatenrock –, die Frieden, Brot und Boden verlangten, zu verfolgen, ohne die sozialistischen Zukunftsperspektiven aus dem Auge zu verlieren. Da die herrschenden Klassen in und außerhalb der Regierung einen demokratischen Frieden ohne Annexionen und Kontributionen nur in Worten deklarierten und die Lösung der Bodenfrage zugunsten der Bauern auf unbestimmte Zeit hinausschieben wollten, erkannten die Bolschewiki ihre Verpflichtung wie ihre politische Chance. Sie fühlten sich aufgerufen, die Friedenssehnsüchte des Volkes zu erfüllen und das Verlangen der Bauern nach eigenem Grund und Boden zu unterstützen, damit ein wesentliches Anliegen der bürgerlichen Revolution in der zukünftig proletarischen verwirklicht würde. So nahm die April-Konferenz der bolschewistischen Partei die Resolution über die Agrarfrage neben der über den Krieg ohne Gegenstimmen bei sieben Enthaltungen an.

Das Verlangen nach Frieden war, wie Lenin einmal sagte, das »Hauptbedürfnis des Volkes«, wie sich unmittelbar vor der Parteikonferenz eindrucksvoll offenbarte. Nachdem die Note Miljukows an die Adresse der westlichen Alliierten vom 18. April bekannt geworden war, löste die Erklärung des Außenministers, dass die Provisorische Regierung angeblich im Einverständnis mit »dem ganzen Volke« den Weltkrieg »bis zum entscheidenden Sieg« weiterführen wollte, helle Empörung insbesondere bei den Arbeitern und Soldaten aus. In einer Reihe von Demonstrationen waren immer wieder Losungen nach der Veröffentlichung der Geheimverträge zu lesen und »Nieder mit dem Krieg!«. Der Druck war so stark, dass schließlich Miljukow, der Außenminister, und Gutschkow, der Kriegsminister, zur Demission gezwungen waren. Danach wurde die Provisorische Regierung in eine Koalitionsregierung umgebildet, in die neben Vertretern der Großbourgeoisie und der Gutsbesitzer auch Menschewiki und Sozialrevolutionäre – unter ihnen Kerenski als Kriegsminister – eintraten.

Die Herrschenden vermeinten, diese neuen, gemäßigt erscheinenden Minister in der Provisorischen Regierung könnten ihnen die Fortsetzung des Krieges unter demokratischen Parolen und im Einvernehmen mit den westlichen Alliierten erleichtern. In der Zeit der Vorbereitung der schon lange angestrebten Offensive gegen die deutschen und österreichischen Armeen kamen der französische Sozialist Albert Thomas und der Labour-Führer Arthur Henderson nach Russland, um vor den Soldaten im Frontgebiet flammende Reden für den Krieg »bis zum siegreichen Ende« zu halten. Die Menschewiki und Sozialrevolutionäre standen ihnen in Eintracht mit den Kadetten nicht nach. Schließlich rief noch der neuernannte Kriegsminister Kerenski zum gleichsam letzten Gefecht auf, das den Frieden bringen sollte. In einem internen Bericht allerdings musste er schildern, wie es um den inneren Zustand der Armee wirklich stand.

Da hieß es unter anderem: »Alles, was nur möglich ist, wird für die Stärkung der Moral in der Armee getan. Doch die geringe Bewusstheit der Soldaten, die Leichtigkeit, mit der sich Feigheit und niedere Instinkte hinter den perversen Losungen des Bolschewismus verbergen lassen, die Straflosigkeit bei Anstiftung zur Nichterfüllung von Kampfbefehlen unter dem Deckmantel ideologischer Agitation, der nicht zu Ende geführte Aufbau der Soldatenorganisationen, ihr verschwommener Zustand sowie die Unstimmigkeiten im Kommandeurbestand machen die Arbeit in der Armee unendlich schwer.«

Unter den Soldaten kursierte, bäuerlich schlau, die Redensart: »Die Front halten, keine Offensive mitmachen.« In dieser moralisch-politischen Verfassung konnte die russische Armee, obwohl an der Front in Zahl und an Artillerie den feindlichen Kräften materiell überlegen, den ersehnten Sieg nicht erreichen; der Zusammenbruch der Ende Juni begonnenen Brussilow-Offensive leitete eine neue Phase in der politischen Bewegung des Jahres 1917 ein. Als in den ersten Julitagen immer wieder Petrograder Arbeiter auf die Straße gingen und unter der Losung

»Alle Macht den Sowjets!« den Sturz der Provisorischen Regierung forderten, schossen Offiziersschüler und ausgesuchte Truppen auf friedliche Demonstranten. Man setzte die Demonstrationen fort. Das war das Signal für weitere konterrevolutionäre Aktionen: das Verbot der *Prawda*, die Demolierung ihrer Redaktionsräume, die Verhaftung führender Bolschewiki, der Lenin nur durch die Flucht in die Illegalität entkam. Dazu gehörte auch die hasserfüllte Verleumdungskampagne, er wäre ein bezahlter Agent des deutschen Reiches.

Doch dieses reaktionäre Draufgängertum steigerte sich noch nicht bis zur offenen Diktatur; als Kerenski am 20. Juli an die Spitze des zweiten Koalitionsministeriums kam, verfolgte er einen bonapartistischen Regierungsstil, der zwischen der Militärkamarilla und dem von Menschewisten und Sozialrevolutionären beherrschten Exekutivkomitee der Sowjets der Arbeiter- und Soldatendeputierten lavierte. Als Zugeständnis an die Militärkamarilla ernannte er am 1. August 1917 General Kornilow zum Oberkommandierenden der Armee. Kaum zwei Wochen später trat im Großen Theater in Moskau, von der Kerenski-Regierung berufen, die sogenannte Staatskonferenz zusammen, zu der Vertreter der Gutsbesitzer kamen, der Industrie und der Banken, der Generalität und der Kosaken. Dazu gesellten sich staatskonforme Menschewiki und Sozialrevolutionäre, die sich als Vertreter der Sowjets ausgaben.

Das war alles andere als eine Konferenz der nationalen Eintracht. Hier verständigten sich Geld- und Landaristokraten über ihre ökonomischen und politischen Interessen. Was sie besonders bewegte, sprach General Kornilow unverhohlen aus, als er »die Abschaffung der Sowjets« forderte. Schon Ende August schickte er sich an, seine Forderung durch eine Militärdiktatur zu realisieren und ließ Kavalleriekorps und andere Truppenteile nach Petersburg marschieren. Die Menschewisten und Sozialrevolutionäre, die sich eben noch auf der Staatskonferenz als Vertreter der Sowjets geriert hatten, mussten nun um ihrer Selbsterhaltung willen Widerstand leisten und deshalb sogar Kontakt mit den Bolschewiki aufnehmen. Viele Sowjets schickten den Kornilowschen Truppen Agitatoren entgegen, die diese zur Umkehr bewegen konnten. Kerenski, mit dem Widerstandswillen der hauptstädtischen Massen konfrontiert, fiel sogleich von Kornilow ab. Der Putsch brach zusammen, noch ehe er zum Zuge kam.

Was sich hier vollzog, war eine Niederlage jener Politik, die die bürgerliche Herrschaft ökonomisch und politisch wieder stabilisieren wollte, um den Krieg bis zum »Siegfrieden« fortsetzen zu können. Und weil die Menschewisten und Sozialrevolutionäre diese Politik in den vergangenen Monaten und Wochen – ungeachtet aller Differenzen im Einzelnen – immer wieder unterstützt hatten, konnten sie keine Alternative zur Militärkamarilla bieten. Vielmehr gerieten die angemaßten Sieger über Kornilow selbst in eine schwere Krise; vor allem die Menschewisten litten unter Mitgliederschwund, und von den Sozialrevolutionären spaltete sich ein linker Flügel ab.

Nach den Erfahrungen vom Spätsommer bis zum Frühherbst wandten sich die politisierten und revolutionierten Massen in Stadt und Land den Bolschewiki zu, die eben keine Zusammenarbeit mit Großbürgern, Gutsbesitzern und Generälen betrieben hatten. Es waren nun einmal die Bolschewiki, die einen Ausweg aus dem Chaos wiesen und entschieden willens waren, mit der zaristischen und nachzaristischen Kriegspolitik zu brechen. Ihr Einfluss nahm gerade deswegen in den Sowjets rasch zu; bei der Nachwahl von Deputierten in Fabriken und Truppenteilen wurden ständig mehr Vertreter der bolschewistischen Partei gewählt, besonders in Petrograd und Moskau. Wieder wurde die Losung aufgenommen: »Alle Macht den Sowjets!«

Nachdem Lenin schon nach den Juli-Ereignissen einen friedlichen Übergang zu sozialistischen Machtverhältnissen nicht mehr für möglich hielt, nahm er Kurs auf den bewaffneten Aufstand. Es konnte die Chance genutzt werden, dass der imperialistische Krieg selbst den Massen, die um ihre nackte Existenz kämpfen mussten, Waffen in die Hand gegeben und Schichten wie die Bauern, die sonst in ihrer Produktionsweise vereinzelt sind, zusammengeführt und damit aktionsfähiger gemacht hatte.

Die Sowjet-Tagungen, die im Oktober 1917 in den Hauptstädten und in der Provinz stattfanden, waren nach den Worten Suchanows wie »letzte Heerschauen«. Arbeiter traten auf und brachten den Willen, die Sehnsüchte und den Zorn ihrer Leidensgenossen und Kampfgefährten zum Ausdruck – oft ungelenk, aber ungebrochen und echt in ihrem Gefühl. Soldaten schütteten ihr Herz aus; sie hatten genug vom Krieg, der immer unsinniger und in seiner offiziellen Begründung immer unwahrhaftiger wurde; sie sehnten sich nach einem friedlichen Leben auf freiem Grund und Boden. Es gibt in der ganzen Weltgeschichte keinen bewaffneten Aufstand, der bereits in der Phase wochenlanger Vorbereitung eine solch breite Basis in den kampfbegeisterten und -bewussten Massen gehabt hätte. Das war Demokratie in revolutionärer Aktion.

Die Forderungen der armen Bauern nach Boden wurden durch die Oktoberrevolution, wenn nicht schon in der Zeit ihrer Vorbereitung, erfüllt. Das bewirkte in der Landwirtschaft nicht die Vergesellschaftung, sondern die Zersplitterung der Großbetriebe. Lenin nahm diesen inneren Widerspruch der proletarisch-sozialistischen Revolution um der Schaffung und Sicherung der politischen Macht der Arbeiter und Bauern willen bewusst in Kauf – im Vertrauen darauf, dass der einmal geschaffene proletarische Staat auch Voraussetzungen dafür geben würde, diesen Widerspruch zu lösen und die agrarische Produktion auf dem Weg der bäuerlichen Produktionsgenossenschaften zum Sozialismus zu führen. Das erwies sich zunehmend als äußerst problematisch.

Zunächst wurde durch die Bodenzuteilung an die Dorfarmen die Mittelschicht im Bauerntum zahlreicher und ausschlaggebender als früher. Da der Gegensatz zwischen Großbauern und mittellosen Kleinbauern sich reduzierte, war vom Dorfe aus der Drang nach Veränderung geringer geworden, zumal der Mittelbauer an seinem neuerlangten Besitz festhielt. Der Veränderungswille, etwa im Sinne von Produktionsgenossenschaften, musste von der Stadt ausgehen, was Friktionen, ja Gegensätze zwischen Arbeitern und Bauern hervorrufen musste. Gegenüber Lenin sprach Maxim Gorki vom »animalischen Individualismus der Bauernschaft« und dem »fast völligen Fehlen sozialer Emotionen bei ihr«. Wie man auch dieses Urteil bewerten mag, es zwingt zum Nachdenken darüber, wie es denn bei Lenin mit einer tieferen Einsicht ins empirische Leben auf dem Dorfe stand und ob ihm der langjährige Aufenthalt im Ausland nicht auch Einbußen an Realitätserfahrung im bäuerlichen Bereich gebracht hatte.

Wie aber stand es mit der Stadt? Auf ihr lag zwar nicht die bleierne Schwere des Dorfes, dennoch war die Umgestaltung der Industrie, des Handels und der Banken äußerst schwierig, wenn auch auf andere Weise. Kurz vor und nach der Oktoberrevolution verfolgte Lenin eine ökonomische Konzeption, die tatsächlich manches »Positive«, wie er einmal sagte, von früher erhalten wollte. Die Sabotage der russischen und internationalen Bourgeoisie, die sich bis zum Bürger- und Interventionskrieg steigerte, ließ das nicht zu. Aber mit der Neuen Ökonomischen Politik kam Lenin wieder auf den Kern seiner ursprünglichen, für die erste Entwicklungsperiode des Sozialismus konzipierten Wirtschaftspolitik zurück. Später sprach er von einem Versuch einer ökonomischen Politik der Sowjetmacht, der ursprünglich auf eine Reihe von allmählichen Änderungen, auf einen behutsamen Übergang zur neuen Ordnung berechnet war.

Die Bolschewiki und Revolutionäre sprachen bald nach dem Roten Oktober immer wieder von der nun beginnenden Weltrevolution, wobei sie sich nicht als Exporteure, sondern als Vorkämpfer einer antiimperialistischen Revolution verstanden. Der Imperialismus war es, der sich bald als Exporteur der Konterrevolution zeigte.

Die Oktoberrevolution gab unmittelbaren Anstoß zu revolutionären Aktionen in Deutschland, in Österreich, in Ungarn, der Slowakei und Italien, sie leitete die Krise des imperialistischen Kolonialsystems ein und machte die allgemeine Krise des Kapitalismus deutlicher denn je. Die Verkündung einer neuen Gesellschaftsordnung fiel zusammen mit dem Ruf »An Alle!«, der Forderung nach Frieden in der Welt.

Auf der anderen Seite begannen sogleich die verschiedenen konterrevolutionären Interventionen des Weltkapitals in Russland selbst. Ohne diesen Export der Konterrevolution hätten die inneren Kräfte der russischen Gegenrevolution bei weitem nicht ausgereicht, drei volle Jahre einen Bürgerkrieg mit jener Erbitterung und Intensität zu führen. Teilweise nacheinander, teilweise gleichzeitig boten das deutsche, österreichisch-ungarische, das französische, englische, italienische, amerikanische und japanische Kapital Streitkräfte gegen die Sowjetrevolution auf. Diese Interventionen brachten den Arbeitern und allen Völkern im ehemaligen Zarenreiche unsägliches Leid und verlangten ihnen unermessliche Opfer ab.

Im Überblick auf das dramatische Geschehen Russlands vom Februar bis Oktober 1917 erkennen wir als Quintessenz den elementaren Kampf und Veränderungswillen der Massen und das lenkende, durch Parteiorganisationen vermittelte Eingreifen einer Persönlichkeit von weltgeschichtlichem Format, eben Lenins. Seinem Wesen war revolutionäres Denken geradezu inhärent, deshalb warf er den Gegnern unter den Sozialisten 1917 vor, »der Opportunist hat verlernt, an die Revolution des Proletariats auch nur zu denken«. Die Konzentration auf dieses Ziel bestimmte auch sein Verhältnis zur Dialektik, die die Reformisten von jeher nicht verstanden, abgetan oder bewitzelt hatten. Insbesondere in den Jahren vor und nach 1914, als Lenins Wirken im Zeichen von Krieg und Revolution stand, befasste er sich intensiv mit ihr.

Kein Führer in der damaligen Internationale setzte sich in dieser Intensität mit Hegels Dialektik auseinander. Dabei war Lenin vor allem darum bemüht, ihre materialistische Grundlage herauszuarbeiten und sie methodisch für die Analyse der politischen Kräfte zu nutzen. In der Klasse als ökonomische und zugleich soziale Kategorie sah Lenin das Mittelglied zwischen Basis und Überbau, so wie Marx einmal betonte, »dass in einem vermittelten Verhältnis das vermittelnde Glied stets die zentrale Rolle gegenüber den Polen dieser Beziehung spielt«. Zu Lenins Führungsstil in den Monaten vor der Oktoberrevolution gehörte seine ständige »Analyse des Wechselverhältnisses der Klassen und der konkreten Besonderheiten jedes geschichtlichen Zeitpunkts«.

Es wurde historisch entscheidend, dass er praktische Führung mit theoretischer Arbeit zu verbinden vermochte, man denke an seine Schrift *Staat und Revolution*. Ausgehend von jenen Sowjets, die sich aus der revolutionären Entwicklung Russlands seit 1905 entwickelt hatten, umriss er dann als neuen Staatstyp den Sowjetstaat. Es ging manches nicht in Erfüllung, wie er es erwartet hatte, ja, es wurde sogar pervertiert.

Man bedenke aber: Ein Mann in angespanntester Aktion vermag nicht auch noch die möglichen Konflikte des Um- und Neuaufbaus einer Gesellschaftsordnung zu eruieren. Das übersteigt menschliches Maß. Und natürlich war es ein geradezu welthistorisches Unglück – er ahnte es –, dass seinesgleichen bei der Fortführung der Aufgabe fehlte. Dennoch: Lenins Verlangen und Suchen nach einem Staat neuen sozialhistorischen Inhalts und einer neuen Regierungsform ist weder antiquiert noch abgetan. Und ohne Oktoberrevolution hätte es auch keinen Einbruch in das imperialistische Herrschaftssystem gegeben. Er musste nun einmal durchbrochen werden, der Teufelskreis von Ausbeutung, Expansion und Krieg. Und so sei Lenins Gegnern das Hutten-Wort entgegengehalten: »Er hat's gewagt!« Zum ersten Mal in der Weltgeschichte brachte er eine sozialistische Revolution zum Siege, über deren Fernwirkung das letzte Wort noch nicht gesprochen ist.

Exkurs: Vater und Sohn
Kleine und große Welt im Leben und Wirken des Haslacher Bürgers Wilhelm Engelberg (1862–1947) Über Traditionen der badischen Revolution von 1848/49*

Das Biographische und Sozialgeschichtliche sind keineswegs solche Gegensätze, wie es nach manchen geschichtswissenschaftlichen Diskussionen der letzten zwanzig Jahre dann und wann erscheinen mochte; im Gegenteil, beide können sich gegenseitig günstig beeinflussen. Dies wird insofern sogar notwendig, als eine Geschichte von Klassen und Schichten, die nicht berücksichtigt, was in den Köpfen und Herzen zu den verschiedenen Zeiten vor sich ging, nur soziologische Schemen vorführen, aber keine Menschen darstellen kann.

Die biographische Skizze, die wir hier vorlegen, möchte dazu beitragen, die Geschichte kleinbürgerlicher Schichten im mittleren Kinzigtal zu erhellen –, und zwar vornehmlich unter dem Gesichtspunkt jener Traditionen, die die badische Revolution von 1848/49 eröffnete. Diese war mit der gesamtdeutschen Bewegung und mit der internationalen, von Frankreich ausgehenden, bis Ungarn und Italien reichenden Revolution verbunden und auch deshalb in sich differenziert. Denken wir nur an die Gegensätze zwischen den Liberalen, repräsentiert durch Bassermann und Mathy, und den Demokraten wie Hecker und Struve! Welche dieser Traditionen vornehmlich wirkten, in welcher Weise, unter welchen Bedingungen und wie lange – diese Fragen versuchen wir zu beantworten, wenn uns das auch im Rahmen dieser Darstellung nicht vollständig gelingen kann; aber im Bemühen um aussagekräftige Antworten vermag uns die Biographie eines Mannes behilflich zu sein, der zeit seines langen Lebens mit dem Kleinbürgertum einer Kinzigtäler Kleinstadt wie Haslach und ihrer Umgebung verbunden war und sich zugleich von früher Jugend an über die Geschichte seiner Heimat und seine Erlebnisse immer wieder Rechenschaft ablegte.

Haslachs kleine Welt nach der preußisch-deutschen Reichsgründung

Schon im ersten Lehrjahr, als er bei seinem Vater, einem Buchbindermeister, arbeitete, legte der 15-jährige Wilhelm Engelberg ein Büchlein an, in dem er Auszüge aus Büchern, aber auch mündliche Überlieferungen aus dem Städtchen fein säuberlich niederschrieb. Die Auszüge waren recht kunterbunt; sie reichten von religiösen Sentenzen und wasserfarbenen Lebensweisheiten über mahnende Sprichwörter und süßlich-blaue Lyrik, aber auch feuchtfröhliche Trinklieder und Versicherungen deutscher Ehr- und Redlichkeit bis zu relativ vielen Sprüchlein,

---

* Zuerst in: Ortenau, 59 (1979), S. 68-118. Im Stadtarchiv Haslach befindet sich der Nachlass von Wilhelm Engelberg, der nach 1979 neu geordnet wurde. Die Fußnoten der Erstveröffentlichung sind überholt.

Wilhelm Engelberg, um 1909

die das Misstrauen und die moralische Empörung des kleinen Mannes gegenüber den Großen der Welt manifestieren. Dann wieder stoßen wir auf Zeilen über Napoleons I. Tod, die uns aufmerken lassen: »Und Ihr, die Ihr seines Unglücks spottet, die Ihr ihn verlachet, Ihr habt seine Tugenden nicht.« Ohne solche Niederschriften überbewerten zu wollen, geben wir wohl kaum fehl in der Annahme, dass hier der aufgeweckte Buchbinderlehrling eine keineswegs vereinzelte Stimmung wiedergab. Schließlich war ja dieses Baden in seiner territorialen Umgrenzung das Produkt der Rheinbundzeit unter dem großen Napoleon.

Im Ganzen hatten die Badener – insbesondere die Kinzigtäler, für die Straßburg fast 200 Jahre lang ein ebenso anziehender wie Gefahr drohender Vor-Ort war – eine recht ambivalente Haltung gegenüber Frankreich. Auch wenn man ihm gegenüber auf die eine oder andere Weise aufgeschlossen sein mochte, war doch keine der zahlreichen, von französischen Truppen angerichteten Zerstörungen rechtsrheinischer Städte, Burgen und Schlösser – Heidelberg! – vergessen. So vermerkte der junge Wilhelm Engelberg im Abschnitt *Zur Chronik der Stadt Haslach* Kriegszüge französischer Armeen vom 17. Jahrhundert an, in denen die Truppen »mit Rauben und Brennen« Tal und Städtchen heimsuchten. Das alles war mehr als bloße Lesefrucht; hier waren historische Erinnerungen festgehalten, die das badische Grenzland nach einem größeren staatlichen Verband drängen ließen. Nachdem der Rheinbund als Zusammenfassung der mit Napoleon verbündeten deutschen Staaten in den Befreiungskriegen von 1813 bis 1815 zugrunde gegangen war, wurde es endgültig klar, dass nur ein deutscher Nationalstaat Sicherheit, Ruhe, ökonomische Entfaltung und nationale Würde bringen konnte. Wenn das badisch-pfälzische Volk im Frühjahr 1849 auf die fürstliche, insbesondere hohenzollernsche Sabotage der in der Frankfurter Nationalversammlung ausgearbeiteten Reichsverfassung mit einem Aufstand antwortete, dann mochte dabei das Grenzlandbewusstsein dieser beiden Regionen und damit ihr Bedürfnis nach Geborgenheit in einem größeren Vaterland mitgewirkt haben.

Gewiss hat die preußisch-deutsche Reichsgründung von 1871 das Bedürfnis nach Sicherheit vor den seit zwei Jahrhunderten immer wiederkehrenden Brandschatzungen, Plackereien und Plünderungen durch fremde Heere befriedigt. Aber war damit das große historische Erlebnis von 1848/49 mit seinen Grundforderungen nach demokratischen Rechten und sozialer Gerechtigkeit vergessen? Und all die Demütigungen durch preußische Truppen, die den national-revolutionären Aufstand vom Frühjahr 1849 niedergeschlagen und mit den Exekutionen in Rastatt beendet hatten? Natürlich beschäftigte jene Revolution und Konterrevolution die Gemüter noch lange. Das fand auch seinen Niederschlag im Büchlein des jungen Engelberg, der hier zurückhaltend, aber mit deutlicher Sympathie für seine verfolgten Landsleute notierte: »Während der Revolution im Jahre 1848 und 49 ging es hier gerade auch nicht am schönsten zu. Wegen Misshandlung eines Gendarmen war ein Bataillon preußische Infanterie sechs Wochen hier. Sie brachten es aber nicht heraus, wer es gewesen war. Nach der Schlacht bei Gernsbach am 29. Juni 1848 kamen die aufständischen Soldaten auf der Flucht auch durch Haslach. Die meisten waren in der Nähe zu Hause und gingen deshalb dahin. Sie hatten die Mäntel und Hosen ganz zerfetzt vom Gebüsch, sie wurden angehalten und wieder nach Offenburg transportiert ... Am 6. Juli kamen 6 000 Mann preußische Soldaten als Exekution hierher. Den Vortrab bildete eine Schwadron Husaren. Diese sprengten im Galopp durch die Straßen und besetzten denjenigen Bürgern die Häuser, welche sich an der Revolution beteiligt hatten. Einige konnten aber noch rechtzeitig die Flucht ergreifen. Die Soldaten blieben zwei Tage hier einquartiert ... Der Bürgermeister war angeklagt, Waffen verheimlicht zu haben und sollte deshalb erschossen werden. Es war aber kein näherer Beweis vorhanden.«

Die Angaben und Daten dieser Aufzeichnung halten einer quellenkritischen Überprüfung nicht ganz stand. Dennoch ist das hier Niedergeschriebene für uns interessant; denn es gab offensichtlich wieder, was in den Familien, den Freundeskreisen und den Gastwirtschaften des Städtchens erzählt wurde. Auch dort überwog wohl das Anekdotische gegenüber allgemeinen Schlussfolgerungen, zu denen schließlich auch ein Vergleich gehörte zwischen jenen national-demokratischen Verfassungsvorschlägen, für die auch manche Kinzigtäler 1849 mit der Waffe gekämpft hatten, und dem, was davon auf großpreußisch-militaristische Weise im Jahre 1871 verwirklicht wurde. Was damals vorfiel, mochte gerade für die kleinstädtischen Handwerker und Krämer einigermaßen verwirrend sein: Jener preußische Prinz Wilhelm, der 1849 an der Spitze der Interventions-Armee Baden konterrevolutionär »befriedete« und alle national-demokratischen Hoffnungen zunichte machte – ausgerechnet dieser »Kartätschenprinz«, seit 1861 zum König Wilhelm I. von Preußen avanciert, wurde nach dem Sieg über Frankreich am 18. Januar 1871 im Spiegelsaal zu Versailles vor der festlichen Versammlung deutscher Fürsten und ruhmgekrönter Generäle durch den berühmt gewordenen Hochruf seines Schwiegersohns, des Großherzogs Friedrich I. von Baden, zum Deutschen Kaiser proklamiert.

Was sollten da die kleinen Leute in Baden sagen? Konnte ihr Stolz aufs Musterländle ganz und gar ins Dynastische verkehrt werden? Konnten sie zum neudeutschen Reich preußischer Observanz unbeschwert Ja sagen? Die Fabrikanten, Bankiers, Großhändler, Advokaten und Universitätsprofessoren, die das Großbürgertum ausmachten, waren bei allen liberalen Vorbehalten und Wünschen mit der preußisch-deutschen Reichsgründung zufrieden. Diese rückgängig zu machen – daran dachten gewiss auch nicht die Handwerker und kleinen Geschäftsleute, selbst nicht einmal die Arbeiter; aber sie hatten, was wir bereits feststellen konnten, die Revolution von 1848/49 noch nicht vergessen. Daher konnten auch die Grundforderungen von 1848 nach demokratischen Rechten und sozialer Gerechtigkeit früher oder später wieder aktiviert werden. Doch welche organisierte Kraft, also welche Partei konnte und wollte dies tun?

Die Nationalliberale Partei war damals in einem hohen Maße damit beschäftigt, ihren sogenannten Kulturkampf gegen die gewiss machtbewusste, vom eben verkündeten Dogma der päpstlichen Unfehlbarkeit besessene und gegen die protestantische Hohenzollernmonarchie höchst misstrauische katholische Kirche zu führen und die antiklerikalen Restriktionen und Repressionen Otto von Bismarcks zu unterstützen. Unter solchen Umständen lädierten die Liberalen ihre höchst eigenen Prinzipien; der 48er Demokratismus war ohnehin nicht ihre Sache. Ob der erzliberale Schauenburg-Verlag im nahen Lahr mit seinem *Hinkenden Boten* und seinen antiklerikalen Spottschriften von Wilhelm Busch auf die Haslacher Kleinbürger und Kinzigtäler Bauern schon damals wirkte, konnten wir nicht feststellen; dieser Frage müsste in einer eigenen Untersuchung nachgegangen werden. Neben der Nationalliberalen Partei war die linksliberale Fortschrittspartei in Baden ziemlich bedeutungslos, sie war nach wie vor in Preußen, insbesondere in Berlin, konzentriert.

Eine wirkliche Macht in Süd- und Mittelbaden stellte die katholische Partei des Zentrums dar. Gegründet im Winter 1870/71, ging sie davon aus, dass der religiöse Katholizismus auch politisch werden müsse, um die gefährdete Macht der Kirche erhalten und stärken zu können. Die programmatischen Äußerungen der neuen Partei waren vielfach ebenso schillernd, wie ihr Name Zentrum neutral war, wodurch sowohl konservativ wie demokratisch eingestellte Menschen gewonnen werden konnten. Überdies hatte das Zentrum – zumindest in der ersten Periode seiner Entwicklung – stark partikularistische Züge. Demokraten gab es unter den Führungskräften der Zentrumspartei nur in Südwestdeutschland; zu diesen Kleriko-Demokraten, wie sie sich gelegentlich nannten, gehörte auch der junge katholische Geistliche Heinrich Hansjakob, der schon Anfang der siebziger Jahre seine ersten politischen Schriften und Reisebeschreibungen publizierte. Ob er aber schon damals auf seine Haslacher wirkte oder wie der Prophet im eigenen Lande ungehört blieb, sei dahingestellt. Auch darf man nicht übersehen: Die Kleriko-Demokraten gingen über allgemeine Sympathien für die Achtundvierziger kaum hinaus, und nur im Blick auf ihren Kirchenkampf, von den Liberalen »Kulturkampf« genannt, fühlten sie sich gleich gestimmt mit jenen Badenern, die stolz darauf waren, dass sie einmal gegen die preußische Vorherrschaft zu rebellieren gewagt hatten. Die demokratischen Sympathisanten in der katholischen Kirche traten sicherlich für die politischen Freiheitsrechte aller (nicht nur der Besitzenden und Gebildeten) ein, auch für die Volksbewaffnung im gemäßigten Sinne der Schweiz und damit gegen den preußisch geprägten Militarismus. Weiter konnten sie kaum gehen, zumal sie in Fragen der sozialen Reform vielfach einem romantischen, also reaktionären Antikapitalismus verhaftet waren.

Selbst die aufgeschlossensten Klerikalen konnten das kämpferische Aufklärertum der kleinbürgerlichen Demokratie von anno 1848/49 beim besten Willen nicht akzeptieren. Da tauchten Gegensätze auf, die ebenso ideologisch wie praktisch waren; immer wieder wurde offen oder verdeckt um die Frage gestritten, wer denn die Schulerziehung beherrschen solle: die heilsbewusste Kirche oder der religiös neutrale Staat? Auch der Kleriko-Demokrat führte in den Kämpfen der Zeit den rein religiösen, nur auf Kultus und Seelsorge bedachten Katholizismus in den politischen über, mochte er in seinem Klerikalismus auch gemäßigt und nicht fanatisch, quasi-demokratisch und nicht autokratisch sein. Wir werden dieser Problematik verschiedentlich begegnen, in der auch die Schulfrage immer wieder relevant ist. Von ihrem nationalen Verständnis her konnten die Kleriko-Demokraten keine Traditionspfleger der Revolution von 1848/49 sein; schließlich kämpften damals die konsequentesten Demokraten nicht aus Partikularismus etwa nach bajuwarischem oder auch nur schwäbischem Zuschnitt gegen Preußen, sondern aus gesamtnationaler und radikaldemokratischer Begeisterung.

Demokratische Traditionspflege im umfassenden und weiterführenden Sinne wäre in den siebziger Jahren an sich Sache der badischen Demokraten gewesen, die einst sehr gut organisiert waren. Aber durch Emigration und Unterdrückung in der Reaktionszeit, durch die Enttäuschungen, die die Bismarcksche Art der Reichseinigung mit sich brachte, waren sie auseinandergerissen. Die energischsten Elemente der kleinbürgerlichen Demokratie gingen nach 1870 zur Sozialdemokratie über. Symbolfiguren dafür waren in Preußen der berühmte Publizist und Parlamentarier Johann Jacoby, in Baden Amand Goegg, ehemaliger Finanzminister in der Karlsruher Revolutionsregierung und verstorben im Grimmelshausen-Städtchen Renchen.

Die beiden Richtungen der politischen Arbeiterbewegung, Lassalleaner wie Eisenacher (also die 1869 in Eisenach zusammengeschlossenen Marx-Anhänger wie Wilhelm Liebknecht und August Bebel), hielten schon Anfang der siebziger Jahre alljährlich Märzfeiern ab, in denen sie sowohl des Aufstands in Berlin 1848 als auch der Ausrufung der Kommune in Paris 1871 gedachten. Sicherlich haben beide Richtungen in dieser Agitation, die nicht nur auf die Märzfeiern beschränkt war, die Akzente etwas verschieden gesetzt, besonders hinsichtlich des Verhältnisses der Marx-Anhänger zur Pariser Kommune und der Internationalen Arbeiter-Assoziation (der I. Internationale, wie sie später bezeichnet wurde); dessen ungeachtet, wurde offenkundig, dass keine Partei, keine Organisation, keine Gruppe in ganz Deutschland die Erinnerung an die radikaldemokratische Bewegung in der Revolution von 1848/49 so eindringlich und lebendig bewahrte wie die Sozialdemokratie, gleich, um welche der beiden Fraktionen es sich handelte. Ihr auf die Gegenwart bezogener Grundgedanke war ebenso einfach wie mobilisierend: Die nationalstaatliche Einigung von 1871 sollte durch eine demokratische Umgestaltung ergänzt werden, so radikal wie nur möglich. Im Jahre 1875 schlossen sich die vornehmlich in Preußen und da wiederum in Berlin, im Rheinisch-Westfälischen, aber auch in Hamburg konzentrierten Lassalleaner und die in Sachsen besonders starken Eisenacher zu einer einzigen sozialistischen Arbeiterpartei zusammen;

auch wenn es danach noch genug der fraktionellen Auseinandersetzungen und regionalen Unterschiede gab, so wurde von nun an die deutsche Sozialdemokratie eine gesamtnationale Partei. In Baden erstreckte sich ihr Einfluss zunächst auf das Unterland um Mannheim und Pforzheim und auf das Oberland um Lörrach, aber bis in die 80er Jahre hinein nicht auf das Kinzigtal.

Der Buchbinderlehrling Engelberg, so aufgeschlossen er war, konnte von der sozialdemokratischen Propaganda mit ihrer dauernden Erinnerung an die demokratische 48er Tradition in seinem Haslach noch nichts verspüren. Als 78jähriger Mann ließ er in einer Niederschrift von der politischen Atmosphäre in seiner Heimatstadt einiges aufleuchten; über seinen Nachbarn, einen »tüchtigen Möbelschreiner« schrieb er: Er »war der Typ eines Kleinstadt-Handwerkers, der sich für alle örtlichen Angelegenheiten und während des Krieges 1870/71 auch für die kriegerischen und politischen Ereignisse interessierte. Zeitungen wurden wenig gehalten, in der Behausung kam mir nie eine solche zu Gesicht. Die Neuigkeiten überbrachten Bekannte, Nachbarn und Kunden.« Von dieser kleinen Welt aus gab es noch wenig Verbindung mit dem großen Geschehen im neudeutschen Reich.

Wanderschaft und Politik

Agitatoren aus den großen Städten kamen in dieser frühen Zeit kaum ins Städtchen; dennoch war der politische Kreislauf von der Provinz in die städtischen Zentren, in die Nachbarländer und umgekehrt zwar zähflüssig, aber keineswegs unterbrochen. Die gesellschaftlichen Blutkörperchen waren da wandernde Handwerksgesellen. Zu ihnen stieß Wilhelm Engelberg, nachdem er im Frühherbst 1880 seine Lehre beendet hatte. Er liebte den Buchbinderberuf, zu dem ihn »als Lesefreund« die Aussicht auf den Umgang mit »Büchern verschiedenen Inhalts und illustrierten Zeitschriften« drängte. Aber er wollte nicht nur in die Bücher, sondern auch in die Welt schauen. »Obwohl in Zunft und Innung«, so schrieb er, »eine Wanderzeit der Handwerksgesellen nicht mehr vorgeschrieben, war der Wandergeist bei den jungen Handwerkern noch vorhanden, sozusagen im Blut, schon deswegen auch, um ein Stück ›andere Welt‹ und damit andere Methoden in den fremden Arbeitsplätzen kennenzulernen. Alte Meister konnten auch interessante Schilderungen über Wandererlebnisse und Merkwürdiges aus bereisten Ländern und Städten machen. Der Wandertrieb bei den Haslachern war angeboren; viele hatten in Berlin, Wien, Lyon und Paris gearbeitet und dann den ›Ehrennamen‹ Berliner, Wiener, Pariser ihr Leben lang behalten.« Wer hingegen die Widrigkeiten der Wanderschaft nicht aushielt und schon nach kurzer Zeit aus der Fremde ins warme Nest seiner Heimatstadt zurückkehrte, war scheel angesehen. Gelegentlich haben Verwandte über solche Fälle höhnend berichtet. Als der Vater Engelberg seinen Sohn bat, die Wanderzeit kurz zu unterbrechen, setzte er entschuldigend hinzu: »…auch ist es keine Schande, wenn man schon ein Jahr fort ist, seinem Vater auszuhelfen.« Der Sohn durfte nicht als Memme erscheinen.

Sollte die »große Walz« nicht zu früh abgebrochen werden, dann durfte sie wiederum nicht ins andere Extrem geraten und schier endlos werden. Alles mit Maß und Ziel. So wie der ewige Student leicht verluderte, konnte der ewige Walzbruder zum Vagabunden werden, zum Urbild beliebter Fastnachtsgestalten, dem gern gespielten Hamperle. Es war sicherlich nicht nach dem Geschmack des jungen Engelberg und seinesgleichen, wenn er in einem Brief vom 18.4.1881 des ihm bekannten Sattlergesellen Heinrich Sandhas über das »Fechten«, die Bettelei auf der Wanderschaft, las: »Was das Walzen anbelangt, so gefiel es mir gar nicht übel, wenn man nur tüchtig fechten kann. Ich bringe das Fechten fertig, denn mein Kollege war ein Fechtbruder ersten Ranges und der hat es mich gelernt. In Aachen wären wir bereits erwischt worden, aber wir konnten noch besser springen als der Gendarm (oder Butz).« Der Briefschreiber fing sich und wurde ein tüchtiger Handwerker, aber er ließ hier gewisse Versuchungen aufleuchten. Der Verfasser dieses Aufsatzes hörte als Bub hie und da Gespräche seines Vaters mit gleichaltrigen Handwerkern, die sich über die Gefahren des überlangen Walzens durchaus einig waren.

So war die Handwerkerwelt nicht allzu zimperlich; man wusste ja aus eigener Erfahrung, dass auf der Walz das »Fechten«, also das Betteln von Haus zu Haus, »nicht immer zu umgehen« war, wie Wilhelm Engelberg in seinem Wandertagebuch etwas kleinlaut notierte. Im Ganzen aber erwarteten die alten Handwerker, dass die jungen Burschen in der Fremde die Augen offen hielten, in ihrem Beruf etwas dazulernten, sich findig zeigten, sich durchzuschlagen verstanden und – ausharrten. Aus dem erwähnten Tagebuch erfahren wir manches von der Mühsal, die der oft ins Ungewisse Wandernde zu ertragen hatte, manchmal traf er es gut, dann wieder stieß er auf Herzensenge der Meister und Meisterinnen, die dem fremden, vielfach vorübergehend eingestellten Buchbindergesellen nur kärgliche Mahlzeiten und primitive Schlafkammern gaben (vielleicht auch nur geben konnten).

Auf der Wanderschaft, die der kaum 18-jährige Wilhelm Engelberg mit zwei Gesellen aus seinem Städtchen, einem Schneider und einem Bierbrauer, antrat, nahm er die Richtung Schweiz, sehr gegen den »Reiseplan« seines Vaters, der ihn nach Frankfurt schicken wollte, wo in Anzeigen Buchbinder gesucht wurden. Aber was hieß Sicherheit für einen jungen Burschen, den die freie Schweiz mehr lockte als das neupreußische Frankfurt? Bei solchem Verlangen ließ man auch den brieflichen Groll des Vaters über sich ergehen, der die moralisierende Sentenz nicht unterdrücken konnte: »Beim Befolgen meines Rates hättest Du Dir und uns manche Sorgen erspart.« So war es eben: Die Alten verlangten von den Jungen Härte, wollten sie aber doch lieber auf ebenen Wegen sehen. Die gab es jedoch weder im wörtlichen noch übertragenen Sinn in der Schweiz. Von der Ungewissheit über Weg und Steg, über Arbeitsstelle und Unterkünfte einmal abgesehen, musste der

Wanderer auch »viele Kontrollen durch Gendarmen und auch Geheimpolizisten« über sich ergehen lassen; einmal notierte er »3 Mal angehalten in 1 Stunde«. Aber sonst war der freiheitsdurstige Deutsche geneigt, alles rosiger zu sehen, so wenn er meinte: »In der Schweiz ist's ... nicht wie in den meisten Orten Deutschlands, sondern da ist jeder Arbeiter viel freier und hat auch meistens seine Wohnung und Kost nicht beim Arbeitgeber.«

Erst nach einigen Kreuz- und Querfahrten durch das Alpenland, wo ihn wahrscheinlich mehr der Erlebnishunger als die Suche nach Arbeit geleitet hatte, fand er eine längere Bleibe in Winterthur. Dort war seine erste Stelle derart, »dass unter 10 Arbeitern nicht 1 geblieben wäre«. Er bekam 13 1/2 Franken pro Woche, von denen nach den Ausgaben für Kost und Logis und nach den Abzügen für »Wäsche, Monatsbeiträge für den D. (deutschen) Verein und Turnverein nichts mehr übrigblieb«. Erst nach drei Monaten hatte er in der gleichen Stadt eine »bessere Stelle ausgekundschaftet«, wo er »gleich 21 Fr. pro Woche« bekam und »lange nicht so (zu) schuften« brauchte. »Wir arbeiteten von morgens 7–12 und nachmittags von 1 1/2 bis 7 Uhr, also nicht einmal 11 Stunden.«

Schon in den ersten Wochen seines Aufenthalts in Winterthur trat der junge Wilhelm Engelberg in den Deutschen Arbeiterverein ein, in dem »meistens Sachsen« waren. »Dort empfing ich meine erste politische Schulung«, schrieb der 78-jährige Mann in seinen autobiographischen Notizen und fuhr dann fort: »Die Brüder Franz und Wilhelm Seubert, die Zigarrenfabrikation betrieben, waren hervorragende sozialdemokratische Propagandisten; Ersterer ein vorzüglicher Redner und von auswärtigen Vereinen vielfach als solcher gewünscht. Später erfuhr ich, dass beide Brüder nach Amerika auswanderten und dort ihre Existenz fanden und politische Propaganda betrieben.« Die beiden Brüder, führende Köpfe im Deutschen Arbeiterverein zu Winterthur, zogen den kaum 19-jährigen Burschen aus dem badischen Kinzigtal sehr bald zu Funktionen heran; schon nach einem Vierteljahr wurde er Schriftführer des Vereins und hatte auch eine »Discussionsstunde« über »Zwecke und eigentliche Aufgabe eines Bildungsvereins« einzuleiten. Politisch interessant war, dass – wie die nachgelassenen Notizen ausweisen – der junge Engelberg, der gleichsam in der Lehre als Redner war, mehrmals auf die »unendlichen Verdienste« Ferdinand Lassalles hinwies. Hier können wir mit gutem Grund den Einfluss der beiden Seuberts vermuten, die wahrscheinlich – wie fast alle organisierten Zigarrenarbeiter – Lassalleaner waren. Am 20. März machte Wilhelm Engelberg eine Feier zum Andenken an »die Pariser Kommune und an 1848/49 (zugleich an die übrigen Aufstände in Baden, Polen, Italien und Ungarn)« mit. »Franz Seubert hielt die Festrede, ich und noch 2 Mitglieder deklamierten passende Gedichte.«

Wenige Monate nach seinem ersten Auftreten war der junge Engelberg schon auf einen kämpferischen Lassalleanismus eingeschworen; in einem Vortrag im nahen Frauenfeld, im Kanton Thurgau, wies er schon mit den ersten Sätzen darauf hin, dass Ferdinand Lassalle »auf bedeutende Hindernisse seitens der Regierung resp. der Polizei« stieß; »denn diese wusste wohl, dass wenn sich die Arbeiter zusammenscharten und sich gegenseitig unterrichten und belehren, der Herrschaft der Kapitalisten eine bedeutende Schranke gesetzt sei. Die Hindernisse, welche den Arbeitern in den Weg gelegt wurden, waren der Art, dass diese den Mut hätten sinken lassen müssen, wenn sie eben nicht gerade durch ihre Einigkeit in Bezug auf die weitere Bildung in Vereinen in allen größeren Städten Deutschlands, Österreichs und der Schweiz weiter gearbeitet hätten.« Der Frauenfelder Vortrag berichtete auch über verschiedene tumultuarische Versammlungen, in denen Ferdinand Lassalle der Polizei ebenso trotzte wie den Anhängern der liberalen Fortschrittspartei. Der Buchbindergeselle Engelberg war ein begeisterter Lassalleaner geworden. Das ging auch indirekt aus einem kleinen Notizzettel mit Stichworten zur Geschichte der Arbeiterbewegung hervor; sie waren offensichtlich für Rednerzwecke mit senkrecht angebrachten Strichen gut sichtbar voneinander getrennt. Notiert waren u. a.: »Französische Revolution/Gewerbefreiheit/die Vereine 1835 zu Paris und 1845 englische National-Association/Gesellenbildungsvereine und das Jahr 1848/Wirken kleinerer Vereine wie der unserige« … usw. In dieser Aufstellung fehlen der Bund der Kommunisten und – was noch bezeichnender ist – die Internationale Arbeiter-Association (die I. Internationale). Das beweist, dass im Deutschen Arbeiterverein zu Winterthur, noch nach der Vereinigung der Lassalleaner und der Eisenacher, vom Marxismus nur wenig zu spüren war. Wenn in diesem Verein auch einmal der frühere »Eisenacher« und Reichstagsabgeordnete Ignaz Auer sprach, dann war dies nur ein Zeichen dafür, dass die ehemalige Feindschaft zwischen den Angehörigen der beiden Richtungen abgebaut war, insbesondere unter den Bedingungen des Bismarckschen Ausnahmegesetzes gegen die Sozialdemokratie, das damals schon fast drei Jahre bestand.

In dem lokalen Arbeiterverein zu Winterthur zeigte sich eine allgemeingültige Erscheinung. Für die dem Kleinbürgertum noch stark verhafteten Handwerksgesellen, die sich auch Arbeiter nannten, waren die auf wenige demokratische, sozial- und nationalpolitische Forderungen konzentrierte Agitation Lassalles und die Melodramatik seines Auftretens mitten in Preußen-Deutschland ansprechender als die zwar gleichfalls gegenwartsbezogene, aber zugleich auf weltumspannende und weite Perspektive ausgerichtete Propaganda von Marx und Engels, die gleichsam als revolutionärer Gehirntrust von der Weltmetropole London aus mit historisch langem Atem wirkten und auf jegliche Effekthascherei verzichteten.

Wie sehr der junge Wilhelm Engelberg dem Kleinbürgertum verhaftet war, zeigte sich nicht allein in seinen verwandtschaftlichen und kameradschaftlichen Konnexionen. Auch von seiner Arbeitsmentalität her wollte er schon damals nichts von einem Dasein als Arbeiter in einem Großbetrieb wissen. Um seinen immer noch etwas grollenden Vater zu besänftigen, schrieb er nach Hause: »Wenn ich nach Frankfurt gekommen wäre, so hätte ich die Stelle doch nicht behaupten können, denn ich bin nur tüchtig in einer kleinen Buchbinderei, in einer großen aber nicht.« Das waren nicht nur zweckgerichtete Bemerkungen; ähnlich äußerte er sich auch bei anderen Gelegenheiten. Wie Briefe seiner Wanderkollegen bezeugen, sträubten sich nicht alle gegen die Arbeit an Maschinen im Großbetrieb und fanden sich dann auch mit dem Akkordlohn ab. Gerade die Wanderzeit ließ sie die zunehmenden Schwierigkeiten des Kleinbetriebs erkennen, zumal der Boom der Gründerzeit längst vorüber war und die damalige Depression keine Hoffnungen blühen ließ. Der ökonomisch-soziale Anschauungsunterricht drängte die wandernden Handwerksgesellen zur Entscheidung zwischen dem Kurs auf eine selbständige Existenz mit allen ihren Risiken und täglichen Entscheidungszwängen oder einem Arbeiterdasein, das zwar immer wieder von Arbeitslosigkeit bedroht war, aber vielleicht auch – wie viele hofften – eine gehobenere Stellung im größeren Betrieb ermöglichte. Je früher die Handwerksgesellen eine solche Entscheidung trafen, desto weniger schmerzhaft musste sie ihnen erscheinen; sie hatten dann nicht mehr von einer quasi-selbständigen Existenz Abschied zu nehmen. Jedenfalls wurde der Konzentrationsprozess des Kapitalismus der freien Konkurrenz auch von der Seite des Angebots der Ware Arbeitskraft ergänzt und gewissermaßen unterstützt – auch durch relativ frühe Entscheidungen der arbeitenden Kräfte.

Nicht lange unterbrach der Wandergeselle Engelberg seine vielseitige Lehre in der Fremde, um in der väterlichen Werkstatt auszuhelfen. Kaum hatte er Ende 1881 das Kinzigtal wieder verlassen, da berichtete ihm der Vater, der stets gerne den goldenen Mittelweg einschlagen mochte, nach Karlsruhe: Tante Marie, die zu Besuch aus Basel ist und jeden Tag in die Kirche geht, »hat nun den festen Vorsatz, in ein Kloster einzutreten. Da wir dies nicht billigen, führt es öfters zu Plänkeleien … Es wäre gut, wenn sie ein Teil ihrer Frömmigkeit Dir gebe, da Du bekanntlich zu wenig hast …« Wahrscheinlich froh, in den familiären »Kulturkampf« nicht hineingezogen zu sein, nahm Engelberg junior von Karlsruhe aus doch die Richtung Frankfurt, wo er zwar keine gute Arbeit fand, aber die große, alte und neue Stadt – da hatte der Vater doch recht gehabt – hatte viel Anziehendes und Anregendes. Da kratzte man gelegentlich auch Geld zusammen, ja griff sogar die eiserne Reserve an, um eine Reise nach Würzburg und bis nach Nürnberg machen zu können. Mit zwei »fast gleichaltrigen Burschen«, einem Haslacher und einem Hannoveraner, besuchte er alle »Sehenswürdigkeiten: Sammlungen, Museen, Zirkus, Tiergarten« und er »speziell Theater und Opernhaus«. Das bedeutete: »In Letzteren wurden bei mir der Grund der Interessen für Theateraufführungen überhaupt gelegt, auch für Laientheater in Vereinskreisen.«

Sehr bald nahm er von Frankfurt aus Verbindung mit einem seiner Winterthurer Freunde auf, der ihm schon am 26. März 1882 antwortete und ihn belobigte, dass er »wieder ein wenig in der Fremde« sei, was er ganz in der Ordnung fände, »denn wenn man jung ist, muss man reisen«. Etwas haushälterisch mahnte er ihn allerdings: »Nur gehe nicht zu häufig in die Oper oder in den Zoologischen Garten, sonst kommst Du mit Deinen 4 Mark Wochenlohn nicht aus.« Aber dann berichtete er, wie die Vereinstätigkeit weitergegangen und wie die Kameraden – eine Woche vorher – die »Märzfeier« unter der »selbstverständlichen« Mitwirkung der Turner begingen, also das Andenken an die 48er Revolution hochhielten und ein Schauspiel *Die Macht der Arbeit* in 4 Akten von Paul aufführten. Auf seinen Wunsch, den in der Schweiz gedruckten und in Deutschland illegal verbreiteten *Sozialdemokrat* zu abonnieren, »was unter Couvert geschehen muss«, mahnt er ihn, »vorsichtig« zu sein; er könne jedoch zum S. D. um die Hälfte billiger kommen, wenn er sich »mit Parteigenossen in Frankfurt in Verbindung setzen« würde. Es kann keinen Zweifel geben, dass der noch nicht Zwanzigjährige Verbindung zur illegal arbeitenden Sozialdemokratie aufnahm. Schon in den ersten Jahren, da diese Partei unter das Bismarcksche Ausnahmegesetz gestellt ward, bewies sie ihre Lebens- und Widerstandskraft. Da wurde die Partei der Sozialreform und der Sozialrevolution in den Augen vieler Handwerksgesellen, Meister und sogar Kaufleute die einzige Partei, die die Traditionen der 48er Revolution weiterführte.

Vom Wanderleben in die Kaserne

Wilhelm Engelberg war kaum 1 1/2 Jahre in Frankfurt, da wurde er in der zweiten Militärmusterung zur Infanterie bestimmt. Die Verwandten, Bekannten und Freunde, ob nah oder fern, reagierten auf diese Nachricht nur mit Bedauern und Ermahnen, halt die Zähne zusammenzubeißen; militärfromm war niemand; Stolz auf des »Königs Rock«, wie die offizielle Phrase hieß, hatte niemand. Vater Engelberg schrieb an seinen Sohn am 15. April 1883: »Es ist mir im höchsten Grade unangenehm, dass Du Soldat musst werden, und glaubte ich immer, dass Du vielleicht als Reservist durchkommen würdest… Doch habe ich auf der andern Seite den Trost, dass Du gesund bist, sonst würdest Du nicht zu den Soldaten genommen worden sein. Hunger werden wir Dich dabei keinen leiden lassen, wie wohl es schade um die schöne Zeit ist.« Der Wandergeselle hatte niemals einen familiären Zuschuss bekommen, aber dem Soldaten schickte man während der dreijährigen Dienstzeit immer wieder Päckchen, aber auch Geld. Der Soldat war eben kein freier Mann mehr, der seinen Unterhalt selbst verdienen konnte.

Der allerseits Bedauerte musste im November 1883 einrücken – zunächst zum Königlich Preußischen, Hessischen Füsilierregiment N° 80 nach Wiesbaden. Diese Bäderstadt war doch ein Trost für den neu Eingerückten; denn »die vielen schönen Plätze und Gebäude mit herrlicher Umgebung und Spazierwege bieten auch einem Soldaten viel Angenehmes«. Später wurde der Füsilier Wilhelm Engelberg als Ordonnanz beim Königlichen Generalkommando des 11. Armeekorps nach Kassel beordert – also in eine Stadt, die mit ihrem herrlichen Bergpark Erholung und Anregung bot, auch »alle 14 Tage einmal« einen Theaterbesuch ermöglichte. Das alles waren die Sonnenseiten des Soldatenlebens. Sie verschwieg er auch nicht in seinem kleinen, aber etwa 90 Seiten umfassenden Heft, betitelt Militärdienst. Daneben schilderte er die Beschwernisse der Manöver, mit Bitternis jedoch die Schikanen, Schindereien, ja sogar Misshandlungen auf dem Kasernenhof.

Wie wenig der Tagebuchschreiber subjektiv übertrieb, wird indirekt durch einen internen Corps-Befehl des Kommandierenden Generals von Schlotheim vom 5. Oktober 1885 bewiesen – einen Corps-Befehl, den sich die hellwache sozialdemokratische Ordonnanz geschnappt und dem Privatarchiv einverleibt hatte. Der Kommandierende General stipulierte u. a.: »…so will ich doch nicht unterlassen, die Offiziere und namentlich die Unteroffiziere des Armeekorps wiederholt eindringlich zu warnen und sie daran zu erinnern, dass es eines Vorgesetzten unwürdig ist, sich durch Ungeschicklichkeit oder selbst durch Mangel an gutem Willen eines Untergebenen derartig reizen zu lassen, dass er sich einer strafbaren Handlung schuldig macht. Sie mögen ferner bedenken, dass durch derartige Ausschreitungen der gute Ruf des ganzen Heeres empfindlichen Schaden erleiden kann, da durch dieselben nicht nur das Ehrgefühl junger Soldaten abgeschwächt, wohl gar erstickt, sondern auch Übelwollenden begründete Ursache zu Anklagen gewährt wird…« Der preußisch-deutsche Militärapparat hatte jedoch eine solche Eigendynamik, dass derartige Corps-Befehle wenig nützten. Immer wieder stellte der Füsilier Engelberg fest, dass Beschwerden nutzlos, sogar gefährlich seien. Ihm selbst wurde gegen Ende seiner Dienstzeit, Juni 1886, drei Tage Arrest bei Wasser und Brot wegen »Einreichung eines unangemessenen Gesuchs« aufgebrummt: Jeden Tag drei Pfund Brot und ein Krug »gefüllt mit dem feinsten Tafelwasser«; Holztische und ein Holzstück als »unsanftes Kopfpolster«; in der Nacht angekleidet ohne Decke.

Eine Episode mag auch noch festgehalten sein: »Ich vertreibe mir die Zeit mit Schreiben, Singen, Pfeifen, Deklamation u. Gymnastik … Soeben um 1 Uhr Mittag schließt V. K. meine Türe auf u. spricht feierlich: ›Sie glauben, Sie haben wohl allein das Recht, hier Skandal zu machen. Wenn ich das noch einmal höre, gibt's noch weitere 3 Tage. Sie haben s. hier ganz ruhig zu verhalten.‹ … Nun muss ich mich auf's Deklamieren allein verlassen in geistiger Hinsicht…« Ein Trübsalblaser war Wilhelm Engelberg nie; darum konnte ihm eine Verwandte, die ihn besuchen wollte, als er seinen Militärdienst bereits quittiert hatte, etwas stolz berichten: »Bei meiner Ankunft hier wurde ich mit Fragen nach Dir bestürmt, denn alle behaupten, so eine lustige, fidele und anständige Ordonnanz gäbe es nicht zum zweiten Male.« Etwas trockener bemerkte der Vater, nachdem er das Gruppenfoto der Korporalschaft seines Sohnes betrachtet hatte: »Du bist darauf ziemlich gut getroffen, nur ist Deinem Gesicht das ächt militärische Aussehen noch nicht aufgeprägt.« Nein, die Laune konnte man dem Füsilier Engelberg nicht verderben, aber sein Ehrgefühl verletzten; verletzten durch den Drill auf dem Exerzierplatz, durch Schikanen in der Kaserne, durch Herummäkeln an den Buchbinderarbeiten im Ordonnanz-Büro, durch Arrest, der männlichen Stolz brechen sollte, aber auch durch den Portierposten, den er bei einem Offizierball zu absolvieren hatte. Was in der Familie zu Hause, bei den Verwandten und bei den Kameraden innerhalb und außerhalb der Armee Antipathie gegen den Militärdienst war, steigerte sich bei ihm zu einem glühenden Antimilitarismus. Hass muss seine Feder geführt haben, als er ein vierstrophiges Gedicht, betitelt *Der Soldat,* abschrieb:

> *»Ich bin Soldat, doch bin ich es nicht gerne*
> *Als ich es ward, hat man mich nicht gefragt,*
> *Man riss mich fort, hinein in die Kaserne,*
> *Gefangen ward ich, wie ein Wild gejagt. ...*
>
> *Ich bin Soldat, muss Tag und Nacht marschieren*
> *Statt an der Arbeit muss ich Posten stehen*
> *Statt in der Freiheit muss ich salutieren*
> *Und muss den Hochmut dieser Herren sehn*
> *Und geht's ins Feld, so muss ich Brüder morden*
> *Von denen keiner mir was Leid getan. ...*
>
> *Auf Brüder lasst zur Heimat uns zurückmarschieren*
> *Von den Hyänen unser Volk befrein*
> *Denn nur Tyrannen müssen Kriege führen,*
> *Soldat der Freiheit möcht ich gerne sein. ...«*

Sollte solch heereszersetzende Literatur auf Handzetteln in der Kaserne kursiert sein? Das ist unwahrscheinlich, da die deutsche Sozialdemokratie zum Ärger westeuropäischer Sozialisten eine spezielle, weil zu risikoreiche Propaganda innerhalb der Kaserne ablehnte, sich vielmehr auf die Wirkung jener antimilitaristischen Literatur verließ, die den jungen Menschen möglichst schon von ihrer Militärzeit zugänglich gemacht werden konnte. Es ist durchaus möglich, dass Wilhelm Engelberg die Strophen aus einer bereits 1872 erschienenen Lieder- und Gedicht-Sammlung abschrieb. Er ließ sich einerseits von einem abstrakten, die innere Gesellschaftsdynamik vernachlässigenden Moralismus leiten, der sich gegen innere und äußere Unterdrückung durch Armeen richtete, andererseits von dem Gedanken der Volkswehr. In der gleichfalls schon in den 70er Jahren erschienenen und weitverbreiteten Broschüre *Was die Sozialdemokraten sind und was sie wollen* strich Wilhelm Engelberg besonders energisch jene Stelle an, wo von der Ersetzung des stehenden Heeres durch das Volksheer die Rede ist und es wörtlich hieß: »Jeder Bürger soll von Jugend auf im Gebrauch der Waffen geübt und zu militärischen Leistungen tüchtig gemacht werden. Ist jeder Bürger Soldat, dann ist auch jeder Soldat Bürger und kein Tyrann mehr imstande, das Volk zu vergewaltigen.«

Wilhelm Engelberg las eine Auflage dieser Broschüre, die in der Schweiz, Vereinsbuchdruckerei Höttingen-Zürich, in den 1880er Jahren gedruckt wurde. Darum ist fast als sicher anzunehmen, dass er sie im Winterthurer Arbeiterverein und noch vor seiner Militärzeit erworben hatte. Wie alle Broschüren, die ihm am Herzen lagen, hat er diese strapazierfähig eingebunden.

Entlassen als Ordonnanz beim Generalkommando in Kassel, reiste der Vierundzwanzigjährige zunächst nicht in seine Heimat nach Süden, sondern in die Reichshauptstadt nach Norden. Bereits in den 80er Jahren galt auch im Bewusstsein süddeutscher Handwerksgesellen Berlin als Metropole des neudeutschen Reiches; seitdem dort bei den Reichstagswahlen die Linksliberalen und Sozialdemokraten so viele Stimmen auf sich vereinigten, konnte dieses Berlin nicht mehr als die Zitadelle des militaristischen Stockpreußentums angesehen werden. Alles, was Freunde über die Sehenswürdigkeiten dieser Stadt, über ihr Leben und Treiben, über den witzigwendigen und maulflotten Menschenschlag dort zu berichten wussten, war dazu angetan, jeden aufgeweckten Burschen zu einem Besuch zu ermuntern, um »Eindrücke fürs Leben« zu erhalten, wie es in einem Brief hieß. In diesem Geiste wurde der Berlin-Besuch Wilhelm Engelbergs gleichsam der hauptstädtische Abschluss einer sechsjährigen Abwesenheit von der heimischen Kleinstadt.

Einen großen Schatz an Lebens- und Arbeitserfahrungen brachte der junge Mann mit nach Hause; sein politischer und kultureller Horizont hatte sich erweitert, neue Maßstäbe waren ihm gesetzt, und Freunde fürs Leben waren erworben. Er, der Flöten- und Violinspieler, ließ sich von seinem Freund Heinrich Blank, dem Malergehilfen, anregen, in die Konzerte der »größten Virtuosen unserer Zeit«, des Deutschen Joseph Joachim, des Spaniers Sarasate und des in Berlin niedergelassenen Franzosen Émile Sauret zu gehen. Ein aufgeweckter Geist spricht aus den Briefen, die Wilhelm Engelberg in der Fremde von Wanderkameraden, Arbeitskollegen, Bekannten und Freunden erhielt. Manch einer von ihnen, der mit schwerer Hand schrieb und mit der deutschen Rechtschreibung gar arg auf Kriegsfuß stand, konnte dennoch seinen urwüchsigen Humor herzhaft ausdrücken. Nachdem Wilhelm Engelberg zwei Flaschen Wein seinem hannoveranischen Freund Karl Ertinghausen geschickt hatte, stattete dieser seinen Dank auf recht barocke Weise ab: »Kerl, was machst Du für Geschichten, schickst mir da ein paar Hinterlader, welche auch nicht von Pappdeckel sind, ich wusste erst gar nicht, was ich sagen sollte, wie der Postkerl bei uns rinn kommt. Ich dachte im ersten Augenblick, Du hättest dir einen kleinen Scherz machen wollen und glaubte, da würde so ein Heidelberger Schwanz raus springen wie bei dem großen Fass Mode ist, aber als ich ein Stock tiefer griff auwei und die beiden Buddels hervorlangte, da musste ich unwillkürlich 3 mal trocken runterschlucken und betete einen frommen Spruch so ungefähr, als wenn man so halb am Delirium tremens leidet oder wie Du selbst sagst an Herzerweiterung….« Die Gefühls- und Bedürfnisskala der Wandergesellen war recht variationsbreit; sie reichte von burschikoser Renommage bis zu fast pedantischer Bildungsbeflissenheit, von dreister Sexualität bis zur Verliebtheit, wo der Himmel voller Geigen hängt oder der Weltschmerz das Herz zerreißen möchte, von politischer Schwerfälligkeit, um nicht zu sagen Gleichgültigkeit, bis zu quicker Neugierde für die politische Umwelt nah und fern. Aber so unterschiedlich die Individualitäten, Neigungen und Bildungshöhen sein mochten, in einem waren die Handwerksgesellen gleich gestimmt: Die große Walz war ihre Berufs- und Lebensschule, die es in Ehren zu bestehen galt – in angemessener Zeit, wie wir bereits bemerkt haben. Wenn wir die Handwerksgesellen, politisch gesehen, auf einen Nenner bringen wollen, dann ist es dieser: Militärfromm waren sie nicht; die deutsche Einheit, die sie bejahten, verstanden sie nicht chauvinistisch. Den ewigen Deutschen, der aggressionsgeladen drauflos dreschen möchte, gab es nicht.

Die Handwerksmeister: Vom Demokraten zum Sozialdemokraten

Nach Haslach zurückgekehrt, übernahm Wilhelm Engelberg neben der Buchbinder-Werkstatt einen Papierladen. Wie die Familienerinnerung bezeugt, wurden von dort jede Woche die mit ziemlicher Regelmäßigkeit von Offenburg zugestellten Exemplare des *Sozialdemokraten* insgeheim abgeholt. In Offenburg war nicht nur ein illegales Verteilungszentrum für ganz Süddeutschland; diese verkehrsmäßig günstig gelegene Kreisstadt war damals überhaupt ein historisches Vorbild und ein politischer Orientierungspunkt. In Offenburg, wo unmittelbar vor und während der Revolution von 1848 die Häupter der badischen Demokratie zusammenkamen und wichtige, auf ganz Deutschland ausstrahlende Beschlüsse fassten, gingen Anfang der achtziger Jahre Söhne alter Achtundvierziger zur Sozialdemokratie über; zu ihnen gehörte Adolf Geck, Sohn des stadt- und landbekannten, früh verstorbenen Zähringerhof-Wirts und Mündelkind Amand Goeggs. Und da sollten junge Handwerker aus Haslach, kaum 30 Kilometer von Offenburg entfernt und von jeher durch Widerspruchsgeist bekannt, hintenanstehen? Jetzt erst recht gingen sie, voran Wilhelm Engelberg, in die illegal arbeitende Sozialdemokratie. Als legale Tarnung und zur eigenen körperlichen Ertüchtigung riefen die jungen Haslacher Handwerker einen Turnverein erneut ins Leben.

Im Jahre 1891 vermählte sich Wilhelm Engelberg, nachdem er neben der Buchbinderei noch ein photographisches Atelier eingerichtet hatte, mit Therese Aiple, der Tochter des Bierbrauers Franz Aiple. Seine Gastwirtschaft wurde das Vereinslokal des Turnvereins und der Sitz der Haslacher Sozialdemokratie, die nach 1890, nach dem Sturz Ottos von Bismarck, wieder legal wurde. In der Gaststube hingen bis 1933 ringsum an den Wänden die Bilder sozialdemokratischer Reichstagsabgeordneter und oben im Versammlungszimmer des ersten Stocks ein großes Bild des großen August Bebel, auch Preisurkunden des Turnvereins und die schwarzrotgoldene Seidenfahne, wo das Gold noch wirklich golden war. Vor der Eingangstür stand der Schrank mit Büchern, die dem Lesebedürfnis der Haslacher Mitglieder der Sozialdemokratie dienten. Die Gastwirtschaft zum Aiple-Franz, die heute noch in der Metzgergasse existiert, hieß im Volksmund die »Revolutionsbeize«. Trotzdem kehrten viele Bauern, wenn sie an den Tagen des Wochenmarkts aus den umliegenden (heute teilweise eingemeindeten) Dörfern nach Haslach kamen, gerne im Lokal des Franz Aiple ein. Warum eigentlich?

Obwohl er, wie manche Ackerbürger, innerhalb und außerhalb der ehemaligen Stadtmauern Haslachs bis in unser Jahrhundert hinein, Kühe und Schweine in seinen Ställen hatte und Feld und Wald besaß, so zählte er bei den Bauern doch nicht als richtiger Bauer und wollte es auch nicht sein. Was sie zum Aiple-Franz zog, war seine Person; dieser kleine und etwas dickliche Mann, gelernter Bierbrauer, war Gastwirt mit Leib und Seele. Er hatte zwar kein aufgesetztes Lächeln, war eher ein Brummbär, der den einen oder andern Gast mit sarkastischen Bemerkungen bedachte. Aber sonst ließ er fünfe gerade sein, gewährte seinen Gästen volle Maulfreiheit, auch ihm gegenüber. Hier fanden sich auch jene humorigen Meisterlein ein, die sich von der Konkurrenzpeitsche noch nicht antreiben ließen und also gerne der Arbeit aus dem Wege gingen; ein Vorwand zum lustigen Bechern fand sich allemal. Alles in allem, beim Aiple-Franz konnten sich alle unbeschwert geben und reden, wie ihnen der Schnabel gewachsen war – und gut, versteht sich, war auch das Bier.

Aus diesem eigenartigen Volksmilieu, in dem kleine Geschäftsleute, Handwerker, Bauern und Arbeiter miteinander verkehrten, bekam Wilhelm Engelberg Anregungen; in den 90er Jahren war er ja Korrespondent des *Offenburger* und später *Karlsruher Volksfreund.* Damals arbeitete er auch als Buchbinder für den Pfarrer und Volksschriftsteller Heinrich Hansjakob, der in seinen Tagebuchblättern *Im Paradies,* womit er Hofstetten meinte, über den »Gewerbsmann« Engelberg u. a. folgende Betrachtungen anstellte: »Er ist ein junger, intelligenter, fleißiger Mann, aber – Sozialdemokrat.« Und er fuhr dann fort: »In meinem Geburtsort gibt es eine kleine Anzahl besserer Bürger, die sich offen zu den Sozialdemokraten zählen. Was mir dabei gefällt, ist, dass diese Leute kein Hehl aus ihrer Gesinnung machen und dass andererseits die übrigen Haslacher sie in dieser Parteinahme völlig unbehelligt lassen. Wundern tut es mich aber gar nicht, dass es auch in Hasle nicht an Sozialdemokraten fehlt. Die Demokratie hatte hier von jeher ihre flammenden Altäre, und vom Demokraten bis zum Sozialdemokraten ist der Schritt angesichts der heutigen sozialen Verhältnisse nicht weit.«

Ja, der kleine Schritt vom Demokraten zum Sozialdemokraten! Hinter diesem einfachen Satz steckt eine vertrackte Problematik, die wir hier nur andeuten können. Die Geschichte der Parteien, ihre Beziehungen untereinander und zum jeweiligen Staat wandelt auch die Partei-Namen und ihre Bedeutung. Nach der Niederlage der Volksrevolution von 1848/49 drückten sich gar viele um das Kennzeichen »demokratische«. Erst nach der Novemberrevolution wurde es im bürgerlichen und kleinbürgerlichen Parteileben wieder modern – ein gern getragenes Etikett gegenüber den revolutionären Massen. Was die Sozialdemokratie betrifft, so war dieser Parteiname, der seit den 1860 Jahren in Deutschland mehr und mehr Eingang fand, eigentlich ein Kompromiss, den Männer wie Marx und Engels nur widerwillig hinnahmen; angesichts der ideologischen Physiognomie der organisierten Arbeiterklasse im letzten Drittel des 19. Jahrhunderts war nun mal der alte kühne Parteiname *Bund der Kommunisten* sachlich nicht mehr (oder noch nicht) angängig und politisch inopportun.

Betrachten wir die Verhältnisse in Haslach, da drängen sich unter dem Blickwinkel des Wandels der Parteien spezielle Fragen auf. Gründungsmitglieder des sozialdemokratischen Wahl- und Lesevereins im Jahr 1890 waren außer Wilhelm Engelberg der Nudelfabrikant Josef Fackler mit dem volkstümlichen Übernamen »Schwarzbeck«, der Gerber Josef Aiple, der Bierbrauer und Gastwirt Franz Aiple, der Wirt Johann Haser, der Bierbrauer Otto Haser, der Hafner Emil Engesser, der Gerber Ludwig Kasper, der Bäcker Ludwig Zimmermann so wie der Metzger Ludwig Sahl. Warum sahen diese Handwerksmeister und kleinen Geschäftsleute in der Sozialdemokratie ihre politische Heimat? Inwieweit machten sie sich das marxistische Programm, das sich die deutsche Sozialdemokratie 1891 in Erfurt gab, wirklich zu eigen? Inwieweit vollzogen sie unter diesem Gesichtspunkt tatsächlich den Schritt vom Demokraten zum Sozialdemokraten? Anders gesagt: War da nicht viel Selbsttäuschung im Spiel?

Da ohne Zweifel Wilhelm Engelberg der führende Kopf dieser neuen politischen Gruppierung in Haslach war, ist es durchaus gerechtfertigt, wenn wir uns auf sein Denken und Handeln konzentrieren, um die hier gestellten Fragen wenigstens teilweise beantworten zu können. Allein schon eine Durchsicht seiner privaten Bibliothek erhellt vieles. Von Marx besaß er nur die Schrift *Lohnarbeit und Kapital,* aber von Ferdinand Lassalle neben einer Reihe von Einzelschriften die 1892/93 herausgekommene Gesamtausgabe seiner Reden und Schriften. Die drei Bände hat er selbst eingebunden, mit Lederrücken und obligater Goldschrift versehen. Von seiner ersten politischen Liebe rückte er nicht ab, sprach deshalb niemals von dem kritischen und von Friedrich Engels gelobten Vorwort zu dieser Ausgabe, rühmte aber umso mehr die zwei berühmten Verfassungsreden Lassalles. Von dem marxistischen Theoretiker Karl Kautsky war keine Schrift vorhanden, wenn wir vom Erfurter Programm absehen, an dem dieser weitgehend mitgearbeitet hat. Nicht einmal die Kritiken des Revisionisten Eduard Bernstein fanden das Interesse von Wilhelm Engelberg. Doch besaß und las er zahlreiche Schriften und Reden von August Bebel, unter ihnen sein Hauptwerk *Die Frau und der Sozialismus;* mit besonders vielen Anmerkungen und Unterstreichungen ist dessen Schrift *Nicht stehendes Heer, sondern Volkswehr* versehen. Gleichfalls intensiv beschäftigte sich der stets materialhungrige Engelberg mit dem periodisch erscheinenden *Handbuch für sozialdemokratische Wähler.* Zum historischen Standardwerk gehörte Karl von Rottecks vierbändige populäre Ausgabe seiner *Allgemeinen Weltgeschichte,* die auch in manch anderen Bürgerhäusern Haslachs zu sehen war. Zu Wilhelm Engelbergs historischer Lieblingslektüre gehörten die vom Sozialdemokraten Wilhelm Blos verfasste *Deutsche Revolution von 1848* und eine Reihe von Schriften zum gleichen Thema. Schließlich seien noch eine Anzahl religionskritischer Broschüren erwähnt.

Auswahl und Art der Lektüre lassen darauf schließen, dass Wilhelm Engelberg die ideologisch-politische Entwicklung der Sozialdemokratie, also die ganzen Auseinandersetzungen zwischen Marxismus und Revisionismus in den 90er Jahren und um die Jahrhundertwende, nicht näher verfolgt hat. Überdies wurde in der Sozialdemokratie das Verhältnis von demokratischem und sozialistischem Kampf in seiner theoretisch wie praktisch schwierigen Problematik nie zu Ende geklärt, sodass einerseits ein August Bebel mit der Vorstellung einer demokratischen Republik den Sieg des Sozialismus verband, andererseits Wilhelm Liebknecht doch noch stark in den Reminiszenzen der 48er Demokratie lebte. Sein 1888 erschienenes Buch *Ein Blick in die Neue Welt* war bei allen kritischen Bemerkungen im Einzelnen als Ganzes gesehen ein Hohelied auf die bürgerliche Demokratie der Vereinigten Staaten von Amerika. Es ist darum nicht verwunderlich, dass Wilhelm Engelberg, der dieses Buch besaß und eifrig las, seinem nach 1848 emigrierten Onkel nach New York schrieb: »Sie … leben in einem glücklichen Lande. Wären wir in Deutschland nur erst auch so weit! Ob wir's erleben?! Unser Reisekaiser kann auch nur das deutsche Volk regieren, in einem freien Lande wäre er eine Puppe, die man bei Seite legen könnte.«

Freiheit der politischen Betätigung war für ihn so selbstverständlich, dass diese Forderung auch seinen Patriotismus durchdrang. So unterstrich er in Lassalles Fichte-Rede besonders den Satz, dass »die Vaterlandsliebe nur den Freien zukommt«. Einheit des Nationalstaats verband sich mit der politischen Freiheit, auch mit der Gedanken- und Bewegungsfreiheit jeglicher Religion, die ihrerseits die freiheitlichen Prinzipien im gesellschaftlichen und politischen Leben zu beachten habe, sodass Ja gesagt werden konnte zum religiösen Katholizismus, aber Nein zu seiner politischen und klerikalen Ausprägung. Demokratischer Patriotismus schloss den Gedanken der Völkerverständigung ebenso ein, wie er Antisemitismus ausschloss. Der war Wilhelm Engelberg fremd, selbst in jener quasi gemäßigten Form, von der auch ein Heinrich Hansjakob nicht frei war. In einer Art Protesthaltung erwarb Engelberg die in einem geschmackvollen Jugendstil von Ephraim Moses Lilien illustrierten, von Morris Rosenfeld verfassten *Lieder des Ghetto,* die von der Armut, der Arbeitsqual und der Sehnsucht der Ostjuden zeugten. Dieses Buch hat Wilhelm Engelberg sorgfältig eingebunden – immer ein Zeichen seiner besonderen Sympathien.

Zum radikalen 48er Demokratentum gehörte auch der Gedanke der Sozialreform. Aktueller Kernpunkt war die Forderung nach dem Achtstundentag, die zunächst die Hauptlosung der Ersten-Mai-Feier ward. Dazu schrieb er in einer Korrespondenz für den *Volksfreund:* »Nur wenige fortgeschrittene Meister sehen ein, dass mit der gesetzlichen Einführung einer kürzeren Arbeitszeit schon jetzt für sie eine indirekte Besserung ihrer Lage errungen wäre, wenn in solchen Städten, wo die Großindustrie die Ausbeutung der Arbeiter aufs höchste betreibt, die gesetzlich bestimmte Zeit der Arbeit hauptsächlich eingehalten werden müsste, wodurch die Unternehmergewinne zwar etwas beschnitten, aber das Kleingewerbe hierdurch doch ganz gewiss konkurrenzfähiger würde.« Im Übrigen wolle die Fraktion der Sozialdemokraten im Reichstag nichts überstürzen; ihr Arbeiterschutzgesetzentwurf verlange »erst vom Jahre 1894 an die 9-stündige und vom Jahre 1898 an die 8–stündige Arbeitszeit«. Sarkastisch fügte Engelberg hinzu: »Haslach wäre also noch nicht in Gefahr, Lumpen, die nur saufen und nicht arbeiten wollen (um die Worte einiger großer G'scheidle zu gebrauchen), beherbergen zu müssen.« Die »Schauermär«, als würden einige hiesige sozialdemokratische Arbeiter ihre Kollegen zur Durchsetzung des Achtstundentages in Haslach »aufwiegeln«, wäre »wieder einmal ein heiterer Ein- und dummer Reinfall«; die wären froh, meinte er bissig, »wenn sie alle die 12-stündige Arbeit hätten.«

Die Korrespondenz beendete Engelberg mit einer Frage und Antwort: »Wann wird die Zeit einmal kommen, wo die Kleingewerbetreibenden einsehen werden, dass nur durch Anschluss an die Arbeiterbewegung zugleich auch ihre Interessen vertreten werden?! Vielleicht vollzieht die neue Militärvorlage eine gründliche Heilung von Vorurteilen.« Mit dem Hinweis auf die Militärvorlage der Jahre 1892 und 1893 wurde geradezu ein Leitmotiv seines politischen Denkens und Handelns angeschlagen.

Genährt von innerer Überzeugung und praktischem Erleben, war in Wilhelm Engelbergs Grundhaltung am ausgeprägtesten sein Antimilitarismus –, und zwar als Ablehnung des stehenden Heeres und Bejahung der Volkswehr (oder des Milizheeres). In ein *Handbuch für sozialdemokratische Wähler* legte er einen Zettel, auf dem er notiert hatte: »Keine politischen Dinge treffen so den Lebensnerv des Volkes wie Militär- und Marinefragen.« Das bezog sich offensichtlich auf die Zeit der Jahrhundertwende, auf den Beginn der imperialistischen Weltpolitik des Deutschen Reiches. Doch schon im Februar 1890, bei der Reichstagswahl, als die Haslacher Sozialdemokraten zum ersten Mal organisiert in der Öffentlichkeit auftraten, ging es nicht allein um eine hohe Stimmenzahl für die sozialdemokratischen Kandidaten, sondern auch um den Sieg über das Kartell von Konservativen, Freikonservativen und Nationalliberalen, also über jenes Parteienbündnis, das 1887 das Septennat durchsetzte, d. h. die siebenjährige Gültigkeit des Militärgesetzes mit seiner hohen Friedenspräsenzstärke des deutschen Heeres.

Haslach gehörte dem 6. badischen Reichstagswahlkreis an, der die Amtsbezirke Lahr, Ettenheim, Wolfach und Kenzingen umschloss. Bis 1890 wurde in diesem 6. Wahlkreis, dank des Übergewichts der vornehmlich protestantischen Stadt

Lahr, stets ein Nationalliberaler gewählt. Ende Februar 1890 wurde eine Stichwahl zwischen dem Zentrumskandidaten, dem Haslacher Fabrikanten August Schättgen, und dem nationalliberalen Hofrat Prof. Dr. Engler notwendig. Wilhelm Engelberg schrieb an August Bebel um Rat: »Dass dieser letztgenannte ein Reaktionär 1. Ranges ist, ist Ihnen aus eigener Wahrnehmung bekannt. Ich glaube daher, dass es zulässig ist, wenn wir auch in unserm Kreise von dem Beschlusse des St. Gallener Congresses Abstand nehmen und die heimliche?! Parole ausgeben für Schättgen als des Übel kleinstes.« Natürlich antwortete Bebel nicht mit einem offenen Wort zugunsten einer geheimen Parole. Offensichtlich gab es jedoch für alle badischen Wahlkreise eine interne Verständigung, denn überall, wo Stichwahlen notwendig waren, entschieden sich die Sozialdemokraten für den Zentrumskandidaten gegen militaristische Nationalliberale.

In Haslach wurde die Entscheidung der Sozialdemokraten insofern von den Zentrumsanhängern nicht honoriert, als sie in einer ihnen nahestehenden Zeitung gegen Wilhelm Engelberg, auf den Amtsadel seiner Vorfahren anspielend, den Spottnamen »Baron« lancierten, worauf er replizierte, er brauche sich ihrer nicht zu schämen, »denn dieselben erhielten den Adel nicht verliehen, weil sie gut zu raufen und reisende Kaufleute zu plündern verstanden, sondern weil sie im Fürstentum Fürstenberg die besten Ärzte waren und als solche dem Volke gute Dienste geleistet haben.« In der Tat, Josef Daniel Alexander von Engelberg, ursprünglich Konstanzer Stadtphysikus, trat Ende des 18. Jahrhunderts in Fürstliche Fürstenbergische Dienste. Seine beiden Söhne studierten Medizin. Der eine, Josef Meinrad Anton wurde Großherzoglicher badischer Medizinalrat und Fürstlicher Fürstenbergscher Leibarzt. Seine Nachkommen machten ihre Karriere in Staat und Wirtschaft, bis in den Dyckerhoff-Konzern hinein. Der andere Sohn Alexanders, Johann Baptist von Engelberg, wurde Landschaftsphysikus zu Haslach im Kinzigtal. Die Kriegszüge durch das Kinzigtal Ende des 18. und Anfang des 19. Jahrhunderts brachten manche Verheerungen. Johann Baptist von Engelberg klagte in Eingaben an die Domänenkammer immer wieder über unregelmäßige oder unvollständige Lieferung der Futter- und Strohrationen für das Dienstpferd. Das erschwerte in hohem Maße seine ärztliche Arbeit in den Dörfern und Tälern. Den Strapazen war er auf die Dauer nicht gewachsen; er siechte an Lungenschwindsucht dahin und starb verarmt. Wilhelm Engelberg war sein Urenkel, und dieses Stück Familiengeschichte wurde stets in intellektuellen und demokratischen Stolz umgemünzt.

Das intellektuelle Interesse und die politische Aktivität Wilhelm Engelbergs, damit auch seiner unmittelbaren Mitstreiter, bewegte sich auf dem Boden der Grundforderungen und Grundanschauungen der 48er Demokratie. Damit soll nicht gesagt sein, dass ihnen der Sozialismus gleichgültig gewesen sei. Der mehr im Geiste des Gewerkschaftlertums formulierte Satz Eduard Bernsteins, dass ihm das Ziel nichts und die Bewegung alles sei, war keineswegs in ihrem Sinne. Mit der schwierigen Dialektik von Weg und Ziel aber, wie sie Marx und Engels konzipiert hatten, wurden die sozialdemokratischen Kleinbürger, noch dazu in einer Kleinstadt, nicht fertig. Auch wenn sie am Anfang jenes parteioffiziellen Handbuchs das Erfurter Programm lasen und durch Anstreichungen vermerkten, dass die Sozialdemokratie marxistisch sei, so bewegte sich ihr Sozialismus doch in den nebulösen Höhen eines abstrakten Moralismus; sie kokettierten gerne mit einem dogmenfreien und kirchlich ungebundenen Christentum, etwa nach der gängigen Redensart, dass Christus in der Jetztzeit Sozialist wäre. So war ihr Sozialismus weniger Ziel als moralischer Impuls für die Betätigung demokratisch-sozialen Gemeinsinns. In diesem Geiste gedachten auch die Haslacher Sozialdemokraten im Jahre 1898/99 der Revolution, die ein halbes Jahrhundert vorher Deutschland bewegte und in Baden ihr tragisches Ende fand; sie sammelten Unterschriften zugunsten der Errichtung einer Gedenkstätte in Rastatt. Immer wieder scheint durch den Sozialismus dieser Handwerker als Substanz ihres Denkens und Handelns ihr sozusagen bodenständiges Demokratentum hindurch.

Er näherte sich auch vom Musischen her. Als der sozialdemokratische Landtags- und Reichstagsabgeordnete Adolf Geck in Offenburg wieder einmal Schillers *Wilhelm Tell* inszenierte und selbst die Titelrolle spielte, holte er sich aus Haslach Wilhelm Engelberg als Stauffacher. Gewiss brachte es dieser bei weitem nicht zu jenen Spracharien, an denen er sich gelegentlich bei berühmten Gastspielen im Straßburger Stadttheater berauschte; aber er wusste die Stauffacher-Worte von der Grenze der Tyrannenmacht und von den ewigen Rechten, die droben hangen unveräußerlich und unzerbrechlich wie die Sterne selbst, mit innerer Begeisterung zu sprechen. Solche Laienspiele bewiesen Rosa Luxemburgs richtiges Verständnis, die 1905 schrieb, dass die Worte und Sprüche, die Schiller geprägt, zur Form wurden, in der die deutsche Arbeiterschaft »ihren Idealismus zum schwungvollen Ausdruck« brachte.»Schwungvoll« und nicht unterkühlt, wie es eine zweifelhafte Modernität verlangt.

Die ideologische und musische Überhöhung radikal-demokratischer Bestrebungen war für die sozialdemokratischen Handwerker und kleinen Geschäftsleute auch eine Art Lebenshilfe. Nur dadurch konnten sie manchen Anfeindungen und geschäftlichen Nachteilen trotzen; so einträchtig ging es nämlich in Haslach, wie Heinrich Hansjakob wohlmeinend schrieb, doch nicht zu. Bald waren sie noch andersartigen Spannungen ausgesetzt. Die Dynamik der gesellschaftlichen und politischen Verhältnisse innerhalb und außerhalb Deutschlands mit ihrer Verschiebung der Interessenlagen brachte auch Differenzierungen und Differenzen in Parteien und Organisationen hervor. Innerhalb eines gesamtgesellschaftlichen Prozesses wurde die Sozialdemokratie immer mehr zu einer Partei des Industrieproletariats, dessen Gegenwarts- und Zukunftsinteressen sich auch ideologisch manifestierten und zugleich differenzierten. Auf die Dialektik des Widerspruchs zwischen Gegenwarts- und Zukunftsinteressen innerhalb der Sozialdemokratie können und brauchen wir hier nicht einzugehen. Nur so viel: Auch in Haslach nahm seit der Jahrhundertwende die Industriearbeiterschaft zu: damit begann für die sozialdemokratische Lokalorganisation eine besondere Problematik.

Die sozialdemokratischen Handwerker und die Industriearbeiter

Das alte Hammerwerk in Haslach fertigte seit den 70er Jahren des 19. Jahrhunderts Gesenkschmiedeteile für Pflüge, Eggen, Schubkarren u. a. Sein Eigentümer war Wilhelm Haiss, der mit der Sozialdemokratie in einiger Kenntnis ihres Schrifttums und natürlich im Bewusstsein der Tradition der 48er Demokratie sympathisierte. Er übergab den Betrieb um 1900 seinem ältesten Sohn Heinrich, dem sich bald auch der zweite Sohn Ernst Haiss als technischer Leiter zugesellte. Die beiden Brüder modernisierten den Betrieb von Grund auf und begannen mit der Herstellung von Gesenkschmiedeteilen, die jetzt zur Herstellung von Autoachsen und Teilen von Werkzeugmaschinen dienten. Sie hatten dabei enge Kontakte mit dem Erfinder des Automobils, Karl Benz, und maßgebenden Leuten aus der sich entwickelnden Autoindustrie. Bis 1914 arbeiteten im Haiss-Betrieb etwa 150 bis 180 Beschäftigte; er war mit Abstand der größte Betrieb von Haslach mit seinen damals rund 2 000 Einwohnern.

Je mehr sich das Haisssche Werk erweiterte und modernisierte, traten Metallarbeiter, wie Hammerschmiede, Kupferschmiede, Eisendreher, Schlosser, Zuschläger, in die sozialdemokratische Partei ein. Das bezeugen die Aufnahmescheine, die übrigens von Wilhelm Engelberg ausgefüllt und von den Bewerbern nur unterschrieben worden waren. Die soziale Zusammensetzung in der Haslacher Lokalorganisation veränderte sich derart, dass Spannungen schier unvermeidlich wurden. Da waren auf der einen Seite die bisherigen Mitglieder, Handwerksmeister und Geschäftsleute, alteingesessen und deshalb auf ihre Kenntnisse der heimischen Verhältnisse pochend, nicht zuletzt darauf, dass sie schon zur Zeit der Bismarckschen Verfolgung Sozialdemokraten waren und bei den Reichstagswahlen in Haslach, verglichen mit anderen Städtchen im Kinzigtal, eine relativ hohe Stimmenzahl für die Sozialdemokratie erreichten. Wilhelm Engelberg selbst, der 1898 bei einer Ergänzungswahl in den Bürgerausschuss gewählt worden war, konnte auf kommunalpolitische Erfolge hinweisen. Er war maßgeblich daran beteiligt, dass das Elektrizitätswerk aus privater in städtische Hand überging; auch wenn es ihm und seinen sozialdemokratischen Freunden nicht gelang, die Kleinkinderschule aus kirchlicher in städtische Obhut zu bringen, so wurde die Kindererziehung Gegenstand öffentlicher Diskussion, in der die Friedrich-Fröbel-Kindergärten eine große Rolle spielten. Wilhelm Engelberg tat jedoch alles, damit der Kampf um eine städtische, sozusagen laizistische Kleinkinderschule zu keinem Kesseltreiben gegen die katholischen Schwestern wird, für deren aufopferungsvolle Arbeit, hauptsächlich im Dienste der Krankenpflege, er stets höchsten Respekt hatte.

Auf der anderen Seite konnten die neuen proletarischen Mitglieder, meist Zugewanderte im Alter von 20 bis höchstens 30 Jahren und manchmal noch in Untermiete wohnend, ähnliche Erfahrungen und Erfolge im Allgemeinen und kommunalen Bereich nicht aufweisen. Diese Arbeiter, in einem modernen Industriebetrieb tätig, hörten auf diejenigen Wortführer, die mehr als bisher proletarische Elemente im Vorstand der Lokalorganisation verlangten; dabei waren diese Wortführer gar nicht in der Industrie, sondern im Kleingewerbe beschäftigt.

Gegenseitige Vorwürfe vergifteten die Atmosphäre. Die einen sprachen von den »bürgerlichen Parteigenossen«, die anderen von den »Schreiern« und »Heißspornen«. Tatsächlich stieß kleinbürgerlich-demokratische Ideologie auf Überradikalismus, hauptsächlich aber auf einen Trade-Unionismus, der nur die unmittelbaren Tagesinteressen des Proletariats verfolgte, sonst nichts – ohne Blick auf die Entwicklung der Gesamtgesellschaft in Vergangenheit, Gegenwart und möglicher Zukunft. Unter diesem Gesichtspunkt kann man es nicht ohne Weiteres als fades Moralisieren abtun, wenn Wilhelm Engelberg die Befürchtung aussprach, die Partei könnte »im krassesten Materialismus und der Selbstsucht versumpfen«. Doch irrte er fundamental, als er erklärte: »Wenn man wirkliche Proletarier finden will, so darf man nicht mehr in den Städten unter den Industriearbeitern suchen, sondern auf dem Lande unter den Kleinbauern, Tagelöhnern und Handwerkern.« Mit diesem polemisch akzentuierten Bekenntnis zu seinem kleinbürgerlichen Demokratentum von 1848, das wir genügend kennen, musste er in einer zunehmend aus industriellen Proletariern zusammengesetzten Partei wie der Sozialdemokratie unrecht bekommen, selbst wenn er sich über Taktlosigkeiten, ja beleidigende Unterstellungen mit Recht beschwerte. Auch Auseinandersetzungen prinzipieller Natur werden nicht immer mit sachlicher Ausgewogenheit geführt.

Es war allerdings manches beachtenswert, was Engelberg aus echter demokratischer Sorge über den kostspieligen Militarismus und die Möglichkeiten seiner Bekämpfung sagte. So wenn er meinte: »Die sozialdemokratische Partei ist die einzige, welche den Kampf gegen die Milliardenausgaben und für eine vernünftige Wirtschaftspolitik im Deutschen Reich konsequent führt. Aufgrund dieser Tatsache müsste die Bewegung in kleinbürgerlichen und ländlichen Bezirken viel bessere Fortschritte machen.« Aber Schreier und Heißsporne würden dies verderben. Offensichtlich ließen sich die »bürgerlichen Parteimitglieder« nicht allein von ihrer sozialen Existenz und ihrer traditionellen Denkweise leiten, sondern auch von dem Bemühen um erfolgreiches Wirken im sozialen Milieu ihrer Heimat. Engelberg glaubte noch an eine »allmähliche Änderung in der Gedankenwelt der bäuerlichen Bevölkerung«. Das sei aber nicht durch »1 $1/2$ Zentner Flugblätter« zu erreichen, auch wenn ihr Verteilen parteiorganisatorisch eine noch so große Leistung sei, sondern nur durch ständiges Aufsuchen der Bauernfamilien und mündliche Aussprachen. Aber gerade das bezweifelten viele – hierin herrschte tiefer Unglaube – eigentlich in der ganzen Sozialdemokratie. Immerhin schrieb ein solch optimistisches Naturell und sonst heimatverbundener Mann wie der Reichstags- und badische Landtagsabgeordnete Adolf Geck – übrigens vom Berliner Reichstag aus – an Wilhelm Engelberg am 11.11.1902: »Nur Proleten treten für uns ein, der Bauer wird trotz alledem vom Schwarzen eingeseift.«

Hatte der in Offenburg wohnende Adolf Geck, der dort eine Buchdruckerei leitete und das Wochenblatt *D'r alt Offeburger* herausgab, immer wieder Verständnis für die alten Haslacher Sozialdemokraten, so stießen diese auf anderer Ebene auf harte Gegnerschaft. Da die Sozialdemokratie nach den amtlich abgegrenzten Wahlbezirken organisiert war, spielte in diesen ganzen Auseinandersetzungen die Parteiorganisation von Lahr (und nicht die von Offenburg, die dem 7. Wahlkreis zugeordnet war) als sogenannter Vorort eine große Rolle. In dieser vornehmlich protestantischen Stadt mit einer großen Garnison und einer relativ starken (vor allem Tabak und Holz verarbeitenden) Industrie stand die Sozialdemokratie fast ausschließlich dem Nationalliberalismus, also dem badisch-liberal gefärbten Militarismus, gegenüber; die katholische Zentrumspartei hatte dort geringen Einfluss. Diese vereinfachten, gleichsam ungebrochenen Gegensätze förderten das Einseitig-Schroffe im Vorgehen der Lahrer Sozialdemokraten, die wiederum die proletarische Opposition in der Haslacher Parteiorganisation unterstützten.

Eine vertrackte Lage war in der sozialdemokratischen Lokalorganisation eingetreten: Weder konnten die Handwerker und kleinen Geschäftsleute ihre Denk- und Verhaltensweise aufgeben und den Schritt vom Demokraten zum Sozialdemokraten vollständig gehen, noch waren die Arbeiter imstande, aus ihrer sektiererischen Abgeschlossenheit gegenüber anderen sozialen Schichten herauszukommen, zumal solche zentralen Fragen wie das Verhältnis von Tages- und Zukunftsinteressen der Arbeiterklasse im demokratischen und sozialistischen Kampf innerhalb der deutschen Sozialdemokratie nicht voll geklärt waren. Unter den Industriearbeitern des Haissschen Werkes, die 1902/03 erst zwischen 20 und 25 Jahre alt waren und sich noch nicht selbst vertreten konnten, entwickelte sich der Hammerschmied Rudolf Müller erst später zu einem belesenen und schlagfertigen Debatter, während die proletarischen Wortführer von damals, mit dem Marxismus kaum bekannt, nur grobschlächtig argumentieren konnten und übrigens bald in der Versenkung verschwanden. Deshalb war der Streit in der Haslacher Lokalorganisation nur die verzerrte, kleinkarierte Form der großen Auseinandersetzungen zwischen den marxistischen und revisionistisch-tradeunionistischen Richtungen im nationalen und internationalen Maßstab der Arbeiterbewegung.

Die Gegensätze unter den beiden linken Fraktionen in Haslach waren so stark geworden, dass sie zur Trennung drängten, was ein späteres Bündnis – wie wir noch sehen werden – nicht ausschloss. Wilhelm Engelberg tat alles, um einen öffentlichen Eklat noch vor den Reichstagswahlen im Jahre 1903 zu vermeiden. In der Tat erreichte die Lokalorganisation in Haslach, dass sich dort im Vergleich zur Wahl von 1898 die für die Sozialdemokratie abgegebenen Stimmen mehr als verdoppelten (von 70 auf 149), während die Stimmenzahl für das Zentrum von 255 auf 238 sank und die Liberalen nur 56 Stimmen (gegenüber früher 117) bekamen.

Der Herausgeber der *Schwarzwälder Volksstimme*

Im Sommer 1904 übernahm Wilhelm Engelberg eine kleine Druckerei, in der ein bis dahin farbloses Blättchen, die *Schwarzwälder Volksstimme,* herauskam. Er fühlte sich in hohem Maße dazu gedrängt, weil die Zentrumspartei drauf und dran war, Druckerei und Verlag zu kaufen; daher rechnete er von vornherein mit »klerikaler Gegnerschaft«. »Ich werde mit frischem Mut ans Werk gehen«, schrieb er an einen Freund, »und denken wie Ulrich v. Hutten: ›Ich hab's gewagt.‹« Aus dem Buchbindermeister Engelberg wurde so zudem ein Buchdruckereibesitzer; aus einem Korrespondenten wurde ein Redakteur. Er entfaltete eine geschäftliche, gesellschaftliche und politische Tätigkeit, die in ihrer Vielgestaltigkeit nur ein Meister der Zeiteinteilung und der Koordinierung von körperlicher und geistiger Arbeit bewältigen konnte. Neben der Buchbinderwerkstatt, dem Papier- und Buchladen und der Buchdruckerei darf das photographische Atelier nicht vergessen werden. Engelbergs photographische Tätigkeit vermehrte seinen Kontakt mit den verschiedenen Schichten des Volkes, gleichgültig, ob beispielsweise die Bauernpärchen zu ihm ins Atelier kamen oder ob er auf die Bauernhöfe ging, um dort ganze Hochzeitsgesellschaften auf die photographische Platte zu bringen.

Die Hauptsorgen verursachten Druckerei und Verlag. Im Jahre 1906 hatte er auch noch einen Streit mit dem Buchdruckerverband zu bestehen; dies war insofern symptomatisch für das Verhalten der Gewerkschaften in jener Zeit, als diese – sozusagen dem Gesetz des geringsten Widerstands folgend – Streiks vornehmlich in Handwerks-, Klein- und Mittelbetrieben organisierten und nicht in jenen Groß- und Mammutbetrieben, die den stärksten Einfluss auf die Außen- und Innenpolitik des preußisch-deutschen Reiches hatten. Mit einer solchen fast überall in Deutschland angewandten Taktik wurden gerade viele Handwerker verprellt.

Wilhelm Engelberg war immer bestrebt, die geschäftliche Tätigkeit seinen politisch-gesellschaftlichen Vorstellungen unterzuordnen. Doch hatte er sich bei der Übernahme von Druckerei und Verlag vertraglich festlegen müssen, wenigstens für vier Jahre die *Schwarzwälder Volksstimme* neutral zu halten. Nachdem er von dieser Verpflichtung frei geworden war und im Druck- und Verlagswesen genügend Erfahrungen gesammelt hatte, schrieb er am 26. Februar 1908 an Professor Hummel, eine führende Persönlichkeit der Fortschrittlichen Volkspartei in Baden: »Offen gestanden, ich habe es mit der bis jetzt immerhin geübten Zurückhaltung satt und sehne mich danach, meine ganzen Kräfte in den Dienst der freien Sache stellen zu können, für die ich seit 25 Jahren gekämpft habe.« Bemerkenswert ist hier der Hinweis auf die Kontinuität in seinem demokratischen Wirken seit einem Vierteljahrhundert. Was die seit einigen Jahren geübte Zurückhaltung betrifft, so war sie nicht derart, dass er keinen Angriffen ausgesetzt gewesen wäre. Vier Monate vor diesem Brief ließen Zentrumskreise ein von Vikar Leo Hofmann unterschriebenes Flugblatt gegen den »Freiheitshelden« Engelberg verbreiten; es endete mit dem Reklame-Gebot: »In ein katholisches Haus gehört eine katholische Zeitung und damit Punktum!«

In einer solchen Lage nützte nur offensives Vorgehen – geschäftlich und politisch. So bereitete der Angegriffene den Bau eines neuen Wohn- und Geschäftshauses vor, das er von dem damals noch jungen Haslacher Architekten Franz Schmider entwerfen und 1912 bauen ließ. Dazu gehörte auch eine kunstgewerblich schön gestaltete Ladeneinrichtung, die in Fachzeitschriften für Innenarchitektur abgebildet und besprochen wurde. Solche Aufträge gehörten zum fortschrittlichen Heimatsinn und Kulturbewusstsein Wilhelm Engelbergs.

Sein neues Haus baute er mit Hilfe verwandtschaftlicher Darlehen, womit er dem finanziellen Druck der Zentrumspartei trotzte, deren Lokalgewaltige ihn mit Lockungen und Drohungen zu bewegen versuchten, die *Schwarzwälder Volksstimme* im Sinne des katholischen Klerikalismus zu redigieren. Die Lockung war ein finanzielles Versprechen, die Drohung betraf eine katholische Konkurrenzzeitung, die in Aussicht gestellt wurde. Da auch Frau Engelberg, die resolute Tochter des Franz Aiple, alle politischen Ansinnen empört zurückgewiesen hatte, wurde die Drohung wahr gemacht: Eine Genossenschaft gut katholischer Bürger innerhalb und außerhalb des Städtchens finanzierte eine zweite Druckerei und eine zweite Tageszeitung in Haslach, die *Kinzigtäler Nachrichten*. Der ideologische Furor, der hier am Werke war, nährte sich wohl auch vom Geiste der 1910 erlassenen *Borromäus-Enzyklika* (Editae saepe), die mit ihren heftigen Angriffen auf die Reformatoren und die deutschen Protestanten sogar den Protest der preußischen Regierung hervorgerufen hatte.

Eine für das Kinzigtal beispiellose Stimmungsmache gegen die angeblich religionsfeindliche *Schwarzwälder Volksstimme* wurde in Szene gesetzt. Als der Apotheker Merz im Bürgerausschuss bemerkte, es sei doch »Mumpitz«, in einer solch kleinen Stadt wie Haslach eine zweite Tageszeitung zu gründen, da wurde ein künstlicher Sturm der Entrüstung ob eines solch angeblich beleidigenden Ausdrucks entfacht. Außerhalb des Städtchens ging es besonders hoch her; es versteht sich, dass von den Kanzeln herab Mahnungen zugunsten des endlich, endlich erscheinenden grundkatholischen Blattes, eben der *Kinzigtäler Nachrichten*, auf die Gläubigen herniedergingen.

Viele Bauern wurden in Gewissenskonflikte gestürzt: Sie konnten in der *Schwarzwälder Volksstimme* beim besten Willen nichts Religionsfeindliches entdecken und den Wilhelm Engelberg, den Schwiegersohn vom Aiple-Franz, auch nicht als bösen Mann ansehen; aber es erschien für sie schwer, schier unmöglich, gegen den Willen der offiziellen Kirche das verpönte »Blättle« weiter zu halten. Die Bauern konnten zwar den Lahrer *Hinkenden Boten* vom protestantischen Schauenburg-Verlag, in dem seinerzeit Wilhelm Buch den antiklerikalen Heiligen *Antonius von Padua* veröffentlicht hatte, verbotswidrig kaufen und zu Hause in der Tischschublade verschwinden lassen, aber die *Schwarzwälder Volksstimme* konnten sie nicht heimlich bestellen. Abwechselnd Bestellungen und Abbestellungen, Wiederbestellungen und Wiederabbestellungen bildeten eine Zeitlang ein neckisches Spiel. So waren die Bauern hin- und hergerissen, umso mehr, als in der Öffentlichkeit nicht unbekannt blieb, dass Heinrich Hansjakob, der katholische Pfarrer und Volksschriftsteller, das klerikale Treiben missbilligte, nicht zuletzt aus Opposition gegen das Bündnis der Zentrumspartei mit ihrem früheren Gegner, der Nationalliberalen Partei, die sich auf dem Boden des Militarismus und Antisozialismus immer wieder einigten. So schrieb er am 18. Februar 1913 an Adolf Geck: »Was sagen Sie von der bürgerlichen Presse, die einschließlich der Frankfurter Zeitung kein Wort der Opposition findet gegen die neuen Forderungen des Militarismus? Wenn ich Sozialdemokrat wäre, würde ich mich freuen, dass der Militarismus immer mehr Opfer verlangt, während der internationale Großkapitalismus die Völker auswürgt.« Hansjakob hatte zwar keine kirchliche Amtsgewalt in und um Haslach, war beim erzbischöflichen Ordinariat in Freiburg sogar persona non grata und gerade damals, 1912, vom Karlsruher Zentrumsorgan, dem *Badischen Beobachter,* Objekt mehrmaliger Angriffe – aber seine moralische Autorität war nun einmal nicht umzustürzen. Zweifellos trug das dazu bei, dass auch in den Dörfern und Tälern ein Stamm treuer Abonnenten der *Schwarzwälder Volksstimme* verblieb.

Das Renommee der Zeitung wurde auch gestärkt durch die erfolgreiche Tätigkeit Wilhelm Engelbergs als Kommunalpolitiker, der gerade in jener Zeit alles tat, um ein Wahlbündnis zwischen der Fortschrittlichen Volkspartei (oder, wie es in Haslach hieß, dem Demokraten-Verein) und der Sozialdemokratie zustande zu bringen. Diesem Bündnis war es zu verdanken, dass bei der Bürgermeisterwahl der ehemalige Sozialdemokrat Josef Fackler (der Schwarz-Beck) – Februar 1914 – über den Zentrumskandidaten siegte. In jenen Monaten beklagte sich auch ein Bürgerausschussmitglied, »dass der ehemalige Genosse Engelberg auf die Mitglieder des (sozialdemokratischen) Vereins noch großen Einfluss habe.«

Möglichst viele geeignete Formen des gesellschaftlichen Lebens nutzte Wilhelm Engelberg aus, um politischen Einfluss auszuüben, beispielsweise zu Fastnacht bei der sogenannten Völkerschau von 1912 und 1913, an der mehrere hundert Haslacher mitwirkten. Etwa fünfzehn »Völkerschaften« in farbenprächtigen und exotischen Kostümen, Chinesen, Japaner, Türken, Beduinen, Spanier, Perser usw. traten auf; sie hielten sich an den ihnen zugewiesenen Plätzen des Städtchens auf. Die Verbindung zwischen ihnen stellte die Attrappe des Handelschiffes Kinzigtal her, das – gefolgt von den Zuschauern – von Kontinent zu Kontinent, von Volk zu Volk fuhr, dort jeweils anlegte und damit Anstoß gab zu allerlei folkloristischen Gaudis und Tänzen. Als politischen Regieclou dachten sich Wilhelm Engelberg und seine Vertrauten aus, das Handelsschiff zuletzt in China anlaufen zu lassen. Dort trat Engelberg selbst schließlich als Chinese auf, hielt eine flammende Rede auf die kurz vorher vollzogene chinesische Revolution und endete mit dem Ruf: »Es lebe die Republik!« Damit endete das Spiel, die Anspielung wurde wohl verstanden. Wer konnte hier auch opponieren? Selbst ein nur leiser Angriff auf die Narrenfreiheit wäre eine Sünde wider den Lokalgeist gewesen und mit Verachtung gestraft worden.

Von 1913 bis 1922 war Wilhelm Engelberg demokratischer Stadtrat. Über die Kommunalpolitik hinaus trat er in der *Schwarzwälder Volksstimme* erneut gegen alle Erscheinungen des Militarismus auf. So unterstützte er auch die sozialdemokratischen Anklagen der Soldatenmisshandlungen; er nahm auch Partei für Rosa Luxemburg, als diese Anfang 1914 vor Gericht gestellt werden sollte, weil sie in einem Artikel von den Dramen sprach, die sich täglich in den deutschen Kasernen abspielten. Als in der berüchtigten Zabern-Affäre die preußisch-militaristische Arroganz einen Höhepunkt erreichte, nahm die *Schwarzwälder Volksstimme* die Elsässer in Schutz und schrieb geradezu vom schwarzen Tag des Deutschen Reiches. Wir wissen bereits: Engelberg war nicht gegen die Vaterlandsverteidigung, aber sein Ideal blieb das Schweizerische Milizsystem, das er als eine besonders entwickelte Form des Staatsbürgertums in Uniform ansah.

Was das deutsche Bündnissystem betraf, so verfolgte Wilhelm Engelberg verständlicherweise das französisch-russische Bündnis und die französisch-englische Entente mit höchstem Misstrauen und Missbehagen; doch fürchtete er vor allem, dass Preußen-Deutschland ins Schlepptau der habsburgischen Donaumonarchie geraten werde, deren Kaiser und König auch noch den Titel der Apostolischen Majestät trug. So hieß es am 27. September 1913 in der *Schwarzwälder Volksstimme*: »Das deutsche Schwert soll beständig an den Schild schlagen, damit bei dem rasselnden Geräusch sich alle Gegner österreichischer Ansprüche in ein Mauseloch verkriechen. Eine solche Politik aber hält der stärkste Mann auf die Dauer nicht aus.« Das ewige »Auf den Tisch schlagen« sei ohnehin unnütz strapaziert worden. Deutschland könne nicht auch noch Österreich zuliebe den wilden Mann spielen.

In der Kriegs- und Revolutionszeit

Als dann nach der Ermordung des österreichischen Thronfolgers die Großmächte auf den Ersten Weltkrieg zusteuerten, schrieb Wilhelm Engelberg persönlich einen kurzen, beschwörenden Leitartikel unter der Überschrift *Krieg zwischen Österreich und Serbien,* der am 27. Juli 1914 erschien. Er hob zwar die große Verantwortung Russlands mit seiner panslawischen Politik, aber auch die der anderen Großmächte hervor, ließ jedoch den Satz, »dass aus der Strafexpedition gegen Serbien leicht ein europäischer Krieg« mit all seinen schrecklichen Folgen entstehen könnte, in Fettdruck setzen. Der Demokrat Engelberg zeigte gerade in jenen unheilschwangeren Tagen und Wochen, dass man aus Verantwortung vor dem Volk auch einmal gegen den Strom schwimmen muss. So schrieb er unerschrocken: »Wenn die ›Volks‹stimmung zur Beurteilung der Lage maßgebend wäre, dann freilich könnte man annehmen, dass schon morgen die ersten Schüsse krachen. In vielen Haupt- und Großstädten unseres Reiches herrscht beispiellose Begeisterung für den Krieg. ... Im momentanen Taumel denkt das ›Volk‹ nicht an die Wahrheit des Schillerschen Wortes: ›Ein furchtbar wütend Schrecknis ist der Krieg!‹«

In den Tagen der allgemeinen Mobilmachung und danach konzentrierte sich Wilhelm Engelberg – ob er in der Zeitung schrieb oder wirklich unters Volk ging – auf den Kampf gegen die Spionenhysterie, die fast Formen der Lynchjustiz hätte annehmen können, aber auch gegen die Spekulationskäufe der Großhändler auf den Wochenmärkten. Bald danach ging es darum, die ersten Verwundeten aufzunehmen und Notlazarette einzurichten. Und auf den Spaziergängen mit seiner Frau in der dörflichen Umgebung begegnete Engelberg schon Ende August besorgten Menschen. Darüber konnte er nicht in seiner Zeitung berichten, aber er vertraute diese Erlebnisse seinen Tagebuchnotizen unter dem 21. August 1914 an. »In Schnellingen trafen wir den Landwirt Krämer im Gespräch mit einer Frau Allgeier, welch letztere ihren Mann ins Feld ziehen lassen musste. Ersterer hat einen Sohn dabei. Ich tröstete die beiden, welche weinten, so gut ich konnte und sagte ihnen, wenn der Krieg zu Ende sei, müsste der Krieg dem Kriege geschworen werden, denn der Krieg sei noch eine Einrichtung, die nicht mehr für gesittete Völker des 20. Jahrhunderts passe.«

Aber der Völkerverhetzer gab es, gerade in den ersten Wochen und Monaten des Krieges, noch genug. Nachdem die *Schwarzwälder Volksstimme* gegen diejenigen opponiert hatte, die einen Rachefeldzug gegen das ganze serbische Volk wie gegen ein Volk von Fürstenmördern forderten und dabei auch noch Gottes Hilfe anriefen, da ließ das Zentrumsorgan *Die Kinzigtäler Nachrichten* am 30. Juli 1914 einen aggressiven Artikel unter der Überschrift *Das Haslacher Serbenblatt* los. Damit war das Stichwort für eine üble Stimmungsmache gegeben. In die Redaktionsstube der *Schwarzwälder Volksstimme* brachte der Postbote eine erkleckliche Zahl von anonymen Droh- und Schmähbriefen. Aber der neue Feldzug der Rufmörder fand noch ein rascheres und kläglicheres Ende als jener erste zur Zeit der Konkurrenzgründung vor dem Kriege. Kummer, Not und Zweifel nahmen allenthalben bei den Menschen so überhand, dass pseudonationales Gekeife wirkungslos verhallte. Selbst der Zentrumsführer Fidel Falk lenkte in persönlichen Gesprächen, wie Engelberg notierte, wohl doch etwas beschämt ein.

Die Tagebuchnotizen, die der Redakteur und das Gemeinderatsmitglied Engelberg aus seinem jeweiligen Erfahrungsbereich niederschrieb, geben in ihrer Gesamtheit gerade wegen der Nüchternheit der Angaben ein unheilvoll wirkendes, bedrückend anschauliches Bild von der immer prekärer werdenden Lebensmittelknappheit, der Teuerung, Hamsterei und Spekulation in einem Städtchen, das sogar eine ländliche Umgebung hat. Man spürt förmlich die Verwunderung des Schreibers, als er eines Morgens in aller Frühe zum ersten Mal eine Schlange von Hausfrauen vor dem Lebensmittelgeschäft seiner unmittelbaren Nachbarschaft, dem »Katze-Krämer«, bemerkt. Das war ein Erlebnis, das er bis dahin noch nicht einmal in seiner Einbildungskraft hatte. Derartige Bilder hatte er nur in alten Illustrierten über die Hungermonate während der Pariser Belagerung von 1870/71 gefunden. So gab er eines Tages seinem Bericht über die katastrophale Milchversorgung, die »eine kleine Revolution, besonders unter den Hausmüttern« hervorrief, den Titel *Der Krieg hinter der Front*. Das war alles so fein säuberlich geschrieben, dass es nur in die Setzerei zu gehen brauchte, aber die Kriegszensur erlaubte dies ja doch nicht!

Wie sich die materielle Not verschlimmerte, so nahm auch die seelische der Menschen zu: Gefallenennachrichten; Transporte an die Front; Schwerverwundete; Erzählungen von Fronturlaubern; Ängste vor möglichen Bombardements, vielleicht auf das Haslacher Stahlwerk Haiss; ein Jagdfliegerkampf fast über dem Städtchen und der Absturz eines brennenden Flugzeugs; dumpfes Kanonengrollen, das während der Kämpfe am Hartmannsweilerkopf auf den Berghöhen bei Haslach beklemmend deutlich zu hören war und vom Sterben der Menschen und Verwüsten der Natur kündete. So war die Wahrheit der Schillerschen Worte, an die Engelberg mitten im Taumel der ersten Augusttage erinnerte, mit allen Sinnen wahrzunehmen: »Ein furchtbar wütend Schrecknis ist der Krieg.«

Als dann der Sohn Julius als Gebirgsjäger an die Front beordert wurde, war Vater Engelberg wie Millionen Väter, Mütter, Frauen, Bräute, Brüder und Schwestern von der bangen Frage beängstigt: »Wird er Glück haben und gesund zurückkehren? Ist ihm Verwundung oder gar Tod beschieden?« Doch über die persönlichen Sorgen hinaus war Engelberg erfüllt von allgemeinem, grundsätzlichem Ingrimm gegen den Krieg überhaupt. Am 11. Juli 1916 schrieb er in seine Tagebuchblätter: »So hat man nun einen weiteren Kummer, der einen bedrückt. Im Zeitalter der ›Bildung und Humanität‹ zieht man seine Söhne auf, lässt sie zu rechten Menschen erziehen, und wenn sie 20 Jahre oder nicht einmal so alt sind, kommt der ›Vater Staat‹ und stellt sie in Reih und Glied als Kanonenfutter, weil das Volk noch nicht die Macht hat, zu verlangen, dass man seine berufenen Vertreter in den Parlamenten befragt bei Staatskonflikten, ob es die Streitfrage kriegerisch oder friedlich-schiedlich gelöst haben will.« Der Tagebuchschreiber ist empört, dass sich menschlicher Erfindungsgeist auf »Mordmaschinen« und »Vernichtungsmittel« konzentriert, dass »die gerechten und braven und unschuldigen

Menschen (999 von 1000) büßen müssen und die Anstifter es sich wohl sein lassen.«

Sicherlich: Wilhelm Engelberg hat die sozial-ökonomische Dynamik des Kriegsentstehens und -geschehens nicht erfasst; unverkennbar sind jedoch der urdemokratische Hass und der sozialethische Antrieb, die in diesen Worten der Selbstverständigung zum Ausdruck kommen. Was er niederschrieb, das konnte er zwar nicht in seiner Zeitung abdrucken, aber das vertrat er mit Mannesmut in unzähligen Gesprächen, die er bei jeder Gelegenheit führte. Alles, was ihn schon in jungen Jahren bewegte, nahm jetzt ernstere Gestalt und größere Dimensionen an.

Als dann die Februarrevolution 1917 in Russland ausbrach, da verspürte Wilhelm Engelberg ein erstes Aufatmen. Im Mai schrieb er:»Interessant ist aber das Verhältnis an der Ostfront, wie es die Soldaten in Briefen und die Urlauber mündlich zu schildern wissen. Wenn dieses ›kameradschaftliche Verhältnis‹ allmählich zum Waffenstillstand führt, wie dies der russische Arbeiterrat fordert, dann wäre der erste Schritt zum Frieden vollzogen.« Er war begierig auf alles, was er aus den Feldpostbriefen über Verbrüderungen und Tauschgeschäfte erfuhr, und machte sich entsprechende Notizen.

Fast ausschließlich unter dem Friedensaspekt sah und begrüßte Wilhelm Engelberg die Oktoberrevolution. Nach der Lektüre eines Leitartikels der Freiburger sozialdemokratischen Zeitung *Die Volkswacht* schrieb er am Weihnachtstag 1917 über die»Nimmersatten des Großkapitals«, über die Reichen,»von denen bekanntlich schon der große Nazarener sagte, dass eher ein Kamel durch ein Nadelöhr als ein Reicher in den Himmel gehe«. Es sei offensichtlich, dass die als Religionsfeinde geschmähten Sozialisten und Bolschewiki mehr Religion bewiesen haben als die Frommen Englands usw. Erfreulich sei, dass den russischen Revolutionären und Gegnern der Monarchie gelungen ist, was selbst dem Papst, dem sogenannten Statthalter Christi auf Erden, nicht gelang – den Frieden herbeizuführen.»Merkwürdig, dass der liebe Gott nicht den ›Statthalter‹ in Rom als Friedensbringer beauftragte, sondern die ›ungläubigen‹ Sozialisten Russlands!«

Diese Weihnachtsbetrachtungen im Kriegs- und Revolutionsjahr 1917 waren bei Wilhelm Engelberg keine einmaligen Stimmungen, sondern gehörten zu den Leitmotiven seines Denkens; ihn bekümmerte, ja quälte die Diskrepanz zwischen dem offiziellen Bekenntnis zum Christentum und der Grausamkeit der Kriegspolitik, zwischen der Ethik der Religion und der Institution der Kirche. Das alles hat er im Großen und Kleinen erlebt und durchlitten: die Dämonie der Macht!

Das Jahr 1918 stand für ihn im Zeichen einmal des persönlichen Kummers über die schwere Verwundung und Beinamputation des Sohnes Julius, zum andern empfand er den allgemeinen»Vertrauenszusammenbruch«, wie er es bezeichnete. Er selbst allerdings hatte in die Hohenzollernmonarchie nie Vertrauen gesetzt, am allerwenigsten in Kaiser Wilhelm II., von dem er ein ganzes Repertoire von Beispielen diplomatischer Dummheiten und großsprecherischen Redeblüten zu nennen wusste. Als ihm auch noch ein Oberamtmann offiziell bedeutete, man wünsche zu Kaisers Geburtstag einen ausführlichen und warmen Artikel, da notierte er am 25. Januar 1918:»Also bestellte Arbeit. Einem Zeitungsleiter glaubt man doch alles zumuten zu können als Handlanger der öffentlichen Stimmungsmacherei.« Der geforderte Artikel kam nicht. Stattdessen war das Misstrauen des Redakteurs der Volksstimme gegenüber offiziellen Verlautbarungen hellwach. So sagte er beispielsweise einmal vor einer Abreise zu einer Pressekonferenz des Karlsruher Generalkommandos im engsten Familienkreis:»Was meint ihr, wie wir heute wieder angelogen werden.« Er freute sich auf die Reise eigentlich nur, weil er dort Adolf Geck traf, der durch seinen Sohn Brandel über die tatsächliche Lage an der Front einigermaßen unterrichtet war.

Brandel Geck fiel am 25. Oktober 1918, also kurz vor Abschluss des Waffenstillstands. Rosa Luxemburg, die den jungen Brandel auch literarisch beraten hatte, schrieb am 18. November 1918 an die Gecks,»die teuren, geliebten, herzinnigen Freunde«, einen ergreifenden Kondolenzbrief, der auch manches von allgemein historischem Interesse enthält und selbst wieder von ahnungsvoller Tragik durchdrungen ist:»Ihr Lieben, lasst Euch nicht durch Schmerz überwältigen, lasst die Sonne, die in Eurem Hause immer strahlt, nicht hinter diesem Entsetzlichen verschwinden. Wir alle stehen unter dem blinden Schicksal, mich tröstet nur der grimmige Gedanke, dass ich doch auch vielleicht bald ins Jenseits befördert werde – vielleicht durch eine Kugel der Gegenrevolution, die von allen Seiten lauert. … Tausend Grüße Eure Rosa L.

Mein herzlichstes Beileid und viele beste Grüße Ihr K. Liebknecht.« Beide, Briefschreiber und Grußschreiber, wurden drei Monate danach von der Konterrevolution niedergestreckt.

Erst im November 1918 konnte Wilhelm Engelberg auch in der Zeitung offen über den Missbrauch des Vertrauens sprechen:»Noch im September letzthin hatte man ja … in verschiedenen Vorträgen in Karlsruhe Dinge geschildert, deren Haltlosigkeit für jeden vernünftig denkenden Menschen glatt auf der Hand lag. Eine Aussprache und Klärung war in diesem und anderen Fällen nicht möglich, die leitenden Kreise verschanzten sich hinter die militärische Geheimniskrämerei.«

Jetzt fand zunächst, wie Engelberg schrieb, das»Scherbengericht« statt: Der Kaiser musste – endlich – abdanken, die Revolution brach in München, Berlin und anderen deutschen Hauptstädten aus, überall bildeten sich»nach russischem Muster« Arbeiter- und Soldatenräte; ein allgemein als schmählich empfundener Waffenstillstand wurde von der obersten Heeresleitung der Alliierten diktiert. Manches bittere Wort über die»Grande Nation« und das»stolze Britannia« finden wir in den Aufzeichnungen von Engelberg. Tief betroffen war er, dass sich die Verheißungen des USA-Präsidenten Woodrow Wilson über einen demokratischen Frieden vom Beginn des Jahres 1918 nicht bewahrheiten sollten. Doch finden sich in den Notizen auch wieder trostreiche Erwartungen:»Freude herrscht aber doch trotz alledem darüber, dass der ganz Europa bedrückende Militarismus für uns Deutsche zerschmettert liegt und das Volk noch aufrecht steht, wenn es auch 4 Jahre lang gestritten und gelitten hat. Wir sind daran, ein freies Volk zu werden und jene Geldkaste, welche den Krieg verschuldet, die Kosten zahlen zu lassen.« Und in einem kurzen Leitartikel drückte Wilhelm Engelberg diese freudige Zuversicht noch konzentrierter aus: »Deutschland ist in Revolution, das deutsche Volk steht vor den Scherben nicht nur seiner Verfassung, sondern seiner ganzen historischen und politischen Vergangenheit und vor Gewähr seiner Zukunft.« Und was die Stimmung im lokalen Bereich betraf, so notierte er: »Die Rückwärtser sind etwas eingeschüchtert und alle, welche einst so sehr für den Krieg schwärmten, sind etwas kleinlaut geworden. ... Das eifrige Gebetsgeklapper der Frommen hat auch nachgelassen.« Wilhelm Engelberg trumpfte dann auf und hisste aus dem schön geschwungenen Erkerzimmer seines Bürgerhauses – eine hübsche Straßenecke hin sichtbar – die rote Fahne. Das war eine Demonstration, die umso größere Wirkung erzielte, als die Kinzigtaler Nachrichten einen bissigen Kommentar brachten.

Am 13. November versammelten sich die Haslacher Arbeiter, vornehmlich die des Eisen- und Stahlwerks Haiss, das während des Krieges zum Rüstungsbetrieb ausgebaut worden war und eine Belegschaft von 350 Mann erreicht hatte. Die von der Arbeiterversammlung gewählte Kommission setzte anderntags einen Arbeiterrat ein; sein Vorsitzender war vorübergehend der Bäckermeister Joseph Falk, der sich als USPD-Mann radikaler gebärdete, als er tatsächlich war. Dieser Arbeiterrat kümmerte sich nicht um die große Streitfrage jener Zeit, ob nämlich die Konstituierung der neuen politischen Macht einem Reichsrätekongress überantwortet werden sollte oder einer Nationalversammlung, die, schließlich gewählt, in Weimar zusammentrat und somit der kommenden Republik den Namen gab. Der Haslacher Arbeiterrat konzentrierte sich auf die Kommunalpolitik, indem er zwei Vertreter vom Stadtrat kooptieren ließ und bei der Versorgung und Preiskontrolle nützliche Arbeit leistete. Bald tauchte aber ein gewisser Rößler auf und veranlasste die Bildung eines Soldatenrates in Haslach, wo es nur ein Lazarett und keine Garnision gab. Durch dummdreistes Auftreten provozierte dieser Rößler eine Reaktion im doppelten Sinne des Wortes. Bürgermeister Josef Fackler, Anfang 1914 – wie wir wissen – als Kandidat einer Linkskoalition gewählt, ließ sich überrumpeln und stimmte der Einberufung einer Versammlung zu, in der eine »Bürgerwehr« gegründet werden sollte. Wilhelm Engelberg, damals stellvertretender Bürgermeister und Stadtrat, intervenierte sofort, und so erschien in der Haslacher Presse am 20. November folgende Notiz: »Der hiesige Soldaten- und Arbeiterrat hat bereits einen Sicherheitsdienst für die hiesige Stadt aus Soldaten organisiert, sodass die Bildung einer Bürgerwehr hinfällig wurde. Die für heute Abend durch das Bürgermeisteramt in den Bürgersaal einberufene Versammlung zwecks Gründung einer Bürgerwehr findet nicht statt.« Die einige Tage später gebildete Bürgerwehr wurde durch Eintritt von Mitgliedern des Arbeiterrates in eine Volkswehr umgewandelt, die im badischen Landesmaßstab vom USPD-Mann und späteren Kommunisten Hermann Remmele geleitet wurde. Rößler trat von der Szene seines fünftägigen Wirkens ganz geräuschlos ab, so geräuschvoll er auch auf ihr erschienen war. Zu dem Fall nahm die *Schwarzwälder Volksstimme* am 23. November Stellung und meinte dazu prinzipiell, dass die freiheitlichen Errungenschaften jetzt von rechts und links bedroht würden. Die Angriffe von rechts her, also von bürgerlich-konservativer Seite, seien zwar im Großen zum Scheitern gebracht worden, trotzdem gelte es, auf der Hut zu sein, damit die Einigkeit des Arbeiter- und Soldatenrats durch Maulwurfarbeit nicht unterminiert werde:»Auch in Haslach zeigt ein Vorfall, wie die freiheitlich gesinnten Organe auf der Hut sein müssen, die eigenen Reihen von reaktionären Elementen frei zu halten.« Diese Stellungnahme zeigt, wie Wilhelm Engelberg sein 48er Demokratentum in der Novemberrevolution von 1918 konkretisierte.

Bis in den Winter hinein zogen durch Haslach immer wieder lange Kolonnen von Truppenformationen mit ihren Fuhrparkkolonnen der verschiedensten Art. Die bayerischen Truppen hatten ihre blau-weißen und roten Fahnen; als besonders frohgemut erschienen die Soldaten einer ungarischen Honved-Division. Einige Truppenteile machten in dem Städtchen Rast und wurden einquartiert. Am 25. November bekam Engelberg»wieder 10 Mann Einquartierung«, nur zwei konnte er in Betten unterbringen, die anderen mussten auf Stroh im Atelier kampieren.»Die Leute sind genügsam, wenn es nur warm ist, das wurde besorgt. Sie bekamen Kaffee mit Brot und Aufstrich«, vertraute er seinem Tagebuch an. Sonst erfolgte die Verpflegung durch die Gulaschkanone.»Obwohl es fast durchweg ältere Leute sind, bemerkt man keine Niedergedrücktheit an ihnen.«

Wiederum erwies sich das Kinzigtal als ein zentral gelegenes militärisches Durchzugsgebiet, was es seit den Römerzeiten gewesen war. Glücklicherweise gab es nirgends Plünderung und Spannung. Wilhelm Engelberg notierte:»Die Truppen selbst und die Kleidung lassen den 4-jährigen Krieg nicht erkennen; keine Undiszplin, keine Abgerissenheit. Das Benehmen der Truppen, die in meinen Laden kommen, ist frei und anständig. Es ist keine geschlagene Armee, das Empfinden hat ein jeder. Sie mussten der Übermacht weichen; eine Führerschaft hatte auf den Gewaltfrieden gepocht, anstatt beizeiten einen Vernunftfrieden anzubahnen. Nun ist die Führerschaft vom Kaiser bis zum kleinsten Fürsten vom Volkssturm in den Strudel gekommen und ihre Stützen wurden mitgerissen.«

Zur Beendigung des Krieges und zum Übergang in den Frieden gehörte auch der Rücktransport der Gefangenen. Unter dem 11. Dezember 1918 heißt es in den Tagebuchblättern:»Der russische Gefangene Meier Turbowski, welcher nunmehr etwa 2 Jahre als Buchdrucker (in der *Schwarzwälder Volksstimme*) beschäftigt war, ist heute früh 9 Uhr mit noch etwa 70 russischen und 4 englischen Gefangenen aus unserer Gegend abgereist. ... Kurz vor seinem Scheiden aus meinem Hause hat er noch durch eine Ansprache, worin der Dank für die gute und freundliche Behandlung zum Ausdruck kam, feierlichen Abschied genommen.« Es war in der Tat ein sehr bewegender Abschied von diesem kleinen, quicken, von epileptischen Anfällen immer wieder heimgesuchten Mann aus Kiew. Vater Engelberg begleitete ihn an den Bahnhof, wo sich viele Haslacher einfanden und die Russen noch einmal ihre Nationaltänze vorführten. Freundlich, ja auch herzlich war das Abschiednehmen. »Das Menschentum trug wieder einmal den Sieg über die Barbarei davon«, notierte der Tagebuchschreiber. Aus Kiew kamen noch einige Jahre Briefe, in denen von der ungeheuren Schwere des Lebens, aber auch den Zukunftshoffnungen berichtet wurde. Zunehmende Krankheitsanfälle, manch andere Härten und Sprachschwierigkeiten, die Turbowski das Schreiben zunehmend zur »Schwerarbeit« machten, ließen den Briefwechsel Ende 1923 einschlafen. Die Not der Zeit knüpfte Freundschaften, aber sie löste sie auch wieder.

Nachdem die Demobilisierung zumindest der großen Masse des Heeres Ende 1918 abgelaufen war, begann die Offensive der Konterrevolution. Es kann nicht unsere Aufgabe sein, sie in ihren verschiedenen Formen und ihren Verlauf zu beschreiben. Wie die Revolution in dem Städtchen Haslach geruhsam verlief, so auch die Konterrevolution – aber sie enthüllte eine Tücke, die wert ist, festgehalten zu werden. Die »Rückwärtser«, die »Frommen«, die »Schwarzen« – um mit Wilhelm Engelberg zu sprechen – brachen die demokratische Mehrheit im Orte ausgerechnet mit Hilfe einer demokratischen Errungenschaft, nämlich des Frauenwahlrechts. Dieses konnte durch eine traditionell bewährte, dieses Mal insbesondere gegen die Sozialdemokratie gerichtete Demagogie des katholischen Zentrums ausgenutzt werden. Die Sozialdemokratie werde, so erklärten *Die Kinzigtäler Nachrichten*, den Bauernstand vernichten, den Badenern ihre staatliche Selbständigkeit nehmen, keinen Frieden bringen, den wirtschaftlichen Zusammenbruch herbeiführen und natürlich – nach ihrem Programm, das Trennung von Kirche und Staat fordere – die Religion bekriegen.

Wilhelm Engelberg und seine Freunde wussten, was auf sie zukam. Damit die Ursachen mancher Stimmzahlen und -verhältnisse wenigstens klar zum Ausdruck kommen konnten, drückten sie durch, dass bei der Wahl auf dem Rathaus – so viel Macht hatten sie dort noch – Frauen und Männer getrennt, in verschiedenen Zimmern ihre Wahlstimmen abgaben. Die Ergebnisse der Wahlen am 19. Januar 1919 zur Nationalversammlung waren in Haslach entsprechend instruktiv. Es ergaben sich folgende Stimmenverhältnisse (getrennt nach Männer- und Frauenstimmen, wobei Letztere in Klammer gesetzt sind): das Zentrum 286 (559), die Sozialdemokratie 239 (141), die Demokratische Partei 138 (92), die Deutsch-Nationale 13 (22). Es wurde ganz deutlich, dass für die konservativen Parteien (Zentrum und Deutsch-Nationale Partei) mehr Frauen- als Männerstimmen abgegeben worden waren. Wenn wir jetzt noch die Zahl der Männerstimmen mit den Ergebnissen der Reichstagswahl von 1912 vergleichen, wo es noch kein Frauenstimmrecht gab, dann zeigt sich, dass an Männerstimmen das Zentrum nur um 17, die Sozialdemokratie um 81 Stimmen zugenommen hatte.

Eine bittere historische Erfahrung: Durch das Frauenstimmrecht war jetzt auch im kommunalen Bereich Haslachs die Mehrheit des Demokratischen Vereins (der durch Engelbergs Wirken am weitesten links im Vergleich zu anderen Ortsvereinen im Kinzigtal stand) und der Sozialdemokratie für immer gebrochen – zugunsten des Zentrums. Dem schwoll jetzt erst der Kamm; es ging zum letzten Angriff auf die *Schwarzwälder Volksstimme* über. Obwohl für Wilhelm Engelberg, wie er im Sommer 1919 notierte, die achtstündige Arbeitszeit nicht bestand, manchmal für ihn »sogar die 2 x 8-stündige Arbeitszeit am Tag notwendig« war und deshalb auch seine Tagebuchnotizen immer seltener wurden, reichten seine Kräfte nicht mehr aus, um dem politischen Druck insbesondere finanziell zu widerstehen. Ende 1920, sozusagen zu Beginn der großen Inflation, musste er seine *Schwarzwälder Volksstimme* aufgeben; die 1925 bis 1927 in Offenburg gedruckte Ausgabe war nicht mehr in alter Weise von ihm geprägt.

Wenn Wilhelm Engelberg zu Beginn der Novemberrevolution geglaubt hatte, dass der Kampf um sein 48er Demokratentum von nun an erleichtert wäre, so irrte er sich darin gründlich. Seine Gegner im Lager des politischen Katholizismus bekamen, wie wir sahen, gerade im Gefolge der Revolution Auftrieb. Die zunehmende Polarisierung der Kräfte machte ihm auch innerlich Schwierigkeiten. Das geht indirekt aus einer Notiz vom Herbst 1919 hervor:»Einerseits kann man jetzt die Beobachtung machen, dass Radikalismus im Lande auf die Gelegenheit passt, um eine zweite durchgreifendere Revolution zu entfalten. Andere, besonders die Kriegs- und anderen Gewinnler sehnen die Monarchie herbei in der Hoffnung, ihre Reichtümer besser geschützt zu sehen.« Mit anderen Worten, Engelberg spürte das Herannahen dessen, was sich dann im Frühjahr 1920 als Kapp-Putsch offenbarte.

Aber wie sollte sich der 48er Demokrat in dieser Lage parteimäßig orientieren? Die Arbeiterbewegung war jetzt schon in drei Parteien gespalten, was ihm die größten Kümmernisse bereitete. Die Demokratische Partei war – das erkannte er bald – nur die umbenannte und leicht reformierte Nationalliberale Partei. Die Reformierung zielte darauf ab, der neuen, im Grunde großbürgerlichen Partei stärker als früher kleinbürgerliche Kräfte als Hilfstruppen zuzuführen. Sicherlich war Wilhelm Engelberg durch einen solchen Mann wie Walther Rathenau beeindruckt; aber seine Schriften sagten ihm wenig, sie waren ihm zu verstiegen. Und wenn der spätere Reichsfinanzminister Dietrich gelegentlich in Haslach anklopfte, um den Zeitungsredakteur und Kommunalpolitiker als Helfer für die Demokratische Partei anzuspornen, dann wurde ein solcher Besuch fast als physische Qual empfunden. Für diese »Brüder« wollte er sich nicht zu Tode schinden und die *Schwarzwälder Volksstimme* bis zum finanziellen Bankrott weiterführen. So strich er ehrenvoll die journalistischen Segel.

Kulturell tätig

Jetzt konzentrierte er sich stärker auf seine kulturelle Aktivität, die von Heimat und Gemeinsinn getragen war. Engelberg war Flötist im kleinen Orchester des Städtchens, Regisseur von Fastnachtsspielen, Bühnenbearbeiter von zwei Hansja-kob-Erzählungen, vor allem aber maßgeblicher Mitbegründer und langjähriger Leiter des Haslacher Heimatmuseums.

Erfahren im Laienspiel, machte er sich daran, Hansjakob-Erzählungen für die Bühne zu bearbeiten. *Der Vogt auf Mühlstein* behandelte, wie er in seiner Einführung schrieb, »das einst so drückende Kapitel der ländlichen Vermögensunterschiede im Schwarzwald, welche als ungeschriebene Gesetze, besonders bei Heiraten, manchmal zu verhängnisvollem Ausgang führten«. Mitgearbeitet an dieser Bühnenbearbeitung hat auch Adolf Geck in Offenburg, und zwar durch Beiträge aus seiner Dichtung *Ein Tag im Schwarzwald*. Die zweite Bühnenbearbeitung Der Leutnant von Hasle behandelt einen Stoff aus dem Dreißigjährigen Krieg. »Rohe Soldatengewaltherrschaft und sittliche Höhe einzelner Volksteile bilden die Kontraste in diesem Stück«, das aus Anlass der Gedenkveranstaltungen zu Ehren von Grimmelshausen im Jahre 1926 zweimal im Stadttheater zu Offenburg aufgeführt wurde. Wilhelm Engelberg bildete sich nicht ein, hohe Literatur geschaffen zu haben, aber er glaubte mit Recht, dem Spielbedürfnis von Laien dienen zu können und zugleich im Sinne sozialer Gerechtigkeit und der Überwindung kriegerischer Gewalt zu wirken.

Im Historischen Verein für Mittelbaden, der die Zeitschrift *Die Ortenau* herausgab, war er natürlich auch Mitglied. Von Interesse für ihn waren alle Aufsätze über Bau-, Kunst- und Handwerksgeschichte, die ihn bei der Gründung und dem Aufbau eines Heimatmuseums anregten; ihn beeindruckten auch die zumeist feindlichen, aber auch freundlichen Beziehungen zu Frankreich, Berichte über die Zerstörung schöner Burgen und Schlösser durch Truppen Ludwigs XIV., über die verheerenden Durchzüge von fremden und deutschen Truppen durch das Kinzigtal während der Kriege Ende des 18. und Anfang des 19. Jahrhunderts. Was darüber geschrieben wurde, bewegte ihn nicht allein zu Vergleichen mit aktuellen Erlebnissen – seien es die Truppendurchzüge im November und Dezember 1918 oder die französische Besetzung Offenburgs im Jahre 1923 – es belebte auch seine Familienerinnerung an den Urgroßvater Johann Baptist, der als Landschaftsphysikus in Haslach Anfang des 19. Jahrhunderts in den Kriegswirren und der allgemeinen Not selbst verarmte und an Lungenschwindsucht dahinsiechte. So war das Geschichtsinteresse Wilhelm Engelbergs immer auf das Leben auch der engeren Heimat und ihrer Menschen bezogen, zugleich durchdrungen vom Geist des Demokratismus und den zentralen Gesichtspunkten: Gesellschaft und Revolution, Krieg und Frieden, Macht und Ethik.

Mit großer Hingabe widmete er sich dem Aufbau des Haslacher Heimatmuseums. Es wurde 1910 gegründet und materiell und moralisch durch die Stadtgemeinde unterstützt. Krieg und Inflationszeit und die folgenden Jahre der Weltwirtschaftskrise machten keine sonderlichen Zuschüsse durch die Gemeinde mehr möglich. Hier mussten in erster Linie Begeisterung für die Sache und Opfermut weiterhelfen. Ursprünglich in einem Raum der Gewerbeschule untergebracht, kam das Museum schließlich ins ehemalige Kapuzinerkloster. Es war allerdings schwer, sich dort auszudehnen, weil die meisten Räume als Armenwohnungen dienten. Die schon früh in Aussicht genommene Renovierung der Barockkirche und ihre Ausgestaltung als Museumsraum konnten wegen fehlender finanzieller Mittel nicht erfolgen. Das zähe und auch nicht intrigenfreie Ringen um solche auf der Hand liegenden Neuerungen ist heute schwer vorstellbar; doch immerhin sind die völlige Restaurierung des Klostergebäudes sowie die Generalüberholung des Museums und seine großzügige Erweiterung auch erst im Jahre 1977 möglich geworden. Umso mehr muss man die Leistungen des Pioniers Wilhelm Engelberg und seiner Helfer würdigen.

Gegen Rechtsentwicklung und Nationalsozialismus

Obwohl nicht mehr Zeitungsverleger und Stadtrat, erlosch bei Wilhelm Engelberg niemals das Interesse für Politik. Bitter war ihm bewusst geworden, dass außen- wie innenpolitische Entwicklungen kein günstiges Klima für die Demokratie, am allerwenigsten für die im Geiste der 48er Revolution, schufen. Die chauvinistische Politik eines Clemenceau und Poincaré, die Vermögensverluste der Kleinbürger und Bauern in der geradezu irrsinnig anmutenden Inflation mit ihrer Grenzmarke von einer Billion Papiermark für eine Goldmark, dann das schwelende Problem der Reparationszahlungen, schließlich die Weltwirtschaftskrise mit ihren sechs Millionen Arbeitslosen und ihrer drückenden Last auf die kleinen Leute in Stadt und Land – das alles förderte einen antidemokratischen Nationalismus, besonders bei den Kleinbürgern und Bauern, also bei den Schichten, unter denen Wilhelm Engelberg wirken wollte. Auch ihm flossen in seine Gespräche und Briefe Bemerkungen ein wie hier am 21. November 1921: »Unsere schönen Schwarzwaldberge tragen uns die Franzosen nicht fort, sodass wir uns in Berg und Wald erfreuen können.« Aber er wusste, dass all die schweren Probleme der Zeit nicht durch Antidemokratie im Innern und Aggression nach außen gelöst werden können.

Den Kampf gegen die Nazis hatte Wilhelm Engelberg, soweit es in seinen Kräften stand, schon früh aufgenommen. Bereits 1923 besuchte ihn Adolf Geck, damals noch sozialdemokratischer Reichstagsabgeordneter, um mit ihm die Bekämpfung der Schlagetergruppe, die nur den Scharfmachern der französischen Besatzungsmacht in Offenburg gelegen kommen konnte, zu besprechen. Von da an wurden die persönlichen und politischen Beziehungen zwischen den beiden Männern und ihren Familien wieder sehr eng. Geck, Engelberg und sein Jüngster nahmen während der Grimmelshausen-Festlichkeiten 1926 in Renchen die Gelegenheit wahr, um dort das Grab des 48er Revolutionärs Amand Goegg zu besuchen; sie waren die einzigen Festteilnehmer, die das taten – auch ein Zeichen jener Zeit. Auch Else Eisner, die Witwe des in der Revolution ermordeten bayerischen Ministerpräsidenten Kurt Eisner und Tochter Joseph Bellis, der zur Zeit des Sozialistengesetzes den illegalen Transport des Sozialdemokraten über die Schweizer Grenze organisierte, kam von ihrem Wohnsitz Gengenbach öfters nach Haslach und beteiligte sich an Ausflügen. Politisiert wurde da zur Genüge!

Auf jeden Fall veranlasste die Rechtsentwicklung in der Weimarer Republik Wilhelm Engelberg zu einer noch stärkeren Linksorientierung. Als ihn im Jahre 1929 das Generalsekretariat der Demokratischen Partei in Baden um Mitarbeit bat, lehnte er ab und deutete an, dass er »im Verlauf der letzten 5 Jahre« das Vertrauen verloren habe. Wie gerechtfertigt das war, bewies die Demokratische Partei ein Jahr später selbst, als sie sich in die noch verwaschenere Staatspartei umwandelte. Über die allgemeine Situation schrieb Engelberg: »Das Bürgertum ist derart politisch indifferent und – feig, dass es nicht zu bedauern ist, wenn sein Einfluss und darum seine Lebenshaltung zurückgeht. Und erst Jung-Deutschland! Wenn Hansjakob wiederkäme, würde er über das einst gut demokratische ›Hasle‹ weinen, wie Christus über Jerusalem, das sind die Enkel und Urenkel der Männer von 1848/49; Puppen in einem demokratisch-republikanisch regierten Staate. Heute wird jedem Schönschwätzer Bravo geklatscht, auch einem Nationalsozialen, der schon 2 mal kurz nacheinander hier sprach…«

Nach 1930 trat er in Versammlungen der beiden Arbeiterparteien auf und mahnte, sich endlich gegen die faschistische Gefahr zu einigen. Er bot seine tätige Hilfe an und gewährte sie, wo man ihrer bedurfte.

Wir wissen, dass das nationale und soziale Verhängnis nicht aufgehalten wurde.

Den ersten Krach mit den Nazis nach 1933 gab es, als Wilhelm Engelberg sich weigerte, im Museum aus der Gedenktafel für die Gefallenen des Ersten Weltkrieges das Bild von Louis Bloch, des Weinhändlersohns und Haslacher Bürgers jüdischen Glaubens, herauszunehmen. Die Nazikraftmeier wollten aber mehr als ihren Antisemitismus bekunden; sie wollten endlich durchdrücken, was Engelberg und seine Freunde bis dahin zu verhindern gewusst hatten: die Errichtung eines Kriegerdenkmals, bei dem es ihnen nicht um das Andenken der Gefallenen, sondern um die Verherrlichung des Krieges ging. Das bewiesen sie schließlich durch das hässliche Kriegerdenkmal, das sie vor die schlichte Klosterkirche hinklotzen ließen.

An dem von den Nazis errichteten Kriegerdenkmal sind in alphabetischer Ordnung die Namen der Gefallenen Haslachs eingemeißelt. Da der Antisemitismus es nicht erlaubt hatte, den Namen Louis Bloch anzuführen, wurde dies nach 1945 der Schande halber nachgeholt und notwendigerweise außerhalb der alphabetischen Ordnung recht und schlecht angebracht, wie leicht einzusehen ist. Der Haslacher Gemeinderat hat jüngst beschlossen, dass das »monumentale« Kriegerdenkmal im

Zuge der Neugestaltung der Klosteraußenanlagen beseitigt und durch ein schlichtes Mahnmal ersetzt wird.

Die gesuchte Gelegenheit, Engelberg aus dem Heimatmuseum zu verdrängen, ergab sich durch schäbige Denunziation. Die Gestapo bekam einen Wink, dass dort in einem Schrank eine Schreibmaschine versteckt sei, auf der illegales Material hergestellt werden solle. Der über 70-jährige Mann wurde vorübergehend verhaftet; doch die Haussuchung, die die einheimischen SA-Leute etwas beschämt vornahmen, verlief ergebnislos.

Der Wortwechsel mit dem Oberwachtmeister vor Beginn der Haussuchung gibt ziemlich präzisen Aufschluss über die politische Haltung von Wilhelm Engelberg in den Krisenjahren um 1933. Hier ein Ausschnitt aus den Notizen von Wilhelm Engelberg: »Oberwachtmeister: ›Sie sind doch auch ein Kommunist.‹ – Ich erwidere: ›Nein, das bin ich nicht, aber seit 40 Jahren Sozialist.‹ – Oberwachtmeister: ›Aus Idealismus? Sie trugen auch das kommunistische Abzeichen?‹ – Ich: ›Das war nicht das kommunistische, sondern das antifaschistische Abzeichen und zugleich der Friedensgesellschaft, deren Mitglied ich war…‹« Diese Notizen waren in einem Brief Wilhelm Engelberg vom 23. August 1933 an seinen jüngsten Sohn enthalten, der ihn jedoch aus Sicherheitsgründen vernichten musste. Ein Konzept des Briefes fand er beim Abfassen dieses Artikels im Stadtarchiv Haslach.

Eine politische Aktivität war jetzt nicht mehr möglich; dennoch war Engelberg nicht isoliert. Manche, auch katholische Geistliche, die früher das Schreibwarengeschäft gemieden hatten, kauften jetzt hier ein; aus Schwätzerchen wurden Gespräche, aus unbestimmten Seufzern bestimmt formulierte Klagen sogar vertraulichen Charakters. Bei einer solchen menschlichen und politischen Konstellation im lokalen Rahmen ließ sich die Nazizeit besser ertragen.

Das zeigte sich auch im Jahre 1939, als der 75. Gründungstag des Haslacher Turnvereins gefeiert wurde, natürlich unter Verschweigen des demokratischen Urgrunds des Jubiläums. Aber das früher aktive Mitglied Engelberg mit seinen engen Beziehungen zum alten Vereinslokal »Zum Aiple-Franz« konnte man nicht ohne Weiteres umgehen, wollte man sich vor der Öffentlichkeit nicht allzu sehr bloßstellen. Also wurde er eingeladen – in die große Stadthalle mit weit über tausend Leuten. Ein gewisses Rätselraten begann im Städtchen. Wird er kommen, dieser Engelberg? – Er kam. Wird er die Hand zum Hitlergruß erheben, wenn ihm das Ehrendiplom übergeben wird? Erwartungsvolle Spannung erfüllte den Saal. Da geht Engelberg auf die Tribüne, nimmt seine Urkunde entgegen und bedankt sich – mit einer betont vornehmen Verbeugung. Die Spannung wich bei vielen mit erleichtertem Aufatmen. Indem der Geehrte die erhobene Hand zum Hitlergruß verweigerte, konnte er erhobenen Hauptes in den Saal zurückkehren und zeigen, dass es auch anders geht.

Der blutige Terror gegen Kommunisten, Sozialdemokraten und manche Christen, der die legal organisierte Opposition beseitigte, schüchterte das ganze Volk ein, und die emotional geladene Demagogie gaukelte das tausendjährige Reich voller Größe und nationalem Ruhm vor. So schienen die außenpolitischen Erfolge Hitlers, die ihm die europäischen Mächte aus Schwäche, Dummheit und partieller Sympathie gestatteten, die Erfüllung aller Visionen des Größenwahnsinns bereits anzukündigen. Die unheilige Dreieinigkeit von Terror, Demagogie und Erfolgsbestechung verführte das deutsche Volk zu einen Eroberungskrieg, der begleitet war – einmalig in der Geschichte! – von rationalisiertem Massenmord zunächst an Juden und Zigeunern, denen weitere Nationalitäten folgen sollten. Das Ende war für die Deutschen Millionen-Schande und Millionen-Rache.

Nach dem Zusammenbruch der nazistischen Gewalt- und Mordherrschaft war Wilhelm Engelberg zwar nicht mehr imstande, politisch aktiv zu sein, aber er wollte sein ungebrochenes Demokratentum dadurch bezeugen, dass er 1946 (ein Jahr vor seinem Tode) in die Sozialdemokratie eintrat – in dem Glauben, er würde damit das Parteibekenntnis seiner Jugend wieder aufnehmen.

Erleben, Erfahren, Erkennen*

*In einer Laudatio hatten wir gelesen, Professor Engelberg sei mitunter ein Feuer-
kopf. Wir erleben ihn ruhig. In seinen Antworten offenbart sich ein kritischer
Geist. Abwägend, relativierend, nie vordergründig zeichnet er seinen Lebensweg
nach. Im Verlauf des Gesprächs, als wir über konkrete Details und Erkenntnisse in
der Geschichtswissenschaft diskutieren, glauben wir etwas von einer inneren Erregung zu spüren.*

*Mit Engagement trägt er seine Gedanken vor, nimmt Stellung zu Personen und
Sachverhalten. Ob Luther oder Bismarck – Professor Engelberg bemüht sich in
seinen Forschungen, dem historischen Gegenstand gerecht zu werden, ihn parteilich, aber nicht parteiisch zu sehen. Effekthascherische Polemik, Belehrungen und
womöglich hochstilisierte Fachsprache sind ihm ein Graus – verschrecken sie
doch nur den Leser und schaden somit dem Fach. Seine ungeschminkte Aus-
drucksweise, seine logischen Gedankengänge überzeugen uns. Nachdenklich, innerlich berührt macht uns dieses Gespräch mit Professor Engelberg.*

Sonnhild Kutschmar und Utz Hoffmann

»Alles kannst du werden, nur nicht Lehrer«, sagte meine Mutter oft und dachte dabei an klerikale oder nationalliberale Pauker, an staatlich abgerichtete Besserwis-
ser. Diese Abneigung gegen Belehrungen scheint eng mit der Atmosphäre im Kinzigtal, im Schwarzwald, wo ich aufwuchs, verbunden zu sein. Die Leute wollten,
wenn sie wie meine Eltern politische Versammlungen besuchten, Ansichten hören,
auch mal streiten. Sie mochten aber – drastisch ausgedrückt – ums Verrecken nicht
belehrt werden. Ich selbst wollte tatsächlich nie Lehrer werden und während der
langen Jahre an der Leipziger Universität versuchte ich stets, Professor im ursprünglichen Sinne des Wortes zu sein: Bekenner. Eine solche Haltung bewährte
sich in meinen Leipziger Doktorandenseminaren ebenso wie in der Berliner Forschungsgruppe. Im Kollektiv mit allen Doktoranden über deren Arbeit zu reden, in
freier Diskussion auch verquere Fragen zu besprechen, Widerspruch hinzuneh-
men, halte ich für fruchtbar. Die Autorität des Ordinarius muss letztlich aus der Sache resultieren, für die er sich leidenschaftlich engagiert.

Das beste Korrektiv sowohl gegen das Paschatum der Ordinarien als auch gegen
anarchische Tendenzen der Nachwuchswissenschaftler ist das Kollektiv. Wenn
schon Kontrolle, dann eine demokratische, während die bürokratische auf ein Minimum reduziert werden sollte. Ich wollte nie Präzeptor sein, aber Leiter, der immer
bewusst die Dialektik von Spontanem und Organisiertem zu handhaben versucht,

---

* Zuerst in: Spectrum, 8 (1983), S. 22–25.

sozusagen eine höherentwickelte Form des gesunden Menschenverstandes. Existiert sie, braucht man keine Wettbewerbsverpflichtungen, Vertragsabmachungen …

Gefühl und Verstand

Kein Wissenschaftler, der seine Arbeit ernst nimmt, kann Gefühl und Verstand trennen. Ich zitiere in diesem Zusammenhang gern Goethes Satz:»Wenn ihr's nicht fühlt, ihr werdet's nicht erjagen.« Zum Stoff, zur Zeit, über die ich arbeite und schreibe, brauche ich einfach die gefühlsmäßige Verbindung. So geht es mir beispielsweise mit dem 19. Jahrhundert und seiner demokratischen und proletarischen Bewegung und deren Gegenpol, diesem Bismarck; das sind Stoffe, die mich das ganze Leben faszinierten.

An der Leipziger Universität übernahm ich es daher gern, in der Reihe Hochschullehrbücher die Bismarck-Zeit zu untersuchen. Ich war gezwungen, das Problem umfassend anzupacken, von der kapitalistischen Ökonomie bis zur Ideologie. Auch Bismarck selbst hat verschiedene Seiten. Reaktionär war er in der Revolution von 1848. In den sechziger Jahren hingegen erkannte er, dass er einer Neuauflage dieser Revolution von unten durch eine Revolution von oben zuvorkommen müsse. Lieber eine Revolution selber machen, als eine erleiden – ließ er den Zaren 1866 wissen, als dieser über die Entthronung dreier Fürsten und die Annexion ihrer Länder an das Königreich Preußen reichlich aufgeschreckt war. Friedrich Engels bezeichnete daher Bismarck als»königlich-preußischen Revolutionär«. Nach 1871 versuchte Bismarck in wachsendem Maße Kräfte zu unterdrücken, denen er durch die Reichsgründung ein weiteres Feld der Betätigung verschafft hatte. Am Sozialistengesetz ist überhaupt nichts zu rechtfertigen; hier gibt es nur radikale Ablehnung. Selbst mit dem Versuch einer Beschönigung würden wir unsere politischen Ahnen, ich meine väterlichen Freunde, verleugnen. Die Bismarck-Biographie, die ich endlich zu Ende bringen will und muss, ist deswegen ein schwieriges und doch auch wieder höchst interessantes Unterfangen, weil hier ein menschlicher und politischer Beziehungsreichtum in all seinen Widersprüchen darzustellen ist.

Elternhaus und Umgebung

Mein Vater, der sich als 48er Demokrat bezeichnete, hatte Buchbinder gelernt. Später kaufte er eine kleine Druckerei und gab die *Schwarzwälder Volksstimme*, eine Tageszeitung, heraus. Vor dem Ersten Weltkrieg baute er in Haslach ein Heimatmuseum auf, das er bis ins Jahr 1933 hinein leitete. Meine Mutter war eine hochpolitische Frau, die mit Vorliebe die rhetorischen Großsprechereien Wilhelms II. verspottete, Schillers Dramen und viele Zeitungen las. In meinem Heimattal war der Geist von Rastatt noch da und dort lebendig. In vielen Bürgerstuben hing ein Konterfei des badischen Revolutionärs Friedrich Hecker. Je mehr sich die Weimarer Republik nach rechts orientierte, desto linker wurde mein Vater. Schließlich wählte er von 1930 bis 1933 kommunistisch. Die Nazis verhafteten ihn vorübergehend, den über Siebzigjährigen, weil er geholfen hatte, Apparate zur Herstellung illegaler Druckschriften zu verstecken.

Mein Interesse für Politik und Geschichte erhielt also schon in der Kindheit und frühen Jugend ausreichend Nahrung. Meine Familie war bekannt mit dem sozialdemokratischen Publizisten und Reichstagsabgeordneten Adolf Geck. In dessen Haus verkehrte ich sehr oft, als ich das Realgymnasium in Offenburg besuchte. Besonders beeindruckend war die Atmosphäre warmherziger Heiterkeit. Hier stieß ich erstmals auf Bücher und Briefe Rosa Luxemburgs, die mit der Familie Geck, angezogen von deren musikalischem Geist, befreundet war. Sie können sich nicht vorstellen, wie es mich beeindruckte, einen von Rosas Briefen zu lesen, den sie an die Gecks zwei Monate vor ihrer Ermordung schrieb: »Wir alle stehen unter dem blinden Schicksal; mich tröstet nur der grimmige Gedanke, dass ich doch auch vielleicht bald ins Jenseits befördert werde – vielleicht durch eine Kugel der Gegenrevolution, die von allen Seiten lauert.« Und in einer Nachschrift von der Hand ihres Kampfgefährten und Schicksalsgenossen stand noch: »… und viele beste Grüße Ihr K. Liebknecht.«

Im Kinzigtal wohnte auch die Witwe von Kurt Eisner, dem bayerischen Ministerpräsidenten, der im Februar 1919 von rechten Kräften umgebracht wurde. Sie machte viele unserer Familienausflüge mit, war keine Kommunistin, aber ihre und Gecks Kritik an der Sozialdemokratischen Partei trugen dazu bei, dass ich Kommunist wurde und noch in München im Mai 1928 dem KJV beitrat. In Berlin, wo ich seit dem Sommer 1929 studierte, war ich aktiv in der kommunistischen Studentenorganisation und arbeitete in Moabit und im Wedding in Betriebszellen der Partei mit. Im Kontakt mit der Arbeiterklasse wollte ich Politik machen, und das scheint mir gelungen zu sein, wie später aufgefundene Aktenstücke bezeugen.

An der Berliner Universität besuchte ich nicht viele Vorlesungen, wenn, dann eigentlich nur, um Persönlichkeitseindrücke zu bekommen, ich war jedoch in Seminaren sehr fleißig und übernahm nach Kräften Referate. Da hatte man während der Diskussion seinen Marxismus vor Nicht-Marxisten zu verteidigen. Ihn sollte man sich überhaupt im Zusammenhang mit einem konkreten Stoff und im Meinungsstreit aneignen und nicht nur in allgemeinen Lehrsätzen, die man wie Vokabeln auswendig lernt.

In den Seminaren machten sich übrigens Nazis nie bemerkbar; sie waren vielmehr im großen Foyer um 11 Uhr beim sogenannten Stehkonvent anzutreffen. Da überfielen sie uns gelegentlich – uns, das heißt die kommunistischen und alle anderen linken (auch sozialdemokratischen) Studenten. Die Nazis prügelten uns gewissermaßen zur Einheitsfront, und wir verteidigten unsere Anschlagbretter wie

Regimentsfahnen. Aber nach der Prügelei war unter den Linken nicht selten das Sektierertum wieder Trumpf.

Die Betreuung meiner Dissertation über die Bismarcksche Sozialpolitik und die Sozialdemokratie übernahm bis zu seiner Entlassung im Frühjahr 1933 der Engels-Biograph Gustav Mayer, danach Hermann Oncken, der 1935 in einem ganzseitigen Artikel des *Völkischen Beobachters* mit programmatischer Schärfe angegriffen und danach zwangsemeritiert wurde.

Ende Februar 1934, vier Tage nach der Beendigung meiner Doktorprüfung, wurde ich verhaftet. Man verurteilte mich zu eineinhalb Jahren Zuchthaus. Die Gestapo hatte es auch in der Zwischenzeit nicht aufgegeben, einen ihr noch unbekannten Funktionär der Kommunistischen Studentenfraktion zu suchen. Der Gesuchte war ich. Es ist – das verstehen Sie sicher – ein beklemmendes Gefühl, wenn man in stundenlangen Verhören nach sich selbst befragt wird. Deshalb emigrierte ich nach der Haftentlassung mit der Erlaubnis der Partei erst in die Schweiz, wobei mir Else Eisner half, die Anfangsschwierigkeiten zu überwinden, und später in die Türkei.

Emigration in die Türkei

In diesem Land gab es eine ausgesprochene Intellektuellen-Emigration. Sie beruhte auf einem Abkommen der Notgemeinschaft deutscher Wissenschaftler, die ihren Sitz in Zürich hatte, mit der Regierung Kemal Atatürks.

Atatürk begann 1932/33 die türkischen Universitäten zu reorganisieren. In Ankara gründete er eine neue Alma Mater. Dafür waren Wissenschaftler nötig. Die Notgemeinschaft vermittelte verfolgte Forscher aus den Kreisen, die aus Deutschland wegen ihrer Gesinnung oder der Abstammung emigrieren mussten. Einige davon konnten aus den Konzentrationslagern herausgeholt werden. Eine Reihe von Ordinariaten, Direktionen von Kliniken und Instituten waren so mit Deutschen besetzt. Ich selbst, natürlich noch kein ausgewiesener Wissenschaftler, begann in Istanbul als Lektor zu arbeiten.

Uns Emigranten war jede politische Betätigung untersagt. So haben wir wenigen Kommunisten bei unserer illegalen Tätigkeit Kopf und Kragen riskiert. Ich erinnere mich gut an die Tage nach Hitlers Überfall auf die Sowjetunion. Der deutsche Marineattaché verbreitete gezielt die Meinung, die SU sei in sechs Wochen besiegt. Unter schwierigen Umständen, ich musste Clausewitz' Buch *Vom Kriege* aus einer Privatbibliothek heimlich entnehmen und rechtzeitig wieder einstellen, schrieb ich daraufhin einen, es versteht sich, anonymen Artikel für die Zeitung TAN. Er baute auf zwei Grundthesen des Clausewitzschen Werkes auf: Der Verteidigungskrieg ist die stärkere Form des Krieges, und der Angreifer schwächt sich bei seinen Anstrengungen, immer weiter ins Landesinnere einzudringen. Der Artikel wirkte sensationell unter den türkischen Intellektuellen und auch in der sogenannten Nazikolonie, wo es keineswegs nur Hitlerfreunde gab.

Politik und Geschichtswissenschaft

Während meiner ganzen Emigrationszeit ging ich von der Devise aus: »Blick nach Deutschland!« Auch wir Antifaschisten hatten auf unsere Weise Verantwortung für den Katastrophengang des deutschen Volkes zu tragen und durften uns 1945 nicht selbstgerecht weigern, am Wiederaufbau Deutschlands teilzunehmen. Mit dem Wunsch nach Rückkehr meldete ich mich bereits im Mai jenes Jahres unter anderem im französischen Generalkonsulat zu Istanbul. Das Überwinden von Ressentiments und bürokratischen Schwierigkeiten kostete viel Zeit und Nervenkraft, sodass ich erst im Februar 1948 in den Schwarzwald zurückkehren konnte, von wo aus ich bald nach Berlin fuhr. Im Frühjahr 1949 wurde ich als Professor mit Lehrauftrag nach Leipzig berufen.

Meinen Studenten versuchte ich das Bestreben zu vermitteln, historische Sachverhalte möglichst allseitig zu betrachten, eingedenk der Leninschen Forderung von 1921: »Um einen Gegenstand wirklich zu kennen, muss man alle seine Seiten, seine Zusammenhänge und ›Vermittlungen‹ erfassen und erforschen. Wir werden das niemals vollständig erreichen, die Forderung nach Allseitigkeit wird uns aber vor Fehlern und vor Erstarrung bewahren.« Meiner Meinung nach diskreditieren wir die marxistische Geschichtswissenschaft, wenn wir ein Gleichheitszeichen zwischen Politik und Geschichtswissenschaft setzen. Beide gehören zwar untrennbar zusammen, sind aber keineswegs identisch. Wenn wir von unseren Lesern ernst genommen werden wollen, müssen wir mit großer Umsicht, wenn auch parteilich, unsere Ergebnisse darlegen. Parteilichkeit ist nicht schlechthin subjektiv, sondern von objektiven Erkenntnissen durchdrungen. Außerdem muss man wissen, dass es einen immerwährenden Widerspruch gibt zwischen aktuellen Gegenwartsinteressen und den Zukunftsinteressen der Arbeiterklasse. Bereits 1904 hat Rosa Luxemburg übrigens dieses Problem formuliert. Natürlich fragen die Arbeiter zunächst nach Lohn, Arbeitszeit, Arbeitsschutz. Die Zukunftsinteressen sind vor allem ihren besten Vertretern, der Partei, ständig bewusst. Nehmen wir zum Beispiel die Oktoberrevolution. Sie war möglich, weil – abgesehen von der straffen Führung – Gegenwarts- und Zukunftsinteressen in idealer Weise zusammenfielen. Lenin sprach von Brot und Frieden und überzeugte die Arbeiter, Bauern und Soldaten, dass beides nur durch eine sozialistische Revolution zu erlangen sei.

Als marxistische Historiker haben wir gewiss auch die Pflicht, mitunter zu polemisieren, vor allem aber zu differenzieren, alle Seiten einer Erscheinung zu beleuchten und sie in das Zeitgeschehen einzubetten. Das sind wir unserer Wissenschaft, unseren Lesern, am Ende der sozialistischen Politik schuldig!

Theorie und Empirie

Sie fragen nach der Geschichtsmethologie, für die ich mich viele Jahre engagierte. Nach den ersten Erfolgen unserer DDR-Geschichtswissenschaft in den fünfziger Jahren stellte sich heraus, dass unsere Klassenanalysen einerseits nicht differenziert, andererseits nicht umfassend genug waren. Wir vernachlässigten Untersuchungen über die Struktur der einzelnen Klassen; die handelnden Persönlichkeiten erschienen in unseren Darstellungen zu oft als soziologische Schemen und nicht als Menschen aus Fleisch und Blut; die historischen Ereignisse waren in ihrem klassenmäßigen Struktur- und Entwicklungszusammenhang immer noch zu oberflächlich erfasst, und die deutsche Geschichte haben wir nicht einmal mit der europäischen Geschichte, geschweige denn mit der Weltgeschichte konsequent genug in Zusammenhang gebracht.

Nach solchen Feststellungen galt es vor allem, den theoretisch-methodologischen Schatz im Gesamtwerk von Marx, Engels und Lenin zu heben und fruchtbar zu machen, mehr noch: die Theorie des dialektischen und historischen Materialismus in Methode umzusetzen, also etwas über methodische Verfahren oder gar Regeln zu sagen. Davon ließ ich mich Anfang der siebziger Jahre beim Aufbau der Forschungsstelle für Methodologie und Geschichte der Geschichtswissenschaft leiten.

In meinen Arbeiten habe ich mehrfach methodische Probleme untersucht, die sich auf die Struktur der Arbeiterklasse bezogen. Die Verfahrensweisen wurden von anderen Forschern weiterentwickelt und in Monographien erfolgreich erprobt. Selbstverständlich müssen wir von der Grundwahrheit ausgehen, dass der Proletarier über keine Produktionsmittel verfügt und deshalb gezwungen ist, seine Arbeitskraft zu verkaufen. Aber mit diesem Wesen des Proletariats haben wir zugleich die Vielfalt in seinem Erscheinungsbild, das heißt die innere Struktur des sich als Gesamtklasse konstituierenden und entwickelnden Proletariats zu beachten. Gerade die Unterschiede innerhalb der Arbeiterklasse etwa im Hinblick auf Berufsausbildung, Berufsbewusstsein, gewerkschaftliche Organisiertheit, Verhalten im kleinen Alltag, Herkunft, Erfahrung und allgemeines Wissen sind sowohl kulturgeschichtlich wie politisch für den Leser interessant. Eine ähnliche Differenzierung müssen wir in der Erforschung und Darstellung anderer Klassen erreichen.

Anfang der siebziger Jahre befasste ich mich mit Problemen der weltgeschichtlichen Periodisierung. In diesem Zusammenhang hob ich die Lutherische Reformation in ihrem sozialen und ideologischen Bewegungszusammenhang mit der Calvinistischen Reformation als weltgeschichtliche Wende hervor. Was ich damals über Martin Luther schrieb, wird heute im Prinzip akzeptiert, stieß in jener Zeit aber als »unzeitgemäße Betrachtung« auf teilweise heftigen Widerspruch. Das Jahr 1517 als Eckdatum einer weltgeschichtlichen Wende wird auch heute noch nicht akzeptiert – entgegen allen Auffassungen solcher geschichtsphilosophischen Weltgrößen wie Herder, Hegel und entgegen klarer Thesen von Engels. Die moderne Logik liefert auch uns Historikern ein wertvolles Werkzeug. Man denke da beispielsweise an die Analyse kausaler, funktionaler und motivbezogener Erklärungen geschichtlicher Vorgänge. Doch hier trennt sich zu oft die formale Logik von der materialistischen Dialektik, und heraus kommt ein formalistischer Scharfsinn, der den historischen Objekten nicht gerecht werden kann. Um es einmal drastisch zu sagen: Der Scharfsinn wird zur Intelligenzbestialität, die geschichtliche Verbindungsfäden zerreißt und die Poesie des historisch Individuellen niederschlägt.

Geschichte und Sprache

Bedient sich der Historiker der Umgangssprache, läuft er Gefahr, Form und Inhalt seiner Arbeiten zu vulgarisieren. Der Ausweg wäre die Volkssprache. Während die Umgangssprache in spezifischen Ausdrucksweisen nur für wenige Jahrzehnte charakteristisch ist, umfasst die Volkssprache ein zeitlich viel weiter gespanntes Sprachmaterial.

Der Historiker kann die Volkssprache in seine Wissenschaftssprache integrieren, kann sie sogar zur literarischen Sprache umformen. Zwei Beispiele dafür: Karl Barth und Karl Marx. Sosehr sich die Sprache des theologischen Dogmatikers und Predigers von der des sozialistischen Theoretikers und Propagandisten unterscheidet – beide schöpften auf ihre Weise aus der Volkssprache und integrierten sie. Ihre Bildung und ihre Lebenssphäre waren dafür bestimmend: Karl Barth wirkte in Kirchengemeinden – Karl Marx in und für Arbeiterorganisationen.

Überhaupt scheint mir die Lebenssphäre des Historikers eine beachtenswerte Komponente seiner Sprachgestaltung zu sein. Lese ich die verstiegene Sprache einiger Soziologen und neuerdings auch Historiker, frage ich mich unwillkürlich: Wo leben diese Menschen? Für wen schreiben sie? Um keine Missverständnisse aufkommen zu lassen, möchte ich betonen, dass es mir fernliegt, die spezialisierte Sprache zum Beispiel der Kybernetiker zu diskreditieren. Fachsprachen für eng begrenzte Zwecke sind berechtigt. Wollen wir Historiker jedoch auf breitere Kreise wirken, sind wir verpflichtet, jeder auf seine Weise, an einer Sprache zu arbeiten, die Begrifflichkeit und Anschaulichkeit, Wissenschaftlichkeit und Wirksamkeit miteinander verbindet.

Günter Gaus und Ernst Engelberg während der Sendung »Zur Person«. Foto: WDR

Zur Person: Ernst Engelberg*

Gaus: Mein heutiger Partner ist wieder einmal ein Deutscher aus der DDR – Ernst Engelberg. Er ist 76 Jahre alt, in Baden 1909 geboren, schon als Student in München und Berlin Kommunist. Promoviert bei Hermann Oncken. 1 $^{1}/_{2}$ Jahre Zuchthaus im nationalsozialistischen Deutschland. Emigrant in der Schweiz und der Türkei. Nach dem Kriege zunächst Rückkehr in die badische Heimat, dann von 1949 an in Leipzig, später in Berlin eine bedeutende Karriere als Historiker in der DDR und auch für die DDR, in seinem anderen deutschen Staat. 20 Jahre hat er an einer Biographie über den Gründer des preußisch-deutschen Einheitsstaates, Bismarck, gearbeitet. Ein Historiker der alten, peinlich genauen Schule. Das Buch ist jetzt erschienen. Bismarck, von einem Kommunisten porträtiert, ein um Gerechtigkeit bemühtes Werk. Veröffentlicht in einer Zeit, in der sich manch einer in unserem deutschen Staat, der Bundesrepublik, sorgt, ob wir uns etwa in einem Wettlauf mit der DDR über das historische Erbe befinden und wer dann wohl zielstrebiger dabei läuft. Die deutsch-deutschen Beziehungen, Fragen der nationalen Identität gewinnen mit Arbeiten wie der von Professor Engelberg eine neue Qualität. Jetzt also Ernst Engelberg.

Herr Professor Engelberg! Sie, ein führender Historiker der DDR, haben jetzt nach 20-jähriger Forschungsarbeit eine Biographie über den Reichskanzler Otto von Bismarck veröffentlicht. Das Werk, ein Buch von über 800 Seiten, erscheint sowohl in der DDR als auch in der Bundesrepublik. Ich halte das für ein bedeutendes deutsches Ereignis, hinter dem viele Fragen stecken. Sie sind ein Kommunist, Mitglied der SED, sie leben und arbeiten in der DDR. Wenn man Ihr Buch liest, erkennt man, dass Sie Bismarck unbedingt gerecht werden wollen. Meine erste Frage: Hätte ein bürgerlicher Historiker, unterstellt, er besitzt dieselbe Begabung als Forscher und Schriftsteller wie Sie, eine gleiche Bismarck-Biographie schreiben können?

Engelberg: Sie sprechen von einem deutschen Ereignis. Dazu vielleicht zuerst ein paar Worte. Ich kann das nur insofern akzeptieren, als die marxistische Bismarck-Biographie eine gewisse Resonanz in der Bundesrepublik hat, wie es scheint. Nun die Hauptfrage. Ich glaube nicht, dass ein, wie Sie selbst sagen, bürgerlicher Historiker in der gleichen Weise eine Biographie schreiben kann wie ich. Das hängt einfach mit den Grundpositionen zusammen, die die einzelnen Historiker vertreten. Und von dieser Grundposition aus gibt es natürlich verschiedene Auswahlprinzipien des Stoffes, es gibt verschiedene Prinzipien der Gliederung, der Schwerpunktbildung und nicht zuletzt der Urteile.

---

* Zur Person: Ernst Engelberg, Gespräch mit Günter Gaus am 22.9.1985, ARD 23.25 Uhr. Erstdruck auf Grundlage der durch E. E. handschriftlich korrigierten Abschrift aus Nachl. 462 (Ernst Engelberg), Staatsbibliothek zu Berlin – Preußischer Kulturbesitz.

Gaus: Gut. Den Unterschied jetzt zwischen bürgerlicher und marxistischer Geschichtsschreibung genommen – worin unterscheidet sich dann Ihre Bismarck-Biographie nach Ihrer eigenen Einschätzung vor allem von bürgerlichen Bismarck-Biographien?

Engelberg: Ich glaube, dadurch unterscheidet sich meine Bismarck-Biographie von anderen bisherigen, dass man nicht nur das soziale und ökonomisch-soziale Umfeld zeigt – das tun viele andere Historiker auch –, sondern es geht um die konkreten Vermittlungen zwischen dem Individuum und der Gesellschaft. Und das erscheint mir entscheidend zu sein. Man darf nicht einfach sagen, es gab da eine Agrarreform, Agrarrevolution, sondern man muss konkret aufgrund der Quellen zeigen, wie sich das nun auswirkte auf das Leben und Wirken der Familie und Bismarck selbst.

Gaus: Würden Sie sagen, geistiges Arbeiten und Existieren ist ohne Parteilichkeit gar nicht möglich?

Engelberg: Parteilichkeit ist ja nicht identisch mit parteiisch.

Gaus: Nein. – Muss es jedenfalls nicht sein.

Engelberg: Muss es jedenfalls nicht sein. Parteilichkeit besteht darin, dass man einfach sagt, was man erarbeitet hat. Wenn man bestimmte, wie ich schon sagte, Grundpositionen hat und von diesen Grundpositionen aus Urteile abgibt …

Gaus: Und das sind bei Ihnen marxistische?

Engelberg: Und das sind bei mir marxistische. … ist man natürlich parteilich.

Gaus: Bismarck hat Sie nicht zum Nicht-Marxisten machen können?

Engelberg: Nein, nein.

Gaus: Sie legen großen Wert darauf, Herr Professor Engelberg, zu betonen, dass Ihr Buch nicht die Folge einer neuen geschichtsbetonten Politik der SED ist. Sie haben in einem Vortrag vor Historikern in der Akademie der Wissenschaften der DDR gesagt, ich zitiere:»Im Übrigen habe ich bereits in den 60er Jahren die Bildung einer Forschungsgruppe veranlasst, die sich mit der Preußengeschichte befassen sollte. Es geht nicht um meine Person, sondern um die Zurückweisung all jener Spekulationen, die da Glauben machen wollten, Ende der 70er Jahre hätte eine politische Befehlszentrale gewaltet. Nein, ganz gewöhnliche Historiker kamen zuerst auf den Gedanken.« Wenn ich Ihnen jetzt sage, dass man diese Behauptung Ihnen nicht ganz abnehmen wird in der Bundesrepublik, weil man sich das nicht so recht vorstellen kann hierzulande, an wessen Schuld das auch immer liegen mag, wenn ich Ihnen das sage, würde Sie das schmerzen oder verletzen?

Engelberg: Ich würde das zunächst einmal politisch bedauern, weil dadurch die Atmosphäre vergiftet wird. Und der geistige, geistig-politische Dialog würde dadurch erschwert werden und wird erschwert durch solche …

Gaus: Durch solche Ungläubigkeit?

Engelberg: Durch solche Ungläubigkeit, wenn man dem Gesprächspartner unterstellt, er sagt ja doch nicht die Wahrheit, dann ist schon ein gewisser Misston im Dialog, und das kann dann sich auch hässlich auswirken auf die sachliche Diskussion.

Gaus: Schmerzt Sie das?

Engelberg: Schmerzen ist vielleicht zu viel gesagt. Man hat zu viele politische Erfahrungen, um sich das allzu sehr zu Herzen zu nehmen. Aber man bedauert es.

Gaus: Machen Sie öfter die Erfahrung, die Sie eben im ersten Teil Ihrer Antwort formuliert haben, dass der Misstrauensberg so hoch ist, dass man kaum noch darüber hinweggucken kann?

Engelberg: Er ist noch sehr hoch. Und durch eine solide Arbeit kann man unter Umständen auch einen solchen Misstrauensberg abbauen. Das kann man nicht alleine durch moralische Appelle und durch Versicherungen, man meint es wohl, wie man es sagt, sondern man kann einen solchen Misstrauensberg nur abbauen, indem man solide Arbeit zeigt. Das habe ich versucht in meiner Bismarck-Arbeit.

Gaus: Soweit ich das beurteilen kann, kann ich das bestätigen. Ist der Lernprozess, den Sie eben skizziert haben, notwendig für beide Seiten?

Engelberg: Ganz bestimmt. Aber wie weit der Lernprozess bei dem einen stärker sein muss als bei dem anderen, das möchte ich jetzt nicht beurteilen.

Gaus: Sie sind offenbar nicht nur Historiker, sondern auch politisch bewusster Diplomat, Herr Engelberg.

Engelberg: Diplomat?

Gaus: Die Antwort klang so. Da gibt es nicht nur Ihr Bismarck-Buch. 1983 gab es ein staatlich gefördertes Luther-Jahr in der DDR. Seit 1980 reitet der Preußenkönig Friedrich II. wieder auf seinem Denkmalspferd Unter den Linden. Einige Zeit vorher gab es bereits in der DDR von Ingrid Mittenzwei eine Biographie über Friedrich II. Es sind doch offenbar alles Aufarbeitungen und Besinnungen. Ist die DDR sozusagen souverän geworden, ist ihr ein Selbstbewusstsein zugewachsen, das ihr ein Geschichtsbewusstsein ermöglicht, das breiter ist als die Erinnerung an die Geschichte der Arbeiterbewegung?

Engelberg: DDR souverän geworden? Ich möchte sagen, die DDR hat sich entwickelt und wird sich weiter entwickeln. Und mit der DDR entwickelt sich auch die Geschichtswissenschaft. Es mag jetzt vielleicht unbescheiden sein, wenn ich erwähne, dass ich auf die historische Bedeutung Luthers bereits im Jahre 1972 in einem Aufsatz hingewiesen habe. Also auch da war nur ein gewöhnlicher Historiker am Werke. Selbstverständlich wird man mit den Jahrzehnten auch die Geschichte in ihrer Allseitigkeit und in ihrer Vielfalt stärker beachten als zu Anfang der Deutschen Demokratischen Republik. Wir hatten ja die Pflicht, ich will unterstreichen die Pflicht, zunächst einmal auf die Traditionen der Arbeiterbewegung hinzuweisen. Wir hatten die Pflicht, auch auf die Bedeutung der sozialen Bewegung im Allgemeinen hinzuweisen. Da ist ja gerade von der überkommenen bürgerlichen Wissenschaft viel gesündigt worden. Und wir hatten einen allgemeinen Nachholebedarf zu erfüllen. Und das scheint unser historisches Verdienst zu sein. Wenn man jetzt erklärt, na ja, sie sind jetzt reifer geworden, sie haben eine weitere Sicht, dann unterschätzt man das, was wir in den 50er Jahren schon getan haben. Vielleicht mit vielen dogmatischen Verengungen noch, aber wir haben da einen Durchbruch vollzogen, wenn man die Geschichte der Geschichtswissenschaft im Gesamten nimmt.

Gaus: Es scheint Vorstöße der marxistischen Geschichtswissenschaft und Philosophie über die sozialen Bedingungen hinaus in den Bereich des Individuellen zu geben. In Ihrem schon erwähnten Akademievortrag sprachen Sie, Herr Engelberg, gerade auch im Blick auf Bismarck von der spannungsgeladenen Einheit von sozialem und individuellem Wesen. Und Sie fügen hinzu – ich zitiere noch einmal: »Neuerdings spricht man auch unter marxistischen Philosophen vom biosozialen Wesen eines Menschen.« Was geht vor im marxistischen Geschichtsverständnis? Woher kommt, was da vorgeht?

Engelberg: Es kommt eigentlich etwas grundsätzlich Neues gar nicht vor, sondern man arbeitet auf, was beispielsweise der alte Friedrich Engels bereits in seinen Briefen hervorhob – man darf nicht nur die ökonomisch-soziale Verflochtenheit des Menschen sehen. Man muss auch seine, wie er sich ausdrückte, Konstitution in Rechnung stellen, um einen Menschen zu beurteilen. Und einen Menschen beurteilt man nicht nur nach dem, was er sagt und was er tut, sondern wie er es sagt und wie er es tut.

Gaus: Gut, Herr Engelberg. Man kann sich zum Beispiel auf Engels berufen bei dem, was da an biosozialer Einsicht gewachsen ist. Aber man hat sich ja nun auf diese Seite der Engelsschen Äußerungen lange Zeit nicht berufen. Ob das auch angelegt war, in dem, was von Marx und Engels herrührt, ist für mich nicht so wichtig, als ob das, was man so lange hat auf sich beruhen lassen, jetzt aus welchen Gründen nach vorne kommt?

Engelberg: Jede Wissenschaft macht einen Prozess durch, und jede Wissenschaft lebt von den Menschen, die sie pflegen. Wir mussten auch lernen, mit dem umzugehen, was uns hinterlassen wurde.

Gaus: Herr Engelberg, jetzt haben Sie mir die Geschichtswissenschaft, speziell die Geschichtswissenschaft in der DDR, zu sehr in einem luftleeren, in einen beziehungslosen Raum gehoben. Ich will Sie mal daraus zurückholen. Musste auch die SED, soweit sie nicht aus Historikern besteht, etwas dazulernen?

Engelberg: Sie hat natürlich etwas dazugelernt. Jede Institution, jede Partei lernt doch, oder sollte doch eigentlich lernen. Und ich glaube, sie hat gelernt. Und ich glaube das nicht nur, ich bin überzeugt. Vor 20 Jahren wäre das sehr schwierig gewesen, über Friedrich II. so zu schreiben, wie das getan wurde. Und jede Revolution hat auch ihre Emotionen, und es war nun mal ein revolutionärer Umbruch. Und mit diesen Emotionen musste man sich nun auseinandersetzen, innerlich und äußerlich.

Gaus: Als Mitglied der SED und als ein führender Historiker der DDR bestreiten Sie mit Entschiedenheit, dass Friedrichs Denkmal Unter den Linden, Ingrid Mittenzweis Werk über Friedrich II., das staatlich geförderte Luther-Jahr, Ihre Bismarck-Biographie, dass diese Hinwendung zu einem breiteren Geschichtsbewusstsein etwas zu tun haben könnte mit einer taktischen Maßnahme, mit der man Anhänger, mehr Anhänger unter der Bevölkerung der DDR gewinnen will, weil man ihnen ein Geschichtsbewusstsein erweitert und nicht auf die Arbeiterbewegung verengt. Das bestreiten Sie, dass dieses politische Motiv mit im Spiel sein könnte?

Engelberg: Ja, selbst wenn es im Spiel ist, ist das eigentlich eine Schande? Diese Gegenfrage muss ich stellen.

Gaus: Ich kann keine Schande darin sehen, aber ich wollte gerne die Antwort.

Engelberg: Natürlich ist man bemüht, das Geschichtsbewusstsein zu erweitern, aber nicht auf Kosten subjektiver Urteile, sondern aufgrund ernster Forschungen.

Gaus: Wird ein erweitertes betontes Geschichtsbewusstsein Gemeinsamkeiten zwischen den beiden deutschen Staaten, die ja eine gemeinsame Geschichte gehabt haben bis vor etwas mehr als 30 Jahren, wird ein betontes Geschichtsbewusstsein Gemeinsamkeiten zwischen den beiden deutschen Staaten beleben, oder wird die unterschiedliche Geschichtsauffassung hüben und drüben das Trennende eher noch verdeutlichen?

Engelberg: Das Trennende wird vorhanden sein. Aber das Trennende muss so gestaltet sein – jetzt nicht im Sinne eines subjektiven Gebots, sondern aufgrund ernster Arbeit –, dass ein ernster Dialog möglich ist. Ich hoffe, dass zum Beispiel durch meine Bismarck-Biographie ein ernster Dialog zumindest unter den Historikern möglich ist. Das Trennende kann nicht verwischt werden, aber das Trennende muss so herauskommen, dass der Dialog nicht unmöglich wird.

Gaus: Sie sind, Ernst Engelberg, am 5. April 1909 im badischen Schwarzwald, in Haslach, geboren. Von Ihrem Vater sagen Sie, er sei seiner Gesinnung nach ein 1848er Demokrat gewesen. Er war Buchbinder und besaß später eine kleine Druckerei. Ihre Mutter sei eine hochpolitische Frau gewesen. Als Student haben Sie sich 1928 zunächst in München, dann an der Universität Berlin, an der Sie Geschichte studierten, den Kommunisten angeschlossen. War waren Ihre Motive, warum Kommunismus?

Engelberg: Weil die Kommunistische Partei damals eine starke Kraft für mich bedeutete, und zwar intellektuell als auch den Menschen nach. Sehen Sie, ich bin im Mai 1928 in München in den Kommunistischen Jugendverband eingetreten. Das war genau neun Jahre nach der Niederschlagung der Münchener Räterepublik. Da gab es noch viele Arbeiter, nicht nur Intellektuelle, die diesen Kampf mitgemacht haben. Und das waren prächtige Burschen, prächtige Leute. Die haben auf mich einen kolossalen Eindruck gemacht. Ich habe mich auseinandergesetzt mit der Ideologie Kurt Eisners.

Gaus: Des Ministerpräsidenten der Räterepublik?

Engelberg: Nicht der Räterepublik, sondern der Bayerns, der Republik Bayern. Er wurde ja im Februar 1919 ermordet, und die Räterepublik kam später, wenige Wochen später.

Gaus: Ja, die kam danach.

Engelberg: Ich habe mich also mit Eisners ethischem Sozialismus auseinandergesetzt, und da kam ich zu der Ansicht, dass dort in der kommunistischen Partei die vorwärtsweisende Kraft ist. Und dann 1930, als ich vom Kommunistischen Jugendverband zur Partei überging, da stand ich unter dem Eindruck des damaligen Programms der nationalen und sozialen Befreiung, ein Programm der KPD, das also kurz vor den berühmten oder berüchtigten Septemberwahlen 1930 herauskam. Beachten Sie wohl folgende Adjektive: national und sozial. Das heißt also, die Sorge um Deutschland, die war vorhanden, die war bei uns jungen Leuten vorhanden, die war in der ganzen Partei vorhanden.

Gaus: Sie reklamieren für sich, ein national gesinnter Mann gewesen zu sein und zu sein?

Engelberg: Ja, aber nicht im nationalistischen Sinne. Das war gar nicht in der Tradition meiner Familie, das war nicht in der Tradition der väterlichen Freunde, mit denen ich in den 20er Jahren zu tun hatte, aber ein Patriotismus, der an die großen Traditionen des deutschen philosophischen Denkens anknüpfte, an die Traditionen der patriotischen demokratischen Bewegung der 30er Jahre des 19. Jahrhunderts, nicht zuletzt von 1848/49.

Gaus: Herr Engelberg, die gewisse Unterwerfung, die der Kommunismus – nicht nur der Kommunismus, aber wir sprechen jetzt vom Kommunismus –, die der Kommunismus von seinen Anhängern verlangt, diese gewisse Selbstdisziplinierung, die hat Sie nicht gestört?

Engelberg: Wenn Sie von Selbstdisziplinierung sprechen, dann akzeptiere ich das, aber ich akzeptiere nicht den Ausdruck oder den Begriff Unterwerfung.

Gaus: Wenige Tage nach Ihrer Doktorprüfung, Anfang 1934, die Nationalsozialisten waren inzwischen an der Macht, wurden Sie verhaftet und wegen Vorbereitung zum Hochverrat zu anderthalb Jahren Zuchthaus verurteilt. Im Jahre 1936 konnten Sie emigrieren, zunächst in die Schweiz, dann in die Türkei. Nach dem Krieg kehrten Sie zunächst in Ihre badische Heimat, nach Westdeutschland, zurück. Im Frühjahr 1949 siedelten Sie nach Leipzig über, wo Sie einen Lehrauftrag an der Universität erhielten. Ich habe dazu mehrere Fragen. Zunächst diese: Mit welchen Vorstellungen, mit welchen Hoffnungen sind Sie ins Nachkriegsdeutschland zurückgekehrt?

Engelberg: Ich habe natürlich insbesondere in den letzten Jahren der Emigration, das war in Istanbul, an Deutschland gelitten. Das mag jetzt etwas sentimental klingen, aber es ist so, wie ich das formuliere. Ich hatte einen kleinen Kreis um mich, und unsere Parole war stets »Blick nach Deutschland«.

Das war für uns eine Selbstverständlichkeit, dass wir nach dem Sieg über den Nationalsozialismus wieder in die Heimat zurückkehren, so zerbombt und ausgehungert auch diese Heimat sein mochte. Wir waren der Meinung, dass auch wir Antifaschisten unsere Art von Verantwortung haben für das, was sich entwickelt

302

hat, unsere Verantwortung für die Katastrophe. Und deshalb war es klar, wir mussten zurück.

Gaus: Was erwarteten Sie? Wie sollte das Deutschland aussehen?

Engelberg: Ich erwartete eine soziale und demokratische Erneuerung. Und ich dachte natürlich noch nicht an eine Spaltung, an eine Trennung. Das war noch nicht in meiner Vorstellung.

Gaus: Als Sie im Frühjahr 1949 nach Leipzig gingen – im Herbst desselben Jahres wurden die beiden deutschen Nachkriegsstaaten gegründet –, rechneten Sie noch nicht mit einer dauerhaften Teilung?

Engelberg: Dauerhaft, das kann man ja nie sagen. Dauerhaft in dem Sinne von ewiger Teilung, das glaube ich auch heute noch nicht.

Gaus: Leiden Sie an der deutschen Teilung?

Engelberg: Ja, natürlich. Wenn Sie die Voraussetzungen, von denen ich ausgegangen bin, in Betracht ziehen, an meine Jugendzeit, dann muss man natürlich verstehen, dass ich nicht sozusagen in Jubel ausbreche, wenn ich die Teilung Deutschlands besehe. Aber als Historiker muss ich natürlich die Ursachen erkennen, und da habe ich andere Vorstellungen, als das hier in der Bundesrepublik gängig ist.

Gaus: Sie hatten, bevor ich Sie unterbrach und nach dem Schmerz über die Teilung fragte, gesagt, auch jetzt könnten Sie sich noch nicht vorstellen, dass es eine Teilung auf ewig sein müsste.

Engelberg: In der Geschichte gibt es nichts Ewiges.

Gaus: Zwei Fragen in einer jetzt. Worin sehen Sie die größten Vorzüge der DDR-Gesellschaft und worin liegt ihre größte Schwäche?

Engelberg: Die Vorzüge der DDR-Gesellschaft sehe ich einmal in der ökonomisch-sozialen Sicherheit, zum andern – das mag jetzt etwas merkwürdig erscheinen – eben in der Pflege der besten Traditionen des deutschen Humanitätsdenkens, des deutschen philosophischen Denkens. Ich habe in einer Intervention auf dem Stuttgarter Historikerkongress gesagt, es geht ja nicht darum, dass man philosophische Systeme, meinetwegen den Kantianismus oder den Hegelianismus, dass man diese Systeme restauriert, sondern es geht darum, das im Auge zu haben und als Methode zu benutzen, was diese Systeme an Bleibendem geschaffen haben – das Ganzheitsdenken, die Unterscheidung zwischen Wesen und Erscheinung, was also sehr wichtig ist für die Begriffsbildung in der Geschichtswissenschaft. Unterscheidung zwischen Inhalt und Form, darum geht es.

Gaus: In diesem Bereich leistete die DDR die konsequentere Traditionspflege?

Engelberg: Ja, ganz entschieden.

Gaus: Jetzt kommt aber noch die größte Schwäche der DDR-Gesellschaft.

Engelberg: Wir diskutieren noch zu wenig. Obwohl auch das nicht unterschätzt werden darf. Es gibt zum Beispiel jetzt eine Diskussion über die Frage der Revolution von oben.

Gaus: Das Stichwort kommt bei mir.

Engelberg: Da habe ich Ihnen auch noch ein Stichwort gegeben?

Gaus: Das Stichwort kommt bei mir. Ich bleibe aber vorerst noch mal beim jetzigen Thema. 1945, gleich nach Kriegsende, hat Wilhelm Röpcke in Zürich eine Streitschrift veröffentlicht über die deutsche Frage. Wilhelm Röpcke wurde dann später in der Bundesrepublik ein hochgeschätzter Wirtschaftswissenschaftler. Hoch geschätzt bei CDU und FDP. Seinerzeit, 1945, hat er in dieser Streitschrift verlangt, dass Deutschland auf lange Zeit eine lose Föderation autonomer Staaten bleiben muss ohne Zentralgewalt. Das Festhalten an einer deutschen Einheit sei krankhaft. Ein geeintes Deutschland nannte Röpcke, der auch stark gegen die deutsche Arbeiterbewegung polemisierte, ein Klumpendeutschland. Röpcke, der also später Wortführer des Neoliberalismus geworden ist, wirtschaftstheoretisch, Röpcke war der Meinung, die Teilung tut den Deutschen selber und vor allem ihren Nachbarn gut. Wenn man nach 40 Jahren das betrachtet, dann kann man sagen, nicht gesellschaftspolitisch, da hat er ja andere Vorstellungen, aber außenpolitisch oder staatspolitisch ist das, was sich entwickelt hat, mit den beiden deutschen Nachkriegsstaaten noch weit über das hinausgegangen, was Röpcke wollte. Haben Sie immer noch den alten Zorn auf Röpcke, denn Sie haben damals noch in der Emigration eine Erwiderung geschrieben und sich scharf gegen ihn gewandt?

Engelberg: Ich habe noch diesen alten Zorn. Meine Interviewer und meine Rezensenten legen immer den Finger auf das, was ich gegen Röpckes Vorstellungen über das Klumpendeutschland und anderes mehr auf dem Herzen hatte. Sie sagten, Röpcke habe überdies sehr heftig gegen die Arbeiterbewegung polemisiert. Herr Röpcke hat ja die Arbeiterbewegung geradezu diffamiert.

Gaus: Er hat von einer Barbaren-Invasion aus dem Schoße des Volkes, ich habe es aus der Vorbereitung auf unser Gespräch noch ziemlich im Kopf, er hat von einer millionenfachen Barbaren-Invasion aus dem Schoße des eigenen Volkes gesprochen und hat damit sozusagen die nichtzivilisierten Arbeiter gemeint.

Engelberg: Ja, und er hat noch hinzugefügt, diese zusätzlichen Millionen wurden vom organisierten Sozialismus sozusagen erfasst; und geleitet würde dieser organisierte Sozialismus von Leuten, die eigentlich nur bedauern, dass sie nicht an den Schreibtischen der Wirtschaft sitzen.

Gaus: Es ist bei Ihrem politischen Standpunkt leicht einzusehen, dass Sie vor allem gegen diesen Teil der Röpckeschen Streitschrift sich verwahrt haben, scharf verwahrt haben. Aber wir waren bei nationalpolitischen Fragen. Ich habe den Eindruck, dass Ihre Wut über Röpcke damals dazu beigetragen hat, dass Sie sich intensiver noch, als Sie es ursprünglich getan hatten, Sie haben eine Doktorarbeit über Bismarcks Sozialpolitik und die Sozialdemokratie geschrieben, aber noch stärker, als Sie es vielleicht vorgehabt haben nach der Rückkehr aus der Emigration, mit Preußendeutschland beschäftigt haben, weil Sie von Röpcke auf das Thema gestoßen worden sind. Geht das zu weit oder ist das richtig?

Engelberg: Hat in hohem Maße dazu beigetragen, nur, man darf die nationale Frage von der sozialen Frage nicht trennen. Sobald man die nationale Frage isoliert, werden wir zu einem Punkt kommen, wo es überhaupt keine Verständigung mehr gibt. Man muss die nationale Frage, und das war schon zu Bismarcks Zeit so und das ist heute noch so, man muss die nationale Frage stets in Zusammenhang mit der sozialen Frage sehen.

Gaus: Ist Bismarck nicht selber im Zweifel gewesen, ob sein Preußendeutschland nicht ein zu großer Klumpen Macht in Mitteleuropa sein könnte im Falle einer falschen unbedachten Außenpolitik oder auch nur seines Gewichtes wegen?

Engelberg: Das glaube ich nicht, dass Bismarck nun gleichsam bereut hat, was er geschaffen hat ...

Gaus: Ich habe nicht nach bereuen gefragt, aber es gibt eine Reihe von Zitaten von ihm, verbotene Zitate, wo seine tiefe Skepsis gegenüber dem, was seine Nachfolger aus seiner Schöpfung machen, zutage kommt.

Engelberg: Ja, das ist etwas anderes, ob man nun Vertrauen in die Nachfolger hat oder ob man bezweifelt, ob nicht unter Umständen dieses Deutsche Reich, das er geschaffen hat – er geschaffen hat, das ist auch wieder ein Problem –, ob das also zu stark wäre oder ...

Gaus: Sie sind der Meinung, bei richtiger Politik hätte es für ein so großes Deutsches Reich, das Bismarcksche, durchaus einen Platz in Europa gegeben? Dies ist unverändert Ihre Meinung?

Engelberg: Ja, ja. Wobei wir hier jetzt auch sehr verkürzen. Das tun wir. Das ist wirklich ein weites Feld.

Gaus: In Ihren Arbeiten spielt die Frage einer Revolution von oben eine wichtige Rolle. Sie sehen, da ist es, das Stichwort, das Sie vorhin schon bereit hatten. Die große deutsche Revolution von unten hat es nicht gegeben. 1848 ist sie gescheitert, auch 1918 und 1945 blieb sie aus. Sie nennen in Ihrem Buch Bismarcks Politik von 1862 bis 1870 eine Revolution von oben. Nennen Sie mir die Kriterien einer Revolution dieser Art?

Engelberg: Es gibt natürlich verschiedene Formen einer Revolution von oben.

Gaus: Ja, Bonapartismus ist zum Beispiel eine Revolution von oben.

Engelberg: Es gibt also Revolutionen von oben, wie es schon damals hieß in der Publizistik, in Kriegsformen – das wollen wir aber wahrhaftig uns heute nicht mehr wünschen – bis zu friedlichen, legalen Revolutionen von oben. Ich gebrauche hier einen Begriff, den ausgerechnet Lenin im September 1917 sechs Wochen vor der Oktoberrevolution gebraucht hat. Er hat in seinen Notizen eines Publizisten eben von dieser friedlichen und legalen Revolution gesprochen, die es auch in der Geschichte gibt.

Gaus: Also nur mal den Kernpunkt genommen. Was ist Revolution von oben?

Engelberg: Revolution von oben ist dann möglich und notwendig, wenn ein Druck von außen oder von innen einen Komplex systemüberwindender Reformen notwendig machen.

Gaus: Ich klammere Entwicklungsländer aus, wenn ich jetzt frage, kann es sein, dass die gesellschaftlichen und sozialen Gegebenheiten in den hochindustrialisierten Staaten in West wie Ost heute so beschaffen sind, dass der soziale Druck für Veränderungen von unten nicht mehr entstehen, jedenfalls nicht mehr sich durchsetzen könnte und dass also wichtige Veränderungen nur noch in den hochindustrialisierten komplizierten Gesellschaften von oben entstehen können?

Engelberg: Ja, aber nur dann, wenn ein genügend starker Druck von unten auch vorhanden ist. Man kann in diesem Falle Revolution von oben nicht als ein sozusagen einsichtsvolles Geschenk der Herrschenden oder Teile der herrschenden Klassen betrachten, sondern die stehen eben auch unter einem Druck. Die Formel von Bismarck »Lieber eine Revolution machen als erleiden« ist keine diplomatische Floskel, dahinter steckte eine echte Überzeugung.

Gaus: Eine heikle Frage, Herr Engelberg. In privaten Gesprächen in der DDR habe ich gelegentlich den Eindruck gewonnen, dass das Aufbrechen bestimmter Verkrustungen im Apparat und System des Ostblocks ganz allgemein von einer Revolution von oben erhofft wurde. Können Sie dazu irgendetwas sagen?

Engelberg: Es werden Reformen im Bestehenden, aber nicht gegen das Bestehende sein, glaube ich. ... Es ist unter den gegebenen weltpolitischen Kräfteverhältnissen auch nicht ratsam.

Gaus: Und wenn, könnten es nur Revolutionen von oben sein, mit der entsprechenden Korrespondenz, wie Sie es eben gesagt haben.

Engelberg: Ja, nun da kommen wir jetzt wirklich in das Reich der Spekulationen.

Gaus: Wären Sie gerne ein Mitarbeiter Bismarcks gewesen?

Engelberg: Nein, ach nein. Ich wäre vielleicht gerne ein Gesprächspartner gewesen, wenn er mich akzeptiert hätte, aber Mitarbeiter von Bismarck, das war schon eine harte Angelegenheit.

Gaus: Ist er Ihnen sympathisch geworden, nachdem Sie sich 20 Jahre mit ihm beschäftigt haben? Mögen Sie ihn?

Engelberg: In vielem ja. Ich habe doch, glaube ich, ein sehr differenziertes Bild gegeben. Es gibt Seiten in Bismarcks Charakter, in Bismarcks Auftreten, in Bismarcks Politik, die ich verabscheue. Ich drücke mich nicht zu stark aus. Aber ich habe natürlich Respekt vor seiner Ausdruckskraft und auch manchmal vor seiner Art zu polemisieren, die nicht so grobschlächtig ist wie das manchmal heute geschieht. Er ist ein gefühlsstarker Mann gewesen und ein großer Stilist. Darum sprach ich ja auch von Ausdruckskraft.

Gaus: Eine letzte Frage. Was haben Sie als Marxist, oder auch unabhängig von dieser Frage des Marxismus, was haben Sie durch die jahrzehntelange Beschäftigung mit Otto von Bismarck neu und anders von Politik und von politischen Menschen begriffen, als Sie es vorher begriffen hatten?

Engelberg: Natürlich geblieben ist meine Grundauffassung, dass ein bedeutender Politiker theoretische weltanschauliche Grundpositionen haben muss. Aber in seiner Strategie und vor allem Taktik muss ein Politiker auch Phantasie entwickeln. Und das hat Bismarck getan. Das macht also auch so vieles interessant bei ihm. Er hat Gefühl und Verstand nicht voneinander getrennt. Und da denke ich auch an einen Dichter und Geschichtserzähler, der dem Preußentum sehr nahestand. Fontane schrieb einmal: »Oh, lerne denken mit dem Herzen und lerne fühlen mit dem Verstand.« Ich glaube, das sollten wir als Politiker und auch als Geschichtsschreiber beherzigen. Und das gehört zu den Maximen, denen ich folgen möchte.

»Der Historiker muss auch mit sich selbst kämpfen«*

Frage: Genosse Engelberg, schreibst du – die Frage liegt nahe, denkt man an deine Biographie und die wissenschaftlichen Arbeiten – an deinen Memoiren? *Engelberg:* Nein. Obwohl: Es drängen Freunde, es drängt auch meine Frau, und für die, die eine solche Art Autobiographie wollen, ist es hoffnungsvoll, wenn auch die Frau hinterher ist … Ich möchte jedoch noch einiges zustande bringen, was von mir schon lange bedacht wurde. Es wird euch wundern, dass ich mich jetzt mit dem 14. Jahrhundert beschäftige.
Frage: Warum dieser historische Ausflug?
Engelberg: Ich will nicht abgestempelt werden als der Mann, der sich nur mit Bismarck und seiner Zeit beschäftigte. Von jeher war mein Interessenkreis größer, als dies in den Publikationen erscheinen mag. Ich hatte vor, eine Art deutsche Geschichte vom Mittelalter bis zum 19. und 20. Jahrhundert zu schreiben. Das war natürlich illusionär, aber über das 14. Jahrhundert habe ich schon einiges niedergeschrieben. Es begann, als ich ein großes Institut leitete, das sich nicht nur mit dem 19./20. Jahrhundert und der frühbürgerlichen Revolution beschäftigen konnte, sondern das auch das lange Mittelalter zu berücksichtigen hatte. Damals habe ich Quellen herausgebracht, die das 14. Jahrhundert betrafen. Jetzt möchte ich das, was übersetzt worden ist, bearbeiten.
Frage: Was reizt den Historiker am 14. deutschen Jahrhundert?
Engelberg: Ich halte es insofern für wichtig, als es – im Vergleich zu Frankreich und England – jene ersten partikularen Züge zeigte, die die deutsche Geschichte in verhängnisvoller Weise geprägt haben.
Frage: Kannst du das in wenigen Punkten für Mittelalter-Laien verständlicher machen?
Engelberg: Ich möchte zeigen, wie sich immer stärker die partikularen Gewalten herausbildeten, vor allem, dass die verhängnisvolle Institution der Kurfürsten, die die Kaiser und Könige wählten, für die Entwicklung entscheidend war – und nicht der König. Das hat die spätere deutsche Geschichte mitbestimmt. Vor allem will ich erhellen, wie es in deutschen Städten sozial, politisch und geistig zuging, welche Entscheidungen König und Kurfürsten trafen. Es entstand also – im Unterschied zu den westlichen Monarchien – ein Wahlkönigtum und kein Erbkönigtum. Im Grunde genommen hatte Bismarck, obwohl ihm das gar nicht so bewusst war, mit diesen Entwicklungen aus dem 14. Jahrhundert zu tun.
Frage: Bei der Terminabsprache für unser Gespräch haben wir erfahren, dass du noch jeden Tag angestrengt nach einem recht festen Zeitplan arbeitest …

---

* Das Gespräch führten Erwin Müller und Stefan Richter. Zuerst in: Disput 12/98, S. 37-39.

Engelberg: Im Allgemeinen ja. Angestrengt kann man vielleicht etwa drei Stunden arbeiten, aber man muss dieses und jenes vorbereitend lesen usw. Unter angestrengtem Arbeiten verstehe ich: formulieren, sich klar werden über bestimmte Zusammenhänge. Das bloße Lesen, das Sich-Informieren in Publikationen, das nenne ich nicht angestrengtes Arbeiten. Ich arbeite intensiv nachmittags zwischen fünf und acht Uhr. Meist lese ich auch nach dem Abendessen noch etwas. Den Vormittag nutze ich mehr zum Informieren.

Frage: Du hast vorhin schon deutlich gemacht, dass du nicht nur als – respektlos ausgedrückt – der »Bismarck-Engelberg« erscheinen möchtest. Welche andere Seite deiner wissenschaftlichen Biographie ist dir besonders wichtig?

Engelberg: Ich veröffentlichte eine ganze Reihe von theoretischen Arbeiten, zum Beispiel mein Buch über Theorie, Empirie und Methode in der Geschichtswissenschaft. Diese theoretischen Arbeiten möchte ich nicht geringschätzen; denn sie waren eine geistige Vorbereitung für die Auseinandersetzung mit Bismarck.

Frage: Lass uns bitte trotzdem zurückkommen auf die Bismarck-Biographie, zumindest auf einen Aspekt. Im Vorwort nennst du sehr viele Stationen, die du aufgesucht hast, um all die Quellen zu sichten. Und es wird deutlich, dass du damit als Historiker einen gewissen Freiraum hattest, von dem anzunehmen ist, dass ihn nicht jeder Historiker der DDR besaß. Ist das eine falsche Beschreibung?

Engelberg: Nein. Das ist auch eine Frage meiner Biographie und meiner persönlichen Energie.

Frage: Du hast dich in deiner Dissertation mit der deutschen Sozialdemokratie und der Bismarckschen Sozialpolitik beschäftigt. Woher rührt deine starke Konzentration auf die Bismarck-Zeit?

Engelberg: Das Elternhaus, auch die Einflüsse seitens meiner Mutter, die durch ihren sozialdemokratischen Vater geprägt war, das alles spielte in meiner Entwicklung eine große Rolle. Mein Vater wurde in der Bismarck-Zeit politisch aktiv, auch seine Freunde, wie Adolf Geck, der sozialdemokratische Reichstagsabgeordnete, kamen aus dieser Zeitatmosphäre. Wichtig für mein politisches Denken war das Sozialistengesetz. Mein Vater und seine Freunde erzählten mir viel davon, wie es damals zugegangen war. Mein Großvater mütterlicherseits war Bierbrauer, und seine Gastwirtschaft war schließlich der Sitz der Sozialdemokratie im Ort. Dort sah ich die Bilder der sozialdemokratischen Abgeordneten, auch das von Bebel, und im Schrank standen die sozialdemokratischen Schriften für den Leseverein. Besonders erinnere ich mich an die schwarz-rot-goldene Fahne im Schrank, deren auf der Seide ausgeprägter Goldton mich umso mehr beeindruckte, als ich durchaus im Ohr hatte, wie Gegner dieser Fahne von 1848 über »schwarz-rot-senf« höhnten. Es waren eben die Leute, die in Wirklichkeit noch immer hinter der schwarz-weiß-roten Fahne des Kaiserreiches hertraben wollten.

Frage: Du hast erwähnt, dass dein Vater Sozialdemokrat war. Du wurdest 1930 KPD-Mitglied. Wie hat sich euer politisches Verhältnis entwickelt?

Engelberg: Das blieb schon deswegen intakt, weil sich mein Vater immer als 48er Demokrat verstand. Damit hat er sogar begründet, warum er 1930 kommunistisch wählte, denn 48er Demokrat zu sein, das hieß für ihn auch, antimilitaristisch und antiklerikal zu sein. Da kam alles, was Zentrum und rechts vom Zentrum war, für ihn nicht infrage. Und die Sozialdemokraten, die er früher immer gewählt hatte, waren für ihn durch den bewilligten Panzerkreuzerbau diskreditiert. So konnte mein Vater meine Entwicklung zum Kommunisten durchaus begreifen. Er selbst ging dann in der ganzen Verwandtschaft herum und forderte alle auf, jetzt Kommunisten zu wählen. So kam es denn, dass es in unserem kleinen Städtchen eine Zunahme von 26 kommunistischen Stimmen gab, die man alle als von den Engelbergs herkommend ansah.

Frage: Du hast Geschichte und Philosophie studiert. Was hat dich in diese Richtungen gedrängt?

Engelberg: Auch das hat mit meinem Vater zu tun, der ein Heimatmuseum gegründet hatte und sehr versiert in der Heimat- und Lokalgeschichte war. So lag für mich das Geschichtsstudium nahe. Gewisse Zweifel kamen nur wegen der künftigen beruflichen Aussichten auf. Was sollte ich nach dem Studium machen? Studienrat wollte ich nicht werden. Ich meinte daher, ich könnte Jura studieren und Rechtsanwalt werden, einer, der auch politisch tätig ist und sich notwendigerweise mit der Geschichte beschäftigen muss. Aber die Witwe von Kurt Eisner, Else Eisner, die uns oft besuchte, riet mir: Du bist doch nicht der Typ des Rechtsanwalts, so ein gewiefter Bursche wirst du nie. – Und damit hatte sie durchaus recht. Ich wäre wahrscheinlich nur ein sehr mittelmäßiger Rechtsanwalt geworden. Also blieb es doch beim Geschichtsstudium. Vier Tage nach dem Doktorexamen – durch eine begreifliche Hochstimmung unvorsichtig geworden – wurde ich dann im Februar 1934 von der Gestapo verhaftet. Es ging um meine illegale antifaschistische Arbeit. Ich hatte eben kein »Papierkommunist« sein wollen. Bei der Verhandlung aber gelang es mir, dem Richter gegenüber mein politisches Engagement klein zu reden, weil ich mich ja hätte für das Doktorexamen vorbereiten müssen. Dann kam die Emigration mit allen ihren politischen und materiellen Schwierigkeiten.

Frage: Wir haben nicht zufällig mit Genossen gesprochen. Die meisten sagten, dass Ernst Engelberg ihr Lehrer gewesen sei. Mein ehemaliger Chefredakteur in der *Freiheit* in Halle meinte auf Anhieb: Bei Ernst Engelberg habe ich Geschichte gehört. Günther Heider, der mit dir zusammen im Rat der Alten ist, sagte: Der Ernst hat uns 1953, als es um den Stalinismus ging, über diese schwierige Klippe hinweggeholfen. Wir könnten noch weitere Namen nennen. Auch im Archiv haben wir nachgesehen, wie du dich 1989 zum Stalinismus geäußert hast. Du bist einer, der die DDR-Geschichtsforschung und -Geschichtsschreibung stark beeinflusst hat. Wenn du jetzt zurückschaust: Was hat die DDR-Geschichtsschreibung leisten können, was hat sie geleistet, wo wären Dinge, die man kritisch anmerken müsste?

Engelberg: Sie hat vor allem energisch den Blick auf die Sozialgeschichte gelenkt. Das mag jetzt wie selbstverständlich erscheinen, es war aber nach 1945 keineswegs allgemein der Fall. Natürlich gab es auch schon vorher Sozialgeschichte an den Universitäten, aber als Nebenfach. Die offizielle Geschichtswissenschaft war in einem hohen Maße geprägt vom staatlichen Denken. Zwar gestand sie zu, man müsste auch die sozialen Komponenten, Entwicklungen usw. berücksichtigen, aber das Entscheidende war der Staat. Das wurde so überbetont, dass die Sozialgeschichte nicht den gebührenden Platz einnehmen konnte. Es war das Verdienst der DDR-Geschichtswissenschaft, an dem ich auch mitgewirkt habe, dass energischer auf die Sozialgeschichte hingewiesen wurde. Heute verschweigt man gern – vielleicht sogar nicht immer absichtlich –, dass sich die Forschung im Grunde genommen erst in den 60er Jahren verstärkt der Sozialgeschichte zuwandte, als Reaktion auf die sozialgeschichtlichen Ergebnisse und Aktivitäten der DDR-Geschichtswissenschaft. Es ging auch um eine besondere Art des Herangehens, nämlich die Methode des dialektischen Materialismus, angewandt auf die konkrete Forschung und Darstellung. Das war nicht so leicht, denn man kann zwar die Hauptthesen des dialektischen Materialismus lernen, aber ihre Anwendung in Forschung und Darstellung war schon noch etwas anderes. Natürlich gab es da auch viele dogmatische Vereinfachungen und Verzerrungen, auf die man heute natürlich gern hinweist. Dennoch: hier hat die DDR-Geschichtswissenschaft Beachtliches geleistet. Zum Beispiel halte ich auch das viel erwähnte Lehrbuch für deutsche Geschichte keineswegs für so dogmatisch, wie es manchmal hingestellt wird. Da ist schon einiges dargelegt worden, was die deutsche Historiographie noch nicht geleistet hatte. Erinnern möchte ich auch an die Arbeiten von Walter Markov über die Große Revolution der Franzosen, und in diesem Zusammenhang darf ich auch meine Bismarck-Biographie nennen.

Frage: Du bist seit Jahren Mitglied im Rat der Alten beim Parteivorstand. Warum? Was gibt es dir?

Engelberg: Zunächst einmal hat es mich gefreut, dass ich gebeten wurde, im Rat der Alten mitzuarbeiten. Man wurde ja nicht gewählt, sondern berufen. Man hat uns also respektiert und fand es ganz nützlich, unsere Ansichten zu hören und vielleicht auch einige Erfahrungen einzuholen. Ich glaube aber nicht, dass wir sonderlich Einfluss hatten und haben, weder politisch noch hinsichtlich der wissenschaftlichen Produktion. Möglicherweise aber haben wir verhindert, dass einiges vom Erfahrungsschatz der Arbeiterbewegung zu rasch über Bord geworfen wurde.

Frage: Was meinst du mit dem Über-Bord-werfen?

Engelberg: Damit ist zum Beispiel gemeint, dass man den demokratischen Sozialismus als bleibendes Fernziel nicht aus dem Auge verliert. Ferner auch, dass man sich zwar kritisch mit der DDR auseinandersetzt, aber sie nicht pauschal als »Unrechtsstaat« diffamiert. Wenn wir im Rat der Alten da ein bisschen vor Leichtfertigkeiten warnen, kann das sehr nützlich sein, selbst wenn uns diese oder jene Ungerechtigkeit unterlaufen mag.

Frage: Ein Reizwort für die einen, ein Rätselwort für die anderen ist das vom Ankommen in der bundesdeutschen Gesellschaft, die Aufforderung: Leute, kommt an in diesem Staat, sucht euch einen Platz und behauptet ihn. Hast du manchmal den Eindruck, dass hier von Seiten führender Leute diese Entwicklung zu sehr forciert wird, dass einfach Traditionen zu schnell vergessen werden?

Engelberg: Mir gefällt der nebulöse Ausdruck vom »Ankommen« überhaupt nicht. Selbstverständlich sind wir den Gesetzmäßigkeiten dieser kapitalistischen Gesellschaft wieder ausgesetzt, wir leben doch nicht alle im Wolkenkuckucksheim und können es nicht einmal. Aber manchmal will es mir so scheinen, als sei mit dem Ankommen auch eine Art Billigung dieses Systems gemeint, und das ist natürlich etwas ganz anderes. Hier darf man nicht so theoretisch sorglos und unbedacht sein. Ich bin wahrlich nicht in Opposition zur Partei. Aber manchmal habe ich schon meine Bedenken.

Frage: Offenkundig ist es doch so, dass gerade deshalb Bisky, Brie, Gysi und andere dazu auffordern, die theoretische Diskussion in der PDS entschieden voranzubringen.

Engelberg: Da muss ich natürlich wiederholen, dass vor mir eine Arbeit liegt, die mich vom 20. ins 14. Jahrhundert zurückführt, sodass ich die Diskussionen nicht mit der Intensität verfolgen kann, die notwendig wäre, um immer sachkundig mitreden zu können. Nächstes Jahr werde ich 90, einiges will ich noch wissenschaftlich aufarbeiten. So stehe ich vor der Frage, ob ich mich jetzt mehr in die politische Diskussion vertiefen und mich da engagieren soll oder soll ich noch Material, das ich gesammelt habe, wissenschaftlich auswerten. Es gibt ja genug jüngere Genossen, die in der gegenwärtigen Politik qualifiziert mitreden und mittun können. Ich aber möchte noch einiges zum Abschluss bringen, wofür andere vielleicht nicht solche Vorarbeiten wie ich haben. Um es kurz zu sagen: Es geht um eine Lebensernte, die ich noch einfahren möchte.

Frage: In Schwerin sitzen PDS-Vertreter in einer Landesregierung. Du hast ein paar Bedenken, die nicht nur von der wissenschaftlichen Sicht her kommen.

Engelberg: Es sind Spannungsverhältnisse, die eigentlich schon lange in der Arbeiterbewegung existieren und die vielleicht am genauesten Rosa Luxemburg erfasst hat, als sie auf die Dialektik von Tages- und Zukunftsinteressen aufmerksam machte. Damit ist gemeint, man solle sich nicht so engagiert nur in die Tagespolitik versenken, dass man Fernziele aus dem Auge verliert. Das führt dann leicht zum Opportunismus. Es geht darum, bei aller taktischen Beweglichkeit strategische Ziele nicht aufzugeben.

Frage: Wie siehst du das Verhältnis von Prinzipiellem und Tagespolitik hinsichtlich der wissenschaftlichen Arbeit? Du warst schließlich, wie das Zustandekommen deiner Doktorarbeit zeigt, politisch sehr aktiv – und das nicht ohne Emotionen – und hattest andererseits nüchtern und vorurteilsfrei zu analysieren und zu beschreiben. Wie groß sind da die Widersprüche?

Engelberg: Das ist ein beständiges Problem. Man muss wissenschaftlich ehrlich sein, man darf nicht der Tagespolitik zuliebe Dinge verdrehen, wie das manchmal geschehen ist. Die subjektiven Gefühle können helfen, sie können aber auch in die Irre führen. Der Historiker muss nicht nur mit dem Material kämpfen, er muss auch mit sich selbst kämpfen. Ich bin weder atheoretisch noch ein Nur-Theoretiker. Vielleicht liegt in der Verbindung von Theorie, historischer Forschung und Darstellung sogar meine Stärke. Das politische Zeitgeschehen habe ich ständig verfolgt, ein ganzes Leben lang. Immer war ich bemüht, politischen Zielen vom wissenschaftlichen Bereich her Impulse zu geben, nie war es leicht, und doch muss es immer wieder erstrebt werden, wenn man die Wissenschaft nicht als Zweck an sich betreiben will, wozu gerade ein Historiker kein Recht hat. In der Spätzeit der DDR, in der Zeit eines verhärteten Dogmatismus, brachte man eine fruchtbare Verbindung von Theorie, Wissenschaft und dialektischer Methode nicht mehr zustande, weil alles nur der Tagespolitik untergeordnet werden sollte.

Frage: Vielleicht auch deshalb war für uns das Erscheinen des ersten Bismarck-Bandes eine Sensation ...

Waltraut Engelberg: Da war auch für uns manches sensationell, was die politische Wirkung betraf. Ich erinnere mich noch an die Aufregung, die ein Interview mit Günter Gaus hervorrief. Als wir aus Köln, wo das Gespräch stattgefunden hatte, zurückkehrten, klingelte bei uns ständig das Telefon, und viele Menschen betonten, dass es sie beeindruckt hätte, dass Ernst Engelberg auf die Frage, ob er unter der Spaltung Deutschlands leide, mit Ja geantwortet hatte. Offiziell wäre da ein Nein erwartet worden, alldieweil wir schon eine sozialistische Nation sein sollten. Daran war zu erkennen, dass die nationale Frage eben noch virulent war. Übrigens kamen die Anrufe von sehr verschiedenen Seiten, einige erreichten uns auch aus der mittleren Ebene des ZK. Im Übrigen möchte ich sagen: Was ich bei helfender Archivarbeit am meisten bei Ernst Engelberg schätzen gelernt habe, war seine wissenschaftliche Redlichkeit. Selbstverständlich geht man mit bestimmten Vorstellungen an eine Arbeit heran, man vermutet wohl auch, dass dies oder jenes herauskommen würde. Oft werden diese vorgefassten Vorstellungen dann durch das konkrete Aktenmaterial infrage gestellt. Plötzlich stellen sich die Dinge doch anders dar, und man muss alles noch einmal angesichts der gesichteten Fakten neu durchdenken. Da hat Ernst Engelberg nie gezögert, seine Meinung zu korrigieren, wissenschaftlich verantwortungsbewusst darzulegen, wie es denn wirklich gewesen ist, und nicht, wie es auch heute noch so oft geschieht, das Tatsachenmaterial eben nach vorgefassten Meinungen zurechtzubiegen oder nur für bestimmte Zwecke auszuwählen. Ich selbst – eigentlich Germanistin – glaubte im Archiv in Wien einmal eine große Entdeckung gemacht zu haben, weil ich einen mir sensationell erscheinenden Brief in den Materialien fand. Den Höhenflug meiner Gefühle bremste dann mein Mann aber rasch, als er mir den Charakter des Absenders, die gesellschaftliche Stellung des Empfängers, die geheimen politischen Absichten wie bestimmte persönliche Ambitionen des Briefschreibers sowie das ganze gesellschaftliche Umfeld deutlich machte. Wenn ich jetzt bemerke, mit welchem unkundigen Eifer absichtsvoll in Akten die Wahrheit, die Wahrheit und nichts als die Wahrheit gesehen wird, dann erscheint mir das höchst bedenklich.

Frage: Wie viel Mut und Zivilcourage ist in der Wissenschaft vonnöten?

Engelberg: Der Wissenschaftler hat sich dem redlichen Dienst an seinem Forschungsgegenstand zu verschreiben und sich nicht nach der jeweiligen Opportunität zu richten. Das sachlich Erforschte aber hat er dann auch zu vertreten, ob es in die jeweilige Zeitstimmung passt oder nicht. Nur so kann auch seine Arbeit den Tag überdauern. Da habe ich es eigentlich immer mit dem Rat Fausts an seinen Schüler gehalten: »Such Er den redlichen Gewinn! Sei Er kein schellenlauter Tor.«

Symbole für das neue Deutschland*
Welcher Name? Welche Hymne? Welcher Feiertag?

25. Mai 1990

Meine Meinung zu den drei Fragen:
1. Das künftige Deutschland sollte nicht Bundesrepublik Deutschland heißen; das markierte eine Annexion der DDR. Vorstellbar ist mir eine »Republik Deutschland«, die ein noch zu erstrebendes Anderes ankündigen könnte. Selbstgerechtes Ausnutzen der heutigen Machtkonstellation durch den Stärkeren würde eine erneute Spaltung, diesmal von unten, begünstigen.

2. Die Nationalhymne sollte nicht das Deutschlandlied sein; die Hymne der DDR steht ohnehin nicht infrage. Beide sind vorbelastet. Die Bechersche Hymne ist historisch überholt, das Deutschlandlied wird immer wieder von den Erinnerungen an die schweren Jahre der braunen Vergangenheit eingeholt und kann das Unbehagen der Nachbarn nicht verdrängen. Mir liegt Brechts *Anmut sparet nicht noch Mühe* am nächsten, eine Kinderhymne auch für Erwachsene, poetisch, schlicht, unübertroffen in der Verbindung von Patriotischem und Völkerverbindendem.

3. Die Frage nach dem Nationalfeiertag ist die schwierigste. Aus der Vielzahl schnell überholter Ereignisse, die wir seit dem Herbst erlebten, lässt sich kaum ein Nationalfeiertag hervorheben. Man muss wohl tiefer in die Geschichte zurückgehen, bis in die Zeit, als am 18. März 1848 die Revolution von unten begann, aber nicht vollendet wurde. Die Märzgefallenen wurden vom Volke lange nicht vergessen. Viele Jahrzehnte suchten Arbeiter und Handwerker am 18. März die Gräber im Berliner Friedrichshain auf, vereint im Streben nach politischer Demokratie und sozialer Erneuerung. Auch die Novemberrevolution steht in dieser historischen Linie: Nach 1945 verkündet ein neuerrichteter Gedenkstein, »den Toten 1848/1918« gewidmet, das Volk möge nie darauf verzichten, »einig und frei zu sein.«
Es lohnt, Traditionen wieder aufzunehmen, die auf demokratische Wandlungsprozesse von unten verweisen. Dass so vieles unvollendet blieb, gehört leider zur Geschichte der Deutschen. Wo aber kämen wir hin, wenn wir es nicht immer und immer wieder wagten?

---

* Zuerst in: DIE ZEIT Nr. 25, 15. Juni 1990.

»Wir haben das Recht, Deutschland zu hassen – weil wir es lieben.«

Die Nation und die Linke – historische Anmerkungen*

Die Frage nach dem Verhältnis zur Nation ist weder überholt noch zweitrangig. Im Gegenteil, es kann sich folgenschwer auswirken, hier progressive Traditionen zu negieren; nationaler Nihilismus hilft den Rechten. Es gab und gibt da allerdings Besonderheiten in unserer Geschichte. Auf dem langen Weg der sich im Frühkapitalismus herausbildenden Nationalstaaten kamen beispielsweise Frankreich und England rascher zum Zuge, weil sie nicht, wie Deutschland, durch einen ausgeprägten Partikularismus gehemmt waren.

So entbrannte die Revolution von 1848 in Deutschland vorwiegend um die nationale Einheit, die die soziale und wirtschaftliche Weiterentwicklung fördern konnte. Gekämpft wurde darum, sie demokratisch von unten her zu erringen und zu gestalten. Noch erwiesen sich die Partikulargewalten als zu machtgestützt, die Revolution konnte ihr Ziel nicht erreichen, die Probleme blieben.

Für das partikularistische Deutschland wurde es immer dringender und drängender, sich einen historisch adäquaten Platz zu sichern. In den fünfziger und sechziger Jahren des 19. Jahrhunderts konkurrierten die beiden größten Partikularstaaten Österreich und Preußen um die Vorherrschaft, die Preußen schließlich 1866 militärisch errang. Es setzte seinen nationalen Einheitswillen dann in einem weiteren Krieg gegen Frankreich 1870/1871 durch. Und die Linken? Die deutsche Sozialdemokratie war inzwischen – ebenfalls im Zuge der kapitalistischen Industrialisierung – zu einer international beachteten politischen und sozialen Kraft herangewachsen, die eine demokratische Gestaltung des neugeschaffenen deutschen Reiches erstrebte. Eben das erschien den Herrschenden gefährlich; deswegen bekämpften sie die Sozialdemokratie mit harten Repressionsmaßnahmen. Sie verhängten das berüchtigte Sozialistengesetz, das vor allem progressive Arbeiter schmerzlich traf, die sie zudem als »vaterlandslose Gesellen« diffamierten, was sie nie waren. August Bebel sprach es offen im Deutschen Reichstag aus: »Wir sind Deutsche so gut wie Sie, und wir hängen an diesem Deutschland mit ebenso viel Liebe wie Sie.« Um die Zustände in diesem Deutschland gehe es. Damit bewegte er sich durchaus auf den schon von Marx und Engels vorgezeichneten Wegen. Nicht gegen die Nation wandten sie sich, sondern dagegen, dass der Nationalstaat von 1871 zu wenig mit der Demokratie verbunden war.

Eine anrührende Episode mag erhellen, wie stark sich auch bei dem Emigranten Friedrich Engels das Gefühl für seine Heimat mit dem Schmerz über deren sozialen Zustand verband. Im Sommer 1893 war es, dass er sein Land besuchte und von

---

* Zuerst in: Neues Deutschland, 25./26. 11. 2000. Letzter Artikel von Ernst Engelberg.

Jugenderinnerungen bewegt, angesichts der Türme des Kölner Doms mit den Tränen kämpfend, ausrief:»Welch schönes Land, wenn man darin nur leben könnte!« Zweifellos, nationale Gefühle konnten auch im Volk immer wieder ins Nationalistische und Chauvinistische pervertiert werden. Das zeigte sich deutlich im Jahre 1914, als Wilhelm II. das »Trugwort« – so Karl Liebknecht – aussprach: »Ich kenne keine Parteien mehr, ich kenne nur noch Deutsche« und mit dieser »Verwirrphrase der heiligen Einigkeit aller Klassen« die Hirne umnebelte. Auch ein Karl Liebknecht beugte sich zunächst der »programmzerstörenden Fraktionsdisziplin«, ehe er, »zum Teufel jagend«, gegen die Kriegskredite stimmte. In einem »dialektischen Prozess, im nationalen Klassenkampf gegen den Krieg verwirklicht sich der internationale«, so seine Meinung im Mai 1916.

Auch Lenin, die führende Persönlichkeit der Oktoberrevolution, erkannte die historisch gewachsenen Nationen an und erwartete im Zuge der Entwicklung ihren künftigen Assimilationsprozess.

Davon war Deutschland weit entfernt, als der den Ersten Weltkrieg beendende Versailler Vertrag in der Folgezeit allen unguten Nationalismen und Chauvinismen Auftrieb gab. Gerade deshalb war es vonnöten, dass im Jahre 1930 die KPD ihr »Programm zur nationalen und sozialen Befreiung« vorlegte.

Glücklicherweise ist es nicht so, dass nie aus der Geschichte gelernt wird. Das zeigte das Jahr 1933, in dem sich namhafte Politiker, Intellektuelle, Schriftsteller, Künstler aus den verschiedensten Bereichen eben anders verhielten als 1914, wo viele in den Kriegstaumel geraten waren. Entgegen der hetzerischen Demagogie der Faschisten entstand das, was man das »andere Deutschland« nannte. Es umfasst viele und verschiedenartige Menschen. Vertreter wie Ernst Thälmann in Buchenwald, manche versuchten, sich im Innern des Reiches den Nazis zu versagen, andere kämpften im Ausland mit Wort und Tat. Die Spanienkämpfer gaben ihre »Heimat nicht verloren«, ebenso wie diejenigen, die sich den Befreiungsarmeen gegen ihr Land für ihr Land anschlossen. In den Exilländern sprachen und schrieben Schriftsteller für ihr Land. Das ging von Thomas und Heinrich Mann im amerikanischen Exil bis zu Anna Seghers im mexikanischen und Erich Weinert im russischen. Es möge »ein Deutschland sein, geachtet in der Völker Reihn«, schrieb dieser auf einem Flugblatt vor Moskau. »O Deutschland, bleiche Mutter! Wie sitzest du besudelt unter den Völkern«, so Bertolt Brecht 1933 in einem Gedicht, dem er, sich in die Verantwortung einbeziehend, die berührenden Worte voranstellte: »Mögen andere von ihrer Schande sprechen, ich spreche von der meinen.« Mich persönlich trösteten im türkischen Exil Johannes R. Bechers Deutschlandgedichte, die mich in bescheidenen Heften erreichten. Becher war es dann auch, der später die Hymne der DDR verfasste:»Auferstanden aus Ruinen und der Zukunft zugewandt, lass uns dir zum Guten dienen, Deutschland, einig Vaterland.« Diese wenigen Beispiele, denen gemeinsam ist, dass sie das Bekenntnis zu Deutschland mit einem starken Veränderungswillen verbinden, mögen ergänzt werden durch das Bekenntnis Kurt Tucholskys, mit dem er sein kritisches Buch Deutschland über alles ausklingen lässt: »*Ja wir lieben dieses Land* (hervorgehoben von Tucholsky – E. E.) Es ist ja nicht wahr, dass jene, die sich ›national‹ nennen und nichts sind als bürgerlich-militaristisch, dieses Land und seine Sprache für sich gepachtet haben. Weder der Regierungsvertreter im Gehrock, noch der Oberstudienrat, noch die Herren und Damen des Stahlhelms allein sind Deutschland. Wir sind auch noch da. … Und so widerwärtig mir jene sind, die – umgekehrte Nationalisten – nun überhaupt nichts mehr Gutes an diesem Lande lassen, kein gutes Haar, keinen Wald, keinen Himmel, keine Welle – so scharf verwahren wir uns dagegen, nun etwa ins Vaterländische umzufallen. Wir pfeifen auf die Fahnen – aber wir lieben dieses Land. Und so wie die nationalen Verbände über die Wege trommeln – mit dem gleichen Recht, mit genau demselben Recht nehmen wir, wir, die wir hier geboren sind, wir, die wir besser deutsch schreiben und sprechen als die Mehrzahl der nationalen Esel – mit genau demselben Recht nehmen wir Fluss und Wald in Beschlag, Strand und Wiese: es ist unser Land. Wir haben das Recht, Deutschland zu hassen – weil wir es lieben. Man hat uns zu berücksichtigen, wenn man von Deutschland spricht, uns: Kommunisten, junge Sozialisten, Pazifisten, Freiheitsliebende aller Grade: man hat uns mitzudenken, wenn ›Deutschland‹ gedacht wird. … Deutschland ist ein gespaltenes Land. Ein Teil von ihm sind wir. Und in allen Gegensätzen steht – unerschütterlich, ohne Fahne, ohne Leierkasten, ohne Sentimentalität und ohne gezücktes Schwert – die stille Liebe zu unserer Heimat.« So weit Tucholsky, wahrhaftig weder des Chauvinismus noch der Deutschtümelei zu zeihen.

Dem von den Nazis angezettelten Krieg folgte eine erneute Spaltung des Landes. Was immer auch darüber geschrieben wurde, das Volk nahm die Teilung nicht an; nie waren die verwandtschaftlichen Bande stärker als zu jener Zeit, in der sie im Osten offiziell nicht gewollt und im Westen schon deswegen umso mehr gepflegt wurden. Keine Frage, dass die Neuvereinigung im Jahre 1990 in beiden Teilen des Landes viele Erwartungen weckte. Skeptiker blieben in der Minderzahl. Die dann im Laufe der Jahre einsetzende Ernüchterung kam, weil wieder einmal zu viel »von oben« ausging; das war begleitet von einer hemmungsloser werdenden Profitwirtschaft, von einer Allmacht des Kapitals und des Besitzes, die sogar unsere kapitalismustrainierten Landsleute im Westen heute beunruhigt und erschreckt. Dem lässt sich aber nicht durch Absage an die Nation begegnen.

Wir haben nun einmal eine gemeinsame Geschichte, so belastet sie auch sein mag, eine gemeinsame Kultur und Sprache, auch nationale Besonderheiten, wie jedes andere Land. Historisch Gewordenes ist auch menschlich Erfahrenes und Emotionales. Schwerlich können wir die Menschen erreichen, wenn wir ihre Heimatgefühle missachten; das ist sogar gefährlich, weil dann Nationalisten freies Spiel haben. Gegen eine skrupellose kapitalistische Globalisierung »von oben« kann man zunächst nur im nationalen Rahmen »von unten« ankämpfen, um von da aus international weiterzuwirken für ein vereintes Europa demokratischer Nationen.

Marx und Engels zur Nation*

Zunächst sei auf die historische Ausgangslage hingewiesen, die für unsere Thematik bedeutsam ist. Es war die Zeit des sogenannten Vormärz, die der unmittelbaren Vorbereitung der Revolution von 1848/49, als die Frage der Nationalstaatsbildung in Deutschland und anderen europäischen Ländern, in Italien, in Polen wie in Ungarn eine herausragende Rolle im politischen Leben spielte. Aber noch brennender als die nationale Frage erwies sich die soziale Frage, wie man es schon damals schlagwortartig formulierte. Sie zeigte sich brisant auch in jenen Ländern wie Frankreich und England, in denen sich der Nationalstaat längst herausgebildet hatte. Daher richteten Marx und Engels ihre Anstrengungen zunächst darauf, Grundlinien der historischen Entwicklung zu erfassen. Sie erarbeiteten in jener Zeit ihre Theorie vom Klassenkampf, Partei nehmend für den internationalen Arbeiteremanzipationskampf.

Von diesen theoretischen wie praktischen Positionen her näherten sie sich dann dem Problem der Nationen, wobei sie diese als gesellschaftliche Einheiten in ihrer vor allem sprachlichen und kulturellen Verschiedenheit wie in der Besonderheit ihrer historischen Entstehung als gegeben hinnahmen, ohne sie begrifflich präzis zu definieren. Dieser auffallenden definitorischen Abstinenz lag eine methodische Überlegung zugrunde. Friedrich Engels notierte später in seiner Vorarbeit zum *Anti-Dühring*, Definitionen seien »stets unzulänglich«. Die »einzige reele Definition«, so fuhr er fort, »ist die Entwicklung der Sache selbst, und diese ist aber keine Definition mehr«. Doch gestand er zu, für den »Handgebrauch« sei eine kurze Darlegung der allgemeinsten und zugleich bezeichnendsten Charaktere in einer sogenannten Definition oft nützlich und sogar notwendig. So weit das methodische Selbstverständnis von Engels.

Beide scheinen das instinktiv schon Jahrzehnte vorher, in ihrer vormärzlichen Reifezeit beherzigt zu haben. Sie stellten da als zwei bezeichnende Charakterzüge einer Nation heraus: dass sie auch ohne den sie zusammenfassenden Staat bestehe, doch sei der Drang zur Bildung eines Nationalstaats unausweichlich. Weiterhin sahen sie in der bürgerlichen Nation keine Gemeinschaft von Gleichberechtigten; schließlich besaßen in ihr die Arbeiter nur in geringem Maße die materiellen wie auch die geistigen Güter.

Als aufschlussreiche historische Bemerkung von Engels aus der Vormärz-Zeit sei angeführt, dass er im Hinblick auf welthistorische Revolutionen, nämlich die industrielle in England, die politisch-soziale in Frankreich und die philosophische in Deutschland, von den drei leitenden Nationen in Europa sprach. England war in

---

* Erstveröffentlichung aus Nachl. 462 (Ernst Engelberg), Staatsbibliothek zu Berlin – Preußischer Kulturbesitz. Unwesentlich gekürzter, redigierter Vortrag, den E. E. 1993 in der Canitz-Gesellschaft Berlin hielt.

seinen Augen schon rein zeitlich der ökonomische Demiurg der Entwicklung; Frankreich repräsentierte soziale Zukunftserwartungen, nicht zuletzt in Gestalt sozialistischer Utopien; Deutschland leitete eine neue Weise des historischen Weltverständnisses ein.

Gerade durch diesen Vergleich der drei Nationen könnte man in gewissem Sinne davon sprechen, dass auch Marx und Engels zwischen Kultur- und Staatsnation unterschieden. Von daher wurde ihnen immer wieder die Diskrepanz zwischen dem erreichten philosophischen wie künstlerischen Niveau und dem politischen Elend der nationalstaatlichen Existenz deutlich. Doch ihr Hauptinteresse richtete sich auf die Erkenntnis gesellschaftlicher Bewegungsgesetze und deren praktischer Nutzbarmachung für die Arbeiter. Das schlug sich im *Kommunistischen Manifest* nieder, das für mich ein welthistorisches wie weltliterarisches Dokument bleibt.

Was steht dort in programmatischer Kürze zur nationalen Frage geschrieben – vielzitiert und angefeindet? »Die Arbeiter haben kein Vaterland.« Nehmen wir den Satz zuerst einmal so, wie er dasteht, ohne Rücksicht auf den textlichen und historischen Zusammenhang und fragen nach den logischen Konsequenzen dessen, was er besagt. Wenn man beispielsweise sagt: »Die Arbeiter haben keine Freiheit«, dann kommt es doch kaum einem in den Sinn, zu behaupten: Die Arbeiter wollen von Freiheit nichts wissen. Oder läuft etwa der Satz: »Die Arbeiter haben kein Brot« nicht auf die direkte Forderung nach Brot hinaus?

Der so vielfach fehlgedeutete Satz – »Die Arbeiter haben kein Vaterland.« – läuft auf nichts anderes hinaus als auf eine Forderung danach. Nirgends kommt das deutlicher und warmherziger zum Ausdruck als in Wilhelm Weitlings Buch *Garantien der Harmonie und Freiheit* von 1843, das der junge Marx mit fast jubelnder Begeisterung begrüßte. Darin heißt es: »So ein Vaterland, das alle seine Glieder und keine Müßiggänger nährt, lass ich mir gefallen … für solch ein Vaterland kann man schon Leben, Blut und Freiheit wagen: aber unseres? Großer Gott, haben wir denn wirklich ein Vaterland? … Zu fordern hätten wir freilich eins und das mit großem Rechte. … Heute sind wir in unserm eigenen Vaterland von Feinden umgeben, die so schlimm und tyrannisch sind als die fremden. Die Sklaverei, unter die sie uns geschmiedet, ist die der Armen unter die Geißel der Reichen, die der Arbeit unter die Willkür des Geldsystems. … Und das sollen Landsleute sein? … Das sind keine Landsleute, diese falschen Patrioten, die sind uns fremder als der Kosak und der Franzose.«

Karl Marx, stilistisch weniger gefühlsbetont, wenn auch nicht ohne verhaltenes Pathos, schlussfolgerte schließlich nach besagtem umstrittenem Satz: »Indem das Proletariat zunächst sich die politische Herrschaft erobern, sich zur nationalen Klasse erheben, sich selbst als Nation konstituieren muss, ist es selbst noch national, wenn auch keineswegs im Sinne der Bourgeoisie.«

Sechs Wochen nach Erscheinen des *Kommunistischen Manifestes,* Anfang April 1848, stellten Marx und Engels an die Spitze der 17 Forderungen der Kommunistischen Partei in einer Art Aktionsprogramm die nach der »einigen, unteilbaren Republik für ganz Deutschland«. Das richtete sich sowohl gegen die Föderativrepublikaner, die von der überkommenen Kleinstaaterei nicht ablassen wollten, als auch gegen die bürgerlichen Liberalen, die sich mit einem Kleindeutschland unter Preußens Führung zu begnügen gedachten. Die Kommunisten erstrebten damals, durch Auflösung des preußischen und den Zerfall des österreichischen Nationalitätenstaates alle Teile des Volkes in einer großen Nation zu einen – geleitet vom Bestreben, für die Arbeiter möglichst weite Bewegungsspielräume zu schaffen; so sollten alle die Einheitlichkeit der proletarischen Bewegung hemmenden regionalen und lokalen Unterschiede wenn nicht abgeschafft, so doch wenigstens abgeschwächt und ausgeglichen werden. Durch eine große Kraftentfaltung einer revolutionären Volksbewegung wollten sie jene von ihnen erstrebte Einheit Deutschlands sowohl gegen den in- und ausländischen Absolutismus wie auch gegen die Großbourgeoisie, die mit den Feudalen Kompromisse abschlossen, erfechten.

Die nationale Frage war damals für Marx und Engels eine Teilfrage der bürgerlich-demokratischen Revolution, die sie wiederum als Vorspiel einer proletarischen ansahen. Den Nationalstaat erhofften sie als einen kräftigen, sollte er doch nicht nur den Feudalen und Großbürgern, sondern auch den ausländischen Feinden der Nation, vor allem dem Zarismus, gewachsen sein. Dabei ging es darum, die Interessen möglichst vieler Schichten und Klassen zu vertreten, so volksumspannend zu sein, wie das in der Epoche der bürgerlich-demokratischen Revolution nur irgend sein konnte. Der Nationalstaat sollte keine fremden Völker unterdrücken und Freunde gewinnen durch die Unterstützung nationalrevolutionärer Freiheitsbewegungen anderer Völker.

In der Tat unterstützten Marx und Engels publizistisch in der *Neuen Rheinischen Zeitung* den nationalen Kampf der Polen und Ungarn, während sie vom revolutionsverräterischen Slawentum »der Tschechen, Slowaken und Kroaten« sprachen. Allerdings beschuldigten sie die Deutsch-Österreicher, durch ihr Verhalten die Tschechen an die Seite des zaristischen Russlands getrieben zu haben. Keine Gnade fanden bei ihnen die Kroaten, die mit bewaffneten Kräften den Ungarn in den Rücken gefallen waren.

Was Deutschland anbelangt, so kann ich hier nicht weiter darauf eingehen, wie aus der halben Revolution der Märztage von 1848 im Laufe der folgenden Monate bis zum Frühjahr 1849 schließlich die ganze Konterrevolution wurde. Alle Bestrebungen, wenigstens eine nationalstaatliche Einigung im Rahmen eines Kleindeutschlands unter preußischer Führung zustande zu bringen, scheiterten. Die Niederlage der demokratischen wie der liberalen Bewegung hatte weittragende Folgen für die geistige wie die politische Entwicklung der deutschen Nation. Endgültig war sie dahin, die große Zeit der klassischen deutschen Philosophie und Dichtung, für Jahrzehnte war es aussichtslos geworden, eine Staatsform in Deutschland zu schaffen, bei der das Parlament die Regierung ein- und absetzen konnte. Künftig schreckten Groß- und Kleinbürger davor zurück, sich demokratisch zu nennen und wichen in die neutrale Bezeichnung Fortschrittspartei aus. Erst in der Novemberrevolution von 1918 traten Konzernmitglieder wie Rathenau und Siemens, aber auch der spätere Naziproselyt Hjalmar Schacht in die neugegründete Demokratische Partei ein; alle Parteien rechts vom katholischen Zentrum verzichteten nicht darauf, sich Volkspartei zu nennen, auch die Deutschnationalen nicht.

Doch zurück zu den fünfziger Jahren des 19. Jahrhunderts. In der damaligen Reaktionsperiode war der politische Rückschritt mit einem bis dahin nie erlebten ökonomischen Fortschritt verbunden. Das schuf neue gesellschaftliche und politische Konstellationen und auch neue Spannungen zwischen den beiden deutschen Großmächten Preußen und Österreich wie zwischen Deutschland und dem napoleonischen Frankreich. Preußen hatte das historische Glück, in Bismarck den Mann zu finden, der einen historischen Kompromiss als notwendig erkannte. Sein Kern: Dem Liberalismus wird das parlamentarische Regierungssystem verweigert, aber sein nationales Ziel, ein Kleindeutschland unter preußischer Führung, wird akzeptiert.

…

Später, in den neunziger Jahren, hat Engels die welthistorische Quintessenz der Reichsgründungszeit folgendermaßen zusammengefasst: »Die geschichtliche Ironie wollte, dass Bismarck Napoleon III. stürzte und nicht nur das kleindeutsche Kaisertum herstellte, sondern auch die Französische Republik. Das allgemeine Ergebnis aber war, dass in Europa die Selbständigkeit und innere Einigung der großen Nationen eine Tatsache geworden war. … Die Totengräber der Revolution von 1848 waren – nach den Worten von Karl Marx – ihre Testamentsvollstrecker geworden.«

Diesem Resümee folgend, sei daran erinnert, dass Marx und Engels und mit ihnen die übergroße Mehrheit der deutschen Sozialdemokratie den Krieg gegen Frankreich bis zum Sturz Napoleons III. moralisch-politisch unterstützten. Dies hörte auf, als der Krieg von deutscher Seite aus mit dem erklärten Ziel fortgesetzt wurde, Elsass-Lothringen zu annektieren, obwohl dessen Bevölkerung in ihrer großen Mehrheit bei Frankreich bleiben wollte. Die sozialdemokratische Obstruktion veranlasste die preußisch-deutschen Regierungsinstanzen, August Bebel und Wilhelm Liebknecht zu verhaften, sie des Hochverrats anzuklagen und zu Festungshaft verurteilen zu lassen. Ich erlaube mir, die ergreifenden Schlussworte des alten Liebknecht, immerhin eines Kampfgefährten von Marx und Engels, vor Gericht zu zitieren:

»Ein zweifaches Ideal hat mir von Jugend vorgeschwebt; das freie und einige Deutschland und die Emanzipation des arbeitenden Volkes, d. h. die Abschaffung der Klassenherrschaft, was gleichbedeutend ist mit der Befreiung der Menschheit. Für dieses Doppelziel habe ich nach besten Kräften gekämpft, und für dieses Doppelziel werde ich kämpfen, solange noch ein Hauch in mir ist. Das will die Pflicht!«

In einem programmatischen Dokument konnte die Sozialdemokratie ihr radikal-demokratisches Ziel einer unteilbaren Republik mit Einschluss Deutsch-Österreichs wegen strafrechtlicher Verfolgung durch die hohenzollernsche oder habsburgische Dynastie nie proklamieren, aber sie hielt daran fest. Noch ein Jahr vor seinem Tode, im Jahre 1912, sagte August Bebel in einer Rede zum sechzigsten Geburtstag des österreichischen Sozialdemokraten Victor Adler: »Es war einer der traurigsten Tage meines Lebens, als im Jahre 1866 bekannt wurde, dass Österreich aus dem deutschen Bund ausgeschlossen wurde; es würde einer der schönsten Augenblicke meines Lebens sein, wenn der Tag käme, wo Österreich mit Deutschland wieder vereint wäre. ... Wir hoffen, dass der Tag einmal kommen wird, wo wir – deutsche und österreichische Sozialdemokraten – unter einem gemeinsamen Banner, in einem gemeinsamen Parlament beisammensitzen und unsere Ziele verfolgen.«

Das wollte man 1919 realisieren; aber die Alliierten verhinderten es. Am Ziel eines demokratischen, Preußen und Österreich umschließenden Deutschland hielten die Sozialdemokraten beider Länder noch lange fest. Auch die österreichischen Kommunisten gaben dieses Ziel erst in den dreißiger Jahren auf, als Hitler die Verschwisterung von Demokratie und Nation unmöglich machte.

Doch zurück zum Bismarckreich. Friedrich Engels hielt sich weiterhin an die von ihm schon 1866 formulierte Devise: die gegebene Sachlage »akzeptieren, ohne sie zu billigen«. Die Sozialdemokratie solle die 1871 vollendete Revolution von oben nicht rückgängig machen wollen, sondern ihr vielmehr die »nötige Ergänzung und Verbesserung durch eine Bewegung von unten« geben. Und was die Deutsch-Österreicher betreffe, so sah er auch hier nüchterner als Bebel. Sie müssten sich fortan entscheiden, ob sie weiterhin nach Deutschland tendieren oder sich auf einen Donaustaat einstellen wollten.

Die Verfolgung der sozialistischen und gewerkschaftlichen Arbeiterbewegung im neugeschaffenen Deutschen Reich vergiftete natürlich die Atmosphäre. Den Sozialdemokraten heftete man das Etikett der »vaterlandslosen Gesellen« an, diese wiederum reagierten bei den alljährlichen Budgetberatung mit der Losung: »Diesem System keinen Mann und keinen Groschen!«

Bedeutungsvoll wurde die Stellung der Sozialdemokratie zur Nation Anfang der neunziger Jahre während der Debatte über das Erfurter Programm, als es um die Vaterlandsverteidigung ging. Da meldete sich wiederum Friedrich Engels zu Wort und plädierte für die »Rekonstitution Deutschlands«, worunter er die Beseitigung der »Kleinstaaterei« verstand. Preußen, so Engels, müsse in selbstverwaltende Provinzen aufgelöst werden, »damit das spezifische Preußentum aufhört, auf Deutschland zu lasten«. Und im Übrigen könne das Proletariat »nur die Form der einen und unteilbaren Republik gebrauchen«. Das war offensichtlich ein Wiederaufnehmen der alten Formel von 1848. Verdeutlichend setzte er noch hinzu: »Also einheitliche Republik. Aber nicht im Sinne der heutigen französischen, die weiter nichts ist als das 1798 gegründete Kaiserreich ohne Kaiser.« Sein Anliegen war die »vollständige Selbstverwaltung in Provinz, Kreis und Gemeinde«.

Eine andere, geradezu lebenswichtige Frage der deutschen Nation, die Marx und Engels sehr bewegte, war die seit 1871 von beiden befürchtete Entente zwischen Frankreich und Russland, die in den Jahren von 1891 bis 1893 zustande kam. Deutschland geriet damit in die Gefahr eines Zweifrontenkrieges. In der deutschen wie französischen Arbeiterpresse ließ Engels keinen Zweifel darüber, dass die Annexion von Elsass-Lothringen ein Unrecht gewesen sei und die Französische Republik gegenüber dem Hohenzollernreich die Revolution vertrat, eine bürgerliche allerdings, aber immerhin eine Revolution. Doch wenn Frankreich zusammen mit dem zaristischen Russland in den Krieg ziehen sollte, »würde es seine ganze revolutionäre Geschichtsrolle verleugnen und dem Bismarckschen Kaiserreich erlauben, sich als Vertreter des westlichen Fortschritts aufzuspielen gegenüber orientalischer Barbarei«.

Das Reich mit seiner fortgeschrittenen ökonomischen und sozialen Entwicklung würde dann »einfach um seine Existenz« kämpfen müssen, aber auch die deutsche Sozialdemokratische Partei wäre in der gleichen Lage, denn: »Das sozialistische Deutschland nimmt in der internationalen Arbeiterbewegung den vordersten, den ehrenvollsten, den verantwortungsvollsten Posten ein; es hat die Pflicht, diesen Posten gegen jeden Angreifer bis auf den letzten Mann zu behaupten. Ein zerstückeltes Deutschland wäre … außerstande, die ihm in der europäischen geschichtlichen Entwicklung zukommende Rolle durchzuführen.« Schon weil ein »Kampf auf Leben und Tod« zu befürchten sei, dürften die deutschen Sozialisten nicht auf die Unwägbarkeiten eines Krieges setzen, »statt den sicheren Triumph des Friedens abzuwarten«. Mehr noch: »kein Sozialist, von welcher Nationalität auch immer, kann den kriegerischen Triumph weder der heutigen deutschen Regierung wünschen noch den der Französischen Republik, am allerwenigsten den des Zaren, der eins wäre mit der Unterjochung Europas. Und deshalb sind die Sozialisten in allen Ländern für den Frieden.«

Verhinderung des Krieges also – geleitet vom Wunsch, der deutschen Sozialdemokratie eine solche Prüfung voller moralischer und politischer Gefahren und Risiken zu ersparen. Von nun an aber musste sie sich mit dem Verhältnis von Krieg und Nation in zunehmendem Maße theoretisch und praktisch auseinandersetzen.

Es sollte alles schlimmer kommen als erwartet. Einer fragwürdigen »Vaterlandsverteidigung« folgend, taumelte auch die Sozialdemokratie zunächst in den Ersten Weltkrieg hinein und ermannte sich erst 1916 in Gestalt Karl Liebknechts zu grundsätzlichem Widerstand. Die unvollendete Novemberrevolution führte in verhängnisvoller Langzeitwirkung schließlich zum vollendeten Faschismus. Das Datum vom 30. Januar wird uns ständig begegnen, wo deutsche Wunden schmerzen.

Hitler entfesselte einen Weltkrieg von bislang in der Geschichte einmaligen Ausmaßen. Dieses Deutschland konnte nur durch eine Koalition von Mächten bezwungen werden, die zwei entgegengesetzte soziale Systeme repräsentierten. Das musste zu neuen Spannungen und Konflikten führen, in die das besiegte Deutschland tief verstrickt war, umso mehr, als vom deutschen Volke aus kein Massenwiderstand gegen das faschistische Regime ausgegangen war. Das alles führte nicht mehr zu einem von Marx und Engels noch diskutierten Groß- oder Kleindeutschland, sondern zu einer von den Siegermächten gespaltenen Nation, der die Eigenständigkeit abhandengekommen war. Zudem wurden große Teile des Landes auf Beschluss aller Alliierten abgetrennt. Was ich für den Ostteil des Landes bekunden kann, das ist ein starker Drang nach einem Nie-Wieder angesichts der Auswirkungen des Faschismus. Da brauchte kein Antifaschismus verordnet zu werden, da war alles sichtbar, in den zerstörten Städten, in den verwirrten Köpfen und im Elend des Alltags.

Es konnte nicht nur um die Negation gehen, sondern um eine positive Neugestaltung des staatlichen und gesellschaftlichen Lebens, zu der sich gerade im Osten des Landes so viele einfanden, aus den Zuchthäusern und aus den Konzentrationslagern wie aus den Emigrationsländern und aus Teilen einer inneren Emigration. Namen wie Bertolt Brecht und Anna Seghers, wie Arnold Zweig, Ernst Bloch, Hans Mayer, Walter Markov seien nur stellvertretend für eine lange Reihe derer genannt, die ein »anderes Deutschland« vertreten hatten und aufbauen wollten.

Gerade sie standen in anderen Traditionen, und viele von ihnen auch in denen, die von Marx und Engels gebahnt worden waren. So ist es aufschlussreich, dass des 100. Jahrestages der 48er Revolution im Osten besonders gedacht wurde. Ein Bestreben war sichtbar, hier anzuknüpfen, was immer auch später daraus gemacht werden sollte. Vieles in dem in Zonen aufgeteilten Land wurde dadurch verschärft, dass sich alle internationalen Konflikte und Spannungen hier entluden im anhebenden Kalten Krieg der Systeme. Da gab es keine nationale Selbstverwirklichung und konnte es in selbstverschuldeten Abhängigkeiten auch keine geben. Inwieweit sich die Fremdbestimmungen fortsetzten, werden künftige Historiker noch detailliert und präzis, nicht nach Kriterien der Medienwirksamkeit, zu eruieren haben. Nur so viel sei gesagt: Zunächst ging die Spaltung vom Westteil aus, im Osten wurde die Losung »Deutsche an einen Tisch« wirklich aufgenommen.

Ich fühle mich in vielen Hoffnungen auf die Realisierung einer zum Kapitalismus alternativen Gesellschaftsordnung getäuscht. Da ist manches bitter genug und muss im »Lichte unserer Erfahrung« (Thomas Mann) neu durchdacht werden. Aber in der Einschätzung unseres heutigen Gesellschaftssystems, auch wenn man es jetzt nebulöser »Marktwirtschaft« nennt, wenn man die Dinge seitenverkehrt sieht und vom Arbeitnehmer und Arbeitgeber redet, wo in Wirklichkeit der Unternehmer die Arbeitskraft des Arbeiters »nimmt« – in der grundsätzlichen Analyse dieses Gesellschaftssystems fühle ich mich nach langjähriger Beschäftigung mit Marx und Engels bestätigt, sogar in hohem Maße.

Erneutes Nachdenken über den Sinn der Geschichte*

Seit über zehn Jahren hängt an einem meiner Bücherregale ein Ausspruch Martin Bubers: »Altsein ist ein herrlich Ding, wenn man nicht verlernt hat, was anfangen heißt.« Was aber heißt anfangen, wenn man 85 Jahre alt geworden ist; ob man das dann überhaupt noch sagen darf? Was mich anbelangt, so werde ich wohl beim Anfangen bleiben, solange ich lebe und es mir gesundheitlich vergönnt ist. Anfangen heißt für mich, die Dinge wieder, wie Thomas Mann es verstand, anderen Beleuchtungen auszusetzen, eigene Erlebnisse und erarbeitete Erkenntnisse ständig neu zu überprüfen, fragen, wo man irrte, was man korrigieren muss, was geblieben ist. Wie steht es damit in einer Zeit, die so sehr wie die unsere zur Selbstüberprüfung eigenen Verhaltens und wissenschaftlichen Bemühens herausfordert?

Beim Nachdenken darüber kam ich zu fast überraschenden Ergebnissen. Ich hatte angenommen, mehr über Bord werfen zu müssen, doch das war in wesentlichen Dingen gefehlt. Alle die ökonomisch-sozialen, politischen und moralischen Krisenerscheinungen der Gesellschaft, die mich in meiner Jugend zu der von Marx und Lenin geprägten Bewegung gedrängt hatten, treten gegenwärtig, da ich alt geworden bin, wieder in voller Breite und Intensität in Erscheinung. Im Gegenteil, die Bedrohungen der Menschen wie der Menschheit haben sich sogar noch verstärkt. Da bleibt an den Grundeinschätzungen, die bereits Marx und Engels über diese Gesellschaft gegeben haben, nichts zurückzunehmen. Schmerzlich allerdings ist es, zu erkennen, wie die Weiterentwicklung ihrer Theorie und Methodik vernachlässigt und vieles ihrer lebendig praktizierten Dialektik pervertiert, in starre Katechismusschemata gepresst wurde. Hier bietet sich eine ganze Fülle von Problemen an, die ich nur kurz unter das Grundproblem Dialektik von Evolution und Revolution subsumieren möchte. Mehr denn je ist kritische Beobachtung und Analyse des Weltgeschehens gefragt. Da ist noch eine Überfülle zu tun, wenn man sich nicht jenem teils modischen, teils auch ehrlich verzweifelten Pessimismus unserer Tage überlassen will. Es gibt auch einen moralischen Antrieb, der uns bewegt, wenn wir heute erneut nachdenken über den Sinn der Geschichte und zumindest Lösungsmöglichkeiten suchen.

Die Historik, die die Geschichte erforscht, reflektiert und darstellt, bietet gar viele Vergleiche an, ökonomisch-soziale, politische und psychologische Erklärungen für Niedergangsperioden, für Weltkriege, Revolutionen, heiße und kalte Bürgerkriege unseres Zeitalters und früherer Zeiten. Künstler des Wortes, des Bildes und des Klanges vermitteln uns Erlebnisse leidender, gequälter, herrschsüchtiger und rebellischer Menschen in Fülle. Und immer wieder bleiben bohrende Fragen

---

* Erstveröffentlichung aus Nachl. 462 (Ernst Engelberg), Staatsbibliothek zu Berlin – Preußischer Kulturbesitz. Überarbeiteter Vortrag, 1994 in der Leibniz-Sozietät gehalten.

zu beantworten, so etwa: Gehört die gegenwärtige weltweite Krise der menschlichen Lebens- und Schaffenswelt zum ewigen Kreislauf der Geschichte? Bleibt jenes »Allzu-Menschliche«, das immer wieder so viel Niedertracht in Krieg und Frieden hervorbringt, für immer bestehen? Die Frage nach der Natur des Menschen beunruhigt uns, und wenn der Mensch sich verändert, unter welchen Bedingungen, inwieweit und in welcher Richtung geschieht es? Wohin bewegt sich überhaupt die Menschheit? Der Ruf nach Erlösung auf dieser oder jenseits der Erdenwelt ist seit Jahrtausenden nicht verhallt. Erlösung vom Übel erfleht das Gebet, das die Hoffnung aufs Jenseits richtet. Aufs Diesseits richtet sich die trutzige Strophe: »Uns aus dem Elend zu erlösen, können wir nur selber tun.« Beide allerdings hoffen auf Erlösung in der Zukunft, wo immer sie auch gelegen sei. Gehört dieses Sehnen und Streben von Individuen und ganzen Klassen und Schichten des menschlichen Geschlechts nicht auch zu einem möglichen Sinn der Geschichte?

Schon dem Sprachgebrauch nach enthält das Wort Sinn nicht allein das Zweckhafte, das Wozu und Wofür, es verweist die geschichtliche Bewegung auch auf ein Wohin.

Unwiderstehlich drängt sich im aufgewühlten 20. Jahrhundert die Sinnfrage der Geschichte auf. Es sei mir gestattet, mich auch von persönlichen Erinnerungen her an die Sachlage heranzutasten. Bereits im Ersten Weltkrieg fragten Frauen und Mütter, wofür ihre Männer und Söhne eigentlich gefallen wären. Die konventionelle Formel von der »stolzen Trauer« verfing schon damals nicht mehr. Und im Zweiten Weltkrieg, wo sich den gefallenen Soldaten auch die umgekommenen Zivilisten beigesellten, wurden die Fragen noch bedrängender. Unauslöschlich haben sich mir im Exil jene verzweiflungsvollen Stunden eingeprägt, in denen jüdische Emigranten vom Tode ihrer in Deutschland verbliebenen Angehörigen erfuhren; ermordet waren sie, nicht gefallen auf dem Schlachtfeld, auch nicht im blutigen, wutverzerrten Gemetzel der Pogrome, sondern in blutfreien Gaskammern, kalt vorbereitet nach einem logistisch ausgeklügelten Verfahren mit dem Ziel industrieller Massenvernichtung. Eine entsetzliche Perfektionierung des Schreckens; fast treten die Mörder zurück, umso klarer zeichnet sich die Unterscheidung zwischen schutzlos ausgelieferten Menschen und eiskalter Unmenschlichkeit ab. Hier nahm die historische Sinnfrage neue Dimensionen an. Und dennoch steht sie, intellektuell gesehen, in Zusammenhängen, um deren Erkundung sich Historiker und Philosophen schon seit langen Zeiten, bereits im griechisch-römischen Altertum, bemühten.

Bei den griechischen Historikern waren es die Götter, die in das geschichtliche Geschehen unmittelbar und oft grausam strafend eingriffen. Im vielfach Bewegten aber hielt sich als das im Wesentlichen Gleichbleibende die Überzeugung von der Unveränderlichkeit der menschlichen Natur, vermittelt in der Gesamtschau des Erforschten und Darzustellenden als einer zyklischen Wiederholung. Die Ereignisse des politischen und kriegerischen Geschehens, die Taten der Heroen, ihr

Kampf ums Leben, ihr Übermut, ihre Rache und ihr Tod – die ganze tragische Poesie der Geschichte –, alles steht unter dem Gesetz von Entstehen, Wachstum und Untergang, neu beginnend im gleichen Rhythmus. Diese zyklische Auffassung vom geschichtlichen Leben gab keinen Trost, keine Hoffnung, bestenfalls stärkte sie die Seelen im bitteren Daseinskampf der Völker und Staaten. Auffallend, dass diese moralisch zweckgerichteten Vorstellungen von geschichtlichen Abläufen in dieser Epoche nicht nur in Griechenland zu Hause waren. Eine im Kern ähnliche geistige Verfassung herrschte in China vor; bezeichnenderweise symbolisierte auch in Indien ein Rad den Zeitbegriff: die ewige ziellose Kreisbewegung von Tod und Wiedergeburt. Nichts Neues werde die Zukunft bringen, es würde ähnlich geartet sein wie vergangenes und gegenwärtiges Geschehen.

Allerdings gab es in der athenischen Polisdemokratie des 5. Jahrhunderts vor unserer Zeitrechnung und in späthellenistisch-römischer Zeit auch Fortschrittsauffassungen eigener Art. Im 5. Jahrhundert war der Fortschritt der praktischen Künste, die den elementaren Lebensbedürfnissen dienten, wie jener der »schönen Künste« unverkennbar. Doch im Selbstbewusstsein des Erreichten glaubte man nicht mehr an eine Weiterentwicklung. Fortschritt blieb auf das beschränkt, was von der Vergangenheit ausgegangen war und bis zur damaligen Gegenwart reichte; er blieb also retrospektiv. Man orientierte sich noch nicht, wie später in der Aufklärung, auf ein Fortschreiten in der Zukunft, am allerwenigsten auf eine ferne. Mit ihr gab sich kein Grieche ab; so auch nicht die Denker der späthellenistisch-römischen Zeit. Allerdings wiesen ihre auf die Vergangenheit gerichteten Fortschrittskonzeptionen bereits dialektische Züge auf, etwa die heute noch gültige Erkenntnis, dass technischer Fortschritt durchaus von sittlicher Dekadenz begleitet sein kann. Insgesamt aber blieb in der Griechenzeit die zyklische Geschichtsauffassung dominant. Sie stand, wie bereits angedeutet, im Zusammenhang mit dem Menschenbild. Jacob Burckhardt hat sich in seinem berühmten, aber – so scheint es – Verlegenheit bereitenden Kapitel seiner Kulturgeschichte *Zur Gesamtbilanz des griechischen Lebens* in strikten Gegensatz zur verklärenden Sicht des deutschen Humanismus gesetzt, wie sie besonders in Schillers Gedicht *Die Götter Griechenlands* poetischen Ausdruck fand. Ihm eignet schon insofern programmatische Bedeutung, als der Dichter an ihm in verschiedenen Zeitabschnitten seines Lebens arbeitete; zuletzt veröffentlichte er es 1803 mit dem Untertitel: Für die Freunde der ersten Ausgabe, und die war 1788. Er beginnt mit den hymnischen Zeilen:

> *»Da ihr noch die schöne Welt regiertet,*
> *An der Freude leichtem Gängelband*
> *Glücklichere Menschenalter führtet,*
> *Schöne Wesen aus dem Fabelland!*
> *Ach, da euer Wonnedienst noch glänzte,*
> *Wie ganz anders, anders war es da!«*

Demgegenüber weist Jacob Burckhardt die Vorstellung zurück, dass »die Athener des perikleischen Zeitalters … jahraus, jahrein im Entzücken« gelebt hätten und setzt das Verdikt hinzu: »Eine der allergrößten Fälschungen des geschichtlichen Urteils, welches jemals vorgekommen und umso unwiderstehlicher, je unschuldiger und überzeugter sie auftrat. Man überhörte den schreienden Protest der ganzen überlieferten Schriftwelt…« In der Tat bereitet Jacob Burckhardt in dem umfangreichen Kapitel eine ganze Fülle von Zeugnissen des »griechischen Pessimismus« aus. Nicht nur die repräsentativen Geister aller Epochen der Antike, auch die anderen Überlieferungen bekunden dieses »Gemeingut des griechischen Pessimismus: der Mensch ist zum Unglück geboren, Nichtsein oder Frühsterben das Beste.«

Ich habe hier nicht die Aufgabe, zu ergründen, aus welchen Gegenwartsbedürfnissen her man die griechische Welt verklärte; es steht mir auch nicht zu, den widersprüchlichen Zusammenhang zu erklären zwischen dem »griechischen Pessimismus« und dem gleichzeitigen Bemühen griechischer Künstler und Philosophen um das »Gute und Schöne«. Eines aber steht außer Zweifel: Das Streben nach dem rechten Maß und richtigen Erkennen ist auf die Bewältigung der Gegenwart gerichtet und hatte nichts zu tun mit der Hoffnung auf Veränderung in der Zukunft. In diesem Sinne spricht auch Christian Meier in seinem Buch über das alte Athen von den »Affektkontrollen«, die die Griechen unter sich, fernab von allen Zukunftsideologien, errichtet hätten. Wie immer das auch gewesen sein mag, als eine weiter zu verfolgende These – oder auch Hypothese – möchte ich festhalten: Ihr zumindest skeptisches Menschenbild und ihre Auffassung von den historischen Kreisläufen machte es den Griechen unmöglich, in der Geschichte einen Sinn zu sehen.

Wie aber stand es damit in der römischen Antike? Auch dort, wo im Unterschied zu Griechenland die Geschichtsschreibung mehr geschätzt wurde als die Philosophie, vermittelten die Historiker keine vorwärtsweisende Zuversicht. Das Interesse solcher Staatsschriftsteller und Politiker wie Cäsar und Historiographen wie Sallust, Livius und Tacitus richtete sich – nicht anders als bei Herodot und Thukydides – auf Kriege, auf Außenpolitik mit ihrem Primat gegenüber der Innenpolitik. Dem allen entsprach auch die Anerkennung der überragenden Rolle der Persönlichkeiten, deren Eigenart und Wirken mit literarischer Meisterschaft dargestellt wurden. Alles aber durchdrang ein moralisierender Pessimismus. Sowohl Titus Livius (59 v.–17 n. u. Z.), der um die Zeitenwende lebte, als auch der einige Jahrzehnte später schreibende Cornelius Tacitus (56–120) beurteilten ihre Zeit vorwiegend negativ.

Was es da alles zu kritisieren gab, sei nur erinnernd erwähnt: Der Zeitenwende war ein Jahrhundert der Kriege um die Erweiterung des Reiches vorausgegangen, um die Beherrschung der Provinzen, um adlige Machtkämpfe, schließlich um das Niederschlagen der Sklavenaufstände. Das alles bewegte sich im spannungsreichen Wechselspiel mit der Krise der Sklavenwirtschaft, mit der Verschiebung der Besitz- und Kreditverhältnissen, in denen sich die Spanne zwischen Armen und

Reichen vergrößerte. Den ökonomisch-sozialen und politischen Turbulenzen entsprach der moralische Verfall: Habsucht und Egoismus, Bestechlichkeit und provozierender Luxus, Schwelgerei und ordinärste Sinnenlust.

Sicherlich: unter den Zeitkritikern waren auch Historiker zu vernehmen. Doch sie konnten die ihnen nahestehenden Staatsgewalten bestenfalls nur akademisch ermahnen. Einen Ausweg zeigten sie nicht; am allerwenigsten vermochten sie die Elendsmassen in Stadt und Land des römischen Riesenreiches moralisch-politisch zu erreichen. Nicht, dass sie dies gewollt hätten, aber es trug zur Verfahrenheit der Lage bei. Titus Livius schlussfolgerte resignierend: Weder unsere Gebrechen noch die Heilmittel vertragen wir mehr.

An dieser irdischen Welt schier verzweifelnd, suchten immer mehr Menschen wenigstens eine geistige Erlösung, die sich im Jenseits vollenden sollte. Auf diesem Boden sozialer und menschlicher Krisen erwuchs und verbreitete sich das Christentum, das ohnehin durch religiöse und vulgärphilosophische Vorstellungen der Spätantike vorbereitet worden war. Über Palästina hinaus erweiterte es immer mehr den Radius seiner Missionstätigkeit – national und sozial.

Vor allem Paulus war es, der bei den vielen Völkern des Römischen Reiches predigte und die meisten Anhänger aus den unteren Schichten der Gesellschaft, den Sklaven, den Handwerkern und den Freigelassenen, gewann. Grundsätzlich opponierte auch er nicht gegen die Sklaverei: Mit dem Widerspruch, einerseits barmherzige Hinwendung zu den Mühseligen und Beladenen, andererseits mehr oder weniger Verquickung mit den jeweils Herrschenden, lebte und lebt das Christentum bis zum heutigen Tage. Der Grundsatz der nationalen und sozialen Gleichheit, wenn auch nur vor Gott, und die Hoffnung auf eine nahe oder ferne Erlösung im Jenseits schufen jedoch Voraussetzungen für eine künftige Ausbildung zu einer Weltreligion.

Der Geschichte war nun – anders als bei den griechischen und römischen Philosophen und Historikern – mit Jesus und seinem Sühneopfer zur Erlösung der sündigen Menschheit ein Ziel gesetzt. Das veränderte allmählich das historische Denken, wenn auch solcherart, dass der Gewinn auch Verluste brachte. Künftig ergründeten die Historiker weit weniger die in der Vergangenheit wirkenden Kräfte, als dass sie deren moralische Schuldhaftigkeit zu enthüllen trachteten, die Gegenwart warnend und auf das Heil in der Zukunft verweisend. Für das Geschichtsverständnis aber überwog der Gewinn, indem das Interesse für die Zukunft geweckt wurde und sich die Vorstellungen vom historischen Verlauf wandelten. Allerdings bedurfte es noch einer langen Periode der Kirchengeschichte, bis Augustinus um die Wende vom 4. zum 5. Jahrhundert die klassische Anschauung von einer ziellosen, periodischen Kreisbewegung der Weltgeschichte überwand; das bestimmte dann die Geschichtsauffassungen bis zur Renaissance.

Was die Natur des Menschen betrifft, so ist sie im christlichen Verständnis nach Adams Fall von Geschlecht zu Geschlecht mit der Erbsünde behaftet. Insofern wirkt der antike Pessimismus weiter. Umstürzend ist jedoch das in Aussichtstellen einer menschlichen Erneuerung; durch den Glauben an Christus und an seinen Opfertod erhält der Mensch die Fähigkeit zum Guten schon während seines Erdenlebens wach. Auch hier gibt es der Widersprüche genug. Doch wie sich auch die theologische Anthropologie in den historischen Wechselfällen der kommenden Jahrhunderte bis zu ihrer Säkularisierung in der Aufklärung entwickelt haben mochte, das Christentum hat neue, wenn auch immer wieder höchst prekäre Möglichkeiten einer optimistischeren Sicht auf den Menschen geschaffen. Nicht um eine bloße Affektkontrolle geht es, wie in der Antike, sondern um den Willen zur grundsätzlichen Veränderung. Man soll nicht nur in der Gegenwart verharren, sondern sich der Zukunft zuwenden, selbst wenn Erlösung erst im Jenseits liegt.

Die Verfolgungen der Christen und die geistigen Auseinandersetzungen mit einer werdenden Kirche muss ich aussparen, ebenso die Ausbildung ihrer Verfassung und den Entscheidungskampf zwischen Christentum und Römischem Reich. Selbst die Entwicklung der römischen Reichskirche bis zur Auflösung des Gesamtreiches und die Gründung katholisch-germanischer Landeskirchen kann und darf uns ebenso wenig beschäftigen wie die Erneuerung des Kaisertums und der Aufstieg des Papsttums. Erst die Vorbereitungsperiode der Reformation und die Renaissance stellen uns wieder vor die uns interessierenden Fragen nach der historischen Entwicklung in der Zukunft und dem Menschenbild.

Seit dem 14. Jahrhundert nahmen die im Laufe des Mittelalters sich herausbildenden Nationen ausgeprägter Gestalt an; das gründete auf einer Produktionsweise, die die Naturalwirtschaft erheblich zurückdrängte, die ökonomisch-soziale und kulturelle Bedeutung der Stadt erhöhte und auf dem Lande die mannigfachen Auseinandersetzungen zwischen den Bauern und ihren Feudalherren verschärfte. Im Bemühen, diese spannungsreiche Dynamik zu beherrschen, bildeten sich in England und Frankreich nationalstaatliche Monarchien heraus, die untereinander selbst wieder in blutigen Widerstreit gerieten. Der Hundertjährige Krieg endete 1453 mit dem Sieg Frankreichs; das war im gleichen Jahr, in dem die Türken Konstantinopel eroberten, ein Ereignis, das nach Friedrich Engels das Ende des Mittelalters anzeigen sollte.

Wie dem auch sei, die Ausweitung des Osmanenreiches belastete den seit den Kreuzzügen entstandenen See-Land-Handel mit den vorder-, klein- und ostasiatischen Ländern zusätzlich durch hohe Abgaben, was wiederum dazu motivierte, neue Seewege und Kontinente zu entdecken. Jedenfalls markierten die Landungen von 1492 und 1498 in Amerika und Indien den Anfang der Neuzeit; was jetzt begann, war die erste Aufteilung der Welt.

In Europa erheischte die spannungsgeladene Krise des mittelalterlichen Feudalismus zwingend neue Lösungen. Seit Langem kam die Elite in Gesellschaft und Staat mit den überkommenen Moralvorstellungen und Bindungen an die Papstkirche nicht mehr aus und nicht mehr weiter. Je nach individuellem Temperament und Bedürfnis suchten die einen – auf Vermittlung durch geistliche Institutionen verzichtend – durch mystische Versenkung den direkten Zugang zu Gott, andere wiederum, die den theologischen Streit mit der ohnehin schon veräußerlichten Kirche vermeiden wollten, dachten und handelten einfach nach den Erfordernissen des sich verändernden Diesseits, ohne Rücksicht aufs Jenseits und auf überkommene Heilsvorstellungen. Das erforderte allerdings geistig-moralische Neuorientierungen, und eben diese suchten und fanden Gelehrte und Künstler in der Antike. So entstand und entwickelte sich die Re-Naissance, die Wiedergeburt eines bereits Dagewesenen, die trotz allem nicht epigonal war, sondern sich kreativ zeigte, gerichtet auf die realistische Erfassung der Natur und der Gesellschaft, auf die Entfaltung möglichst vieler Fähigkeiten des Menschen. Dennoch brach die Renaissance nicht mit dem Christentum, sondern fand besonders in überzeugenden künstlerischen Ausdrucksformen Eingang in kirchliche Institutionen, sogar in deren Zentralstätte, den Päpstlichen Hof des Kirchenstaates. Spätestens die Gegenreformation erkannte schließlich, dass der Geist des Renaissance-Humanismus das katholische Christentum zwar glanzvoll bereichert, aber auch innerlich ausgehöhlt und gegenüber der von Luther eingeleiteten und von Calvin weitergeführten Reformation geschwächt hatte.

Für die beiden uns interessierenden Hauptprobleme, die Geschichtsauffassung und das Menschenbild, ist die Renaissance besonders aufschlussreich, denn das Rad der Geschichte war durch die Orientierung auf die Antike erneut eingerastet, was die Neuaufnahme der alten Kreislauflehre begünstigte.

Repräsentativ für die Vorstellung der Geschichte als der ewigen Wiederkehr des Immergleichen wurde Niccolò Machiavelli (1469–1527). Nach ihm gibt es auch einen quasi-naturgesetzlichen Kreislauf der Staatsformen, den Zyklus der Aufstiegs- und Niedergangsprozesse der Staaten, bei letzlicher Konstanz der menschlichen Natur. Tief pessimistisch schrieb er im *Il Principe* (Der Fürst): »Von den Menschen lässt sich im Allgemeinen so viel sagen, dass sie undankbar, wankelmütig und heuchlerisch sind, voller Angst vor Gefahr, voll Gier nach Gewinn.« Damit verabschiedete er die Idee der möglichen Vervollkommnung des Menschen, der ältere Renaissance-Denker, wie etwa Pico della Mirandola, noch angehangen hatten, wenngleich sie sie auf eine Elite beschränkten. Bei Machiavelli aber heißt es über die Natur der Menschen und ihr Verhältnis zu den Staaten in den *Discorsi:* Sie alle hatten »von jeher die gleichen Wünsche und die gleichen Launen«. Doch unter dem Eindruck erlebter Zeitgeschichte folgert er dann: »Es ist von der Natur den menschlichen Dingen nicht gestattet, stille zu stehen.« Zum Kreislauf der Geschichte gehört durchaus die Regeneration eines Staates, die eine möglichst bedeutsame historische Persönlichkeit erkennen und gestalten soll. Die rein politische Staatsumwälzung hat dabei bestehende gesellschaftliche Zustände zu bewahren und die Beziehungen zwischen den Klassen und Individuen so zu regeln, dass sie, so Machiavelli, nicht immer wieder destruktiv entarten können.

Diese für Italien konzipierte, gleichsam konservative Revolution hat nichts gemein mit den plebejischen Komponenten der frühbürgerlichen Revolutionsbewegungen in Deutschland. Einen progressiven Sinn sieht Machiavelli in der Geschichte nicht. So folgert Frank Deppe: »Weder akzeptiert er den christlichen Heils- und Erlösungsglauben, der stets die menschliche Geschichte ... von der ›Schöpfung‹ bis zum ›Jüngsten Gericht‹ betrachtet; noch antizipiert er das spätere bürgerliche Fortschrittsdenken, das vom Gedanken der ... Perfektionierung der Erkenntnis sowie der gesellschaftlichen Verhältnisse geleitet wird.« Die Renaissance im Gesamten war ohnehin nicht vom »Hochgefühl eines Fortschrittsbewusstseins getragen«, wie Werner Krauss nachdrücklich befand.

Und dennoch bereitete sie, facetten- und formenreich, wie sie war, und in Bild und Begriff immer wieder auf den Menschen bezogen, gedanklich die Aufklärung vor. Das tat auch Machiavelli, antiklerikal, nüchtern und offen in seinen staatstheoretischen Aussagen. Große Aufklärer wie Voltaire, aber auch Rousseau und Herder wussten, was sie ihm und der ganzen Renaissance zu verdanken hatten.

Einer der merkwürdigen Widersprüche in der Geschichte: Das rationale Erbe der Renaissance übertrug sich auf spätere Generationen der Aufklärer durch eine historische Bewegung, deren geistige Leitbilder theologisch geprägt waren.

Es begann mit Luther, der dem Angriff auf die Papstkirche durch seine Schlüsselworte von der Gnade Gottes durch den Glauben statt guter Werke – etwa in Ablassbriefen – populäre Durchschlagskraft verlieh. Die Bewegung der unzufriedenen Massen, begleitet von einer quirlenden geistigen Vitalität, wirkte in verschiedenen Formen rasch über Deutschland hinaus. Die Reformation setzte sich fort und fest in der Schweiz, in Holland, in Schottland und in England und mutierte zu einer bürgerlichen Initialrevolution der Neuzeit. Europäisch, wie sie war, endete sie keineswegs mit der Niederlage des deutschen Bauernkrieges 1526 oder der Täuferbewegung in Münster 1535, sondern frühestens mit dem Sieg der Calvinschen Reformation in Genf 1536. Ohne Luther kein Calvin, ohne Calvin nicht jene Form des Protestantismus, die der heraufkommenden Bourgeoisie als religiöse Orientierung am besten diente – nicht allein im Geistig-Politischen, sondern auch bei der Entwicklung der unternehmerischen Impulse. Der Calvinismus forderte und förderte gewisse Charaktereigenschaften – so etwa den Antrieb zur Arbeit, zwanghaftes Pflichtgefühl, Sparsamkeit usw. –, die der kapitalistischen Produktionsform unverkennbar zugute kamen. Nun war der funktionstüchtige Mensch gefragt, nicht mehr der uome universale der Renaissance, eher, wenn ich den Vergleich wagen darf, der uomo virtuoso im Sinne Machiavellis. Unversehens wird deutlich, wie – durch ein anderes Umfeld veranlasst – der Mensch am Menschen bildet und formt, wie sich eine Dialektik von Konstantem und Variablem in der Natur des Menschen auftun kann. Und dies vor allem in Zeiten des Umbruchs, der leidvollen Umgestaltungen in gesellschaftlichen und politischen Verhältnissen.

Der Zusammenhang zwischen der frühbürgerlichen Revolution und dem aufkommenden Verlags- und Manufakturkapitalismus ist noch ungenügend erforscht. Dennoch darf als Tatsache konstatiert werden, dass Letzterer sich erst im 16. Jahrhundert entfaltete. Die politischen Auswirkungen waren überdies vielfältig: durch umfangreiche Abspaltungen von der Papstkirche – der zentralen und einigenden Institution im Abendland – war das Machtgefüge des Feudalismus schwer erschüttert, der politische Spielraum des sich international zur Bourgeoisie entwickelnden Bürgertums erweiterte sich; das Staatensystem in Europa wandelte sich in heftigen Konvulsionen.

Historische Markierungen des 17. Jahrhunderts sind nun einmal die Jahre 1648/ 1649, als sich im zerrütteten Deutschland das Territorialfürstentum etablierte, in Frankreich sich aber die staatliche Einheit als Voraussetzung seiner Vormachtstellung festigte, in England die »great rebellion« mit der Hinrichtung des Königs siegte; zum anderen aber sind die Jahre 1685–1688 bemerkenswert, in denen sich mit der weiteren Hugenottenverfolgung die ersten Krisenzeichen des französischen Absolutismus zeigten und die glorius revolution den Aufstieg Englands bewirkte.

Die unvermeidliche französisch-englische Rivalität bewegte sich im kommenden Jahrhundert auf drei Ebenen, der des staatlich-dynastischen Machtkampfes, der der ökonomischen Entwicklung und der der geistigen Auseinandersetzung mit sozialen, politischen und humanen Problemen. Der französische Absolutismus erlitt im Jahre 1763, nach dem Ende des Siebenjährigen Krieges, seine entscheidende Niederlage, als England in Nordamerika über Frankreich siegte. Das war auch ökonomisch ein bemerkenswerter Zeitpunkt, denn von da an entwickelte sich unaufhaltsam jene industrielle Revolution, die das Inselreich zur Musternation der modernen Industrie machte.

Die französische Aufklärung aber gelangte zu einer geistigen Vormacht, deren Ausgangspunkt fast penibel genau auf das Jahr 1687 zu datieren ist, als die Huldigung der Académie française für das »Siècle de Louis le Grand« den jahrzehntelangen Streit der »Altertumsfreunde mit den Anhängern der Moderne« (Querelle des anciens et des modernes) auslöste. Den provozierenden Vortrag hielt Charles Perrault, der mit Emphase die These vom kulturellen Fortschritt seit der Antike bis zur Gegenwart vertrat. Damit ging er über Grundansichten der Renaissance hinaus, vor allem stellte er die zyklische Geschichtsauffassung infrage und variierte sie in dem Sinne, dass der Gipfelpunkt eines jeden Zyklus höher läge als der des vorhergehenden.

Ein Jahr später, 1688, formulierte Fontenelle eine Art Gesetz, wonach die Geschichte der Menschheit nicht von einer ewigen Kreisbewegung, sondern von einem irreversiblen Fortschritt bestimmt sei. Damit vertrat er jedoch keinen platten Fortschrittsautomatismus. Trotz allen Wissens würden Barbarei und Wildheit in die Gegenwart hineinreichen und den Fortschritt bedrohen. Letztlich aber werden kein Volk und keine ethnische Einheit davon ausgeschlossen bleiben. Mit solchen und ähnlichen Vorstellungen begann die Hauptlinie des bürgerlichen Fortschrittsdenkens in der französischen Aufklärung.

War Fontenelle der bedachtsam reflektierende Akademiker, so erwuchs im 1694 geborenen Voltaire der sensible, vielseitige und angriffslustige écrivain, der einflussreiche Aufklärer Frankreichs. Bei der Beurteilung des Fortschritts erfüllte ihn trotz immer wieder aufkommender Skepsis historischer Optimismus, in den er auch zukünftige Entwicklungen einschloss. Typischem Aufklärertum gemäß: der Appell an die menschliche Vernunft, die sich, durch Erfahrungen gewitzigt, allmählich animalischer Residuen entäußern sollte. Die Menschheit müsse noch lernen, sich der Vernunft zu bedienen. Da es in der Vergangenheit noch nicht gelungen sei, habe es auch in England etwas gekostet, die Freiheit zu begründen. So wörtlich Voltaire:»Es sind Ströme von Blut geflossen, worin der Götze des Despotismus ersäuft worden ist. Aber die Engländer glauben, ihre Freiheit nicht zu teuer erkauft zu haben.«

Voltaire, keineswegs ein Atheist, lehnte die christlich-klerikale Auffassung ab, die dem Menschen nur eine passive Rolle zubilligte auf jenem von der Erbsünde belasteten Leidensweg bis zum Jüngsten Gericht. Nicht Fremd-, sondern Eigenbestimmung erwartete er, die Fähigkeit, Barbarei und Feudalismus zu überwinden, mehr noch: Der Sinn der Geschichte erfülle sich im Prozess der Menschwerdung, darum sei keine Erlösung durch ein Mysterium, sondern die des Menschen durch den Menschen geboten.

Voltaire gilt als der erste Schriftsteller der Weltliteratur, der mit der These von der Überlegenheit eines einzelnen Volkes oder einer Rasse bricht und den Zivilisationsdünkel des Abendlandes bekämpft. Als ob er die geographische Entdeckung der Welt durch die Sicht auf deren Bewohner ergänzen wolle, bezog er in seine historischen Betrachtungen auch die vor- und nichtchristlichen Völker ein, die Chinesen vor allem, auch die Inder und die Araber. Die Einheit des Menschengeschlechts wurde für ihn zum Axiom.

Elf Jahre vor Ausbruch der Großen Revolution der Franzosen kam der bislang verstoßene Philosoph nach Paris, das ihn triumphal empfing. Alle huldigten ihm: die Akademie, das Theater und die Menge auf der Straße. Liest man die Schilderungen aus jenen Tagen, dann weiß man nicht, was bewunderungswürdiger ist: der gefeierte Schriftsteller oder das begeisterungsfähige Volk. Hier pulsierte die Aufklärung im Aufbruch einer Nation, während die Renaissance ein Durchbrechen alter Schranken gewesen war, das große Werk einer Elite.

Von Frankreich her kam die Aufklärung nach Deutschland, wo sie nach Hegels Überzeugung noch vor der Großen Revolution in Immanuel Kant einen Höhepunkt erreichte. Es war im Jahre 1784, als Kant seine berühmte wie berührende Definition veröffentlichte:»Aufklärung ist der Ausgang des Menschen aus seiner selbstverschuldeten Unmündigkeit. Unmündigkeit ist das Unvermögen, sich seines Verstandes ohne Leitung eines andern zu bedienen.«

Sichtlich laufen Kants Thesen auf Hegels apodiktischen Satz hin: »Der Mensch ist nicht frei, wenn er nicht denkt.« Die aufklärerische Emphase tönte länder- und zeitenumspannend im Loblied auf den Vernunftgebrauch.

Noch vor der Revolution, im Jahre 1784, definierte Kant im Aufsatz über die *Idee zu einer allgemeinen Geschichte in weltbürgerlicher Absicht* die »Geschichte der Menschengattung« als eine im Fortschritt des Vernunftgebrauchs, den er schritt- und stufenweise kommen sah. Bemerkenswert bei ihm ist, dass er seinen historischen Optimismus auch nach den blutigen Schrecken der Großen Revolution nicht aufgab. Rückschläge und politische Katastrophen hatte er in seinem System mitgedacht. Den Keim der Aufklärung sah er dennoch immer wieder sprießen, sowohl in der menschlichen Selbstverwirklichung wie auch in einer im Vereintsein der Völker.

Hegel wusste diese »große und erhabene Seite« der Kantschen Philosophie enthusiastisch zu rühmen und zeigte sich beeindruckt von der moralischen Energie, mit der die französischen Denker und Schriftsteller Kirchen- und Autoritätsgläubigkeit kritisiert hatten, damit den sozialen Umbruch geistig vorbereitend. Als Jüngling hatte er mit seinen Freunden Schelling und Hölderlin schwärmerisch auf den »herrlichen Sonnenuntergang« getrunken, und noch als preußischer Staatsphilosoph in der Restaurationszeit bekannte er vor seinen Studenten: »Alle denkenden Wesen haben diese Epoche mitgefeiert.« Der Gedanke an die Menschenrechte als die natürlichen riss alle mit.

Neben dem Preisen der Vernunft, die sich sogar unabhängig vom Wissen und Wollen der handelnden Menschen durchsetzen würde, wie man im Höhenrausch glaubte, war es bei Hegel die stufenweise Entwicklung der Freiheit, eines »Destillats« der Vernunft, die er, obgleich sie Verirrungen bringen könnte, realisiert sehen wollte. Trotz aller Bedenken blieb sein historischer Optimismus, der in seinem berühmt gewordenen Satz gipfelte: »Die Weltgeschichte ist der Fortschritt, den wir in seiner Notwendigkeit zu erkennen haben.« Die bei Hegel besonders hervorgehobene »Freiheit« als »Endzweck« der Geschichte musste schließlich ein erneutes Fragen nach dem Verhältnis des Einzelnen zum Ganzen, des Individuums zur Gesellschaft und der Gesellschaft zum Staat herausfordern. Schon Hegel sah Staat, Gesellschaft und Individuum in Wechselwirkungen und ging damit gedanklich weit über die Reflexionen seiner Vorgänger hinaus, nicht ahnend, dass er so den geistigen Boden für die Herausbildung eines dialektischen Materialismus bereiten würde.

Angesichts der industriellen Revolution, die sich von England aus in den west- und mitteleuropäischen Ländern mit allen damit verbundenen Interessenkonflikten verbreitete, genügte es für viele nicht mehr, sich auf den Höhen abstrakter Vernunftgläubigkeit und allgemein-menschlicher Sittlichkeit zu bewegen. Selbst der idealistisch-beflügelte Friedrich Schiller mahnte in einem Epigramm bereits 1797:

»Würde des Menschen. Nichts mehr davon, ich bitt euch.
Zu essen gebt ihm, zu wohnen;
Habt ihr die Blöße bedeckt, gibt sich die Würde von selbst.«

Europaweite Kriege, schwindelhafte Spekulationen und frühkapitalistische Ausbeutungspraktiken in der Napoleonzeit und Restauration riefen Kritiker wie Fourier, Saint Simon und andere auf den Plan, deren reformerische Visionen ebenso utopisch waren wie alle Träume von Mustergesellschaften der Zukunft. Sie bleiben Patriarchen des Sozialismus, deren ethische Impulse weiterwirkten, aber in einem fortgeschritteneren Stadium der gesellschaftlichen Entwicklung nicht mehr genügten.

Nach der französischen Julirevolution von 1830 und dem Tode von Hegel und Goethe war Deutschland auf dem Wege zum Vormärz, der neue geistige und politische Konstellationen brachte, so die Differenzierung unter den Hegelianern und die Abspaltung der Demokraten von den Liberalen. Dann traten diskussionsfreudige und belesene Handwerksgesellen hervor, deren bedeutendster der Schneider Wilhelm Weitling war. In den vierziger Jahren trafen sie sich mit radikalen Denkern aus dem Bürgertum wie Karl Marx und Friedrich Engels. Wünschten die einen geistige Klärung hinsichtlich ihrer Gegenwartssituation und ihrer gesellschaftlichen Zukunftsperspektive, so suchten die andern, die die Welt nicht allein interpretieren, sondern auch verändern wollten, nach jenen sozialen Kräften, die daran interessiert waren. Damals erweiterte Friedrich Engels seinen praktischen Erfahrungshorizont auch durch seine Studie über die *Lage der arbeitenden Klasse in England.*

Da sich Marx und Engels aus der junghegelianischen Sphäre der reinen philosophischen Kritik gelöst hatten und sich sehr bewusst der profanen Welt und den plebejischen Massen zuwandten, entfremdeten sie sich schließlich auch dem abstrakten Humanismus Feuerbachs, der sie wegen seiner Kritik des Hegelschen Idealismus und der der Religion zunächst begeistert hatte. Die Idee von der Befreiung des Menschen nahm konkretere Formen an.

In der für sie schon anhebenden politischen Kampfsituation scherten sich Marx und Engels nicht um die ihnen viel zu abstrakt dünkende traditionelle Frage, ob der Mensch nach seiner natur gut oder böse geartet sei, zumal ihnen weder der überschäumende Optimismus eines Fourier noch der abgrundtiefe Pessimismus eines Machiavelli lagen. Nicht die »Konstitution«, wie sie sich später ausdrückten, also die biologisch-psychologischen Merkmale, stand für sie im Vordergrund des Interesses, sondern der Mensch als gesellschaftliches Phänomen in seiner historisch-konkreten Periode, und zwar gerade wegen ihrer Sorge um die leidvollen Deformationen, denen die Individuen unter den gegebenen sozialen und politischen Bedingungen ausgesetzt waren. Unter diesem Blickpunkt erfasste Marx in seinen kritischen Thesen über Feuerbach vom Frühjahr 1845 das »menschliche Wesen« als »das Ensemble der gesellschaftlichen Verhältnisse«.

Das stand keineswegs im Widerspruch zu ihrem Erfülltsein von den humanistischen Idealen, die die bisherige Geschichte überliefert hatte, ganz im Gegenteil, ging es ihnen doch um die gesellschaftlichen Möglichkeiten ihrer Realisierung. Bevor jedoch dieses Ziel erreicht werden könnte, das keineswegs ein Ende der Geschichte bedeutete, muss die Menschheit das Fegefeuer der letzten Klassenkämpfe in der letzten antagonistischen Gesellschaft, der des Kapitalismus, ertragen und bestehen. Die Klassen brauchten in den vierziger Jahren des 19. Jahrhunderts wahrlich nicht mehr entdeckt zu werden; deren Existenz wie die freundlichen und feindlichen Beziehungen untereinander und gegenüber dem jeweiligen Staat wie auch der Staaten mit- und gegeneinander hatten liberale Historiker bereits in der französischen Restaurationszeit eindringlich beschrieben. Neu blieb die Aufgabe, den Zusammenhang der Klassenteilung mit der Produktion, mit der Ausbeutung der Ware Arbeitskraft, dem Austausch und der Verteilung der Produkte in den verschiedenen Gesellschaftsformationen aufzuzeigen und zu erklären.

Die Darlegung der Geschichte seit dem Ausgang der Urgesellschaft als eine Geschichte von Klassenkämpfen und der Aufhebung der Klassen und ihrer Gegensätze nach der prognostizierten Überwindung der bürgerlichen Gesellschaft ist die Quintessenz des *Kommunistischen Manifestes.* Dieses ebenso welthistorische wie weltliterarische Dokument endet in seinem Hauptteil in dem vielzitierten Satz von der künftigen Assoziation, worin die freie Entwicklung eines jeden die Bedingung für die Entwicklung aller ist.

Dieser Satz mag zu viel zitiert werden, sicherlich aber wird er zu wenig analysiert. Als Schlussakkord bedeutet er, dass die vorher dargelegten Klassenkämpfe nicht Selbstzweck, sondern Mittel zum Zweck sind, nämlich der Herbeiführung einer grundsätzlich neuen Phase der Selbstverwirklichung des Menschen. Der historischen Erklärung folgt hier die humanistische Sinngebung. Als Zukunftsvision erhält das Individuum in seinem dialektischen Verhältnis zur Gesellschaft den Vorrang.

Ohne Zweifel, nach der Oktoberrevolution bildete sich zunehmend ein gestörtes Verhältnis zwischen Individuum und Gesellschaft heraus, was sich in den unseligen Schauprozessen der 30er Jahre in einer für uns überaus schmerzlichen Weise offenbarte. Das Individuum wurde zum Opferlamm ausersehen, wobei gerade hingebungsvolle Charaktereigenschaften schamlos und zynisch missbraucht wurden. Wie bedroht die Lage der Sowjetunion auch gewesen sein mochte, kein Zweck kann die angewandten Mittel rechtfertigen. Und dennoch dürfen wir weder bei der Anklage stehenbleiben noch in einen zweifelnden oder gar verzweiflungsvollen Pessimismus verfallen.

Was uns bleibt, ist die Besinnung auf die ursprünglichen Konzeptionen und Ziele, deren Botschaft ebenso wenig eingelöst ist, wie sich die kapitalistischen Verhältnisse – obwohl man sie heute gern soziale Marktwirtschaft nennt – grundsätzlich geändert haben. Weltpolitisch gesehen, sind die Gefahren sogar noch gewachsen. Und im Übrigen: wo der Einzelne nicht mehr gefragt ist, verarmt das Ganze. So hatten wir es in der DDR, und so haben wir es auch unter den veränderten Bedingungen heute, dem roll back in den Kapitalismus, den ich nicht mit modischem Schnickschnack wie etwa Postmoderne schönreden und vernebeln will. Weder verfügt der Einzelne über seine Menschenrechte, noch ist er zur Selbstverwirklichung in der Lage. Wie sollte er das auch – trotz stolz gerühmter Hightech auf immer höher erklommener Stufenleiter bereits Knecht dessen geworden, was er geschaffen hat und weiter schafft. Selbstentfremdung in der Arbeit, deformierende soziale Beunruhigungen, Jagd nach irgendeinem Job, nicht die Erfüllung in einem Beruf, alles beherrschend das Geld; da ist doch die Entfaltung vieler Gaben und Fähigkeiten überhaupt nicht möglich, jener Reichtum der Beziehungen zur Welt, den Marx als ein Kriterium des Menschseins ansah; er gehört zum Sinn der Geschichte.

Was aber soll angesichts dieser Situation das ständige Betonen, die Aufklärung wäre ja nun aber gescheitert. Das hilft uns ebenso wenig weiter wie das Wehklagen, der Mensch neige nun einmal zur Gewalt. Vor Illusionen möge uns ein durch Erfahrungen geschärfter kritischer Blick bewahren, aber das Anliegen der Aufklärung kann doch nicht einfach aufgegeben werden, wenn anders man die Menschen nicht entkräftender Resignation und mutlosem Pessimismus überlassen will. Es mag einem heute wohl mitunter scheinen, als gehe die Menschheit durch eine Periode weltgeschichtlichen Fegefeuers. Sicherlich wird da vieles kaum zu verhindern sein. Aber man kann schlimme Prozesse abkürzen, wenn man jener resignierenden Kreislauftheorie eines bedrückenden und oft sogar verzweiflungsvollen Skeptizismus nicht das Feld überlässt. Offen gestanden, ich habe sie nie gemocht, die da nichts gewagt, aber immer schon weise gewusst haben, dass eben doch alles schiefgehen werde. Da halte ich es schon eher mit Mephisto, der dem Faust zuruft: »Es lebe, wer sich tapfer hält!«

Und wenn sich die Menschen aus existentieller Gefährdung retten wollen, kann es nicht ohne besonnenen, kraftvollen und beherzten Rückgriff auf Traditionen der Aufklärung sein, da muss eben doch der Aufbruch der Menschheit aus selbst verschuldeter Unmündigkeit gewagt werden.

Personenregister

Adolf, Gustav – 23
Adolf von Nassau – 41 ff.
Agnes von Ungarn – 74
Aiple, Franz – 262 ff., 287
Aiple, Josef – 264
Aiple, Therese – 262
Albrecht I. – 43 ff., 49, 82, 89
Allgeier – 276
Althoff, Friedrich – 218
Anjou, Karl von – 34 f. 38
Alfons X. von Kastilien – 34, 36
Arndt, Ernst Moritz – 155, 158
Arnold, Gottfried – 52
Aspelt, Peter von – 49 f.
Atatürk, Mustafa Kemal – 292
Aquino, Thomas von – 65, 79 f.
Auer, Ignaz – 256
Augstein, Rudolf – 179
August, Prinz – 138, 147
Axelrod, Pawel Borissowitsch – 204

Baden, Max von – 233 f.
Baggesen, Jens – 13
Balduin von Luxemburg – 45, 49 f, 87, 89
Baluschek, Hans – 224
Bamberger, Ludwig – 184
Barth, Karl – 295
Bassermann, Friedrich Daniel – 247
Battenburg, Gebrüder – 17
Batthyány, Lajos – 170
Bauer, Bruno – 202
Bayle, Pierre – 106
Bebel, August – 177, 178, 191 ff., 204 ff., 217, 231, 252, 262, 264 f., 267, 309, 316, 322 f.
Becher, Johannes R. – 317
Behrens, Peter – 212
Belli, Joseph – 177, 179
Benedikt XI., Papst – 47
Benedikt XII., Papst – 83, 91
Benz, Karl – 269
Berenhorst, Heinrich von – 135 f., 138, 167
Bergmann, Ernst von – 217
Bernhardy, Friedrich von – 230
Bernstein, Eduard – 202, 216, 264
Bisky, Lothar – 312
Blank, Heinrich – 261
Blücher, Leberecht von – 120, 146, 158 f.
Bloch, Ernst – 325

Cranach, Lucas – 107
Cromwell, Oliver – 25
Crusius, Siegfried Lebrecht – 19, 24

Dan, Fjodor Iljitsch – 239 f.
Dante Alighieri – 52, 54 ff., 63 f, 68, 77, 80, 82, 86, 95
Dehmel, Richard – 222
Delbrück, Hans – 217, 230
Dempf, Alois – 77
Demuth, Helena (Lenchen) – 207
Deppe, Frank – 333
Diderot, Denis – 106
Dobroljubow, Nikolai Alexandrowitsch – 198
Dostojewski, Fjodor Michailowitsch – 222
Dühring, Eugen – 204, 319
Durieux, Tilla – 222

Ebert, Friedrich – 233 f.
Eduard I. – 46
Eduard III. – 84, 87,
Einstein, Albert – 219
Eisner, Else – 286, 292, 310
Eisner, Kurt – 286, 291, 310
Engel, Eva-Maria – 11
Engelberg, Johann Baptist von – 267
Engelberg, Josef Daniel Alexander von – 267
Engelberg, Julius – 253, 256, 258
Engelberg, Therese (geb. Aiple) –
Engelberg, Waltraut – 273, 313
Engelberg, Wilhelm – 247 ff., 253 ff., 269 ff., 279
Engels, Friedrich – 21, 26, 56, 105 f., 108 f., 111 f., 114, 133 f., 148, 159, 165, 173, 175 f., 191 ff.,
200 ff., 256, 264, 268, 290, 292, 294 f., 300, 316, 319 ff., 331, 337
Engesser, Emil – 264
Engler, Dr. – 267
Emanuel II., Viktor – 197
Ertinghausen, Karl – 261
Eschenburg, Theodor – 179

Fackler, Josef – 264, 274, 280
Falk, Adalbert – 185
Falk, Fidel – 276
Falk, Joseph – 280
Farel, Guillaume – 109
Faulenbach, Bernd – 189
Febvre, Lucien – 112
Feuerbach, Ludwig – 201, 337
Fichte, Johann Gottlieb – 121, 126, 155, 175, 265
Fischer, Emil –
Fischer, Samuel – 222
Flandern, Margarete von – 34, 46, 87 f., 136
Fontane, Theodor – 221, 223, 307
Fontenelle, Bernard le Bovier de – 334 f.

Hegel, Georg Wilhelm Friedrich – 30, 61, 75, 106, 121, 125, 201 f., 207, 295, 336 f.
Heine, Heinrich – 29, 106, 112, 220
Heinrich III. – 48
Heinrich VII. – 49 ff., 55, 6789
Heinrich, Johann – 88, 148
Henderson, Arthur – 242
Herder, Johann Gottfried – 30, 52, 295, 333
Herodot – 329
Herwegh, Georg – 222
Herwig, Johann Justus – 145
Herzen, Alexander – 198
Hess, Moses – 202
Hesse, Hermann – 222
Hettinger, Franz – 56
Hettner, Hermann – 13, 22 f.
Heussi, Karl – 113
Hindenburg, Paul von – 115, 233
Hinzpeter, Georg Ernst – 186
Hitler, Adolf – 115, 323, 325
Hoffmann, Utz – 289
Hofmann, Vikar Leo – 273
Hofmannsthal, Hugo von – 222
Hohenlohe-Schillingsfürst, Chlodwig zu – 210
Holland, Wilhelm von – 33 f., 43
Hölderlin, Friedrich – 22, 29, 125 f., 134, 336
Humboldt, Wilhelm von – 121, 126, 155, 162
Hummel, Professor – 272
Hus, Jan – 99, 101 f.
Hutten, Ulrich von – 246, 272

Ibsen, Henrik – 222

Jahn, Friedrich Ludwig – 156
Jaurès, Jean – 231
Joachim, Joseph – 261
Johannes XXII., Papst (Jacques Duèse) – 57, 60 f., 63 ff., 77, 80, 82 ff., 89,

Kamenew, Lew Borissowitsch – 239, 241
Kant, Immanuel – 24, 27, 106, 121, 126, 335 f.
Karl Albert (Sardinien-Piemont) – 172
Karl, Erzherzog – 132
Karl II. – 61
Karl IV. – 94, 97 ff., 104
Kasper, Ludwig – 264
Kaufmann, Oskar – 212
Kautsky, Karl – 204, 217, 264
Kellermann, Bernhard – 223
Kerenski, Alexander Fjodorowitsch – 242 f
Kirchner, Ernst Ludwig – 230
Klopstock, Friedrich Gottlieb – 124, 126, 145 f.
Knesebeck, Karl Friedrich von dem – 138
Körner, Theodor – 21, 24 ff.

Philipp II. – 17
Philipp (IV.) der Schöne – 45 ff., 54, 62
Philipp VI. – 83, 87
Pius IX., Papst – 184
Planck, Max – 218 f., 228
Plechanow, Georgi Walentinowitsch – 204
Poincaré, Raymond – 285
Pütter, Johann Stephan – 14

Rathenau, Emil – 213, 215
Rathenau, Walter – 213, 230, 283, 322
Reichardt, Johann Friedrich – 25
Reinhardt, Max – 222
Reinhold, Carl Leonhard – 13
Remmele, Hermann – 281
Richter, Stefan – 308
Robert Graf von Genf – 99
Robert von Anjou-Neapel – 52, 54, 61 f., 65, 67, 68, 83, 340
Röpke, Wilhelm – 176 f.
Rößler – 280 f.
Roon, Albrecht von – 183
Rosenfeld, Morris – 265
Rotteck, Karl von – 265
Rousseau, Jean-Jacques – 149, 333
Rudolf von Habsburg – 35 ff., 44 f., 50, 67
Rüchel, Ernst von – 137
Rüstow, Wilhelm – 196
Rykow, Alexej Iwanowitsch – 241

Safranski, Rüdiger – 10
Sahl, Ludwig – 264
Sallust – 329
Sancha von Neapel – 65
Sarasate – 261
Sauret, Émile – 261
Schättgen, August – 267
Scharnhorst, Gerhard von – 120, 135 ff., 140 ff., 144 f., 152, 155, 158 ff., 162
Schaumburg-Lippe, Graf Wilhelm von – 145
Scheffler, Karl – 229
Scheidemann, Philipp – 233 f.
Schelling, Friedrich Wilhelm Joseph – 336
Schiller, Friedrich – 10, 12 ff., 35, 139, 145, 149, 156, 222, 268, 276 f., 290, 328, 336
Schinkel, Friedrich – 121
Schlaf, Johannes – 222
Schlegel, August Wilhelm von – 147
Schlegel, Karoline – 29
Schleiermacher, Friedrich – 121, 155 f.
Schlösser, Friedrich Christoph – 99, 249, 284
Schlosser, F. C. – 14
Schlüter, Andreas – 117 f.
Schmider, Franz – 273
Schmidt, Conrad – 206

Der Autor

Ernst Engelberg wurde am 5. April 1909 in Haslach im Kinzigtal (Schwarzwald) als Sohn des Buchdruckers und Heimathistorikers Wilhelm Engelberg und dessen Frau Therese in einer Familie geboren, in der demokratische und revolutionäre Traditionen von 1848 noch lebendig waren. Zuerst studiert er 1928/29 Nationalökonomie und Rechtswissenschaften in München, anschließend bis 1933 Geschichte in Berlin bei Gustav Mayer und Hermann Oncken. Wenige Tage nach seiner Promotion über die Bismarcksche Sozialpolitik verhaftet, wird er wegen »Vorbereitung zum Hochverrat« zu eineinhalb Jahren Zuchthaus verurteilt. 1936 emigriert er in die Schweiz und wird Stipendiat am *Institut universitaire de hautes études internationales* in Genf, dann arbeitet er von 1940 bis 1948 als Deutschlektor an der Universität Istanbul. Nach seiner Rückkehr erhält er nach einer Dozentur an der Landeshochschule in Potsdam 1949 eine Professur mit Lehrauftrag in Leipzig. Er ist von 1951 bis 1960 Direktor des Instituts Geschichte des deutschen Volkes, Herausgeber einer Schriftenreihe dieses Instituts sowie der Leipziger Übersetzungen und Abhandlungen zum Mittelalter. Nach der Berufung 1960 zum Direktor des Instituts für Geschichte an der Deutschen Akademie der Wissenschaften, das er bis 1969 leitet, zieht er nach Berlin. Seit 1961 Ordentliches Mitglied der Deutschen Akademie der Wissenschaften wirkt er in wissenschaftlichen Gremien; so wird er 1958 auf der Gründungsversammlung der Historiker-Gesellschaft deren Vorsitzender, und von 1960 bis 1980 steht er dem Nationalkomitee der Historiker der DDR vor. Seit 1966 ist er Ehrenmitglied der British Historical Association.

Nach seiner Emeritierung 1974 widmet er sich verstärkt seiner zweibändigen Bismarck-Biographie. Der erste Band *Bismarck – Urpreuße und Reichsgründer* wird 1985 ein deutsch-deutsches Ereignis, der zweite Band *Bismarck – Das Reich in der Mitte Europas* erscheint 1990.

Nach der Epochenwende von 1989 wirkt er in der Leibniz-Sozietät, schreibt Artikel und Essays, die zum Teil in diesem Band erstmalig publiziert werden. Weitere Publikationen aus dem Nachl. 462 (Ernst Engelberg) in der Staatsbibliothek zu Berlin – Preußischer Kulturbesitz sind geplant.

Der Herausgeber

Achim Engelberg ist der Sohn von Ernst Engelberg und dessen Frau und Mitarbeiterin Waltraut. 1965 in Berlin geboren, studiert er Geschichte und Theaterwissenschaften an der Humboldt-Universität, promoviert über den englischen Autor John Berger, gibt Arbeiten über Südosteuropa heraus (zuletzt: *Serbien nach den Kriegen*, 2008), macht Filme (zuletzt: *Gefangen in der Hungersteppe*, 2008) und schreibt Bücher und Artikel. Im Karl Dietz Verlag Berlin erschienen *Wer verloren hat, kämpfe* (2007), Geschichten von Hitlerflüchtlingen, die in das zerstörte Deutschland zurückkehrten und in den Kalten Krieg gerieten, sowie *Wo aber endet Europa? Grenzgänger zwischen London und Ankara* (2008).